高等院校经济管理核心课程精品教材

新编经济法概论

（第四版）

戚伟平　主编

上海财经大学出版社

图书在版编目(CIP)数据

新编经济法概论/戚伟平主编．—4版．—上海：上海财经大学出版社，2015.7

(高等院校经济管理核心课程精品教材)

ISBN 978-7-5642-2168-3/F·2168

Ⅰ.①新… Ⅱ.①戚… Ⅲ.①经济法-中国-高等学校-教材 Ⅳ.①D922.29

中国版本图书馆CIP数据核字(2015)第105560号

□ 责任编辑 李嘉毅
□ 封面设计 钱宇辰
□ 责任校对 胡 芸 卓 妍

XINBIAN JINGJIFA GAILUN
新编经济法概论
(第四版)

戚伟平 主编

上海财经大学出版社出版发行
(上海市中山北一路369号 邮编200083)
网 址：http://www.sufep.com
电子邮箱：webmaster @ sufep.com
全国新华书店经销
江苏凤凰数码印务有限公司印刷装订
2015年7月第4版 2019年6月第3次印刷

787mm×1092mm 1/16 22印张 563千字
印数：30 001—30 300 定价：45.00元

前言

现代社会是法治社会，社会主义市场经济是法治经济，建立和完善社会主义市场经济体系离不开经济法。

经济法是个宽泛的概念和体系，仍在不断发展。法学界对经济法的范围、内容，以及经济法与民法、商法、行政法的界限等基本理论问题有不同的看法。作为主要供非法学专业学员使用的教材，《新编经济法概论》（第四版）从高等院校经济类、管理类专业公共课的教学需要出发，同时兼顾国家相关专业资格考试的要求，确定了以下内容构成本书的体系：第一部分是与经济法有关的法学基本理论（第一章），包括经济法的概念和调整对象、经济法律关系、主体制度（自然人、法人）和民事权利制度（物权、债权、知识产权）；第二部分是市场主体的法律制度（第二章至第五章），包括个人独资企业、合伙企业、公司和外商投资企业法律制度以及企业破产法律制度；第三部分是合同法律制度（第六章），主要阐述合同的概念和分类，合同的订立和效力，合同的履行和担保，合同的变更、转让和终止，违约责任等内容，不涉及15种有名合同的规定；第四部分是金融法律制度（第七章），除了金融与金融法基本理论之外，主要阐述银行、保险、票据、证券、信托和反洗钱法律制度；第五部分是税收法律制度（第八章），包括税收的基本理论、流转税法律制度、所得税法律制度和税收征收管理法律制度；第六部分是市场规则法律制度（第九章），包括竞争法律制度、广告法律制度、产品质量法律制度和标准化法律制度；第七部分是市场宏观监督法律制度（第十章），包括审计法律制度和会计法律制度；第八部分是经济纠纷处理法律制度（第十一章），包括民事诉讼法律制度和仲裁法律制度。使用者可以根据自己的教学目的和要求，选择讲授的内容。

2004年3月，上海财经大学出版社出版了《新编经济法概论》。2009年5月，《新编经济法概论》（第二版）出版，该版不仅根据最新的经济立法材料对原来的内容进行了全面的修订，如合伙企业、公司、企业破产、反垄断和税收等内容，而且增加了反洗钱等内容，使全书的内容更加新颖。另外，根据《新编经济法概论》的使用情况反馈，《新编经济法概论》（第二版）对原来的内容也进行了一些删节，使全书的内容更加实用。《新编经济法概论》（第三版）在前两个版本的基础上，根据最新的立法材料，对税收法律制度、经济纠纷处理法律制度（民事诉讼）等内容进行了修改；同时，对全书作了进一步整理，使全书结构更加合理、文句更加通顺。另外，每章增加了题型丰富的练习（包括判断题、单项选择题、多项选择题、综合分析题、名词解释和简答题），方便学员掌握课程的基本内容；出版社制作了配套教学课件，方便教师使用。2015年初，根据我国《商标法》《公司法》和《广告法》修订的立法实践，对书稿进行了相当幅度的修改、增补，形成了《新编经济法概论》(第四版)，使全书的内容与最新的经济立法吻合，同时对每章的练习作了修改、调整。

本书由戚伟平主编，周燕、刘西林参与了第一版和第二版的编写。本书在编写过程中参考了诸多同类图书资料，谨向有关作品的著作权人表示感谢。由于水平有限，书中难免错误与疏漏，敬请读者批评指正。

戚伟平

2015 年 7 月

目 录

第一章
经济法概述

第一节　经济法的产生、调整对象和概念

一、经济法的产生

（一）早期商品交换关系的法律调整

虽然经济与法律有着密切的联系，但在各个法律部门中，经济法是相对较晚出现的法律部门。早期人类社会处于自然经济阶段，人们生产的目的是为了自己消费或主要是为了自己消费，交换和商品经济都不发达，不需要专门的法律来调整商品交换关系。随着社会经济的发展，社会分工越来越细，劳动产品的交换成为人们生活中必不可少的活动，商品经济时代到来了。然而，当时的商品经济还处于早期不甚发达的阶段，法律对它的调整还不具有专门性。

随着资本主义生产方式的确立，商品交换和商品经济得到空前发展，市场的资源配置作用成为经济生活的主动力，早期的商品交换关系发展成为市场经济关系。资本主义处于自由竞争阶段，法律调整市场经济关系的着眼点在于维护自由交易，所以运用的主要是民法。传统民法的原则，如当事人法律地位平等、意思自治、契约自由和保护私有财产不受侵犯等，能够完成调整市场经济关系的任务。此外，有些国家还制定了商法，专门调整营利性质的商事关系。

（二）现代市场经济与经济法的产生

现代市场经济关系比起自由竞争阶段更为发达和复杂，单纯运用民商法调整市场经济关系出现了一些不尽如人意的地方。例如，民商法强调发挥市场机制的自发调节作用，强调当事人意思自治，而在市场越来越复杂的情况下，市场机制的自发性、滞后性和一定的盲目性往往使调节失灵。有些国家开始考虑运用国家的行政权力适度干预市场经济，这种做法

的制度化和法律化使得现代意义的经济法应运而生。经济法的要义是国家对市场经济的适度干预。

二、经济法的调整对象

(一)经济法的调整对象是一定范围的经济关系

法律的调整对象,是指法律所规范的一定范围的社会关系。作为一个法律部门,经济法的调整对象与其他法律部门一样,都是社会关系。但是,经济法的调整对象有自己的特点,即经济法的调整对象是一定范围的经济关系。经济关系是一种具有财产内容的社会关系,或者说是一种具有直接物质利益的社会关系。经济关系的范围十分广泛,经济法调整的不是所有的经济关系,而是一定范围的经济关系,其他的经济关系可以由其他法律部门如民法、商法等调整。

(二)经济法的调整对象是国家在对市场经济进行宏观调控过程中发生的经济关系

既然经济法的要义是国家对市场经济的适度干预,那么,经济法调整的经济关系的基本特点就包含着国家对市场经济的宏观调控。我国经济法调整的经济关系是国家在对市场经济进行宏观调控的过程中发生的经济关系。具体地说,国家对市场经济进行宏观调控的过程中发生的经济关系主要有以下两类:

1. 国家对市场主体进行宏观管理的过程中发生的经济关系

市场主体,是指在市场上直接或间接地进行交易活动的组织或个人,这些组织或个人的基本特点是以营利为目的。市场主体为了追求利益最大化,可能会不顾市场规则,通过非法活动牟取利益。国家对市场主体进行宏观管理,是国家对市场经济进行宏观调控的切入点和主要手段。国家对市场主体进行宏观管理的基本方法是控制市场准入、规范市场活动规则。控制市场准入,就是规定市场主体的资格,规定各类企业的设立条件和设立程序;规范市场活动规则,就是明确市场活动的“游戏规则”。我国法律体系中的各类企业法、合同法、竞争法和金融法等,都是对这类经济关系进行调整的法律规范。

2. 国家在对整个市场经济进行宏观管理的过程中发生的经济关系

市场经济,是指主要依靠市场规律对经济活动所需的各种资源进行配置的经济运行体制。现代市场经济并不是完全放任自流的,由于市场经济本身具有的自发性、滞后性和一定的盲目性,对经济发展的宏观把握比较欠缺。国家通过具有行政权力的政府对市场经济进行宏观管理,可以在一定程度上克服市场调控的缺陷,这既是现代国家的经济职能,也是现代市场经济的客观要求。国家对市场经济进行宏观管理的基本路径是在对经济运行进行预测和分析的基础上发布产业政策,鼓励相关投资,对市场主体的经营成果进行监督和调控。我国的市场经济体制还不十分健全,对这类经济关系进行调整的法律规范还不甚完善。从法理上说,预算法、产业政策法、会计法、审计法、税法和国有资产管理法等都是调整这类经济关系的法律规范。

三、经济法的概念

根据以上对经济法调整对象的分析,可以给作为法律部门的经济法下一个定义:经济法是调整国家在对市场经济进行宏观调控的过程中发生的经济关系的法律规范的总称。对于经济法的概念，应当从以下两个方面来理解：

(一)经济法是调整一定经济关系的法律部门

经济法是调整经济关系的，但不是调整所有经济关系的法律部门。经济法只调整国家在对市场经济进行宏观调控的过程中发生的经济关系，其他的经济关系可能需要由其他法律来调整，这就不是经济法的任务，而是其他法律部门的任务。

(二)经济法是一系列法律规范的总称

经济法是所有调整上述经济关系的法律规范的总和，而不是某个具体的法律规范。一系列调整一定经济关系的法律规范有机地结合，构成经济法这个法律部门。

鉴于本书不是专门进行经济法理论研究的著作，而是供经济类、管理类学员使用的教材，在以后对具体法律制度进行介绍的时候，不限于以上的理论界定。

第二节　经济法律关系

一、经济法律关系概述

(一)法律关系的概念

法律关系是一种特殊的社会关系，是指法律规范在调整社会关系时在当事人之间形成的权利义务关系。法律关系是法学的基本概念，也是进一步了解经济法律关系的基础。对于法律关系的概念，应当从以下几个方面理解：

1. 法律关系是一种特殊的社会关系

法律关系是法律规范调整社会关系时形成的，没有超出社会关系的范围，其本身也是一种社会关系。但是，法律关系是一种特殊的社会关系，因为它不完全是人们根据自己的意愿形成的，而是由法律规范介入后，体现了法律要求的社会关系。法律就是通过介入其认为需要介入的社会关系以实现其对社会关系的调整。

2. 法律关系是一种权利义务关系

法律关系是社会关系经法律规范调整形成的，法律规范调整社会关系，就是在当事人之间设定权利义务，用权利义务规范当事人的行为。当社会关系上升为法律关系后，当事人要依照法律的规定享受权利、承担义务，当事人之间的关系就成了法律确认的权利义务关系，这种关系属于上层建筑，受国家强制力的保护。

3. 法律关系是法律规范调整的结果

法律关系的形成是法律规范调整社会关系的结果，没有法律规范，就没有法律关系。不同的法律部门调整不同的社会关系的结果即形成不同的法律关系，如民法调整的社会关系形成民事法律关系，经济法调整的经济关系形成经济法律关系。

(二)经济法律关系的概念

经济法律关系是法律关系的一种，是指经济法律规范在调整一定范围的经济关系时在国家与市场主体之间形成的权利义务关系。经济法律关系和其他法律关系一样,是权利义务关系,属于上层建筑,受国家强制力的保护。但是,经济法律关系与其他法律关系相比,有其自己的特征:一方面,经济法律关系是由经济法律规范确认的权利义务关系,发生在国家对市场经济进行宏观调控的过程中;另一方面,经济法律关系的当事人一般是国家和市场的主体,国家通常表现为行政机关的职能部门,由政府或政府职能部门来行使相应职权。

二、经济法律关系的构成要素

(一)经济法律关系的主体

1. 经济法律关系主体的含义

经济法律关系的主体,是指参与了经济法律关系,并且依据经济法享受权利和承担义务的当事人。

2. 经济法律关系主体的表现形式

经济法律关系的当事人一方是国家(由行政机关或其职能部门行使职权),另一方是市场主体(组织和个人)。

(1)行政机关及其职能部门。行政机关,是指各级政府。行政机关的职能部门,是指行政机关中专门行使国家对市场经济进行宏观调控职权的部门,是行政机关中的经济管理部门。其有综合性的经济管理部门,如发展和改革委员会;有职能性的经济管理部门,如工商行政管理局;还有经法律授权代行经济管理职权的企业,如中国烟草总公司,根据《烟草专卖法》,行使烟草专卖中的管理职权;等等。

(2)市场主体。市场主体是以营利为目的、直接或间接从事交易活动的组织和个人。作为市场主体的组织,一般是指各类企业。企业从其法律地位上看,可以分为法人型企业和非法人型企业。作为市场主体的个人,是指依法具有经营资格的自然人(公民)或家庭。

(二)经济法律关系的内容

1. 经济法律关系内容的含义

经济法律关系的内容,是指经济法律关系主体享受的权利和承担的义务。经济法律关系的内容是经济法律关系三个要素中的核心要素,也是经济法律关系与一般社会关系(经济关系)的区别所在,即没有经过法律调整的社会关系,虽也有主体和客体,但没有依据经济法享受的权利和承担的义务。不同的经济法律关系,当事人享受权利、承担义务的情况是不同的:行政机关及其职能部门对市场主体进行宏观管理形成经济法律关系时,只享受权利,市场主体只承担义务;市场主体之间进行交易时,市场主体既享受权利,也承担义务。由于经济法律关系主体身份的不同,其享受的权利和承担的义务也是不同的:行政机关及其职能部门行使国家的宏观经济调控职能,其权利是一种行政职权,其义务是一种行政职责;市场主体在交易过程中,权利义务是平等的、对应的,因为它们的法律地位是平等的。

2. 权利和义务

(1)权利。市场主体要在经济活动中实现自己的利益,必须要有一定的行为自由。权利,在这里是指经济法律关系主体依法具有的行为自由。行为,是指作为和不作为,包括自己作为或不作为和要求他人作为或不作为。经济法上的权利,可以是行政机关及其职能部门的行政职权，也可以是市场主体的民事权利。由于权利通常是一种行为自由，因此市场主体的民事权利是可以放弃的；但是，行政机关及其职能部门的行政职权是不能放弃的，因为它是国家职能的体现，放弃行政职权就是渎职。

(2)义务。市场主体在进行交易以及接受国家宏观调控的过程中，必须根据对方的要求作出一定的行为。义务，就是经济法律关系主体依法必须作出的行为约束。经济法上的义务，有市场主体交易过程中与民事权利对应的民事义务，也有行政机关及其职能部门的行政职责。由于义务是一种行为约束，因此义务是不能放弃的。

(三)经济法律关系的客体

1. 经济法律关系客体的含义

经济法律关系的客体，是指经济法律关系主体享受权利和承担义务所共同指向的对象。经济法律关系的客体是经济法律关系的载体，没有客体，主体的权利义务就没有目标，经济法律关系就不能产生。能够作为经济法律关系客体的，有物(有形财产)、智力成果(无形财产)和行为。

2. 物

作为法律关系客体的物，是指能够为人所控制、具有经济价值、以实物形态存在的物质资料。物权关系的客体是物。物的形式多种多样，可以是自然物，如土地、森林等自然资源；也可以是制造物，如机器、产品等；还可以是一般等价物，如货币、有价证券等。可以从不同角度对物进行分类：

(1)动产和不动产。动产，是指可以移动并在移动后不改变其性质、形状和用途的物，如机器、货币等；不动产，是指不能移动或移动后影响其性质、形状和用途的物，如土地、房屋等。我国《物权法》规定，不动产物权的设立、变更、转让和消灭，经依法登记发生效力，未经登记不发生效力；动产物权的设立和转让，自交付时发生效力；法律另有规定的除外。

(2)特定物和种类物。特定物，是指依物具有的单独特征来确定、不能相互代替的物，如一件文物、一栋建筑物等；种类物，是指依物具有的共同特征来确定、可以用其他物代替的物，这类物能用度量衡计量，如同一标号的水泥、同一规格的产品等。法律规定，合同如果以特定物为客体，当该特定物灭失时，合同可以不实际履行；当种类物灭失时，以种类物为客体的合同还可以实际履行。

(3)可分物和不可分物。可分物，是指分割后不会损害其经济价值的物，如一匹布、一千克大米等；不可分物，是指不能分割或分割后会损害其经济价值的物，如一台电视机、一件衣服等。法律规定，财产分割的对象是可分物的，可以采用实物分割的方式；财产分割的对象是不可分物的，不能采用实物分割的方式，而应采用作价补偿等方式。

(4)主物和从物。主物，是指能够独立存在、在使用过程中起主要作用的物；从物，是指能够独立存在、在使用过程中起辅助作用的物。主物和从物是根据同属一个主体的物在使用中的效用确定的，如自行车和车锁，前者是主物，后者是从物。如果法律和合同没有相反的规定，从物的归属依主物的归属而定；主物的所有权转移时，从物的所有权也随之转移。

(5)流通物和限制流通物。流通物，是指法律允许自由流通的物，绝大多数的物属于流通物；限制流通物，是指法律对其流通有限制的物，如麻醉品、国有土地等。

3. 智力成果

作为经济法律关系客体的智力成果，是指人们的创造性脑力劳动所创造的精神财富，是一种无形财产。智力成果的形式多样，其范围是由法律专门规定的，各类作品和发明创造是智力成果的基本内容。知识产权关系的客体是智力成果。

4. 行为

作为法律关系客体的行为，是指主体为了达到一定具有法律意义的目的所行使的行为，通常表现为宏观管理行为和市场经营行为等。债权关系的客体主要是行为。

三、经济法律关系的发生、变更和消灭

(一)法律关系发生、变更和消灭的条件

只有法律规范的存在并不能直接引起法律关系的发生、变更和消灭。法律关系的发生、变更和消灭须具备两个条件：一是相应法律规范的存在，二是具体法律事实的出现。可以说，法律关系的发生、变更和消灭是由法律事实直接引起的。经济法律关系也是如此。

(二)法律事实

1. 法律事实的含义

法律事实，是指依法能够引起法律关系发生、变更和消灭的客观情况。法律事实是客观存在的情况，而不是主观臆想，即使法律规范没有规定，它也是客观存在的。但是，并非所有客观存在的情况都是法律事实，由法律规范确定、能够引起法律关系的发生、变更和消灭的客观情况，才是法律事实。

2. 法律事实的分类

根据客观情况是否与当事人的意志有关，可以将法律事实分为行为和事件两大类：

(1)行为。作为法律事实的行为，是指当事人根据自己的意志实施的，能够引起法律关系(包括经济法律关系)的发生、变更和消灭的有意识的活动。行为按照其外在表现，可以分为作为和不作为；按照其性质，可以分为合法行为和违法行为。作为，是指当事人积极地从事具有法律意义的活动，如行政机关及其职能部门采取措施制止不正当竞争、市场主体与交易对象依法订立合同等，这些都是合法的行为；反之，如果行政机关及其职能部门滥用职权、市场主体违法经营，那就是违法的行为。不作为，是指当事人消极地活动，如行政机关及其职能部门对市场秩序该管理而不管理、市场主体该履行合同义务而不履行，就是违法的行为；如果行政机关职能部门对市场主体的正常经营进行干涉、市场主体对行政机关职能部门的正常工作加以阻挠，也是违法的行为。合法行为和违法行为都可以引起经济法律关系的发生、变更和消灭。

(2)事件。作为法律事实的事件，是指与当事人的意志无关，能够引起法律关系(包括经济法律关系)的发生、变更和消灭的客观情况。事件按照其发生原因，可以分为自然事件和社会事件。自然事件，是指因自然因素引起的自然现象，如水灾、地震等自然灾害，也称绝对事件。社会事件，是指因人为原因引起，但与具体当事人的意志无关的社会现象，如战争、政策的重大调整等，也称相对事件。

有些法律关系的发生、变更和消灭是由多个法律事实引起，法学上将引起一个法律关系发生、变更或消灭的几个法律事实称为事实构成，如保险理赔关系的发生是由投保人与保险人订立保险合同以及保险事故发生这两个法律事实共同引起，订立保险合同和保险事故发生是保险理赔关系发生的事实构成。

(三)法律事实的后果

法律事实是引起法律关系发生、变更和消灭的直接原因，所以，法律事实的后果就是法律关系的发生、变更或消灭。

1. 法律关系的发生

法律关系的发生，是指根据法律的规定，在当事人之间形成具体的权利义务关系，如根据《合同法》的规定，当事人依法订立合同后，形成合同权利义务关系。

2. 法律关系的变更

法律关系的变更，是指已经存在的法律关系的变化，包括主体、内容和客体的变化。主体的变化，如合同权利义务的转让；内容的变化，如合同权利义务的增减；客体的变化，如合同标的物的变更。

3. 法律关系的消灭

法律关系的消灭，是指主体之间权利义务关系的终止，如当事人之间的合同权利义务关系因履行而消灭，当事人之间不再有合同权利义务关系。

第三节　自然人(公民)、法人

一、自然人(公民)

(一)自然人(公民)概述

1. 自然人(公民)的概念

(1)自然人的含义。自然人，是指基于自然规律出生的、生物学意义上的人。法律使用“自然人”一词，是将自然人作为法律关系(包括经济法律关系)的主体提出的。所以，自然人是一个法律概念，是法律关系的两大类主体之一(另外一类是法人)。

(2)公民的含义。公民，是指具有某国国籍的自然人。自然人的范围大于公民，“公民”一词不能涵盖外国人和无国籍人；另外，“公民”强调的是主体的身份和国籍。

新中国的早期立法多用“公民(自然人)”的表述，如 1986 年的《民法通则》；现在的立法则多用“自然人(公民)”的表述，如 1999 年的《合同法》。

2. 个体工商户和农村承包经营户

(1)个体工商户。国务院于 2011 年颁布的《个体工商户条例》规定，有经营能力的公民，依照本条例规定经工商行政管理部门登记，从事工商业经营的，为个体工商户。个体工商户可以个人经营，也可以家庭经营。

(2)农村承包经营户。根据《民法通则》的规定，农村集体经济组织的成员，在法律允许的范围内，按照承包合同的规定从事商品经营的，为农村承包经营户。

个体工商户和农村承包经营户是自然人(公民)的特殊形式，以营利为目的。个体工商户、农村承包经营户是个人出资、独立经营的，收入归个人所有，以个人财产承担法律责任；个体工商户、农村承包经营户是家庭成员共同出资、共同经营、共同收益的，以家庭共有财产承担法律责任。

(二)自然人(公民)的民事权利能力和民事行为能力

1. 自然人(公民)的民事权利能力

(1)自然人(公民)民事权利能力的特征。自然人(公民)的民事权利能力,是指法律赋予自然人(公民)享受权利、承担义务的资格。自然人(公民)只有具备了民事权利能力,才能作为主体参与具体的经济法律关系,从中享受权利、承担义务。自然人(公民)的民事权利能力具有以下特征:第一,平等性和完全性。自然人(公民)不分性别、年龄、贫富,享有平等的民事权利能力;自然人(公民)的民事权利能力在内容和范围上是完全的,不允许因人而异、任意限制。第二,权利义务统一性。自然人(公民)在法律关系中往往既是权利主体,也是义务主体,形成权利和义务的统一。第三,不可转让性。自然人(公民)的民事权利能力是其生存和发展的必要条件,法律不允许自然人(公民)以任何形式转让其民事权利能力。

(2)自然人(公民)民事权利能力的开始。自然人(公民)的民事权利能力开始于出生,出生的法律事实标志着自然人(公民)开始具备民事权利能力。"活着出生"是自然人(公民)民事权利能力开始的依据;但是,在继承、结婚问题上,自然人(公民)的民事权利能力不是始于出生的,继承要保护胎儿的利益、结婚要达到法定年龄。

(3)自然人(公民)民事权利能力的终止。自然人(公民)的民事权利能力终止于死亡,死亡的法律事实标志着自然人(公民)民事权利能力的结束。为了维护死者亲属和社会的利益,自然人(公民)死亡后的某些人身权利,如名誉权等仍受法律保护,但这并不意味着死者仍享有民事权利能力。

2. 自然人(公民)的民事行为能力

(1)自然人(公民)民事行为能力的分类。自然人(公民)的民事行为能力,是指自然人(公民)以自己的行为享受民事权利、承担民事义务的能力。广义的民事行为能力包括自然人(公民)的责任能力。自然人(公民)一出生就具有民事权利能力,但并不是具有民事权利能力后马上就具有民事行为能力的,也不是所有自然人(公民)都具有民事行为能力。根据《民法通则》的规定,依据自然人的年龄和智力状况,自然人(公民)的民事行为能力有三种情况:第一,完全民事行为能力。18 周岁以上的公民是成年人,具有完全民事行为能力;16 周岁以上不满 18 周岁的公民,以自己的劳动收入为主要生活来源的,视为具有完全民事行为能力。第二,限制民事行为能力。年满 10 周岁的未成年非精神病人和不能完全辨认自己行为的成年精神病人,是限制民事行为能力人。年满 10 周岁的未成年非精神病人,可以行使与其年龄、智力相符的法律行为,超出范围的法律活动必须由其法定代理人代理或同意;不能完全辨认自己行为的成年精神病人,其民事行为能力限制在与其精神状况相符的范围。第三,无民事行为能力。不满 10 周岁的未成年人和不能辨认自己行为的成年精神病人,是无民事行为能力人。无民事行为能力人由其法定代理人代理行使法律行为。

(2)自然人(公民)民事行为能力的法律宣告。根据《民法通则》的规定,人民法院宣告自然人(公民)为限制民事行为能力人或无民事行为能力人,必须符合以下法律规定:第一,被宣告人是精神病人;第二,有利害关系人的申请;第三,按照《民事诉讼法》的程序进行裁定。

(三)自然人(公民)的住所

1. 自然人(公民)住所的概念

住所,是指自然人(公民)有久住的意思而居住的处所。根据《民法通则》的规定,住所分为常住户籍住所和非常住户籍住所;公民以户籍所在地的居所为住所,经常居住地与住所不一致的,以经常居住地为住所。住所与居所不同,居所是自然人(公民)实际居住的处所,可以是长久的,如经常居住地;也可以是暂时的,如外出旅行居住的旅馆。

2. 自然人(公民)住所的法律意义

法律上明确自然人(公民)的住所,可以确定与自然人有关的法律关系发生、变更或消灭的场所,可以确定自然人履行法定义务的地点等,具有重要的法律意义。

二、法人

(一)法人的概念和条件

1. 法人的概念

法人是相对于自然人(公民)的法律关系主体。在经济法律关系中,法人显得更为重要。行政机关及其职能部门一般都具有法人资格,市场主体多数也具有法人资格。根据《民法通则》的规定,法人是具有民事权利能力和民事行为能力,依法独立享受民事权利和承担民事义务的组织。法人与自然人(公民)虽然都是法律关系主体,但是法人有自己的特征:

(1)法人是一种社会组织。法人是具备一定条件的社会组织在法律上的地位,也就是说,法人是组织体,而不是生命体。所以,法人中某些成员的退出或死亡,一般不会影响法人的存续。自然人(公民)是生命体,个人生命结束就意味着主体地位的消灭。

(2)法人是独立于其成员的社会组织。法人通常是由两个或两个以上的成员组成的。组成法人的成员可以是法人,也可以是自然人(公民)。一个法人或自然人(公民)可能参加多个法人组织,成为多个法人的成员。但是,法人在进行各种活动时,是以法人自己的名义进行的,而不是以其成员的名义进行的,法人可以享受自己的利益,也要承担自己的法律责任。

2. 取得法人资格的条件

法人是一种社会组织,但不是所有的社会组织都是法人。一个社会组织要成为法人,必须具备法律规定的条件。根据《民法通则》的规定,法人必须具备以下条件:

(1)依法成立。社会组织只有依法成立,才有可能成为法人。社会组织的依法成立,是指社会组织的成立在设立程序、设立目的或宗旨、设立条件上都是符合法律规定的。根据相关的法律规定,我国法人的设立方式主要有三种:第一,根据法律或行政命令设立。行政机关及其职能部门是以这种方式设立的。第二,经过主管部门的核准登记设立。各类企业是以这种方式设立的。第三,依照章程、标准或条例设立。工会是以这种方式设立的。

(2)有必要的财产和经费。社会组织没有财产或经费,就没有进行各种活动的物质基础,也就没有承担法律责任的物质基础。社会组织要有必要的财产和经费,一方面是指企业要有自己独立支配的财产,它可以是企业所有的,也可以是国家授予其经营管理的;另一方面是指国家机关、事业单位和社会团体要有自己独立支配的经费,国家机关的经费由国家财政拨给,事业单位和社会团体的经费可以由国家拨给,也可以自己筹集。必要的财产和经费,是指与企业的经营需要、国家机关的管理职能、事业单位和社会团体的活动需要相适应的财产或经费的一定数额。

(3)有自己的名称、组织机构和场所。法人是组织体,它需要通过自己的外部特征、内部机构与其他组织或个人区别开来,没有这些区别,会给法人的活动带来不便,所以,法律将有自己的名称、组织机构和场所作为社会组织取得法人资格的条件之一。第一，法人的名称。名称是社会组织之间相互区别的外部识别标志，法人要有自己合法的名称，企业的名称经过主管部门登记，依法享有名称专有权，受法律保护。第二，法人的组织机构。组织机构是社会组织从事社会活动、管理各项事务的内部机构，法律对某些法人的组织机构有明确的规定，如对公司规定的组织机构为股东会、董事会和监事会。第三，法人的场所。场所是社会组织从事社会活动的地点，一个社会组织可以有几个场所，当其作为法人进行登记时，只能将一个场所作为法人的住所进行登记，法人以其主要办事机构所在地为住所。

(4)能够独立承担民事责任。社会组织要成为法人，必须能够独立承担民事责任。独立承担民事责任，首先是指社会组织能够独立地根据自己的意愿从事社会活动，即意思独立；其次是指社会组织有独立的、可以自己支配的财产或经费，即财产独立。在意思独立和财产独立的前提下，法人才有独立承担民事责任的可能，即责任独立。

(二)法人的民事权利能力和民事行为能力

具有民事权利能力和民事行为能力是成为经济法律关系主体的基本条件，法人作为经济法律关系的主体也应具有民事权利能力和民事行为能力。

1. 法人的民事权利能力

法人的民事权利能力是法律赋予法人享受权利、承担义务的资格。法人和自然人(公民)一样，都具有民事权利能力，但法人的民事权利能力有一定的特点：

(1)法人的民事权利能力始于成立、终于消灭。法人的民事权利能力从法人成立开始就有，到法人消灭结束，组织体的存废期间决定了法人民事权利能力的存废；而自然人(公民)的民事权利能力始于出生，终于死亡，生命体的存在决定了自然人(公民)民事权利能力的存在。

(2)法人的民事权利能力是不同和不完整的。由于法人的职权范围和设立目的各异，法人的民事权利能力各不相同，行政机关及其职能部门与市场主体不同，企业与企业也不相同；而自然人(公民)的民事权利能力则是普遍平等的、完全的。另外，法人是组织体，某些与自然人(公民)的人身不可分离的民事权利能力，如婚姻、收养等，法人是没有的。

2. 法人的民事行为能力

法人的民事行为能力是法人以自己的行为享受民事权利、承担民事义务的能力。与自然人(公民)相比，法人的民事行为能力也有一定的特点：

(1)法人的民事行为能力和民事权利能力是同时产生、同时消灭的。法人有民事权利能力，就有民事行为能力；而自然人(公民)的民事行为能力受其年龄、智力的影响，晚于民事权利能力。

(2)法人的民事行为能力和民事权利能力在范围上是一致的。法人的民事行为能力因法人的职权范围和设立目的不同而不同，其民事权利能力的范围决定了其民事行为能力的范围。

(三)法人的分类

我国《民法通则》将法人分为企业法人和非企业法人两大类，其他大陆法系国家通常将法人分为公法人和私法人。

1. 企业法人和非企业法人

(1)企业法人。企业法人是以营利为目的、从事经营活动的法人，公司是典型的企业法人。

(2)非企业法人。非企业法人是指机关、事业单位和社会团体法人，它们不以营利为目的。

企业法人和法人企业是两个不同的概念，前者是我国《民法通则》规定的一种法人类型，后者是指具有法人资格的企业。企业不一定具有法人资格，如个人独资企业和合伙企业就不具有法人资格。

2. 公法人和私法人

一般认为，依照公法设立的是公法人，如各级政府；依照私法设立的是私法人，如公司、基金会等。

私法人又可以分为社团法人和财团法人。一般将以一定的社员作为成立条件的法人称为社团法人，如公司、公社；而将以财产捐助作为成立条件的法人称为财团法人，如基金会等。

(四)法人的法定代表人

1. 法定代表人的产生

法人是组织体，它以主体身份从事活动时，需要有一个代表人代表法人的意志。法人的这种代表人一般是由法律规定的，代表人的职责也是由法律规定的。

2. 法定代表人的职责

法定代表人有权对外代表法人行使职权、对内组织法人的日常运作。法定代表人的行为就是法人的行为，法定代表人在执行职务时产生的法律后果应该由法人承担；但是，法定代表人自己有过错的，也要承担相应的法律责任。

第四节　物　权

一、物权概述

(一)物权的概念

1. 物权的定义

我国《物权法》规定，物权是指权利人依法对特定的物享有直接支配和排他的权利，包括所有权、用益物权和担保物权。物权的主体是对物享有直接支配权和排他权的人，客体是作为有形财产的物，内容是对物(动产、不动产)直接支配和排他的权利。

2. 物权的特征

物权是有形财产权的主要内容，它与其他权利相比，具有以下特征：

(1)物权是权利人的支配权。物权关系是人与人之间的社会关系，但这种关系反映的是人对物的占有，物权是以物为直接支配对象的权利。直接支配，是指主体在对物进行支配时无须借助他人的行为，或者说，权利人无须借助义务人的积极(作为)帮助，就可以实现物权。

(2)物权是权利人的排他权。物权关系是绝对的关系，权利主体(权利人)对物享有的权利是排他的。排他，一是指一物之上不能有两个互不兼容的物权，即“一物一权”原则，如一项房产上不能有两个所有权；二是指权利人行使物权不需要他人的积极(作为)帮助。所以，物权也是一种对世权。

(3)物权是法定的权利。物权是法定的权利，即“物权法定”。我国《物权法》规定，物权的种类和内容由法律规定。也就是说，物权的种类和内容不允许当事人创设，这与债权是不同的。

(二)物权的分类

1. 根据权利人支配的物的归属,物权有自物权和他物权之分

(1)自物权。自物权是权利人依法对自己的物享有的支配权,所有权是唯一的自物权。自物权人享有完全、充分的支配权,称为完全物权。

(2)他物权。他物权是权利人依法对他人的物享有的支配权,用益物权和担保物权属于他物权。他物权人不享有完全、充分的支配权,是受到一定限制的物权,称为不完全物权。

2. 根据他物权的设立目的,物权(他物权)有用益物权和担保物权之分

(1)用益物权。用益物权是以实现对他人之物的使用和收益为目的而设立的他物权。根据《物权法》的规定,用益物权人对他人所有的不动产或动产,依法享有占有、使用和收益的权利。用益物权有土地承包经营权、建设用地使用权、宅基地使用权和地役权。

(2)担保物权。担保物权是为了担保债务履行而设立的他物权。根据《物权法》的规定,担保物权人在债务人不履行到期债务或发生当事人约定的实现担保物权的情形时,依法享有就担保财产优先受偿的权利,但法律另有规定的除外。担保物权有抵押权、质权和留置权。

我国《物权法》规定,用益物权人、担保物权人行使权利,不得损害所有权人的权益。

(三)物权的生效

1. 不动产物权的生效

根据《物权法》的规定,不动产物权的设立、变更、转让和消灭,经依法登记,发生效力;未经登记,不发生效力,但法律另有规定的除外;依法属于国家所有的自然资源,所有权可以不登记。不动产登记由不动产所在地的登记机构办理。不动产物权的设立、变更、转让和消灭,依照法律规定应当登记的,自记载于不动产登记簿时发生效力。

2. 动产物权的生效

根据《物权法》的规定,动产物权的设立和转让,自交付时发生效力,但法律另有规定的除外;船舶、航空器和机动车等物权的设立、变更、转让和消灭,未经登记,不得对抗善意第三人。动产物权设立和转让前,权利人已经依法占有该动产的,物权自法律行为生效时发生效力。动产物权设立和转让前,第三人依法占有该动产的,负有交付义务的人可以通过转让请求第三人返还原物的权利代替交付。动产物权转让时,双方又约定由出让人继续占有该动产的,物权自该约定生效时发生效力。

3. 物权生效的其他规定

根据《物权法》的规定,因人民法院、仲裁委员会的法律文书或人民政府的征收决定等,导致物权设立、变更、转让或消灭的,自法律文书或人民政府的征收决定等生效时发生效力;因继承或受遗赠取得物权的,自继承或受遗赠开始时发生效力;因合法建造、拆除房屋等事实行为设立或消灭物权的,自事实行为成就时发生效力。

(四)物权的保护

我国《物权法》规定,物权受到侵害的,权利人可以通过和解、调解、仲裁、诉讼等途径解决,具体的保护手段有以下几个方面:

第一,请求确认权利。因物权的归属、内容发生争议的,利害关系人可以请求确认权利。

第二,请求返还原物。无权占有不动产或动产的,权利人可以请求返还原物。

第三，请求排除妨害或消除危险。妨害物权或可能妨害物权的，权利人可以请求排除妨害或消除危险。

第四，请求修理、重作、更换或恢复原状。造成不动产或动产毁损的，权利人可以请求修理、重作、更换或恢复原状。

第五，请求损害赔偿，也可以请求承担其他民事责任。侵害物权，造成权利人损害的，权利人可以请求损害赔偿，也可以请求承担其他民事责任。

二、所有权

(一)所有权的概念和内容

1. 所有权的概念

所有权是权利人依法对自己的财产(不动产或动产)享有的占有、使用、收益和处分的权利。所有权的权利人(所有人)支配的是属于自己所有的财产，所以，所有权是自物权，且是唯一的自物权。所有权的权利人(所有人)享有的支配权包括占有、使用、收益和处分，所以，所有权是完全物权。

2. 所有权的内容

所有权的内容也称所有权的权能，包括以下几个方面：

(1)占有。占有是人对物的实际控制状态。占有可以是由所有人占有，也可以是由非所有人占有；占有可能是合法的，也可能是不合法的；不合法的占有有善意和恶意之分。

(2)使用。使用是人根据物的性能和用途对物的利用。使用可能是所有人使用，也可能是非所有人使用。

(3)收益。收益是人收取物所产生的利益。物的收益根据其产生的原因可以分为法定收益和自然收益。前者是指根据法律的规定产生的收益，如储户在银行存款获得的存款利息、房屋所有人将房屋出租获得的租金；后者是指根据自然规律产生的收益，如母猪产出的猪崽、果树结的果实。

(4)处分。处分是人决定物在事实上或法律上的命运。事实上的处分是在事实上改变或消灭物，如将布料做成服装、将化肥施在农田；法律上的处分是在法律上改变物的归属或占有，如所有人将房屋出售、出租给他人。处分权一般由所有人行使。

(二)所有权的取得和消灭

1. 所有权的取得

根据主体(所有人)取得所有权法律事实的不同，所有权的取得方式有以下两种：

(1)原始取得。原始取得也称初始取得，是所有权的第一次产生或不依靠原所有人的权利而取得所有权，如企业主扩大再生产创造的财产、国家依法没收的财产。

(2)继受取得。继受取得也称传来取得，是所有人通过行为或事件从原所有人处取得所有权，如买受的房产、继承的财产。

2. 所有权的消灭

所有权的消灭，是指因一定法律事实的出现，使所有权脱离原所有人的状况。所有权的消灭是针对所有人而言的，所有人的所有权消灭了，原来所有的财产(不动产或动产)不一定消灭。根据所有权标的物是否消灭，所有权的消灭可以分为绝对消灭和相对消灭。

(1)绝对消灭。绝对消灭是指所有权因财产(不动产或动产)的消灭而消灭，如房屋倒塌引起房屋所有权消灭。

(2)相对消灭。相对消灭是指所有权因财产(不动产或动产)脱离原所有人，由新所有人取得而使原所有人失去所有权。所有权的相对消灭实际上是所有权继受取得的表现方式，如房屋所有人将房屋出售给他人后即丧失了对该房屋的所有权，而买受人取得了对该房屋的所有权。

(三)所有权的种类

根据《物权法》的规定，所有权有国家所有权、集体所有权和私人所有权。

1. 国家所有权

我国《物权法》规定，属于国家所有的财产归国家所有即全民所有。属于国家所有的财产包括：(1)矿藏、水流、海域；(2)城市的土地、法律规定属于国家所有的农村和城市郊区的土地；(3)森林、山岭、草原、荒地、滩涂等自然资源，但法律规定属于集体所有的除外；(4)法律规定属于国家所有的野生动植物资源；(5)无线电频谱资源；(6)法律规定属于国家所有的文物；(7)国防资产，铁路、公路、电力设施、电信设施和油气管道等基础设施，依照法律规定为国家所有的。国有财产由国务院代表国家行使所有权；法律另有规定的，依照其规定。

2. 集体所有权

根据《物权法》的规定，集体所有的不动产和动产包括：(1)法律规定属于集体所有的土地、森林、山岭、草原、荒地和滩涂；(2)集体所有的建筑物、生产设施和农田水利设施；(3)集体所有的教育、科学、文化、卫生、体育等设施；(4)集体所有的其他不动产和动产。农民集体所有的不动产和动产，属于本集体成员集体所有；城镇集体所有的不动产和动产，依照法律、行政法规的规定，由本集体享有占有、使用、收益和处分的权利。

3. 私人所有权

我国《物权法》规定，私人对其合法的收入、房屋、生活用品、生产工具、原材料等不动产和动产享有所有权。根据《物权法》的规定，私人合法的储蓄、投资及其收益受法律保护；国家依照法律规定保护私人的继承权及其他合法权益。私人的合法财产受法律保护，禁止任何单位和个人侵占、哄抢或破坏。

(四)相邻关系

1. 相邻关系的概念

相邻关系，是指相互毗邻的不动产所有人在占有或使用不动产的过程中发生的物权关系。我国《物权法》规定，不动产的相邻权利人应当按照有利生产、方便生活、团结互助、公平合理的原则，正确处理相邻关系。

2. 相邻关系的处理

根据《物权法》的规定，处理相邻关系的原则包括：

(1)法律、法规对处理相邻关系有规定的，依照其规定；法律、法规没有规定的，可以按照当地习惯。

(2)不动产权利人应当为相邻权利人用水、排水提供必要的便利。

(3)对自然流水的利用，应当在不动产的相邻权利人之间合理分配。对自然流水的排放，应当尊重自然流向。

(4)不动产权利人对相邻权利人因通行等必须利用其土地的，应当提供必要的便利。

(5)不动产权利人因建造、修缮建筑物以及铺设电线、电缆、水管、暖气和燃气管线等必须利用相邻土地、建筑物的，该土地、建筑物的权利人应当提供必要的便利。

(6)建造建筑物，不得违反国家有关工程建设标准，妨碍相邻建筑物的通风、采光和日照。

(7)不动产权利人不得违反国家规定弃置固体废物，排放大气污染物、水污染物、噪声、光、电磁波辐射等有害物质。

(8)不动产权利人挖掘土地、建造建筑物、铺设管线以及安装设备等，不得危及相邻不动产的安全。

(9)不动产权利人因用水、排水、通行、铺设管线等利用相邻不动产的，应当尽量避免对相邻不动产的权利人造成损害；造成损害的，应当给予赔偿。

(五)共有

1. 共有的概念

共有，是指两个或两个以上的所有人对一项财产(不动产或动产)享有所有权。共有是所有权的一种特殊情况，是指两个或两个以上的所有人对一项财产共同所有的关系，即共有关系。

2. 共有的种类

我国《物权法》规定，共有包括按份共有和共同共有。

(1)按份共有。按份共有是指共有人按照其份额对共有的不动产或动产享有所有权的共有关系。

(2)共同共有。共同共有是指共有人对共有的不动产或动产共同享有所有权的共有关系。

3. 共有的法律规定

(1)共有财产的管理和处分。共有人按照约定管理共有的不动产或动产，没有约定或约定不明确的，各共有人都有管理的权利和义务。

(2)共有财产的处分和重大修缮。处分共有的不动产或动产以及对共有的不动产或动产作重大修缮的，除共有人之间另有约定外，按份共有的，应当经占份额 2/3 以上的按份共有人同意；共同共有的，应当经全体共同共有人同意。

(3)共有物的管理费用以及其他负担。对共有物的管理费用以及其他负担，有约定的，按照约定；没有约定或约定不明确的，按份共有人按照其份额负担，共同共有人共同负担。

(4)共有财产的分割。第一，共有人约定不得分割共有的不动产或动产以维持共有关系的，应当按照约定；但共有人有重大理由需要分割的，可以请求分割。第二，共有人没有约定或约定不明确的，按份共有人可以随时请求分割，共同共有人在共有的基础丧失或有重大理由需要分割时可以请求分割。不管什么情况，因分割共有财产对其他共有人造成损害的，应当给予赔偿。共有人可以协商确定分割方式，达不成协议，共有的不动产或动产可以分割并且不会因分割而减损价值的，应当对实物予以分割；难以分割或因分割会减损价值的，应当对折价、拍卖或变卖取得的价款予以分割。共有人分割所得的不动产或动产有瑕疵的，其他共有人应当分担损失。

(5)共有人的关系。第一，在对外关系上，共有人享有连带债权、承担连带债务，但法律另有规定或第三人知道共有人不具有连带债权债务关系的除外。第二，在内部关系上，除共有人另有约定外，按份共有人按照份额享有债权、承担债务，共同共有人共同享有债权、承担债务；偿还债务超过自己应当承担份额的按份共有人，有权向其他共有人追偿。

(6)按份共有。共有人对共有的不动产或动产约定为按份共有的，为按份共有；共有人对共有的不动产或动产没有约定为按份共有或共同共有，或约定不明确的，除共有人具有家庭关系等外，视为按份共有。第一，按份共有人可以转让其享有的共有不动产或动产的份额，其他共有人在同等条件下享有优先购买的权利。第二，按份共有人对共有的不动产或动产享有的份额有约定的，按照约定确认；按份共有人对共有的不动产或动产享有的份额没有约定或约定不明确的，按照出资额确定，不能确定出资额的视为等额享有。

第五节 债 权

一、债权概述

(一)债权的概念

1. 债权的定义

债权，是指主体享有的请求他人为一定行为或不为一定行为的权利。债权是请求权，也是一种法律关系。我国《民法通则》规定，债权是按照合同的约定或法律的规定，当事人之间产生的特定权利义务关系，享有权利的是债权人，负有义务的是债务人。债权人有权要求债务人按照合同的约定或法律的规定履行义务。所以，债权也称债权债务关系或债权关系。

2. 债权的特征

与物权相比，债权具有以下特征：

(1)债权是一种请求权。债权人的权利表现为请求债务人为一定行为或不为一定行为以满足自己的要求，债权的实现借助于债务人的履行义务。物权则是一种对物的支配权，物权的实现无须义务人的积极(作为)帮助。

(2)债权是当事人之间特定的权利义务关系。债权的权利主体(债权人)和义务主体(债务人)都是特定的，债权人只能对特定的债务人行使请求权；请求权的内容是由合同约定或法律规定的，债务人只对特定的义务予以履行。物权关系的权利主体(权利人)也是特定的，但是义务主体则是不特定的。

(二)债权的分类

1. 根据债权的发生原因，债权有合同之债和法定之债之分

(1)合同之债。合同之债是指当事人之间因合同关系而发生的债权债务关系。自然人(公民)、法人或其他组织之间形成合同关系，也就有了债权债务关系。本书在以后有专门一章介绍“合同法律制度”。

(2)法定之债。法定之债是指当事人之间发生一定法律事实，由法律规定其权利义务而发生的债权债务关系。

2. 根据债权标的的性质，债权有特定物之债和种类物之债之分

(1)特定物之债。以特定物作为债的交付标的的是特定物之债，特定物灭失时，债务人可以不实际履行义务。

(2)种类物之债。以种类物作为债的交付标的的是种类物之债，种类物灭失时，债务人一

般仍应实际履行义务。

3. 根据债权关系当事人的人数，债权有单一之债和多数之债之分

(1)单一之债。债权人和债务人都是一人的债是单一之债。单一之债的权利义务关系比较简单。

(2)多数之债。债权人和债务人有一方或双方都是两人或两人以上的债是多数之债。多数之债的权利义务关系相对复杂，又有按份之债和连带之债之分。

4. 根据多数之债当事人之间的权利义务关系，债权有按份之债和连带之债之分

(1)按份之债。按份之债是债权人和债务人按照预先确定的份额享受权利、承担义务的债权债务关系。按照份额享有的债权是按份债权，按照份额承担的债务是按份债务。根据《民法通则》的规定，债权人为两人以上的，按照确定的份额分享权利，债务人为两人以上的，按照确定的份额分担义务，即形成按份之债。

(2)连带之债。连带之债是债权人和债务人享受连带债权、承担连带债务的债权债务关系。根据《民法通则》的规定，债权人或债务人一方人数为两人以上的，依照法律的规定或当事人的约定，享有连带权利的每个债权人都有权要求债务人履行义务；负有连带义务的每个债务人都负有清偿全部债务的义务，履行了义务的人有权要求其他负有连带义务的人偿付其应当承担的份额。

二、法定之债

(一)不当得利所生之债

1. 不当得利的含义

不当得利，是指没有合法的根据而取得不当利益，并且造成他人的损失。不当得利的构成要满足以下两个条件：

(1)没有合法的根据。得利人取得财产利益没有合法的根据，既没有合同依据，也没有法律依据。

(2)取得财产利益造成他人的损失。得利人取得财产利益后造成他人的财产损失，即得利人取得的财产利益原是归属于他人的，他人是财产利益的损失人。

2. 不当得利所生之债的含义

我国《民法通则》规定，没有合法根据，取得不当利益，造成他人损失的，应当将取得的不当利益返还受损失的人。得利人与损失人之间产生债权债务关系，损失人是债权人，得利人是债务人。

(二)无因管理所生之债

1. 无因管理的含义

无因管理，是指没有法定或约定的义务，为了避免他人的利益受损而替他人管理或服务。无因管理的构成要满足以下两个条件：

(1)没有义务。管理人没有替他人管理或服务的义务，包括约定的义务和法定的义务。

(2)主观上是为了避免他人利益受损而替他人进行管理或服务。管理人主观上是替他人进行管理或服务，不是误以为是自己的利益而实施管理或服务。他人客观上是受益人。

2. 无因管理所生之债的含义

我国《民法通则》规定，没有法定或约定的义务，为避免他人利益受损而进行管理或服务的，有权要求受益人偿付由此而支付的必要费用。管理人与受益人之间产生债权债务关系，管理人是债权人，受益人是债务人。

（三）侵权损害之债

1. 侵权损害的含义

侵权损害也称侵权行为，是指不法侵害他人的民事权益，造成他人损害的行为。我国《侵权责任法》规定，民事权益包括生命权、健康权、姓名权、名誉权、荣誉权、肖像权、隐私权、婚姻自主权、监护权、所有权、用益物权、担保物权、著作权、专利权、商标专用权、发现权、股权和继承权等人身和财产权益。

侵权行为的构成要满足以下两个条件：

（1）侵害他人的人身或财产权益是违法的。根据《侵权责任法》的规定，行为人因过错侵害他人民事权益，应当承担侵权责任；根据法律规定推定行为人有过错，行为人不能证明自己没有过错的，应当承担侵权责任；行为人损害他人民事权益，不论行为人有无过错，法律规定应当承担侵权责任的，依照其规定。

（2）侵权行为造成他人的损害。我国《侵权责任法》对产品责任、机动车交通事故责任、医疗损害责任、环境污染责任、高度危险责任、饲养动物损害责任和物件损害责任有具体规定。

2. 侵权损害之债的含义

我国《侵权责任法》规定，被侵权人有权请求侵权人承担侵权责任。侵权人与被侵权人之间产生债权债务关系，被侵权人是债权人，侵权人是债务人。根据《侵权责任法》的规定：

（1）侵害他人造成人身损害的，应当赔偿医疗费、护理费、交通费等为治疗和康复支出的合理费用，以及因误工减少的收入；造成残疾的，还应当赔偿残疾生活辅助用具费和残疾赔偿金；造成死亡的，还应当赔偿丧葬费和死亡赔偿金。侵害他人人身权益，造成他人严重精神损害的，被侵权人可以请求精神损害赔偿。

（2）侵害他人财产的，财产损失按照损失发生时的市场价格或其他方式计算。

三、债权的消灭

（一）债权因履行而消灭

债务人依照法律规定或合同约定，履行了自己的义务，债权人的债权得到清偿，债权消灭。这是债权消灭最普遍的原因。

（二）债权因抵销而消灭

抵销，是指同类型并且都已到期的债权相互充抵。债权因抵销而消灭要满足以下条件：一是必须是相互对等的债权，也就是双方互为债务人；二是必须是性质相同的债权，也就是债权的类型是一样的；三是必须是都已到期的债权，一方尚未到履行期的相互对等、性质相同的债权之间不能抵销。

(三)债权因提存而消灭

提存,是指债务人在债务到期后因无法履行债务而将给付标的提交提存部门,消除自己的债务。债权因提存而消灭要满足以下条件:一是必须是因债权人的原因导致债务人无法履行债务;二是债权交付的标的必须是便于保管的物;三是经过规定的程序。债务人将标的提存后,与债权人的债权债务关系消灭,原债权人要取得标的,应向提存部门提出,在规定的期限内不领取提存物的,提存部门将提存物上缴国库。

(四)债权因混同而消灭

混同,是指债权人和债务人合而为一,债权债务归于一人,债权消灭。

(五)债权因免除而消灭

免除,是指债权人放弃对债务人的债权,双方的债权债务关系消灭。免除是债权人的单方行为,无须债务人同意。

(六)债权因其他原因而消灭

有些人身特点比较突出的合同,如演出合同,可因艺人一方的死亡而导致债权消灭。

第六节　知识产权

一、知识产权概述

(一)知识产权的概念

1. 知识产权的定义

知识产权也称智力成果权,是主体对人的创造性智力劳动成果依法享有的权利。知识产权的客体是智力成果。智力成果是一种无形财产,所以知识产权是一种无形财产权。知识产权的具体含义包括以下几个方面:

(1)知识产权是基于人们的智力成果而产生的权利。一方面,知识产权是人们创造性智力劳动的产物,没有创造性智力劳动就没有智力成果,也就没有知识产权,这是一个基本前提;另一方面,知识产权是针对创造性智力劳动成果而享有的权利,只有智力劳动的过程而没有智力劳动的成果,不会产生知识产权,知识产权法保护的是创造性智力劳动的成果,而不是其过程。

(2)知识产权是依法产生的权利。一方面,由法律保护智力成果不是从来就有的,当智力成果对人类发展的意义越来越大时,国家开始通过制定专门的知识产权法来保护它;另一方面,法律保护智力成果是有一定范围的,知识产权法规定了保护范围。

2. 知识产权的特征

知识产权是无形财产权,它与作为有形财产权的物权、债权相比,具有以下特征:

(1)知识产权的专有性。一项智力劳动成果只能享有一项知识产权,一项知识产权除法律有特别规定外,只能由权利人自己或许可他人行使,未经法律或权利人许可而行使他人的知识产权，是侵权行为。

(2)知识产权的地域性。知识产权是由特定国家的知识产权法专门确认的，只在该国受到法律保护。一项知识产权要在其他国家获得法律保护，必须在其他国家申请获得知识产权，也就是由另一个国家的知识产权法确认其权利，才能获得该国法律的保护。

(3)知识产权的时间性。法律对知识产权的保护有一定的期限，在保护期限内，权利人对智力劳动成果享有专有权；超过保护期限，智力劳动成果进入公有领域，公众可以使用，原权利人对它不再享有专有权。

(二)知识产权的范围

知识产权的范围是由专门的知识产权法规定的。我国参加了有关知识产权的国际公约，也制定了专门的知识产权法。

1. 世界知识产权组织规定的内容

世界知识产权组织(WIPO)是知识产权领域一个基本的、权威性的国际组织。该组织在签订的《建立世界知识产权组织公约》第2条规定，知识产权的基本范围包括：(1)文学、艺术和科学作品的权利；(2)与表演艺术家的表演活动、录音制品及广播有关的权利；(3)人类在各个领域发明的权利；(4)科学发现的权利；(5)工业品外观设计的权利；(6)商标、服务标记、商号及其他商业标记的权利；(7)禁止不正当竞争的权利；(8)其他一切来自工业、科学及文学艺术领域因智力活动而产生的其他权利。我国是世界知识产权组织的成员国，有义务将上述8项内容在国内知识产权法中明确规定并予以保护。

2. 世界贸易组织规定的内容

世界贸易组织(WTO)是国际经济领域一个重要的国际组织。该组织在一份名为《与贸易有关的知识产权协议》的文件中，从贸易保护的角度规定的知识产权的范围包括：(1)著作权与邻接权；(2)商标权；(3)地理标记权；(4)工业品外观设计权；(5)专利权；(6)集成电路布图设计权；(7)未披露的信息权。我国已经成为世界贸易组织的成员，有义务保护上述内容。

3. 我国法律规定的内容

我国《民法通则》规定的知识产权包括：(1)著作权(版权)；(2)商标专用权；(3)专利权；(4)发现权；(5)其他科技成果权。我国《民法通则》中有关知识产权的规定是原则性的，它确定了一个大致的范围，从我国制定的单行知识产权法的内容上看，我国法律对知识产权范围的规定与国际上的规定基本一致。

(三)知识产权的分类

根据智力成果所处领域的不同，知识产权可以分为工业产权和文学艺术产权(著作权)。在经济法范围内，一般只阐述工业产权制度。工业产权是商品生产和流通领域内的知识产权，主要是指商标权(商标专用权)和专利权。

二、商标权

(一)商标的概念和分类

1. 商标的概念

商标，是指在商品(包括有形商品和无形商品)上使用的、为了表明自己生产销售的商品与其他相同或类似商品有所区别的专用标志。商标是商品的“脸面”，消费者在消费商品时有“认牌”的心理习惯，所以在商品经济中，商标的使用和法律保护对于促进商品经济的发展有着重要意义。

2. 商标的分类

商标可以从不同角度进行分类：

(1)从商标的法律效力上说，商标有注册商标和未注册商标之分。我国《商标法》规定，经商标局核准注册的商标为注册商标，商标注册人享有商标专用权，受法律保护。未注册商标是指没有经商标局核准注册的商标，它在相当范围内可以使用，但它的使用人不享有商标权。我国《商标法》没有要求所有使用的商标必须注册，除了法律和行政法规规定必须使用注册商标的商品，必须申请商标注册，未经核准注册的，不得在市场销售外，其他商品上使用的商标是否注册由使用人自己决定。

(2)从商标的构成上说，商标大致可以分为文字商标、图形商标和组合商标。我国《商标法》规定，任何能够将自然人、法人或者其他组织的商品与他人的商品区别开来的标志，包括文字、图形、字母、数字、三维标志、颜色组合和声音等，以及上述要素的组合，均可以作为商标申请注册。所谓文字，是指语言的书面形式。文字作为商标的构成要素，包括各种文字、各种字体的文字以及各种在艺术上有所变化的文字。所谓图形，是指在平面上表示出来的物体的形状。图形可以是具体描绘实际存在的人、物的形状，也可以是虚构的图形，还可以是抽象的图形。所谓字母，是指拼音文字或者注音符号的最小书写单位。所谓数字，是指表示数目的符号。所谓三维标志，是指以具有长、宽、高三种度量的立体物质形态出现的标志。由三维标志或者含有其他标志的三维标志构成的商标，被称为立体商标。所谓颜色组合，是指两种或者两种以上的颜色所组成一个整体。所谓声音，是指声波通过听觉所产生的印象。声音作为注册商标的要素，是《商标法》最新修改时增加的内容。

(3)从商标的使用对象上说，商标有商品商标和服务商标之分。使用在有形商品上的是商品商标，使用在无形商品(服务)上的是服务商标。

(4)从商标的使用目的上说，商标中有两种特殊的成员——集体商标和证明商标。集体商标，是指以团体、协会或其他组织的名义注册，供组织成员在商事活动中使用，以表明使用者的成员资格的标志。证明商标，是指由对某种商品和服务具有监督能力的组织所控制，供组织之外的人使用，以证明该商品或服务原产地、原料、制造方法、质量或其他特定品质的标志。

我国《商标法》规定，注册商标包括商品商标、服务商标、集体商标和证明商标。

(二)商标权的概念

商标权在我国《商标法》中称“商标专用权”，是注册商标人(自然人、法人或其他组织)对其注册商标享有的专有使用、他人未经许可不得使用的法定权利。商标权是一系列权利的统称，具体包括以下权利：

1. 独占使用权

独占使用权是注册商标由注册人专用的权利，是商标权的核心，许可使用权和转让权是从独占权中派生出来的。商标的使用包括将商标使用在商品、商品包装或容器以及商品的交易文书上，或将商标用于广告宣传、展览以及其他商业活动中。

2. 许可使用权

许可使用权是注册商标的注册人将其注册商标许可他人使用的权利。被许可人取得的是注册商标的使用权，而不是商标权。我国《商标法》对许可使用权的规定包括以下几个方面：

(1)注册商标的注册人可以通过签订商标许可使用合同，许可他人使用其注册商标。许可人应当监督被许可人使用其注册商标的商品的质量，被许可人应当保证使用该注册商标的商品的质量。

(2)经许可使用他人注册商标的，必须在使用该注册商标的商品上标明被许可人的名称和商品产地。

(3)许可他人使用其注册商标的，许可人应当将其商标使用许可报商标局备案，由商标局公告。商标使用许可未经备案，不得对抗善意第三人。

3. 转让权

转让权是注册商标的注册人将其注册商标转让给他人所有的权利。受让人取得的是商标权，而不是注册商标的使用权。我国《商标法》对转让权的规定包括以下几个方面：

(1)转让注册商标的，商标注册人对其在同一种商品上注册的近似的商标，或者在类似商品上注册的相同或者近似的商标，应当一并转让。

(2)对容易导致混淆或者有其他不良影响的转让，商标局不予核准，书面通知申请人并说明理由。

(3)转让注册商标的，转让人和受让人应当签订转让协议，共同向商标局提出申请。

(4)受让人应当保证使用该注册商标的商品的质量。

(5)转让注册商标经核准后，予以公告。受让人自公告之日起享有商标专用权。

(三)商标权的原始取得

商标权的原始取得是指商标使用人依照《商标法》的规定，申请商标注册，取得商标专用权。我国《商标法》规定，商标权的取得必须经过申请人的申请和商标局的审核两个步骤。

1. 商标使用人申请商标注册

我国《商标法》规定，自然人、法人或者其他组织在生产经营活动中，对其商品或服务需要取得商标专用权的，应当向商标局申请商标注册。

(1)形式要求。第一，商标注册申请人应当按规定的商品分类表填报使用商标的商品类别和商品名称，提出注册申请；第二，商标注册申请人可以通过一份申请就多个类别的商品申请注册同一商标。另外，注册商标需要在核定使用范围之外的商品上取得商标专用权的，应当另行提出注册申请；注册商标需要改变其标志的，应当重新提出注册申请；注册商标需要变更注册人的名义、地址或其他注册事项的，应当提出变更申请。

(2)标志要求。申请注册的商标应当有显著特征，便于识别，并不得与他人先取得的合法权利相冲突。第一，下列标志不得作为商标使用：与中华人民共和国的国家名称、国旗、国徽、国歌、军旗、军徽、军歌、勋章等相同或者近似的，以及与中央国家机关的名称、标志、所在地特定地点的名称或者标志性建筑物的名称、图形相同的；与外国的国家名称、国旗、国徽、军旗等相同或者近似的，但经该国政府同意的除外；与政府间国际组织的名称、旗帜、徽记等相同或者近似的，但经该组织同意或者不易误导公众的除外；与表明实施控制、予以保证的官方标志、检验印记相同或者近似的，但经授权的除外；与“红十字”和“红新月”的名称、标志相同或者近似的；带有民族歧视性的；带有欺骗性，容易使公众对商品的质量等特点或者产地产生误认的；有害于社会主义道德风尚或者有其他不良影响的。另外，县级以上行政区划的地名或者公众知晓的外国地名，不得作为商标。但是，地名具有其他含义或者作为集体商标、证明商标组成部分的除外；已经注册的使用地名的商标继续有效。第二，下列标志不得作为商标注册：仅有本商品的通用名称、图形、型号的；仅直接表示商品的质量、主要原料、功能、用途、重量、数量及其他特点的；其他缺乏显著特征的。上述经过使用取得显著特征并便于识别的标志，可以作为商标注册。第三，以三维标志申请注册商标的，仅由商品自身的性质产生的形状、为获得技术效果而需有的商品形状或使商品具有实质性价值的形状，不得注册。第四，就相同或类似商品申请注册的商标是复制、模仿或翻译他人未在中国注册的驰名商标，容易导致混淆的，不予注册并禁止使用；就不相同或不相类似商品申请注册的商标是复制、模仿或翻译他人已经在中国注册的驰名商标，误导公众，可能使该驰名商标注册人的利益受到损害的，不予注册并禁止使用。为相关公众所熟知的商标，持有人认为其权利受到侵害时，可以依照本法规定请求驰名商标保护。第五，商标中有商品的地理标志，而该商品并非来源于该标志所标示的地区，误导公众的，不予注册并禁止使用；但是，已经善意取得注册的继续有效。地理标志，是指标示某商品来源于某地区，该商品的特定质量、信誉或其他特征主要由该地区的自然因素或人文因素所决定的标志。

(3)申请日优先。第一，国际申请优先权：商标注册申请人自其商标在外国第一次提出商标注册申请之日起 6 个月内又在中国就相同商品以同一商标提出商标注册申请的，依照该外国与中国签订的协议或共同参加的国际条约，或按照相互承认优先权的原则，可以享有优先权。要求优先权的，应当在提出商标注册申请时提出书面声明，并在 3 个月内提交第一次提出的商标注册申请文件的副本；未提出书面声明或逾期未提交商标注册申请文件副本的，视为未要求优先权。第二，国际展览优先权。商标在中国政府主办或承认的国际展览会展出的商品上首次使用的，自该商品展出之日起 6 个月内，该商标的注册申请人可以享有优先权。要求优先权的，应当在提出商标注册申请时提出书面声明，并在 3 个月内提交展出其商品的展览会名称、在展出商品上使用该商标的证据和展出日期等证明文件，未提出书面声明或逾期未提交证明文件的，视为未要求优先权。

2. 商标局对商标注册申请进行审核

我国《商标法》规定，对申请注册的商标，商标局应当自收到商标注册申请文件之日起 9 个月内审查完毕，符合规定的，予以初步审定、公告。

商标局对申请人提交的申请文件进行审核，认为符合《商标法》规定的，授予商标权。

(1)审核原则。我国《商标法》对商标注册申请的审核采取申请在先为主、使用在先为辅的原则：两个或两个以上的商标注册申请人在同一种商品或类似商品上以相同或近似商标申请注册的，初步审定并公告申请在先的商标；同一天申请的，初步审定并公告使用在先的商标，驳回其他人的申请，不予公告。

(2)审核程序。我国《商标法》对商标注册申请的审核采取两次公告的方式：商标局对商标注册申请初步审定，进行公告(第一次公告)，自公告之日起 3 个月内，优先权利人、利害关系人或者任何人都可以依法提出相应异议；公告期满无异议的，予以核准注册，发给商标注册证，并予公告(第二次公告)。

商标成为注册商标后，商标注册人有权标明“注册商标”或其他注册标记。根据《商标法》的规定，对驳回申请、不予公告的商标，商标局应当书面通知商标注册申请人；商标注册申请人不服的，可以自收到通知之日起 15 日内向商标评审委员会申请复审。商标评审委员会应当自收到申请之日起 9 个月内作出决定，并书面通知申请人；有特殊情况需要延长的，经国务院工商行政管理部门批准，可以延长 3 个月。当事人对商标评审委员会的决定不服的，可以自收到通知之日起 30 日内向人民法院起诉。

（四）商标权的保护

1. 商标权的保护范围

我国《商标法》规定，注册商标的专用权以核准注册的商标和核定使用的商品为限。

2. 商标权的保护期限

我国《商标法》规定，注册商标的有效期为 10 年，自核准注册之日起计算。注册商标有效期满，需要继续使用的，应当在期满前 6 个月申请续展注册（每次续展注册的有效期为 10 年）；在此期限内没有提出申请的，可以给予 6 个月宽限期；宽限期满仍没有提出申请的，注销其注册商标。

3. 对商标侵权行为的制裁

我国《商标法》规定，下列行为属于商标侵权行为：(1)未经商标注册人的许可，在同一种商品上使用与其注册商标相同的商标的；(2)未经商标注册人的许可，在同一种商品上使用与其注册商标近似的商标，或者在类似商品上使用与其注册商标相同或者近似的商标，容易导致混淆的；(3)销售侵犯注册商标专用权的商品的；(4)伪造、擅自制造他人的注册商标标识或者销售伪造、擅自制造的注册商标标识的；(5)未经商标注册人同意，更换其注册商标并将该更换商标的商品又投入市场的；(6)故意为侵犯他人商标专用权的行为提供便利，帮助他人实施侵犯商标专用权行为的；(7)给他人的注册商标专用权造成其他损害的。

另外，我国《商标法》规定，将他人的注册商标、未注册的驰名商标作为企业名称中的字号使用，误导公众，构成不正当竞争行为的，依照我国《反不正当竞争法》处理。

我国对商标侵权行为的制裁采取执法和司法双轨制，商标注册人或利害关系人对于商标侵权行为，可以向人民法院起诉，也可以请求工商行政管理部门处理。

三、专利权

（一）专利的概念和分类

1. 专利的概念

专利有三种意思相近但不完全相同的含义：

(1)专利是指取得了专利权的发明创造。我国《专利法》上的发明创造，包括发明、实用新型和外观设计。

(2)专利是指有关专利的文献，如专利申请文件、专利证书等。

(3)专利是指专利权，即专利是专利权的简称。

我们通常是从第一和第三个意义上理解“专利”一词的。

2. 专利的分类

(1)发明专利。发明，是指对产品、方法或其改进所提出的新的技术方案。发明是技术上最高端的发明创造，包括产品发明、方法发明和改进发明。

(2)实用新型专利。实用新型，是指对产品的形状、构造或其结合所提出的新的技术方案。实用新型只针对产品，不像发明有方法发明。

(3)外观设计专利。外观设计,是指对产品的形状、图案、色彩或其结合作出的富有美感并适用于工业的新设计。外观设计不是新的技术方案,而只是一种新的设计。外观设计也是针对产品的,但该产品取得专利权不是因为技术上的原因,而是因为外观设计上富有美感。

(二)专利权的概念

专利权,是指所有人对其经国务院专利行政部门授予专利权的发明创造享有的专有实施的权利。专利权是一系列权利的统称,具体包括以下权利:

1. 独占实施权

独占实施权是专利权人独占地实施其专利、非经法律强制许可或专利权人许可,任何他人不得实施其专利的权利。独占实施权是专利权的核心,许可实施权和转让权是从独占实施权中派生出来的。实施,就发明和实用新型而言,是指为生产经营目的而制造、使用、许诺销售、销售、进口专利产品,或使用专利方法以及使用、许诺销售、销售、进口依照该专利方法直接获得的产品;就外观设计而言,是指为生产经营目的而制造、销售、进口外观设计专利产品。

2. 许可实施权

许可实施权是专利权人将自己的专利许可他人实施的权利。我国《专利法》规定,任何单位或个人实施他人专利的,应当与专利权人订立书面实施许可合同,向专利权人支付专利使用费。被许可人无权允许合同规定以外的任何单位或个人实施该专利。

3. 转让权

转让权是专利权人将自己的专利转让给他人所有的权利。我国《专利法》规定,中国单位或个人向外国人转让专利权的,必须经国务院有关主管部门批准;转让专利权的,当事人应当订立书面合同,并向国务院专利行政部门登记,由国务院专利行政部门予以公告。专利权的转让自登记之日起生效。

(三)专利权的原始取得

专利权的原始取得,是指专利申请人依照《专利法》的规定,向国务院专利行政部门申请取得专利权。我国《专利法》规定,专利权的原始取得要经过申请人的申请和国务院专利行政部门审批两个步骤。

1. 专利申请

(1)形式要求。第一,发明和实用新型专利申请。申请发明或实用新型专利的,应当提交请求书、说明书及其摘要和权利要求书等文件。第二,外观设计专利申请。申请外观设计专利的,应当提交请求书以及该外观设计的图片或照片等文件,并且应当写明使用该外观设计的产品及其所属类别。

(2)申请主体。申请主体,是指专利申请人。根据发明创造的完成所依据的条件,专利申请人有三种情况:第一,职务发明创造的专利申请人。职务发明创造是执行本单位的任务或主要利用本单位的物质技术条件完成的发明创造。职务发明创造的专利申请人是单位,但单位与发明人或设计人订有合同的,专利申请权的归属由合同约定。执行本单位的任务所完成的职务发明创造,包括在本职工作中作出的发明创造、履行本单位交付的本职工作之外的任务所作出的发明创造以及退休、调离原单位后或劳动、人事关系终止后1年内作出的与其在原单位承担的本职工作或原单位分配的任务有关的发明创造。第二,非职务发明创造的专利申请人。非职务发明创造的专利申请人是发明人或设计人。第三,合作完成的发明创造的专利申请人。

合作完成的发明创造的专利申请人是完成或共同完成的单位或个人(另有协议的除外)。

(3)申请客体。申请客体,是指能够申请专利权的发明创造。专利申请客体的要求是:第一,必须属于《专利法》保护的发明创造,包括发明、实用新型和外观设计。对于违反国家法律、社会公德或妨碍公共利益的发明创造,不授予专利权;对违反法律、行政法规的规定获取或利用遗传资源,并依赖该遗传资源完成的发明创造,不授予专利权。第二,发明和实用新型必须具有新颖性、创造性和实用性,外观设计必须具有新颖性。新颖性,是指在申请日以前没有同样的发明或实用新型在国内外出版物上公开发表过、在国内公开使用过或以其他方式为公众所知,也没有同样的发明或实用新型由他人向国务院专利行政部门提出过申请并且记载在申请日以后公布的专利申请文件中(外观设计的新颖性要求与申请日以前在国内外出版物上公开发表过或国内公开使用过的外观设计不相同或不近似,且不得与他人在先取得的合法权利相冲突),但是,在申请日以前6个月内有下列情形之一的,不丧失新颖性:在中国政府主办或承认的国际展览会上首次展出的;在规定的学术会议或技术会议上首次发表的;他人未经申请人同意而泄露其内容的。创造性,是指与申请日以前已有的技术相比,该发明有突出的实质性特点和显著进步,该实用新型有实质性特点和进步。实用性,是指该发明或实用新型能够制造或使用,并且能够产生积极效果。

(4)申请日优先。第一,国际优先权。申请人自发明或实用新型在外国第一次提出专利申请之日起12个月内、自外观设计在外国第一次提出专利申请之日起6个月内,又在中国就相同主题专利提出申请的,依照该外国与中国签订的协议或共同参加的国际条约,或依照相互承认优先权的原则,可以享有优先权。第二,国内优先权。申请人自发明或实用新型在中国第一次提出专利申请之日起12个月内又向国务院专利行政部门提出专利申请的,可以享有优先权。申请人要求优先权的,应当在申请时提出书面声明,并且在3个月内提交第一次提出的专利申请文件的副本;未提出书面声明或逾期未提交专利申请文件副本的,视为未要求优先权。

2. 国务院专利行政部门审批

(1)审批原则。我国《专利法》对专利申请的审批采取申请在先的原则:两个以上的申请人分别就同样的发明创造申请专利的,专利权授予最先申请的人。申请日在采取申请在先原则的国家十分重要,根据《专利法》的规定,以国务院专利行政部门收到专利申请文件之日为申请日,专利申请文件是邮寄的,以寄出的邮戳日为申请日。

(2)审批内容。对发明、实用新型和外观设计专利申请,审批的内容及程序是不同的:第一,发明专利申请的审批内容。对于发明专利申请,审批有实质审查的要求。实质审查是对新颖性、创造性和实用性的审查,也称“三性”审查或专利性审查。发明专利申请自申请日起3年内,国务院专利行政部门可以根据申请人随时提出的请求,对其申请进行实质审查;申请人无正当理由逾期不请求实质审查的,该申请即被视为撤回;国务院专利行政部门认为必要时,可以自行对发明专利申请进行实质审查。第二,实用新型和外观设计专利申请的审批内容。对于实用新型和外观设计专利申请,不进行新颖性、创造性和实用性的审查。

(3)审批程序。第一,发明专利申请审批程序。发明专利申请经实质审查没有发现驳回理由的,由国务院专利行政部门作出授予发明专利权的决定,发给发明专利证书,同时予以登记和公告。发明专利权自公告之日起生效。第二,实用新型、外观设计专利申请审批程序。实用新型和外观设计专利申请经初步审查没有发现驳回理由的,由国务院专利行政部门作出授予实用新型专利权或外观设计专利权的决定,发给相应的专利证书,同时予以登记和公告。实用新型专利权和外观设计专利权自公告之日起生效。根据《专利法》的规定,专利申请人对国务院专利行政部门驳回申请的决定不服的，可以自收到通知之日起3个月内向专利复审委员会请求复审。专利复审委员会复审后作出决定，并通知专利申请人。专利申请人对专利复审委员会的复审决定不服的，可以自收到通知之日起3个月内向人民法院起诉。

（四）专利权的保护

1. 专利权的保护范围

我国《专利法》规定，发明和实用新型专利权的保护范围以其权利要求的内容为准，说明书及附图可以用于解释权利要求；外观设计专利权的保护范围以表示在图片或照片中的该外观设计专利产品为准。

2. 专利权的保护期限

我国《专利法》规定，发明专利权的保护期限为20年，实用新型和外观设计专利权的保护期限为10年，自申请日起计算。

3. 对专利侵权行为的制裁

我国《专利法》规定，未经专利权人许可而实施其专利的就是专利侵权行为，但有下列情形之一的，不视为侵犯专利权：(1)专利权人制造、进口或经专利权人许可制造、进口的专利产品或依照专利方法直接获得的产品售出后，使用、许诺销售或销售该产品的；(2)在专利申请日前已经制造相同产品、使用相同方法或已经做好制造、使用的必要准备，并且仅在原有范围内继续制造、使用的；(3)临时通过中国领陆、领水、领空的外国运输工具，依照其所属国与中国签订的协议或共同参加的国际条约，或依照互惠原则，为运输工具自身需要而在其装置和设备上使用有关专利的；(4)专为科学研究和实验而使用有关专利的。

我国对专利侵权行为的制裁采取执法和司法双轨制，专利权人或利害关系人对于专利侵权行为，可以向人民法院起诉，也可以请求管理专利工作的部门处理。管理专利工作的部门认定侵权行为成立的，可以责令侵权人立即停止侵权行为；当事人不服的，可自收到通知之日起15日内向人民法院提起行政诉讼；侵权人不提起诉讼又不停止侵权行为的，管理专利工作的部门可以申请人民法院强制执行。

（五）专利实施的强制许可

1. 强制许可的含义

专利实施强制许可是国务院专利行政部门根据《专利法》规定的条件，依照职权直接许可非专利权人实施他人的发明或实用新型专利的行为。强制许可能够防止专利权人垄断技术，但也可能造成对专利权的损害，是一把“双刃剑”，在制度设计上要十分谨慎。

2. 强制许可的情形

我国《专利法》规定，国务院专利行政部门可以依照职权强制许可的情形包括：(1)具备实施条件的单位以合理的条件请求发明或实用新型专利权人许可实施其专利而未能在合理长的时间内获得这种许可（必须举证），向国务院专利行政部门提出申请的；(2)国家出现紧急状态或非常情况，或为了公共利益的目的；(3)一项取得专利权的发明或实用新型比以前已经取得专利权的发明或实用新型具有显著经济意义的重大技术进步，其实施又有赖于前一发明或实用新型的实施，后一专利权人向国务院专利行政部门提出申请的。

3. 强制许可的规则

我国《专利法》规定，专利实施强制许可应当遵守以下规则：

(1)国务院专利行政部门作出给予实施强制许可的决定，应当及时通知专利权人，并予以登记和公告。

(2)国务院专利行政部门给予实施强制许可的，应当根据强制许可的理由规定实施的范围和时间。强制许可的理由消除且不再发生时，应当根据专利权人的请求，经审查作出终止实施强制许可的决定。

(3)取得实施强制许可的单位和个人不享有独占的实施权并且无权允许他人实施，还应当付给专利权人合理的使用费，数额由双方协商，不能达成协议时由国务院专利行政部门裁决。

4. 专利权人的救济

我国《专利法》规定，专利权人对国务院专利行政部门关于实施强制许可的决定不服的，专利权人和取得实施强制许可的单位或个人对国务院专利行政部门关于实施强制许可的使用费的裁决不服的，可以自收到通知之日起3个月内向人民法院起诉。

本章练习

一、名词解释

经济法　经济法律关系　法律事实　法人　所有权　按份共有　债权　知识产权　注册商标　职务发明创造

二、单项选择题

1. 经济法的要义是国家对________的适度干预。

A. 市场经济　B. 国民经济　C. 商品经济　D. 自然经济

2. 经济法的调整对象是________的经济关系。

A. 所有

B. 国家在对市场经济进行宏观调控的过程中发生

C. 国家与市场主体发生

D. 市场主体之间发生

3. 法律关系是法律规范在调整社会关系时在当事人之间形成的________关系。

A. 利益　B. 经济　C. 权利义务　D. 物质

4. 行政机关及其职能部门行使国家宏观经济调控职能的权利是________。

A. 民事权利　B. 财产权利　C. 人身权利　D. 行政职权

5. 法律事实是指依法能够引起法律关系发生、变更和消灭的________。

A. 客观情况　B. 主观要求　C. 事实构成　D. 不可抗力

6. 自然人(公民)的死亡作为法律事实，属于________。

A. 行为　B. 自然事件　C. 社会事件　D. 意外事件

7. 依照物具有的单独特征来确定、不能相互代替的物，是________。

A. 不动产　B. 动产　C. 特定物　D. 种类物

8. 个体工商户、农村承包经营户作为法律关系主体，属于________。

A. 法人　B. 其他组织　C. 企业　D. 自然人(公民)

9. 法人的民事行为能力和民事权利能力是________的。

A. 同时产生、同时消灭　B. 同时产生、先后消灭

C. 先后产生、同时消灭　D. 随意产生、消灭

10. 当物权的归属不明时，利害关系人可以________。

A. 请求返还原物　B. 请求确认所有权　C. 请求恢复原状　D. 请求赔偿损失

11. 所有权是________。

A. 无形财产权　B. 他物权　C. 自物权　D. 担保物权

12. 矿藏、水流、海域________。

A. 可以由集体所有　B. 可以由私人所有

C. 可以由国家所有　D. 属于国家所有即全民所有

13. 相邻关系是指相互毗邻的________之间发生的物权关系。

A. 不动产所有人　B. 动产所有人　C. 物权人　D. 债权人

14. 在对外关系上，共有人________，但法律另有规定或第三人知道共有人不具有连带债权债务关系的除外。

A. 享有按份债权、承担按份债务　B. 享有连带债权、承担连带债务

C. 享有连带债权、承担按份债务　D. 享有按份债权、承担连带债务

15. 债权是________。

A. 支配权　B. 排他权　C. 请求权　D. 救济权

16. 不当得利所生之债和侵权损害之债属于________。

A. 连带之债　B. 按份之债　C. 合同之债　D. 法定之债

17. 当事人对工商行政管理部门(或管理专利工作的部门)就商标(或专利)侵权行为的处理决定不服的，可自收到通知之日起________内向法院提起行政诉讼。

A. 15 日　B. 20 日　C. 30 日　D. 3 个月

18. 商标局对申请注册的商标，凡符合法律有关规定的进行初步审定和公告，自公告之日起________内任何人都可以提出异议。

A. 30 日　B. 3 个月　C. 45 日　D. 6 个月

19. 退休、调离原单位后或劳动、人事关系终止后 1 年内作出的，与其在原单位承担的本职工作或原单位分配的任务有关的发明创造，是________。

A. 非职务发明创造　B. 合作发明创造　C. 职务发明创造　D. 其他发明创造

20. 外观设计申请专利权，必须具有________。

A. 创造性　B. 实用性　C. 独立性　D. 新颖性

三、多项选择题

1. 经济法律关系的构成要素包括________。

A. 主体　B. 客体　C. 内容　D. 法律事实

2. 经济法律关系的客体包括________。

A. 物　B. 行为　C. 智力成果　D. 事件

3. 始于成立，终于消灭的是________。

A. 法人的民事权利能力　B. 法人的民事行为能力

C. 法人的住所　D. 法人的名称

4. 法人不具有的民事权利能力是________。

A. 订立合同　B. 婚姻　C. 收养　D. 取得荣誉

5. 人民大会堂这一建筑物是________。

A. 不动产　B. 特定物　C. 不可分物　D. 国家财产

6. 下列关于所有权的法律描述中，正确的有________。

A. 所有权是物权　B. 所有权是自物权

C. 所有权包括占有、使用、收益和处分　D. 所有权是无形财产权

7. 用益物权包括________。

A. 土地承包经营权　B. 建设用地使用权　C. 宅基地使用权　D. 地役权

8. 担保物权有________。

A. 保证权　B. 抵押权　C. 质权　D. 留置权

9. 私人对________等不动产和动产享有所有权。

A. 其合法的收入　B. 矿藏、水流、海域

C. 无线电频谱资源　D. 生产工具、原材料

10. 建造建筑物不得违反国家有关工程建设的标准，妨碍相邻建筑物的________。

A. 通风　B. 采光　C. 通信　D. 日照

11. 形成法律规定的债权债务关系的法律事实有________。

A. 订立合同　B. 获得不当利益　C. 发生无因管理　D. 发生侵权行为

12. 导致债权债务关系消灭的法律事实有________。

A. 履行　B. 抵销　C. 提存　D. 免除

13. 工业产权一般包括________。

A. 商标权　B. 专利权　C. 著作权　D. 软件著作权

14. 知识产权的法律特征是________。

A. 创造性　B. 专有性　C. 地域性　D. 时间性

15. 注册商标包括________。

A. 商品商标　B. 服务商标　C. 集体商标　D. 证明商标

16. 不得作为商标使用的标志有________。

A. 人民大会堂图形　B."羊"牌毛毯

C."上海"牌手机　D. 缺乏显著特征的标志

17. 不授予专利权的项目有________。

A. 新的科学发现　B. 新的动物品种

C. 杂交水稻的培育方法　D. 新的药品

18. 专利审批部门对于发明专利的申请，需要进行________审查。

A. 新颖性　B. 创造性　C. 实用性　D. 合法性

19. 专利权是一系列权利的统称，具体包括________。

A. 独占实施权　B. 许可实施权　C. 转让权　D. 申请强制许可权

20. 专利实施强制许可的对象可以是________。

A. 发明专利　B. 实用新型专利　C. 外观设计专利　D. 保护期内的专利

四、判断题

1. 经济法是调整一切经济关系的法律规范的总称。(　　)

2. 行为既是法律关系的客体，也可以是法律事实的一种。(　　)

3. 市场主体的民事权利和行政机关职能部门的行政职权都是可以放弃的。(　　)

4. 所有客观存在的情况都是法律事实。(　　)

5. 法律关系的发生、变更和消灭只能由一个法律事实引起。(　　)

6. 自然人(公民)的民事权利能力和民事行为能力是同时产生、同时终止的。(　　)

7. 公民以户籍所在地的居所为住所，经常居住地与住所不一致的，以经常居住地为住所。(　　)

8. 组成法人的成员只能是自然人(公民)。(　　)

9. 法人是组织体，所以法人没有与人身不可分离的民事权利能力。(　　)

10. 法人企业和企业法人是同义的，企业应当具有法人资格，所以企业就是企业法人。(　　)

11. 所有权是唯一的自物权。(　　)

12. 用益物权和担保物权是他物权。(　　)

13. 不合法的占有都是恶意的。(　　)

14. 我国《民法通则》规定，除法律另有规定或合同另有约定外，财产（物）的交付时间就是所有权的转移时间。（　　）

15. 共有财产的处分和重大修缮，应按多数共有人的意见决定。（　　）

16. 当事人对共有财产约定不得分割的，在任何情况下都不得分割。（　　）

17. 债权是支配权，也是一种法律关系。（　　）

18. 债权是当事人之间特定的权利义务关系。（　　）

19. 根据债权关系当事人的人数，债权可以有合同之债和法定之债之分。（　　）

20. 根据多数之债当事人之间的权利义务关系，债权有按份之债和连带之债之分。（　　）

21. 无因管理是指没有法定或约定的义务，为了避免自己的利益受损而替他人管理或服务。（　　）

22. 知识产权的特征是由其为无形财产权决定的。（　　）

23. 我国还不是世界知识产权组织的成员国，所以不需要按照其要求保护其规定的知识产权。（　　）

24. 软件著作权属于工业产权保护的范围。（　　）

25. 我国的商标是有形商品上使用的专用标志。（　　）

26. 商品使用的商标未经核准注册的，不得在市场上销售，也不受法律保护。（　　）

27. 我国的商标可以是平面的颜色组合，也可以是立体的三维标志。（　　）

28. 我国《商标法》规定，集体商标和证明商标不能申请注册。（　　）

29. 当事人只能通过商标注册才能取得商标权。（　　）

30. 被许可人和受让人都应当保证使用被许可使用、被转让的注册商标的商品的质量。（　　）

31. 只有销售明知是侵犯注册商标专用权的商品的，才属于商标侵权行为。（　　）

32. 当事人对工商行政管理部门的处理决定不服的，可以自收到处理通知之日起 15 日内向人民法院提起民事诉讼。（　　）

33. 发明创造包括发明、实用新型和外观设计。其中，外观设计不是新的技术方案，而只是一种新的设计。（　　）

34. 发明专利申请自申请日起 1 年内，国务院专利行政部门可以根据申请人随时提出的请求，对其申请进行实质审查。（　　）

35. 发明、实用新型和外观设计专利权自公告之日起生效。（　　）

36. 发明专利权的保护期限为 20 年，实用新型和外观设计专利权的保护期限为 10 年，都自公告之日起计算。（　　）

37. 我国商标权和专利权的保护期限都是自申请之日起计算的。（　　）

38. 我国对专利侵权行为的制裁与对商标侵权行为的制裁一样，都采取执法和司法双轨制。（　　）

39. 专利权人对于专利侵权行为，可以向人民法院起诉，也可以请求管理专利工作的部门处理。（　　）

40. 取得实施强制许可的单位和个人不需要付给专利权人合理的使用费。（　　）

五、简答题

1. 简述经济法的调整对象。
2. 简述经济法律关系的构成要素。
3. 简述法人的条件。
4. 简述法人民事权利能力和民事行为能力的特点。
5. 简述物权的定义和特征。
6. 简述物权的分类。
7. 简述所有权的概念和内容。
8. 简述债权的概念。
9. 简述知识产权的概念。
10. 简述商标侵权行为。

六、综合分析题

1. 市民甲购买健康保险后在保险期内不幸受到属于保险范围的意外伤害，甲要求保险公司按照保险合同理赔，保险公司同意给予理赔。

问：该保险理赔关系由哪几个法律事实引起？分别属于何种法律事实？

2. 年满17周岁的甲在一家加工企业工作，每月有1 800元的固定收入。甲购买的福利彩票中了二等奖，去兑奖时，兑奖处工作人员说甲不满18周岁，是未成年人，不具有完全民事行为能力，所以要求甲的监护人前去领奖。

问：兑奖处工作人员的说法有法律依据吗？

3. 某公司向社会吸收连锁加盟，客户甲与该公司某连锁店发生纠纷，客户找到公司进行交涉，该公司表示，客户是与连锁店发生的纠纷，应该直接与连锁店交涉，与公司无关。

问：该公司的这种说法合法吗？

4. 甲、乙、丙3人共同出资购买一台农用拖拉机，承包农田翻耕、收割业务，事前言明按照各自1/3的比例分担费用、分享收益。1年后，甲要到外地亲戚处合伙做服装生意，准备将自己的份额作价人民币500元转让给丁，乙、丙知道后希望甲将其份额以300元卖给他们，甲与乙、丙发生纠纷。

问：

(1)甲、乙、丙之间存在哪种法律关系？

(2)甲、乙、丙之间的纠纷应该按照怎样的法律规定处理？

5. 甲企业将“飞跃”商标用在自己生产的儿童书包上并获准注册，后来又将其用在自己生产的儿童服装上，但未申请注册。2年后甲企业发现乙企业在其生产的儿童书包上使用的“飞腾”商标与自己的“飞跃”商标近似，并正准备申请注册，就向人民法院提起诉讼，要求人民法院制裁乙企业的侵权行为。

问：乙企业的行为是否构成对甲企业商标权的侵犯？

6. 日本公民甲于1998年8月18日就一种新型灌溉机在本国申请实用新型专利，同年9月30日，法国公民乙以同样的主题在本国申请实用新型专利。次年，甲于8月20日就同样的主题在中国申请实用新型专利，乙于8月28日就同样的主题在中国申请实用新型专利，中国公民丙也以同样的主题于6月20日在本国申请实用新型专利。假设甲、乙、丙所在国相互承认优先权，三项专利申请都符合中国专利法授予专利权的条件。

问：中国专利审批机关应将专利权授予谁？为什么？

第二章
个人独资企业与合伙企业法律制度

第一节　企业与企业法概述

一、企业概述

(一)企业的概念和分类

1. 企业的概念

企业,是指以营利为目的,从事商品生产或者服务,独立核算的经营实体。从法律的角度看,企业是市场主体,也是经济法律关系的主体。企业具有以下法律特征:

(1)企业是经营实体。经营实体,是指通过营业获取利润,在一定程度上独立于成员的经营体。经营实体与其他社会组织,如国家行政机关的职能部门、事业单位和社会团体等,在设立宗旨、活动方式、作为经济法律关系主体的民事权利能力方面,具有本质区别。

(2)企业以营利为目的。企业经营旨在获取利润,并将所获利润分配给投资人。企业不是以经营和管理为目的的,经营和管理只是企业达到营利目的的手段。

(3)企业一般实行独立核算。这是指企业应当依法独立设置账簿、编制财务会计报告、计算盈亏,不与投资人的财产混淆。企业是市场主体,实行独立核算是应当的。但是,个人独资企业由于企业与投资人身份的合一性,不强调独立核算。

(4)企业必须依法设立。这是指企业必须按照法律规定的设立条件和设立程序组建。企业依法设立是国家对市场经济进行宏观调控的需要,也是法律保护企业合法权益的需要。

2. 企业的分类

(1)根据投资者人数及其承担民事责任的限度,企业可以分为个人独资企业、合伙企业和公司。个人独资企业是由一个自然人投资设立,投资人对企业债务承担无限责任的企业。合伙企业是由两个以上自然人、法人或者其他组织投资设立,投资人对企业债务承担无限连带责任或者有限责任的企业。公司在我国是指由自然人或者法人投资设立、投资人对企业债务承担有限责任或者股份有限责任的企业。

（2）根据企业财产所有制的性质，企业可以分为国有企业、集体企业、私有企业和混合所有制企业。国有企业也称全民所有制企业，是公有制企业中国家所有或者称全民所有的企业，企业财产属于全民所有，通常是指根据《全民所有制工业企业法》设立的企业，现在大多已改建为公司了。集体企业是公有制企业中集体所有的企业，企业财产属于集体单位所有，根据《城镇集体所有制企业条例》和《乡村集体所有制企业条例》设立，现在已比较少了。私有企业是自然人（公民）私人所有的企业，如个人独资企业。混合所有制企业是各种所有制混合的企业，从法律上说，它是不同所有制主体共有的企业。

（3）根据投资人的国籍或者我国"一国两制"的制度，企业可以分为内资企业和外商投资企业。内资企业是由中国国籍的投资人投资设立的企业。外商投资企业是由外商（包括中国香港、澳门特别行政区和中国台湾地区的投资人）投资设立的企业，包括中外合资经营企业、中外合作经营企业和外资企业。

（4）根据企业的法律地位，企业可以分为法人企业和非法人企业。法人企业，是指具有法人资格（地位）的企业，如公司、全民所有制企业、中外合资经营企业等。非法人企业，是指不具有法人资格（地位）的企业，如个人独资企业、合伙企业等。

（5）根据企业的信用基础，企业可以分为人合性企业、资合性企业和人资兼合性企业。人合性企业的信用基础是投资人的个人信用，如普通合伙企业。人合性企业投资人之间的关系比较紧密，外人加入不易。资合性企业的信用基础是由投资人出资构成的企业资本，如股份有限公司。人资兼合性企业的信用既依靠投资人的个人信用，也依靠投资人出资构成的企业资本，如有限责任公司。

（二）企业的基本原则

1. 企业形式法定

企业形式法定，是指企业的形式应当由法律强制性地加以规定，投资人设立企业应当在企业登记部门登记。企业形式法定原则包括：

（1）企业主体形式法定。这是指法律对企业采取的企业形式加以规定，投资人应当根据法律规定的范围选择企业形式，禁止创设企业形式。根据我国目前的法律规定，可供投资人选择的企业主体形式主要有公司、合伙企业和个人独资企业等。

（2）企业主体实质法定。这是指法律对各种形式企业的内外关系加以规定，禁止随意变更。

（3）企业主体公示。这是指企业的设立、变更和终止等应当公开，让公众知晓。企业主体公示与企业登记有密切关系，企业在登记部门登记的事项一般都应让公众知晓。

2. 企业公平、安全交易

企业公平、安全交易，是指法律对作为市场主体的企业在市场交易中的公平、安全给予基本保障。企业公平、安全交易原则具体包括：

（1）平等、诚信交易。这是指企业在交易中彼此的地位平等和诚信对待。

（2）合法、快捷、确定交易。这是指企业应当以合法交易达到营利目的，应当以快捷有效的交易方式、确定无误的交易内容进行市场交易。

企业的基本原则是法律对企业的要求，是企业实现营利目的的保障。

二、企业法概述

(一)企业法的含义和地位

1. 企业法的含义

企业法是调整企业在组织和活动过程中发生的经济关系的法律规范的总称。企业法既是组织法,也是活动法。企业法规定企业的设立条件和设立程序,以及企业成立后的法律地位,反映了组织法的特点;同时,企业法也规定企业的权利和义务,明确企业的行为准则,体现了活动法的特点。

2. 企业法在市场经济中的地位

企业法是市场经济法律体系中极其重要的法律分支。首先,企业法明确了企业的法律地位,使企业拥有相应的民事权利能力和民事行为能力,能够在市场经济中行使必要的法律行为,并承担由此产生的法律后果。其次,企业法明确了投资人对企业的债务责任,使投资人能够判断投资行为的后果和价值,理性地从事投资行为。最后,企业法明确了企业在市场经济活动中的法律责任,使企业成为对自己的行为承担法律后果的责任主体。

(二)我国主要的企业立法

1. 我国企业立法思路的改变

随着市场经济体制的建立和完善,我国的企业立法从按照财产所有制的角度对各类企业进行立法向国际通行的按照投资者的人数及其承担民事责任的限度的角度进行企业立法演变。

2. 我国主要的企业立法

从财产所有制的角度,我国制定了《全民所有制工业企业法》《城镇集体所有制企业条例》《乡村集体所有制企业条例》和《私营企业暂行条例》等。从投资者人数及其承担民事责任的限度的角度,我国制定了《公司法》《合伙企业法》和《个人独资企业法》等。另外,我国还制定了《中外合资经营企业法》《中外合作经营企业法》和《外资企业法》等吸引外商投资的法律。

第二节　个人独资企业法律制度

一、个人独资企业概述

(一)个人独资企业的概念

1. 个人独资企业的定义

个人独资企业,是指依照《个人独资企业法》在中国境内设立的,由一个自然人投资,财产为投资人个人所有,投资人以其个人财产对企业债务承担无限责任的经营实体。

2. 个人独资企业的特征

个人独资企业的特征,是指个人独资企业不同于其他企业形式的法律个性,具体包括:

(1)个人独资企业投资主体的单一性。个人独资企业是由一个自然人投资设立的，它不仅只能由一个投资人投资，而且该投资人只能是自然人。

(2)个人独资企业的企业资格与投资人个人主体资格的合一性。个人独资企业是由一个自然人投资设立的，从法律上讲，企业资格与投资人个人主体资格是不分的。在对外进行交易活动时，企业的行为就是投资人的行为，企业的法律责任就是投资人的法律责任。

(3)个人独资企业投资人承担民事责任的无限性。个人独资企业的投资人对个人独资企业的债务必须承担无限责任，当个人独资企业负担债务时，投资人必须将其全部个人财产用于清偿债务，而不是只将其在个人独资企业中的出资用于清偿债务。

(二)《个人独资企业法》的概况

1999 年 8 月 30 日，第九届全国人民代表大会常务委员会第十一次会议通过了《中华人民共和国个人独资企业法》，并于 2000 年 1 月 1 日起施行。该法有 6 章、48 条，分别是总则、个人独资企业的设立、个人独资企业的投资人及事务管理、个人独资企业的解散和清算、法律责任和附则。

二、个人独资企业的设立

(一)个人独资企业的设立要求

1. 个人独资企业的设立条件

(1)投资人为自然人。个人独资企业的投资人必须对企业债务承担无限责任。因为法人是承担有限责任的经济法律关系主体，所以，个人独资企业的投资人是自然人。

(2)有合法的企业名称。个人独资企业的名称不能有与其责任形式、企业组织形式不符的字样，如“有限”“有限责任”或“公司”等。个人独资企业的商号(字号)不能使用法律禁止的文字。

(3)有投资人申报的出资。资本是个人独资企业经营的物质基础，个人独资企业的投资人必须在申请设立企业时申报出资。出资的方式可以是现金，也可以是非现金，如实物、知识产权和其他财产权等。

(4)有固定的生产经营场所和必要的生产经营条件。个人独资企业从事生产经营必须有固定的场所和必要的条件。企业登记部门在核发营业执照时，要查证这些条件。

(5)有必要的从业人员。有一定人数的从业人员是个人独资企业与个体工商经营户的主要区别。从业人员是个人独资企业雇用的劳动者，不是个人独资企业的投资人。

2. 个人独资企业的设立程序

(1)提出申请。投资人或者投资人委托的代理人向个人独资企业所在地的企业登记部门(工商行政管理局)提交设立申请书、投资人身份证明、生产经营场所使用证明等文件。如果个人独资企业从事法律规定须报有关部门审批的业务，在申请设立登记时，应当提交有关部门的批准文件。设立申请书应当载明下列事项：第一，企业的名称和住所；第二，投资人的姓名和居所；第三，投资人的出资额和出资方式；第四，经营范围。

(2)工商登记。企业登记部门应当自收到设立申请文件之日起 15 日内对设立申请作出是否予以登记的决定。对符合法律规定条件的，予以登记，发给营业执照；对不符合法律规定条件的，不予登记，但应给予书面答复并说明理由。个人独资企业营业执照的签发日期为个人独资企业的成立日期。在领取营业执照前，投资人不得以个人独资企业的名义从事经营活动。另外，个人独资企业设立分支机构或者对登记事项进行变更的，也必须到原登记部门办理登记手续。

（二）个人独资企业的投资人

1. 个人独资企业投资人的条件

个人独资企业的投资人是自然人，但不是所有自然人都可以成为个人独资企业的投资人：

（1）不具有完全民事行为能力的自然人，不能作为个人独资企业的投资人。

（2）法律禁止从事营利性活动的自然人，不得作为个人独资企业的投资人。国家公务员以及商业银行工作人员等，不得作为投资人申请设立个人独资企业。

2. 个人独资企业投资人的权利

（1）投资人对企业的财产享有所有权。个人独资企业是私人所有制企业。

（2）投资人可以自己管理企业事务，也可以委托或者聘用具有民事行为能力的人负责企业的事务管理。

3. 个人独资企业投资人的责任

（1）投资人必须遵守法律，诚实信用，依法纳税，不得损害社会公共利益。

（2）投资人对企业债务承担无限责任。个人独资企业的财产不足以清偿债务的，投资人应当以其个人的其他财产予以清偿；投资人在申请企业设立登记时明确以家庭共有财产作为个人出资的，依法应当以家庭共有财产对企业债务承担无限责任。

三、个人独资企业的事务管理

（一）投资人自行管理企业事务

个人独资企业的投资人对企业财产享有所有权，有权自行管理企业事务，投资人可以自己决策、执行企业的各项事务。

（二）投资人委托或者聘用他人管理企业事务

1. 个人独资企业的投资人有权委托或者聘用他人管理企业事务

个人独资企业的投资人委托或者聘用他人管理企业事务的，应当与受托人或者被聘用人签订书面合同，明确委托的具体内容和权利范围；投资人对受托人或者被聘用人的职权限制，不得对抗善意第三人。

所谓“善意第三人”，是指与企业以正常市场规则进行交易，对企业内部的权利限制或者分工不知情，也没有义务知道的人。

2. 受托人或者被聘用人的义务

（1）受托人或者被聘用人的积极义务。积极义务是当事人应当作为的义务。受托人或者被聘用人应当履行诚信、勤勉义务，按照书面合同的约定负责个人独资企业的事务管理。

（2）受托人或者被聘用人的消极义务。消极义务是当事人应当不作为的义务。受托人或者被聘用人不得有以下行为：第一，利用职务便利，索取或者收受贿赂；第二，利用职务或者工作上的便利，侵占企业财产；第三，挪用企业的资金归个人使用或者借贷给他人；第四，擅自将企业资金以个人名义或者以他人名义开立账户储存；第五，擅自以企业财产提供担保；第六，未经投资人同意，从事与本企业相竞争的业务（竞业）；第七，未经投资人同意，与本企业订立合同或者进行交易（自己交易）；第八，未经投资人同意，擅自将企业商标或者其他知识产权转让给他人使用；第九，泄露本企业的商业秘密；第十，其他法律禁止的行为。

四、个人独资企业的解散和清算

（一）个人独资企业的解散

1. 企业解散的含义

企业解散，是指由于法律规定的原因，企业宣布不再从事经营活动而开始进行财产清算的行为。企业解散的含义包括以下几个方面：

（1）企业解散是企业停止经营活动，而不是企业终止。企业宣布解散后，企业的经营活动应当停止，但企业并没有终止，此时的企业称为“解散企业”。

（2）企业解散的直接后果是企业进入清算程序。企业宣布解散后，必须对企业的财产进行清算，在财产清算结束后，企业才能办理注销手续，消灭企业资格。

2. 个人独资企业解散的原因

（1）投资人决定解散。

（2）投资人死亡或者宣告死亡，无继承人或者继承人决定放弃继承。

（3）被依法吊销营业执照。

（4）法律、行政法规规定的其他情形。

（二）个人独资企业的清算和终止

1. 企业清算的含义

企业清算，是指对解散企业的财产关系进行清理，最终消灭企业资格的行为。企业清算的含义包括以下几个方面：

（1）企业清算是对企业财产关系的清理。企业财产关系清理的主要目的是在明确企业债权、债务的基础上，收取债权、清偿债务、清理企业的一切财产关系。

（2）企业清算的直接后果是企业终止。在清算期间，企业不得进行与清算目的无关的活动。清算结束后，清算人到登记部门办理企业注销登记，企业终止。

2. 个人独资企业的清算

（1）个人独资企业的清算方式及债权申报。个人独资企业解散的，由投资人自行清算或者由债权人申请人民法院指定清算人进行清算。第一，自行清算及其债权申报。投资人自行清算的，应当在清算前 15 日内以书面形式通知债权人，无法通知的应当公告；债权人应当自接到通知之日起 30 日内、未接到通知的自公告之日起 60 日内，向投资人申报其债权。第二，指定清算及其债权申报。人民法院指定清算的，申报债权的办法由人民法院依法确定。

（2）个人独资企业的清算顺序。个人独资企业解散的，财产应当按照下列顺序清偿：一是所欠职工工资和社会保险费用，二是所欠税款，三是其他债务。

3. 个人独资企业的终止

个人独资企业清算结束后，投资人或者人民法院指定的清算人应当编制清算报告，并于15日内到登记部门办理注销登记。

个人独资企业解散后，原投资人对企业存续期间的债务仍应承担偿还责任，但债权人在5年内未向债务人提出偿债请求的，该责任消灭。

第三节　合伙企业法律制度

一、合伙企业概述

(一)合伙企业的概念

1. 合伙企业的定义

合伙企业，是指依照《合伙企业法》的规定，自然人、法人和其他组织在中国境内设立的普通合伙企业和有限合伙企业。

(1)普通合伙企业。普通合伙企业由普通合伙人组成，合伙人对合伙企业的债务承担无限连带责任，特殊的普通合伙企业中的部分合伙人可以承担有限责任。

(2)有限合伙企业。有限合伙企业由普通合伙人和有限合伙人组成。普通合伙人对合伙企业的债务承担无限连带责任，有限合伙人以其认缴的出资额为限对合伙企业的债务承担责任。

2. 合伙企业的特征

合伙企业的特征，是指合伙企业不同于其他企业形式的法律个性。合伙企业具有以下法律特征：

(1)合伙企业的法律基础是合伙协议。合伙企业的法律基础是合伙人之间根据自愿、平等、公平、诚实信用原则，依法由全体合伙人协商一致、以书面形式订立的合伙协议。普通合伙企业和有限合伙企业都应当有合伙协议，合伙人依据合伙协议组建合伙企业，合伙企业成立后依据合伙协议进行营业活动。

(2)合伙企业是相对独立于合伙人的经营实体。合伙企业既不同于个人独资企业，也不同于公司，它是一种相对独立于投资人(合伙人)的经营实体。合伙企业营业时，对外可以合伙人的名义进行；但对合伙企业的债务，普通合伙人仍要承担无限连带责任。

(3)合伙企业是合伙人共同出资、合伙经营、共享收益、共担风险的经营实体。合伙人在合伙企业中有共同的经济利益，对于合伙企业的设立，合伙人共同承担出资的义务；对于合伙企业的事务管理，普通合伙人有共同的决策执行权，有限合伙人有监督权；对于合伙企业的收益，合伙人有分享的权利；对于合伙企业的债务和风险，合伙人共同承担相应的责任。

(4)合伙企业的合伙人对合伙企业债务的责任分类、分层确定。普通合伙企业的合伙人对合伙企业债务承担无限连带责任，特殊的普通合伙企业中的部分合伙人可以承担有限责任。有限合伙企业中的有限合伙人对合伙企业债务承担有限责任，普通合伙人对合伙企业债务承担无限连带责任。

(二)《合伙企业法》的概况

1. 我国《合伙企业法》的制定和修订

1997年2月23日，第八届全国人民代表大会常务委员会第二十四次会议通过了《中华人民共和国合伙企业法》，并于同年8月1日起施行。2006年2月23日，第十届全国人民代表大会常务委员会第二十三次会议对《合伙企业法》进行修订，修订后的《合伙企业法》有6章、109条，分别是总则、普通合伙企业、有限合伙企业、合伙企业解散和清算、法律责任及附则。

2.《合伙企业法》修订的主要内容

(1)扩大了合伙人的范围。修订前的《合伙企业法》规定的合伙人仅限于自然人，修订后的《合伙企业法》将合伙人的范围扩大为自然人、法人和其他组织。

(2)增加有限合伙企业的企业形式。修订前的《合伙企业法》仅规定了普通合伙企业，修订后的《合伙企业法》专章规定了有限合伙企业。

(3)在普通合伙企业中增设特殊的普通合伙企业的规定。修订后《合伙企业法》在普通合伙企业中规定了"特殊的普通合伙企业"，以专业知识和专门技能为客户提供有偿服务的专业服务机构可以设立为特殊的普通合伙企业。

二、普通合伙企业

(一)合伙企业的设立

1. 合伙企业的设立条件

(1)有两个以上合伙人。合伙人为自然人的，应当具有完全民事行为能力。国有独资公司、国有企业、上市公司以及公益性的事业单位、社会团体不得成为普通合伙人。

(2)有书面合伙协议。合伙协议应当载明下列事项：合伙企业的名称和主要经营场所的地点；合伙目的和合伙经营范围；合伙人的姓名或者名称、住所；合伙人的出资方式、数额和缴付期限；利润分配、亏损分担方式；合伙事务的执行；入伙与退伙；争议解决办法；合伙企业的解散与清算；违约责任。合伙协议经全体合伙人签名、盖章后生效，合伙人按照合伙协议享有权利、履行义务。修改或者补充合伙协议，应当经全体合伙人一致同意；但是，合伙协议另有约定的除外。

(3)有合伙人认缴或者实际缴付的出资。合伙人可以用货币、非货币(实物、知识产权、土地使用权或者其他财产权利)出资，也可以用劳务出资。合伙人非货币出资，需要评估作价的，可以由全体合伙人协商确定，也可以由全体合伙人委托法定评估机构评估；合伙人以劳务出资的，其评估办法由全体合伙人协商确定，并在合伙协议中载明。

(4)有合伙企业的名称和生产经营场所。普通合伙企业名称中应当标明"普通合伙"字样。

(5)法律、行政法规规定的其他条件。

2. 合伙企业的设立程序

(1)提出申请。投资人申请设立合伙企业，应当向企业登记部门提交登记申请书、合伙协议书、合伙人身份证明等文件。

(2)工商登记。申请人提交的登记申请材料齐全、符合法定形式，企业登记部门能够当场登记的，应予当场登记，发给营业执照；申请人提交的登记申请材料不齐全、不符合法定形式的，企业登记部门应当自受理申请之日起20日内作出是否登记的决定。予以登记的，发给营业执照；不予登记的，应当给予书面答复并说明理由。

合伙企业的营业执照签发日期为合伙企业成立日期。合伙企业领取营业执照前，合伙人不得以合伙企业名义从事合伙业务。合伙企业设立分支机构，应当向分支机构所在地的企业登记部门申请登记，领取营业执照。

(二)合伙企业的变更

1. 入伙

(1)入伙的含义。入伙，是指合伙企业成立后，第三人加入合伙企业并取得合伙人资格的行为。入伙与设立合伙企业不同，入伙是加入一个既存的合伙企业，而不是设立一个新的合伙企业。

(2)入伙的规定。新合伙人入伙，除合伙协议另有约定外，应当经全体合伙人一致同意，并依法订立书面入伙协议。订立入伙协议时，原合伙人应当向新合伙人如实告知原合伙企业的经营状况和财务状况。入伙的新合伙人与原合伙人享有同等权利，承担同等责任；入伙协议另有约定的，从其约定。新合伙人对入伙前合伙企业的债务承担无限连带责任。

2. 退伙

(1)退伙的含义。退伙，是指在合伙企业存续期间，合伙人失去合伙人资格。退伙与解散合伙企业不同，合伙人退伙的，合伙企业仍然存续。

(2)退伙的类别。根据退伙的原因，退伙有声明退伙、当然退伙和除名退伙之分。

①声明退伙。声明退伙也称自愿退伙，是合伙人根据自己的意愿提出的退伙。第一，合伙协议约定合伙期限的，在合伙企业存续期间，有下列情形之一的，合伙人可以退伙：合伙协议约定的退伙事由出现；经全体合伙人一致同意；发生合伙人难以继续参加合伙的事由；其他合伙人严重违反合伙协议约定的义务。第二，合伙协议未约定合伙期限的，合伙人在不给合伙企业事务的执行造成不利影响的情况下，可以退伙，但应当提前 30 日通知其他合伙人。合伙人违反规定退伙的，应当赔偿由此给合伙企业造成的损失。

②当然退伙。当然退伙也称法定退伙，是因法定退伙事由出现而导致的退伙，对当然退伙的合伙人有强制性。合伙人有下列导致其无法具有合伙人身份的情形之一的，当然退伙：作为合伙人的自然人死亡或者被依法宣告死亡；个人丧失偿债能力；作为合伙人的法人或者其他组织依法被吊销营业执照、责令关闭、撤销或者被宣告破产；法律规定或者合伙协议约定合伙人必须具有相关资格而丧失该资格；合伙人在合伙企业中的全部财产份额被人民法院强制执行。合伙人被依法认定为无民事行为能力人或者限制民事行为能力人的，经其他合伙人一致同意，可以依法转为有限合伙人，普通合伙企业依法转为有限合伙企业；其他合伙人未能一致同意的，该无民事行为能力或者限制民事行为能力的合伙人退伙。退伙事由实际发生之日为退伙生效日。

③除名退伙。除名退伙也称开除退伙，是根据法律规定，在其他合伙人一致同意的情形下，将某些合伙人除名的退伙，对被除名的合伙人有强制性。合伙人有下列情形之一的，经其他合伙人一致同意，可以决议将其除名：未履行出资义务；因故意或者重大过失给合伙企业造成损失；执行合伙事务时有不正当行为；发生合伙协议约定的事由。对合伙人的除名决议应当书面通知被除名人；被除名人接到除名通知之日，除名生效，被除名人退伙。被除名人对除名决议有异议的，可以自接到除名通知之日起 30 日内向人民法院起诉。

(3)退伙的后果。第一，退伙人死亡的，合伙人身份的继承或者合伙企业财产份额的退还。合伙人死亡或者被依法宣告死亡的，对该合伙人在合伙企业中的财产份额享有合法继承权的继承人，按照合伙协议的约定或者经全体合伙人一致同意，自继承开始之日起取得该合伙企业的合伙人资格(合伙人的继承人为无民事行为能力人或者限制民事行为能力人的,经全体合伙人一致同意,可以依法成为有限合伙人,普通合伙企业依法转为有限合伙企业;全体合伙人未能一致同意的,合伙企业应当将被继承合伙人的财产份额退还该继承人)。有下列情形之一的,合伙企业应当向合伙人的继承人退还被继承合伙人的财产份额:继承人不愿意成为合伙人;法律规定或者合伙协议约定合伙人必须具有相关资格,而该继承人未取得该资格;合伙协议约定不能成为合伙人的其他情形。第二,退伙人丧失合伙人资格,但主体资格存续的,合伙企业财产的结算和退还退伙人的财产份额。合伙人退伙,其他合伙人应当与该退伙人按照退伙时的合伙企业财产状况进行结算(退伙时有未了结的合伙企业事务的,待该事务了结后进行结算),退还退伙人的财产份额(退伙人对给合伙企业造成的损失负有赔偿责任的,相应扣减其应当赔偿的数额)。退伙人在合伙企业中财产份额的退还办法由合伙协议约定或者由全体合伙人决定,可以退还货币,也可以退还实物。第三,退伙人对合伙企业债务的责任。退伙人对基于其退伙前的原因而发生的合伙企业债务承担无限连带责任。合伙人退伙时,合伙企业财产少于合伙企业债务的,退伙人应当按照合伙协议的约定办理;合伙协议未约定或者约定不明确的,由合伙人协商决定;协商不成的,由合伙人按照实缴出资比例分配、分担;无法确定出资比例的,由合伙人平均分配、分担。

3. 合伙人在合伙企业中出资的变更

合伙人按照合伙协议的约定或者经全体合伙人决定,可以增加或减少对合伙企业的出资。

(三)合伙企业的财产

1. 合伙企业财产的构成

合伙企业财产即合伙财产,是指合伙企业有权统一经营的财产。合伙企业财产由下列几个方面构成:

(1)合伙人的出资。合伙人的出资是合伙企业的原始财产。合伙人的出资是合伙企业设立的条件之一,也是合伙企业经营的主要物质基础。合伙人出资的数额、方式及缴付日期,可以在合伙协议中约定。

(2)以合伙企业名义取得的收益。以合伙企业名义取得的收益是合伙企业积累的财产,包括合伙企业的营业收入,如合伙企业未分配的利润和合伙企业取得的债权等。

(3)依法取得的其他财产。依法取得的其他财产包括合伙企业的营业外收入,如合伙企业接受的赠与财产等。

2. 合伙企业财产的经营管理

合伙企业财产的经营管理,是指合伙企业存续期间对合伙企业财产的经营和管理的基本规定,目的是保证合伙企业营利目的的实现。

(1)保持合伙企业财产的稳定。合伙人在合伙企业清算前,除法律另有规定外(如退伙),不得请求分割合伙企业的财产。合伙人在合伙企业清算前私自转移或者处分合伙企业财产的,合伙企业不得以此对抗善意第三人。

(2)规范合伙企业财产的转让。第一,合伙人向合伙人以外的人转让其在合伙企业中的全部或者部分财产份额时,须经其他合伙人一致同意,在同等条件下,其他合伙人有优先购买权;但是,合伙协议另有约定的除外。合伙人以外的人依法受让合伙人在合伙企业中的财产份额的,经修改合伙协议即成为合伙企业的合伙人,依照法律规定和修改后的合伙协议享有权利、履行义务。第二,合伙人之间转让在合伙企业中的全部或者部分财产份额时,应当通知其他合伙人。

(3)限制以合伙企业中的财产份额出质。合伙人以其在合伙企业中的财产份额出质的，须经其他合伙人一致同意；未经其他合伙人一致同意，其行为无效，由此给善意第三人造成损失的，由行为人依法承担赔偿责任。

(四)合伙企业的事务执行

1. 合伙企业事务执行的方式

合伙人对合伙企业事务享有同等的权利(包括决策权、执行权和监督权)，作为合伙人的法人、其他组织执行合伙事务的，由其委派的代表执行。合伙企业的事务执行具体可以采取以下方式：

(1)共同执行，即全体合伙人共同行使事务执行权。

(2)委托执行，即委托一名或者数名合伙人对外代表合伙企业行使事务执行权，其他合伙人不再执行合伙企业事务。不执行合伙企业事务的合伙人有权监督执行事务的合伙人执行合伙企业事务的情况；执行事务的合伙人应当定期向其他合伙人报告事务执行情况以及合伙企业的经营和财务状况，其执行合伙事务所产生的收益归合伙企业，所产生的费用和亏损由合伙企业承担。合伙人为了解合伙企业的经营状况和财务状况，有权查阅合伙企业会计账簿等财务资料。受委托执行合伙企业事务的合伙人不按照合伙协议或者全体合伙人的决定执行事务的，其他合伙人可以决定撤销该委托。

(3)分别执行，即各合伙人分别执行合伙企业的各项具体事务。执行事务的合伙人可以对其他合伙人执行的事务提出异议。提出异议时，应当暂停该项事务的执行。如果发生争议，按照合伙协议约定的表决办法办理；合伙协议未约定或者约定不明确的，实行合伙人一人一票并经全体合伙人过半数通过的表决办法。

(4)授权执行，即全体合伙人一致同意聘任合伙人以外的人员从事合伙企业的经营管理。被聘任的合伙企业的经营管理人员应当在合伙企业授权范围内履行职务；超越合伙企业授权范围履行职务或者在履行职务过程中因故意或者重大过失给合伙企业造成损失的，依法承担赔偿责任。

下列事项除合伙协议另有约定外，应当经全体合伙人一致同意：改变合伙企业的名称；改变合伙企业的经营范围、主要经营场所的地点；处分合伙企业的不动产；转让或者处分合伙企业的知识产权和其他财产权利；以合伙企业名义为他人提供担保；聘任合伙人以外的人担任合伙企业的经营管理人员。

2. 合伙人在事务执行中的职责

(1)在合伙企业的经营过程中，合伙人不得自营或者与他人合作经营与本合伙企业相竞争的业务(竞业)。

(2)除合伙协议另有约定或者经全体合伙人一致同意外，合伙人不得与本合伙企业进行交易(自己交易)。

(3)合伙人不得从事损害本合伙企业利益的活动(自我损害)。

3. 合伙企业的财会制度和盈亏分配

(1)合伙企业的财务、会计制度。合伙企业应当依照法律、行政法规的规定建立企业财务、会计制度。合伙企业建立企业财务、会计制度有利于合伙人了解合伙企业的经营状况和财务状况，有利于保护合伙企业债权人的权益，有利于对合伙企业的税收管理。

(2)合伙企业的利润分配和亏损分担。合伙企业的利润分配和亏损分担按照合伙协议的约定办理；合伙协议未约定或者约定不明确的，由合伙人协商决定；协商不成的，由合伙人按照实缴出资比例分配和分担；无法确定出资比例的，由合伙人平均分配和分担。合伙协议不得约定将全部利润分配给部分合伙人或者由部分合伙人承担全部亏损。

(五)合伙企业与第三人的关系

1. 合伙企业与善意第三人

合伙企业对合伙人执行合伙企业事务以及对外代表合伙企业权利的限制，不得对抗不知情的善意第三人。

2. 合伙企业与合伙企业的债权人

(1)合伙企业清偿债务的顺序。合伙企业对其债务，应先以其全部财产进行清偿；合伙企业不能清偿到期债务的，合伙人承担无限连带责任。

(2)合伙人承担无限连带责任的追偿权。合伙人由于承担无限连带责任，清偿数额超过其规定的分担比例的，有权向其他合伙人追偿。

3. 合伙企业与合伙人的债权人

(1)合伙企业不承担合伙人的个人债务。合伙人发生与合伙企业无关的债务，相关债权人不得以其债权抵销其对合伙企业的债务，也不得代位行使合伙人在合伙企业中的权利。

(2)合伙人清偿其与合伙企业无关的债务的顺序。合伙人发生与合伙企业无关的债务，合伙人以自有财产清偿；自有财产不足清偿的，可以其从合伙企业中分取的收益用于清偿，债权人也可以依法请求人民法院强制执行该合伙人在合伙企业中的财产份额用于清偿。人民法院强制执行合伙人的财产份额时，应当通知全体合伙人，其他合伙人有优先购买权；其他合伙人未购买，又不同意将该财产份额转让给他人的，依法为该合伙人办理退伙结算，或者办理削减该合伙人相应财产份额的结算。

(六)特殊的普通合伙企业

1. 特殊的普通合伙企业的设立

所谓特殊的普通合伙企业，是指合伙人依照《合伙企业法》第 57 条的规定承担责任的普通合伙企业。以专业知识和专门技能为客户提供有偿服务的专业服务机构(如会计师、律师等中介服务机构)，可以设立为特殊的普通合伙企业。非企业专业服务机构依据有关法律采取合伙制的，其合伙人承担责任的形式适用关于特殊的普通合伙企业合伙人承担责任的规定。特殊的普通合伙企业的名称中应当标明“特殊普通合伙”字样。

2. 特殊的普通合伙企业的法律适用

特殊的普通合伙企业适用《合伙企业法》关于特殊的普通合伙企业的专门规定；没有专门规定的，适用《合伙企业法》关于普通合伙企业的规定。

(1)特殊的普通合伙企业合伙人的责任。第一，一个或者数个合伙人在执业活动中因故意或者重大过失造成合伙企业债务的，应当承担无限责任或者无限连带责任，其他合伙人以其在合伙企业中的财产份额为限承担责任；以合伙企业财产对外承担责任后，该合伙人应当按照合伙协议的约定对给合伙企业造成的损失承担赔偿责任。第二，合伙人在执业活动中非因故意或者重大过失造成的合伙企业债务以及合伙企业的其他债务，由全体合伙人承担无限连带责任。

(2)特殊的普通合伙企业的执业风险基金和职业保险。特殊的普通合伙企业应当建立执业风险基金，办理职业保险。执业风险基金用于偿付合伙人执业活动造成的债务。执业风险基金应当单独立户管理，具体管理办法由国务院规定。

三、有限合伙企业

（一）有限合伙企业的法律适用

有限合伙企业及其合伙人适用《合伙企业法》关于有限合伙企业的专门规定；没有专门规定的，适用《合伙企业法》关于普通合伙企业及其合伙人的规定。

（二）有限合伙企业的特别规定

1. 有限合伙企业的设立

（1）有限合伙企业的合伙人人数。有限合伙企业由2个以上50个以下的合伙人设立，但法律另有规定的除外。有限合伙企业由至少一个普通合伙人和有限合伙人组成。有限合伙企业仅剩有限合伙人的，应当解散。

（2）有限合伙企业的名称。有限合伙企业的名称中应当标明“有限合伙”字样。

（3）有限合伙企业的合伙协议。有限合伙企业的合伙协议除符合普通合伙企业合伙协议的规定外，还应当载明下列事项：普通合伙人和有限合伙人的姓名或者名称、住所；执行事务合伙人应具备的条件和选择程序；执行事务合伙人的权限与违约处理办法；执行事务合伙人的除名条件和更换程序；有限合伙人入伙、退伙的条件、程序以及相关责任；有限合伙人和普通合伙人相互转变的程序。

（4）有限合伙人的出资。第一，有限合伙人的出资方式。有限合伙人可以用货币、非货币财产作价出资，不得以劳务出资。第二，有限合伙人的出资责任。有限合伙人应当按照合伙协议的约定按期足额缴纳出资；未按期足额缴纳的，应当承担补缴义务，并对其他合伙人承担违约责任。

（5）有限合伙企业的登记。有限合伙企业的登记事项中应当载明有限合伙人的姓名或者名称及认缴的出资数额。

2. 有限合伙企业的事务执行

（1）事务执行人。有限合伙企业的合伙事务由普通合伙人执行，执行事务的合伙人可以要求在合伙协议中确定执行事务的报酬及报酬提取方式。有限合伙人不执行合伙事务，不得对外代表有限合伙企业。

（2）有限合伙人的权利。有限合伙人不执行合伙事务，其从事下列行为，不视为执行合伙事务：参与决定普通合伙人入伙、退伙；对企业的经营管理提出建议；参与选择承办有限合伙企业审计业务的会计师事务所；获取经审计的有限合伙企业财务会计报告；因涉及自身利益而查阅有限合伙企业财务会计账簿等财务资料；在有限合伙企业中的利益受到侵害时，向有责任的合伙人主张权利或者提起诉讼；执行事务的合伙人怠于行使权利时，督促其行使权利或者为了本企业的利益以自己的名义提起诉讼；依法为本企业提供担保。另外，除合伙协议另有约定外，有限合伙人可以与本有限合伙企业进行交易，可以自营或者与他人合作经营与本有限合伙企业相竞争的业务，可以将其在有限合伙企业中的财产份额出质。

（3）有限合伙企业的利润分配。合伙协议可以约定有限合伙企业将全部利润分配给部分合伙人。

3. 有限合伙人处置在合伙企业中的财产份额

（1）有限合伙人财产份额的转让。有限合伙人可以按照合伙协议的约定，向合伙人以外的人转让其在有限合伙企业中的财产份额，但应当提前30日通知其他合伙人。

（2）有限合伙人用财产份额清偿个人债务。有限合伙人的自有财产不足清偿其与合伙企业无关的债务的，该合伙人可以其从有限合伙企业中分取的收益用于清偿，债权人也可以依法请求人民法院强制执行该合伙人在有限合伙企业中的财产份额用于清偿。人民法院强制执行有限合伙人的财产份额时，应当通知全体合伙人；在同等条件下，其他合伙人有优先购买权。

4. 有限合伙人交易的责任

有限合伙人交易的责任是有限合伙人违规交易后的责任。

（1）有限合伙人承担与普通合伙人同样的责任。第三人有理由相信有限合伙人为普通合伙人并与其交易的，该有限合伙人对该笔交易承担与普通合伙人同样的责任。

（2）有限合伙人的赔偿责任。有限合伙人未经授权以有限合伙企业名义与他人进行交易，给有限合伙企业或者其他合伙人造成损失的，该有限合伙人应当承担赔偿责任。

5. 有限合伙企业的转化和变更

（1）有限合伙企业转化为普通合伙企业。有限合伙企业仅剩普通合伙人的，转为普通合伙企业。

（2）新入伙的有限合伙人对有限合伙企业债务的责任。新入伙的有限合伙人对入伙前有限合伙企业的债务，以其认缴的出资额为限承担责任。

（3）有限合伙人的当然退伙。作为有限合伙人的自然人死亡或者被依法宣告死亡，作为有限合伙人的法人或者其他组织依法被吊销营业执照、责令关闭、撤销或者被宣告破产，以及有限合伙人在合伙企业中的全部财产份额被人民法院强制执行的，有限合伙人当然退伙。但是，作为有限合伙人的自然人在有限合伙企业存续期间丧失民事行为能力的，其他合伙人不得因此要求其退伙。其中，作为有限合伙人的自然人死亡、被依法宣告死亡或者作为有限合伙人的法人及其他组织终止的，其继承人或者权利承受人可以依法取得该有限合伙人在有限合伙企业中的资格。

（4）有限合伙人退伙后的责任。有限合伙人退伙后，对基于其退伙前的原因而发生的有限合伙企业的债务，以其退伙时从有限合伙企业中取回的财产承担责任。

6. 合伙人身份的转变及其对合伙企业债务的责任

（1）合伙人身份转变的规定。除合伙协议另有约定外，普通合伙人转变为有限合伙人，或者有限合伙人转变为普通合伙人，应当经全体合伙人一致同意。

（2）合伙人身份转变后对合伙企业债务的责任。第一，有限合伙人转变为普通合伙人的，对其作为有限合伙人期间有限合伙企业发生的债务承担无限连带责任。第二，普通合伙人转变为有限合伙人的责任。普通合伙人转变为有限合伙人的，对其作为普通合伙人期间合伙企业发生的债务承担无限连带责任。

四、合伙企业的解散和清算

（一）合伙企业的解散

1. 合伙企业解散的原因

合伙企业有下列情形之一的，应当解散：(1)合伙期限届满，合伙人决定不再经营；(2)合伙协议约定的解散事由出现；(3)全体合伙人决定解散；(4)合伙人已不具备法定人数满 30 日；(5)合伙协议约定的合伙目的已经实现或者无法实现；(6)依法被吊销营业执照、责令关闭或者被撤销；(7)法律、行政法规规定的其他原因。

2. 合伙企业的清算人

合伙企业解散，应当由清算人进行清算。清算期间，合伙企业存续，但不得开展与清算无关的经营活动。

(1)自行清算的清算人。合伙企业解散后，合伙企业自行清算的，清算人由全体合伙人担任；经全体合伙人过半数同意，可以自合伙企业解散事由出现后 15 日内指定一个或者数个合伙人，或者委托第三人担任清算人。

(2)指定清算的清算人。合伙企业自合伙企业解散事由出现之日起 15 日内未确定清算人的，合伙人或者其他利害关系人可以申请人民法院指定清算人。

(二)合伙企业的清算

1. 合伙企业清算人的清算事务

合伙企业清算人在清算期间执行下列事务：(1)清理合伙企业财产，分别编制资产负债表和财产清单；(2)处理与清算有关的合伙企业未了结事务；(3)清缴所欠税款；(4)清理债权、债务；(5)处理合伙企业清偿债务后的剩余财产；(6)代表合伙企业参加诉讼或者仲裁活动。

2. 合伙企业清算人的通知义务及申报债权

(1)清算人的通知义务。清算人自被确定之日起 10 日内将合伙企业解散事项通知债权人，并于 60 日内在报纸上公告。

(2)债权人申报债权。债权人应当自接到通知书之日起 30 日内、未接到通知书的自公告之日起 45 日内，向清算人申报债权。债权人申报债权，应当说明债权的有关事项，并提供证明材料。清算人应当对债权进行登记。

3. 合伙企业财产的清偿顺序

合伙企业财产按下列顺序清偿：(1)支付清算费用；(2)支付职工工资、社会保险费用；(3)支付法定补偿金；(4)缴纳所欠税款；(5)清偿债务。

4. 合伙企业剩余财产的分配

合伙企业财产在支付清算费用和职工工资、社会保险费用、法定补偿金、缴纳所欠税款及清偿债务后的剩余财产，按照合伙协议的约定分配；合伙协议未约定或者约定不明确的，由合伙人协商决定分配；协商不成的，由合伙人按照实缴出资比例分配；无法确定出资比例的，由合伙人平均分配。

5. 合伙企业的注销

(1)清算人编制清算报告和办理合伙企业注销登记。合伙企业清算结束，清算人应当编制清算报告，经全体合伙人签名、盖章后在 15 日内向企业登记部门报送清算报告，申请办理合伙企业注销登记。

(2)合伙企业注销后普通合伙人的责任。合伙企业注销后，原普通合伙人对合伙企业存续期间的债务仍应承担无限连带责任。

(三)合伙企业的破产

1. 合伙企业破产的原因

合伙企业不能清偿到期债务的，债权人可以依法向人民法院提出破产清算申请，也可以要求普通合伙人清偿。

2. 合伙企业破产的法律适用

我国目前关于企业破产的法律是《民事诉讼法》和《企业破产法》。《民事诉讼法》适用于法人企业的破产，合伙企业破产不适用该法。《企业破产法》第 135 条规定，其他法律规定企业法人以外的组织的清算，属于破产清算的，参照适用本法规定的程序，所以，合伙企业破产可以参照适用该法。

3. 合伙企业破产后普通合伙人的责任

合伙企业依法被宣告破产的，普通合伙人对合伙企业债务仍应承担无限连带责任。

本章练习

一、名词解释

企业　营利　个人独资企业　普通合伙企业　有限合伙企业

二、单项选择题

1. 企业的目的是________。

A. 营利　B. 赢利　C. 盈利　D. 经营管理

2. 在个人独资企业的设立条件中，________是其他企业在设立时没有要求的。

A. 有合法的企业名称　B. 有投资人的出资

C. 有必要的从业人员　D. 有固定的场所

3. 企业登记部门应当自收到设立个人独资企业的申请文件之日起________内对设立申请作出是否予以登记的决定。

A. 15 日　B. 20 日　C. 30 日　D. 45 日

4. 个人独资企业的投资人与被聘用人签订书面合同对被聘用人的职权加以限制的，不得对抗________。

A. 被聘用人　B. 善意第三人　C. 投资人　D. 债权人

5. 个人独资企业解散的，财产应当按照________顺序清偿。

A. 所欠职工工资和社会保险费用、所欠税款、其他债务

B. 所欠税款、所欠职工工资和社会保险费用、其他债务

C. 债务、所欠职工工资和社会保险费用、所欠税款

D. 债务、所欠税款、所欠职工工资和社会保险费用

6. 个人独资企业清算结束后，投资人或者人民法院指定的清算人应当编制清算报告，并于________内到登记部门办理注销登记。

A. 15 日　B. 20 日　C. 30 日　D. 45 日

7. 以专业知识和专门技能为客户提供有偿服务的专业服务机构，可以设立为________。

A. 普通合伙企业　B. 有限合伙企业

C. 特殊的普通合伙企业　D. 特殊的有限合伙企业

8. 退伙是指在合伙企业________，某些合伙人失去合伙人资格。

A. 设立时　B. 终止后　C. 变更时　D. 存续期间

9. 合伙人在执行合伙企业事务时有不正当行为的，________。

A. 声明退伙　　B. 除名退伙　　C. 法定退伙　　D. 视为退伙

10. 作为合伙人的法人或者其他组织依法被吊销营业执照、责令关闭、撤销，或者被宣告破产的，是________。

A. 法定退伙　　B. 自愿退伙　　C. 除名退伙　　D. 视为退伙

11. 合伙人退伙的，其他合伙人应当与该合伙人按________合伙企业的财产状况进行________。

A. 合伙企业设立时；结算　　B. 退伙时；结算

C. 退伙时；清算　　D. 合伙企业设立时；清算

12. 普通合伙企业的合伙人退伙后，对基于其________的原因发生的合伙企业债务，承担无限连带责任。

A. 退伙前　　B. 退伙后　　C. 退伙时　　D. 个人

13. 合伙人向合伙人以外的人转让其在合伙企业中的全部或者部分财产份额时，________。

A. 必须通知其他合伙人　　B. 必须经其他合伙人过半数同意

C. 必须经其他合伙人一致同意　　D. 必须经登记部门同意

14. ________的合伙协议不得约定将全部利润分配给部分合伙人或者由部分合伙人承担全部亏损。

A. 普通合伙企业　　B. 有限合伙企业

C. 所有合伙企业　　D. 自然人(公民)为合伙人的合伙企业

15. 合伙人承担无限连带责任，清偿数额超过其规定的分担比例的，有权向________追偿。

A. 合伙企业　　B. 其他合伙人

C. 承担有限责任的合伙人　　D. 债权人

16. 合伙人发生与合伙企业无关的债务，自有财产不足清偿的，可以________。

A. 其在合伙企业中的财产份额用于清偿

B. 其从合伙企业中分取的收益用于清偿

C. 让债权人代位行使其在合伙企业中的权利

D. 退伙

17. 一个或者数个合伙人在执业活动中________造成的合伙企业债务，应当承担无限责任或者无限连带责任，其他合伙人以其在合伙企业中的财产份额为限承担责任。

A. 非因故意或者重大过失　　B. 因故意或者重大过失

C. 不论何种原因　　D. 因不可抗力

18. 有限合伙人不可以________出资。

A. 货币　　B. 实物　　C. 知识产权　　D. 劳务

19. 有限合伙人退伙后，对基于其退伙前的原因而发生的有限合伙企业债务，以其________财产承担责任。

A. 退伙时从有限合伙企业中取回的　　B. 投资于企业的

C. 全部　　D. 部分

20. 合伙企业依法被宣告破产的，________对合伙企业债务仍应承担无限连带责任。

A. 合伙企业　　B. 合伙人　　C. 有限合伙人　　D. 普通合伙人

三、多项选择题

1. 根据投资人人数及其承担民事责任的限度，企业可以分为________。

A. 法人企业　　B. 个人独资企业　　C. 合伙企业　　D. 公司

2. 根据企业对外的信用基础，企业可以分为________。

A. 人合性企业　　B. 资合性企业　　C. 人资兼合性企业　　D. 国有企业

3. 企业的基本原则包括________。

A. 企业形式法定　　B. 企业经营合法

C. 企业公平、安全交易　　D. 企业利益保护

4. 关于个人独资企业的特征，下列表述中正确的是________。
A. 个人独资企业由一个自然人投资设立
B. 企业资格与投资人个人主体资格合一
C. 投资人对企业债务承担无限连带责任
D. 有必要的从业人员
5. 我国《个人独资企业法》规定，投资人对个人独资企业享有________。
A. 所有权　　B. 管理企业事务的权利
C. 要求法律保护的权利　　D. 制止侵权行为的权利
6. 个人独资企业的受托人或者被聘用人不得有________的行为。
A. 泄露本企业商业秘密
B. 未经投资人同意，擅自将企业商标或者其他知识产权转让给他人使用
C. 未经投资人同意，从事与本企业相竞争的业务(竞业)
D. 未经投资人同意，与本企业订立合同或者进行交易(自己交易)
7. 合伙企业的法律特征有________。
A. 合伙企业的法律基础是合伙协议
B. 合伙企业是相对独立于合伙人的经营实体
C. 合伙企业是合伙人对企业债务承担无限责任的经营实体
D. 合伙企业是合伙人共同出资、合伙经营、共享收益、共担风险的经营实体
8. ________不得成为普通合伙人，它们只能参与设立有限合伙企业，成为有限合伙人。
A. 国有独资公司　　B. 国有企业
C. 上市公司　　D. 公益性的事业单位和社会团体
9. 普通合伙企业入伙的规定包括________。
A. 入伙人应当具有法人资格
B. 除合伙协议另有约定外，应当经全体合伙人一致同意并依法订立书面入伙协议
C. 原合伙人应当向新合伙人如实告知原合伙企业的经营状况和财务状况
D. 新合伙人对入伙前合伙企业的债务承担无限连带责任
10. 根据退伙的原因，退伙有________。
A. 协商退伙　　B. 当然退伙　　C. 声明退伙　　D. 除名退伙
11. 合伙人________，可以增加或者减少对合伙企业的出资。
A. 按照《合伙企业法》的规定　　B. 按照合伙协议的约定
C. 经全体合伙人决定　　D. 根据债权人的要求
12. 合伙企业的财产是指合伙企业有权统一经营的财产，包括________。
A. 合伙人的出资　　B. 以合伙企业名义取得的收益
C. 合伙企业依法取得的其他财产　　D. 合伙人的个人财产
13. 合伙企业的事务执行，具体可以采取________的方式。
A. 全体合伙人共同行使事务执行权
B. 委托一名或者数名合伙人对外代表合伙企业行使事务执行权，其他合伙人不再执行合伙事务
C. 各合伙人分别执行合伙企业的各项具体事务
D. 全体合伙人一致同意聘任合伙人以外的人员从事合伙企业的经营管理
14. ________的事项除合伙协议另有约定外，应当经全体合伙人一致同意。
A. 改变合伙企业的名称、经营范围、主要经营场所的地点
B. 处分合伙企业的不动产
C. 转让或者处分合伙企业的知识产权和其他财产权利
D. 以合伙企业名义为他人提供担保

15. 被聘任的合伙企业的经营管理人员，________。

A. 应当在合伙企业的授权范围内履行职务

B. 超越合伙企业的授权范围履行职务给合伙企业造成损失的，依法承担赔偿责任

C. 在履行职务过程中因故意或者重大过失给合伙企业造成损失的，依法承担赔偿责任

D. 自营或者与他人合作经营与本合伙企业相竞争的业务给合伙企业造成损失的，依法承担赔偿责任

16. 有限合伙人可以________。

A. 与本有限合伙企业进行交易

B. 自营或者与他人合作经营与本有限合伙企业相竞争的业务

C. 将其在有限合伙企业中的财产份额出质

D. 依法为本企业提供担保

17. 有限合伙人当然退伙的情形包括________。

A. 作为有限合伙人的自然人死亡或者被依法宣告死亡

B. 作为有限合伙人在合伙企业中的全部财产份额被人民法院强制执行

C. 作为有限合伙人的自然人在有限合伙企业存续期间丧失民事行为能力

D. 作为有限合伙人的法人或者其他组织依法被吊销营业执照、责令关闭、撤销，或者被宣告破产

18. 合伙人身份转变后，________承担无限连带责任。

A. 有限合伙人转变为普通合伙人的，对其作为有限合伙人期间有限合伙企业发生的债务

B. 普通合伙人转变为有限合伙人的，对其作为普通合伙人期间合伙企业发生的债务

C. 对合伙企业以后发生的债务

D. 对合伙企业以前发生的债务

19. 合伙企业应当解散的情形有________。

A. 合伙期限届满，合伙人决定不再经营　　B. 合伙协议约定的解散事由出现

C. 全体合伙人决定解散　　D. 合伙人已不具备法定人数满 30 日

20. 合伙企业的清算人在清算期间的职权有________。

A. 清理合伙企业财产，编制资产负债表和财产清单

B. 处理与清算有关的合伙企业未了结事务

C. 清缴所欠税款，清理债权、债务

D. 处理合伙企业清偿债务后的剩余财产，代表合伙企业参加诉讼或者仲裁活动

四、判断题

1. 企业法既是组织法，也是活动法。(　　)

2. 企业的投资人对企业债务必须承担无限责任。(　　)

3. 不具有完全民事行为能力的自然人不能作为个人独资企业的投资人。(　　)

4. 个人独资企业的业主在企业解散后，对企业存续期间的债务应当无限期承担偿还责任。(　　)

5. 合伙人之间订立的合伙协议是合伙企业的法律基础。(　　)

6. 入伙人入伙时应经全体合伙人同意，但不一定对入伙前的合伙企业债务承担清偿责任。(　　)

7. 经全体合伙人协商一致，合伙企业的合伙人都可以用劳务出资，由全体合伙人协商决定其评估方法。(　　)

8. 合伙企业对债务，可以先以其全部财产进行清偿，也可以让合伙人先承担清偿责任。(　　)

9. 特殊的普通合伙企业应当建立执业风险基金，办理职业保险。(　　)

10. 有限合伙企业由 2 个以上 50 个以下的合伙人设立。(　　)

11. 有限合伙企业名称中可以标明“有限合伙”字样。(　　)

12. 有限合伙企业由至少 1 个普通合伙人和有限合伙人组成，有限合伙企业仅剩普通合伙人的，应当解散。(　　)

13. 有限合伙人不执行合伙事务，所以不得参与决定普通合伙人的入伙、退伙。（　　）

14. 合伙协议不可以约定将全部利润分配给部分合伙人。（　　）

15. 有限合伙人不执行合伙事务，不得对外代表有限合伙企业。（　　）

五、简答题

1. 简述企业的特征。

2. 简述企业的分类。

3. 简述个人独资企业的设立条件。

4. 简述普通合伙企业的设立条件。

5. 简述合伙企业剩余财产的分配。

六、综合分析题

甲、乙、丙、丁4人合伙设立一家旅馆，合伙协议约定，甲出资50万元现金，乙将私有房屋一幢出资（作价100万元），丙负责整修和添置设备（价值100万元），丁以劳务出资（甲、乙、丙表示同意，但要丁一人承担全部亏损）；全部出资人凭有关证明到工商行政主管部门申请登记。

问：上述过程中有哪些违法行为？法律如何规定？

合伙企业成立后，甲因家族遗传被确诊为精神病，司法鉴定中心认定甲无民事行为能力，其代理人要将财产份额转让给第三人，乙、丙、丁不同意。

问：甲的代理人能否向第三人转让甲的份额？为什么？

乙以个人名义从事贸易欠下债务50万元，债权人要求抵销自己欠合伙企业的债务，或者代为行使乙在合伙企业中的部分权利。

问：债权人的要求是否能实现？为什么？

丙担任一家独资旅馆的经营管理人，希望将其在合伙企业中的财产份额为个人债务以质押方式提供担保。

问：丙能否担任该职务？能否提供质押？

5年后，合伙企业因约定的解散事由出现而宣布解散，合伙企业财产在支付清算费用后剩余80万元，欠职工工资10万元、国家税收35万元、其他债务80万元。各债权人见不能全额受偿，要求各合伙人直接清偿。

问：各合伙人是否有义务直接清偿？为什么？假如各债权人在清算过程中未获全部清偿，各合伙人是否还需偿还？

第三章
公司法律制度

第一节　公司与公司法概述

一、公司概述

(一)公司的概念和分类

1. 公司的概念

公司,是指依照《公司法》设立、以营利为目的的社团法人。我国《公司法》所说的公司,是指依照《公司法》在中国境内设立的有限责任公司和股份有限公司。

公司是企业法人,有独立的法人财产,享有法人财产权;公司以其全部财产对公司承担责任。有限责任公司的股东以其认缴的出资额为限对公司承担责任,股份有限公司的股东以其认购的股份为限对公司承担责任。

2. 公司的分类

(1)根据公司投资人(股东)对公司债务承担责任的限度,可以将公司分为无限责任公司、股份有限公司、有限责任公司、两合公司和股份两合公司。我国《公司法》规定的是两种股东承担有限责任的公司,即有限责任公司和股份有限公司。有限责任公司是指由股东出资设立,股东以其对公司的出资额为限对公司债务承担责任的公司。股份有限公司是指由一定人数的股东出资设立,公司的全部资本划分为均等的份额(股份),股东以其认购的公司股份为限对公司债务承担责任的公司。

(2)根据公司对外的信用基础,可以将公司分为资合性公司、人合性公司和人资兼合性公司。资合性公司的对外信用基础是公司的资本,股东的信用则是次要的,股份有限公司是典型的资合性公司。人合性公司的对外信用基础是股东的信用,无限责任公司是人合性公司。人资兼合性公司对资本和股东同样看重,有限责任公司是人资兼合性公司。

(3)根据公司之间的相互关系,可以将公司分为母公司和子公司。母公司是指对其他公司享有股权,并达到可以控制其经营的程度的公司。子公司是指被母公司控制经营的公司。母公司和子公司都具有法人资格,母公司对子公司经营的控制是由资本(股权)的控制决定的。公司可以设立子公司,子公司具有法人资格,依法独立承担民事责任。

(4)根据公司的内部关系,公司有本公司(总公司)和分公司之分。设立分公司的公司可以称为总公司,分公司是总公司设立的分支机构。公司可以设立分公司,设立分公司应当向公司登记部门申请登记,领取营业执照。分公司不具有法人资格,其民事责任由本公司承担。

(二)公司的基本规范

1. 公司股东的权利和公司的法人财产权

公司是企业法人,有独立的法人财产。公司作为独立的经营实体,在财产上与其股东是分离的,即股东作为公司的投资者享有所有权,公司作为经营者享有法人财产权和经营管理权,就是通常所说的财产所有权与法人财产权、经营管理权的"两权分离"。

(1)公司股东的权利。股东基于投资人身份的基本权利有资产收益、参与重大决策和选择管理者等权利。股东按照投入公司的资本额享有的上述权利,反映了股东在公司中的所有人身份和地位。全体股东有权享有公司全部的资产收益、重大决策和选择管理者等权利,每个股东有权按照投入公司的资本额享有大小不一的资产收益、重大决策和选择管理者等权利。

(2)公司的法人财产权。公司作为经营者享有的法人财产权,是指公司受全体股东的委托,以自己的名义对公司的资本享有的占有、使用和依法处分的权利。公司的法人财产权主要表现在公司经营管理过程中对公司资本及其他财产的经营权和管理权。为此,《公司法》构建了公司的组织机构,通过公司的组织机构实现公司的法人财产权以及由此产生的对公司资本的经营权和管理权。股东不能直接干预公司的日常经营管理。

2. 公司的义务

(1)公司的基本义务。公司以营利为目的,必然从事经营活动。公司的基本义务是公司从事经营活动必须遵守的行为约束。第一,必须遵守法律、行政法规。公司从事经营活动必须遵守法律、行政法规,这是公司作为民事主体最重要的基本义务。第二,必须遵守社会公德、商业道德,诚实守信。社会公德和商业道德对法律、行政法规有很好的补充作用,诚实守信是市场经济的基本要求。第三,必须接受政府和社会公众的监督。公司作为民事主体和市场经济主体,其经营活动是否遵守法律、行政法规,是否遵守社会公德、商业道德,是否诚实守信,必须接受监督,这是由前两个义务延伸出来的义务。公司既要接受政府及其职能部门的监督,也要接受社会公众的监督。第四,必须承担社会责任。公司是现代社会的一员,必须承担相应的社会责任,在经营活动中不能唯利是图。当然,公司的合法权益应当受法律保护,不受侵犯。

(2)公司对职工的义务。公司必须保护职工的合法权益,依法与职工签订劳动合同,参加社会保险,加强劳动保护,实现安全生产;公司应当采用多种形式,加强公司职工的职业教育和岗位培训,提高职工素质;公司应当为本公司工会提供必要的活动条件,公司工会代表职工就职工的劳动报酬、工作时间、福利、保险和劳动安全卫生等事项依法与公司签订集体合同。公司依照《宪法》和有关法律的规定,通过职工代表大会或者其他形式,实行民主管理。公司研究决定改制以及经营方面的重大问题、制定重要的规章制度时,应当听取公司工会的意见,并通过职工代表大会或者其他形式听取职工的意见和建议。

3. 公司的登记

(1)公司的设立原则。我国公司的设立一般采取登记主义,即申请人向公司登记部门申请设立登记;法律、行政法规规定设立公司必须报经批准的,采取审批主义,即申请人应当在公司登记前依法办理批准手续。

(2)公司的登记事项。公众可以向公司登记部门申请查询公司登记事项,公司登记部门应当提供查询服务。

(3)公司的营业执照。依法设立的公司,由公司登记部门发给公司营业执照。公司营业执照的签发日期为公司成立日期。公司营业执照应当载明公司的名称、住所、注册资本、经营范围和法定代表人姓名等事项。公司营业执照记载的事项发生变更的,应当依法办理变更登记,由公司登记部门换发营业执照。第一,公司名称。依照《公司法》设立的有限责任公司和股份有限公司,必须在公司名称中标明"有限责任公司(有限公司)"或者"股份有限公司(股份公司)"字样。第二,公司住所。公司以其主要办事机构所在地为住所。第三,经营范围。公司的经营范围由公司章程规定,并依法登记。设立公司必须依法制定公司章程,公司章程对公司、股东、董事、监事和高级管理人员具有约束力。公司可以修改公司章程,改变经营范围,但应当办理变更登记。公司的经营范围中属于法律、行政法规规定须经批准的项目,应当依法经过批准。第四,公司法定代表人。公司法定代表人依照公司章程的规定,由董事长、执行董事或者经理担任,并依法登记。公司法定代表人变更的,应当办理变更登记。

4. 公司的类型变更、转投资和对外担保

(1)公司类型变更。公司类型变更,是指有限责任公司变更为股份有限公司或者股份有限公司变更为有限责任公司。第一,变更条件。有限责任公司变更为股份有限公司,应当符合《公司法》规定的股份有限公司的设立条件;股份有限公司变更为有限责任公司,应当符合《公司法》规定的有限责任公司的设立条件。第二,债权、债务安排。有限责任公司变更为股份有限公司的,或者股份有限公司变更为有限责任公司的,公司变更前的债权、债务由变更后的公司承继。

(2)公司转投资。公司转投资,是指公司以出资或者入股的方式对其他企业进行投资,成为其他企业的投资者。第一,投资人身份的限制。公司可以向其他企业投资;但是,除法律另有规定外,不得成为对所投资企业的债务承担连带责任的出资人。第二,程序和数额。公司向其他企业投资,依照公司章程的规定,由董事会或者股东会、股东大会决议;公司章程对投资的总额及单项投资有限额规定的,不得超过规定的限额。

(3)公司对外担保。公司对外担保,是指公司为其他市场主体举借债务提供财产担保。第一,程序和数额。公司为他人提供担保,依照公司章程的规定,由董事会或者股东会、股东大会决议;公司章程对担保的数额有限额规定的,不得超过规定的限额。第二,为公司股东或者实际控制人提供担保的特别规定。为公司股东或者实际控制人提供担保的,必须经股东会或者股东大会决议。接受担保的公司股东或者受实际控制人支配的股东,不得参加规定事项的表决,该项表决由出席会议的其他股东所持表决权的过半数通过。所谓实际控制人,是指虽不是公司的股东,但通过投资关系、协议或者其他安排,能够实际支配公司行为的人。

5. 公司股东的义务

(1)遵守法律、行政法规和公司章程。

(2)依法行使股东权利,不得滥用股东权利损害公司或者其他股东的利益。滥用股东权利给公司或者其他股东造成损失的,应当依法承担赔偿责任。

(3)不得滥用公司法人独立地位和股东有限责任损害公司债权人的利益。滥用公司法人独立地位和股东有限责任，逃避债务，严重损害公司债权人利益的，应当对公司债务承担连带责任。

6. 控股股东、实际控制人、董事、监事、高级管理人员的义务

(1)义务。公司的控股股东、实际控制人、董事、监事、高级管理人员不得利用其关联关系损害公司利益。违反规定，给公司造成损失的，公司的控股股东、实际控制人、董事、监事、高级管理人员应当承担赔偿责任。

(2)控股股东、高级管理人员和关联关系的含义。所谓控股股东，是指其出资额占有限责任公司资本总额50%以上或者其持有的股份占股份有限公司股本总额50%以上的股东；出资额或者持有股份的比例虽然不足50%，但依其出资额或者持有的股份所享有的表决权已足以对股东会、股东大会的决议产生重大影响的股东。所谓高级管理人员，是指公司的经理、副经理、财务负责人，上市公司董事会秘书和公司章程规定的其他人员。所谓关联关系，是指公司控股股东、实际控制人、董事、监事、高级管理人员与其直接或者间接控制的企业之间的关系，以及可能导致公司利益转移的其他关系。但是，国家控股的企业之间不因为同受国家控股而具有关联关系。

7. 公司股东会或者股东大会、董事会决议的无效和撤销

(1)内容违法的决议无效。公司股东会或者股东大会、董事会的决议内容违反法律、行政法规的无效。

(2)程序违法或内容违反公司章程的决议可以撤销。股东会或者股东大会、董事会的会议召集程序、表决方式违反法律、行政法规或者公司章程，或者决议内容违反公司章程的，股东可以自决议作出之日起60日内请求人民法院撤销。

股东提起诉讼的，人民法院可以应公司的请求，要求股东提供相应担保。根据股东会或者股东大会、董事会决议已办理变更登记的，人民法院宣告该决议无效或者撤销该决议后，公司应当向公司登记部门申请撤销变更登记。

二、公司法概述

(一)公司法的概念和特征

公司法是规范公司的组织和活动，调整公司内部和外部关系的法律规范的总称。公司法具有以下特征：

1. 公司法规范的是公司形式的企业

公司法是规定公司的法律规范，它规范的是公司形式的企业，其他的企业形式，如个人独资企业、合伙企业，由其他法律规定。公司在社会经济中的重要地位使得公司法成为企业法的重要内容。

2. 公司法是一系列有关公司的法律规范的总称

狭义的公司法是指国家立法机关制定的、综合地规定公司组织和活动的法律，如我国的《公司法》；广义的公司法则是指有关公司组织和行为的一切法律规范的总称。在我国，广义的公司法不仅指《公司法》，还包括《民法通则》中的有关规定和《公司登记管理条例》等。

3. 公司法既是组织法，也是活动法

公司作为一种企业形式，规范公司的公司法有相当一部分内容是规定公司的组织行为的；

同时，公司作为能够从事营业活动的法律主体，规范公司的公司法也有许多内容是规定公司的活动的。所以，公司法从内容上看，既是组织法，也是活动法(行为法)。

4. 公司法以保护公司营利为根本宗旨

公司是以营利为目的的社团法人，规范公司的公司法应该以保护公司营利为目的。公司面临的是瞬息万变的市场，为了提高公司营业的应变能力、保证公司营利目的的实现，公司法在制度设计上应不断更新理念，如在公司日常的经营管理方面，从强调股东权利逐步向加强董事会、董事长和经理权限的方向转变。

(二)我国公司立法概况

1. 我国《公司法》的发展变迁

1993 年 12 月 29 日，第八届全国人民代表大会常务委员会第五次会议通过了《中华人民共和国公司法》。该法共 11 章 230 条，自 1994 年 10 月 1 日起施行，这是新中国成立后的第一部《公司法》。

1999 年 12 月 26 日，第九届全国人民代表大会常务委员会第十三次会议对《公司法》进行了第一次修订。

2004 年 8 月 28 日，第十届全国人民代表大会常务委员会第十一次会议对《公司法》进行了第二次修订。

2005 年 10 月 27 日，第十届全国人民代表大会常务委员会第十八次会议对《公司法》进行了第三次修订，修订后的《公司法》自 2006 年 1 月 1 日起施行。第三次修订后的《公司法》共有 13 章 219 条。我国对《公司法》的这次修订以社会主义市场经济的要求为出发点，在中国公司法律制度的发展变迁史上有重要意义。这主要体现在以下两个方面：

(1)观念更新。这次修订实现了《公司法》"从身份到契约"的转变。1993 年的《公司法》可以称为"身份法"，在立法理念上倾向于为国有企业建立现代企业制度服务，很多方面都有为国有企业量身定制的痕迹。随着国有企业公司化改造的基本完成，《公司法》的价值趋向无须再偏向国有企业，而应该对所有企业同等对待，更多地从立法的科学性角度进行考虑。第三次修订的《公司法》全面贯彻契约自由的精神和公司自治的理念，实现了"从身份到契约"的转变。

(2)内容完善。第三次修订的《公司法》在广泛借鉴各国成功立法经验的基础上，大胆引进各国成功的公司制度，改变了不适应实际需要的既有规则，进一步完善了行之有效的规定，填补了立法上的漏洞与空白，也对部门和地方立法中的彼此冲突和互相矛盾进行了有效的整合和协调，将原《公司法》中有关证券发行的条款完善后全部移到了《证券法》，完善了《公司法》的法律体系，维持了公司法的统一性和严肃性，增强了条款的操作性和司法的适用性，使修订后的《公司法》成为一部制度先进、操作性强的法律。

2013 年 12 月 28 日，第十二届全国人民代表大会常务委员会第六次会议审议通过了关于修改《公司法》的决定，这是我国《公司法》的第四次修订。这次修订的目的是再一次降低公司设立门槛，在公司资本制度方面有很大变化。

2. 我国《公司法》的完善

我国《公司法》经过多次修订，特别是第三、四次修订，日趋完善，表现在：

(1)明确规定公司应当承担社会责任。公司的存在是股东、债权人等一系列利益相关者签订的契约的集合，如果过分强调公司以营利为本、以股东利益为重的传统理念，势必损害其他利益相关者的合法权益，不利于整个社会的健康发展。修订后的《公司法》在追求股东利益最大化的同时，强化了公司的社会责任。该法第五条规定，“公司从事经营活动，必须遵守法律、行政法规，遵守社会公德、商业道德，诚实守信，接受政府和社会公众的监督，承担社会责任”。

(2)变“管制法”为“任意法”，突出股东自治的思想。原《公司法》有浓厚的政府管制色彩，强制性规范多而任意性规范少，公司的自主权受到抑制，限制了市场主体的自主发展、自由竞争和自我管理。修订后的《公司法》尊重公司与股东的自治、自由、民主和权利，合理界定政府管制和企业自治的权力边界，减少行政权力和国家意志对公司组织和活动的不必要干预，加大任意性规范的比重，扩张公司的意思自治空间，允许公司章程和股东协议在不违反强行性规范、诚实信用原则和公序良俗原则的前提下，就公司内部的有关事项作出安排。这突出表现在以下三个方面：第一，公司的经营活动更加自由。取消原《公司法》第十条“公司应当在登记的经营范围内从事经营活动”的规定。第二，扩大公司转投资的自主权。取消原《公司法》第十二条“公司对外投资的比例不得超过公司净资产50%”的限制。第三，赋予公司章程约定应由公司自治的事项。修订后的《公司法》允许公司章程约定公司的法定代表人，法定代表人可以由董事长、执行董事或者总经理来担任，改变了法定代表人只能由董事长担任的规定；允许公司章程约定有限责任公司股东红利分配的比例、公司新增资本时股东优先认缴出资的比例、有限责任公司股东会议表决权行使的方式和有限责任公司股权的转让办法；允许公司章程规定临时股东大会召开的情形；允许公司章程对公司经理的职权作出约定；允许公司章程规定股份公司不按照持股比例分配利润；在“营业期限届满或者公司章程规定的其他解散事由出现”的情况下，股东会可以通过修改公司章程使公司存续。

(3)废除国有企业的“特别待遇”条款。原《公司法》颁布时，由于国有企业改制的任务很重，在原《公司法》中过分强调了国有企业改制的需要，把《公司法》作为国有企业改制的样板，围绕国有企业改制来设计《公司法》，为国有企业提供了许多“特别待遇”。修订后的《公司法》落实了股东平等原则，废除了国家股东与其他股东之间的制度歧视。

(4)确立了“公司法人人格否认”制度，加强对债权人的保护。为了阻止公司独立人格的滥用和保护公司债权人利益及社会公共利益，当公司股东滥用公司法人独立地位和股东有限责任，逃避债务，严重损害公司债权人利益时，该股东即丧失依法享有的仅以其对公司的出资为限对公司承担有限责任的权利，而应对公司的全部债务承担连带责任。

(5)改革公司的设立和资本制度。从投资的角度来说，公司法也是投资法，原《公司法》是一部投资“限制法”，实行严格的法定资本制，过分强调投资安全，漠视了投资需求。针对原《公司法》的缺陷，修订后的《公司法》创新和完善了公司设立和公司资本制度方面的规定，具体表现在：

第一，将注册资本实缴登记制改为认缴登记制。除法律、行政法规以及国务院决定对公司注册资本实缴另有规定外，第四次修订取消了关于公司股东(发起人)应当自公司成立之日起2年内缴足出资，投资公司可以在5年内缴足出资的规定；取消了一人有限责任公司股东应当一次足额缴纳出资的规定。公司股东(发起人)自主约定认缴出资额、出资方式和出资期限等，并记载于公司章程。

第二，放宽注册资本登记条件。除法律、行政法规以及国务院决定对公司注册资本最低限额另有规定外，第四次修订取消了有限责任公司最低注册资本3万元、一人有限责任公司最低注册资本10万元、股份有限公司最低注册资本500万元的限制；不再限制公司设立时股东(发起人)的首次出资比例；不再限制股东(发起人)的货币出资比例。

第三，简化登记事项和登记文件。有限责任公司股东认缴的出资额和公司实收资本不再作为公司登记事项。公司登记时，不需要提交验资报告。

修订后的《公司法》增加了股份有限公司定向募集的设立方式；删除了提取法定公益金的条款，降低了公司运作成本；简化了公司合并、分立的程序。

(6)将“一人公司”纳入《公司法》调整的范围。修订后的《公司法》允许设立一人有限责任公司，虽然对“一人公司”作了比较严格的规定，但还是方便了投资。

(7)健全股东特别是中小股东利益的保护机制。原《公司法》的重大缺陷是对股东合法权益缺乏法律保护，没有将股东权的保护作为公司立法的首要宗旨。修订后的《公司法》健全了对股东尤其是中小股东利益的保护机制，主要体现在以下几个方面：第一，扩大股东知情权行使的范围和手段；第二，规定有限责任公司有异议股东的股份回购请求权；第三，赋予股东解散公司的请求权；第四，建立累积投票制度；第五，规定股东代表诉讼制度；第六，增设股东直接起诉董事、高级管理人员条款；第七，规定股份有限公司股东的提案权；第八，增设对股东会、董事会决议的请求撤销权。

(8)完善公司治理，强化公司监控。修订后的《公司法》通过完善股东会会议制度，弱化董事长的职权，强化监事会的监督职能，强调公司董事和高级管理人员的忠实和勤勉义务等措施，完善公司治理，强化公司监控。

第二节　有限责任公司

一、有限责任公司的设立和组织机构

(一)有限责任公司的设立

1. 有限责任公司的设立条件

(1)股东符合法定人数。有限责任公司由50个以下的股东出资设立。有限责任公司的股东可以是自然人(公民)，也可以是法人；可以是中国国籍的自然人、法人，在法律有特别规定时，也可以是外国的自然人、法人。

(2)有符合公司章程规定的全体股东认缴的出资额。

(3)股东共同制定公司章程。有限责任公司章程应当载明下列事项：公司名称和住所；公司经营范围；公司注册资本；股东的姓名或者名称；股东的出资方式、出资额和出资时间；公司的机构及其产生办法、职权、议事规则；公司法定代表人；股东会会议认为需要规定的其他事项。股东应当在公司章程上签名、盖章。

(4)有公司名称，建立符合有限责任公司要求的组织机构。

(5)有公司住所。

2. 有限责任公司的设立程序

(1)订立发起协议。发起协议是发起人(股东)之间为了设立有限责任公司、明确各自权利义务的法律文件。

(2)制定公司章程。全体股东共同制定公司章程，公司章程对公司、股东、董事、监事、经理具有约束力。

(3)股东缴纳出资。股东应当按期足额缴纳公司章程中规定的各自所认缴的出资额。股东以货币出资的，应当将货币出资足额存入有限责任公司在银行开设的账户；以非货币财产出资的，应当依法办理其财产权的转移手续。股东不按照规定缴纳出资的，除应当向公司足额缴纳外，还应当向已按期足额缴纳出资的股东承担违约责任。

(4)建立组织机构。股东缴纳出资后应建立公司组织机构，确定董事长、董事、监事及经理的名单。

(5)申请设立登记。股东认足公司章程规定的出资后，由全体股东指定的代表或者共同委托的代理人向公司登记部门报送公司登记申请书和公司章程等文件，申请设立登记。

有限责任公司的设立一般不需要审批，但法律要求审批的，在申请登记前应当获得批准。

3. 有限责任公司股东的出资

(1)有限责任公司的注册资本。注册资本，是指在公司登记部门登记的公司资本，由公司章程规定其数额，由公司股东出资构成。有限责任公司的注册资本为在公司登记机关登记的全体股东认缴的出资额，法律、行政法规以及国务院决定对有限责任公司注册资本实缴和最低限额另有规定的，从其规定。公司成立后，股东不得抽逃出资。

(2)股东的出资方式。股东可以用货币出资，也可以用非货币财产作价出资。非货币财产包括实物、知识产权和土地使用权等可以用货币估价并可以依法转让的财产，但法律、行政法规规定不得作为出资的财产除外。对作为出资的非货币财产应当评估作价，核实财产，不得高估或者低估作价；法律、行政法规对评估作价有规定的，从其规定。

(3)股东的出资期限。股东可以一次将出资额缴清，也可以分批将出资额缴清。

(4)股东非货币财产出资的补差责任。有限责任公司成立后，发现作为设立公司出资的非货币财产的实际价额显著低于公司章程所定价额的，应当由缴付该出资的股东补足其差额，公司设立时的其他股东承担连带责任。

(5)股东出资的证明。有限责任公司股东出资的证明是出资证明书。有限责任公司成立后，应当向股东签发由公司盖章的出资证明书。出资证明书应当载明下列事项：公司名称；公司成立日期；公司注册资本；股东的姓名或者名称、缴纳的出资额和出资日期；出资证明书的编号和核发日期。

(6)股东名册及其意义。第一，有限责任公司的股东名册。有限责任公司应当置备记载下列事项的股东名册：股东的姓名或者名称及住所，股东的出资额，出资证明书编号。第二，有限责任公司股东名册的意义。记载于股东名册的股东，可以依股东名册主张行使股东权利。公司应当将股东的姓名或者名称向公司登记部门登记，登记事项发生变更的应当办理变更登记；未经登记或者变更登记的，不得对抗第三人。

(7)股东出资后对有限责任公司的基本权利。第一，股东的知情权利。其一，股东有权查阅、复制公司章程、股东会会议记录、董事会会议决议、监事会会议决议和财务会计报告。其二，股东可以要求查阅公司会计账簿。股东要求查阅公司会计账簿的，应当向公司提出书面请求，说明目的。公司有合理根据认为股东查阅会计账簿有不正当目的，可能损害公司合法利益的，可以拒绝提供查阅，并应当自股东提出书面请求之日起 15 日内书面答复股东并说明理由。公司拒绝提供查阅的，股东可以请求人民法院要求公司提供查阅。第二，股东的资本权利。其一，股东按照实缴的出资比例分取红利。其二，公司新增资本时，股东有权优先按照实缴的出资比例认缴出资；但是，全体股东约定不按照出资比例分取红利或者不按照出资比例优先认缴出资的除外。

(二)有限责任公司的组织机构

1. 股东会

(1)股东会的组成和性质。有限责任公司设立股东会,股东会由全体股东组成,是公司的权力机构,依法行使职权。有限责任公司的全体股东是有限责任公司股东会的当然成员,全体股东都具有参加股东会、在股东会上行使股东权利的资格。作为公司的权力机构,股东会有权决议有限责任公司的一切重大事项。但是,股东会对外不代表公司,对内不执行业务,不是公司的常设机构,而是有限责任公司的必设、非常设机构。

(2)股东会的职权。股东会行使下列职权:决定公司的经营方针和投资计划;选举和更换非由职工代表担任的董事、监事,决定有关董事、监事的报酬事项;审议批准董事会的报告;审议批准监事会或者监事的报告;审议批准公司的年度财务预算方案、决算方案;审议批准公司的利润分配方案和弥补亏损方案;对公司增加或者减少注册资本作出决议;对发行公司债券作出决议;对公司合并、分立、解散、清算或者变更公司形式作出决议;修改公司章程;公司章程规定的其他职权。对上述所列事项,股东以书面形式一致表示同意的,可以不召开股东会会议,直接作出决定,并由全体股东在决定文件上签名、盖章。

(3)股东会会议的召集和主持。第一,首次股东会会议的召集。首次股东会会议由出资最多的股东召集和主持,依照法律规定行使职权。首次股东会会议,是指有限责任公司第一次召开的股东会会议。出资最多的股东,是指投资最多、预期利益最大、承担责任和风险也最大的股东。第二,股东会会议的召集和主持。股东会会议的召集和主持有以下几种情况:一是董事会召集、董事长主持。有限责任公司设立董事会的,股东会会议由董事会召集,董事长主持;董事长不能履行职务或者不履行职务的,由副董事长主持;副董事长不能履行职务或者不履行职务的,由半数以上董事共同推举一名董事主持。二是执行董事召集并主持会议。有限责任公司不设董事会的,股东会会议由执行董事召集和主持。三是监事会或者监事、股东召集并主持股东会。董事会或者执行董事不能履行或者不履行召集股东会会议职责的,由监事会或者设监事会的公司的监事召集和主持;监事会或者监事不召集和主持的,代表 1/10 以上表决权的股东可以自行召集和主持。

(4)股东会会议的形式、会议通知和会议记录。第一,股东会会议的形式。股东会会议分为定期会议和临时会议。定期会议应当依照公司章程的规定按时召开,临时会议在代表1/10以上表决权的股东、1/3 以上的董事、监事会或者不设监事会的公司的监事提议时应当召开。第二,股东会会议的通知。召开股东会会议,应当于会议召开 15 日前通知全体股东,公司章程另有规定或者全体股东另有约定的除外。第三,股东会会议的记录。股东会应当对所议事项的决定做成会议记录,出席会议的股东应当在会议记录上签名。股东会的会议记录是股东会开会时对会议议题、股东意见和最后决定的书面记录。

(5)股东会会议的议事方式和表决。第一,股东会会议的议事方式一般采用股东表决,但公司章程可以规定其他议事方式。第二,股东会会议的议事方式采用股东表决的,由股东按照出资比例行使表决权,但公司章程可以规定其他表决权确定方式。第三,股东会会议作出修改公司章程、增加或者减少注册资本,以及公司合并、分立、解散或者变更公司形式的决议,必须经代表 2/3 以上表决权的股东通过。

2. 董事会(执行董事)、经理

(1)董事会

①董事会的设置、人数和组成。有限责任公司设董事会，其成员为3～13人；两个以上的国有企业或者两个以上的其他国有投资主体投资设立的有限责任公司，其董事会成员中应当有公司职工代表；其他有限责任公司董事会成员中可以有公司职工代表。董事会中的职工代表由公司职工通过职工代表大会、职工大会或者其他形式民主选举产生。

②董事的任期。董事任期由公司章程规定，但每届任期不得超过3年；董事任期届满，可以连选连任。董事任期届满未及时改选，或者董事在任期内辞职导致董事会成员低于法定人数的，在改选出的董事就任前，原董事仍应当依照法律、行政法规和公司章程的规定，履行董事职务。

③执行董事。股东人数较少或者规模较小的有限责任公司，可以设1名执行董事，不设董事会。执行董事可以兼任公司经理。执行董事的职权由公司章程规定。

④董事长。董事会设董事长1名，可以设副董事长。董事长和副董事长的产生办法由公司章程规定。

⑤董事会的性质和职权。有限责任公司的董事会是股东会的执行机构。董事会对股东会负责，行使下列职权：召集股东会会议，并向股东会报告工作；执行股东会决议；决定公司的经营计划和投资方案；制订公司的年度财务预算方案和决算方案；制订公司的利润分配方案和弥补亏损方案；制订公司增加或者减少注册资本以及发行公司债券的方案；制订公司合并、分立、解散或者变更公司形式的方案；决定公司内部管理机构的设置；决定聘任或者解聘公司经理及其报酬事项，并根据经理的提名决定聘任或者解聘公司副经理、财务负责人及其报酬事项；制定公司的基本管理制度；公司章程规定的其他职权。

⑥董事会会议。第一，董事会会议的召集和主持。董事会会议由董事长召集和主持；董事长不能履行职务或者不履行职务的，由副董事长召集和主持；副董事长不能履行职务或者不履行职务的，由半数以上董事共同推举1名董事召集和主持。第二，董事会的议事方式和表决程序。董事会的议事方式和表决程序除法律有规定外，由公司章程规定。第三，董事会的会议记录和签名。董事会应当对所议事项的决定做成会议记录，出席会议的董事应当在会议记录上签名。第四，董事会的表决。董事会决议的表决实行一人一票。

(2)经理

①有限责任公司经理的设置。有限责任公司可以设经理，由董事会决定聘任或者解聘。这个规定的含义是：第一，经理不是有限责任公司的必设职位，有限责任公司可以设经理，也可以不设经理；第二，有限责任公司设经理的，应由董事会决定聘任或者解聘。

②有限责任公司经理的职权。经理对董事会负责，行使下列职权：主持公司的生产经营管理工作；组织实施董事会决议；组织实施公司年度经营计划和投资方案；拟订公司内部管理机构设置方案；拟订公司的基本管理制度；制定公司的具体规章；提请聘任或者解聘公司副经理、财务负责人；决定聘任或者解聘除应由董事会决定聘任或者解聘以外的管理人员；董事会授予的其他职权。经理列席董事会会议。公司章程对经理的职权另有规定的，从其规定。

3. 监事会(监事)

(1)监事会的设置、人数、组成及监事会主席

①监事会的设置和人数。有限责任公司设监事会，其成员不得少于3人；股东人数较少或者规模较小的有限责任公司，可以设1～2名监事，不设监事会。

②监事会的组成。监事会应当包括股东代表和适当比例的公司职工代表，其中，职工代表的比例不得低于1/3，具体比例由公司章程规定；监事会中的职工代表由公司职工通过职工代

表大会、职工大会或者其他形式民主选举产生。

③监事会主席。监事会设主席一人，由全体监事过半数选举产生。监事会主席召集和主持监事会会议；监事会主席不能履行职务或者不履行职务的，由半数以上监事共同推举一名监事召集和主持监事会会议。

(2)监事的任期和履行职务

①监事的任期。监事的任期每届为 3 年，监事任期届满连选可以连任。

②监事履行职务。监事是公司的一种职务，担任公司的监事应当履行监事职务。监事任期届满未及时改选，或者监事在任期内辞职导致监事会成员低于法定人数的，在改选出的监事就任前，原监事仍应当依照法律、行政法规和公司章程的规定，履行监事职务。

(3)监事会的性质和职权

①监事会的性质。监事会是公司的监督机构，监督董事会（执行董事）、经理的工作，董事、高级管理人员不得兼任监事。

②监事会的职权。监事会、不设监事会的公司的监事行使下列职权：检查公司财务；对董事、高级管理人员执行公司职务的行为进行监督，对违反法律、行政法规、公司章程或者股东会决议的董事、高级管理人员提出罢免建议；当董事、高级管理人员的行为损害公司利益时，要求董事、高级管理人员予以纠正；提议召开临时股东会会议，在董事会不履行本法规定的召集和主持股东会会议的职责时召集和主持股东会会议；向股东会会议提出提案；依法对董事、高级管理人员提起诉讼；公司章程规定的其他职权。

③监事会行使职权的保障。在现实中，董事会（执行董事）、经理对于监事会行使职权往往不予配合。为了保障监事会、不设监事会的公司的监事行使职权，对监事会行使职权在制度上予以保障是必要的：第一，列席董事会会议和特别调查权。监事可以列席董事会会议，并对董事会决议事项提出质询或者建议；监事会、不设监事会的公司的监事发现公司经营情况异常，可以进行调查，必要时可以聘请会计师事务所等协助其工作。第二，行使职权的经费保证。监事会、不设监事会的公司的监事行使职权所必需的费用由公司承担。

(4)监事会会议

①监事会会议的形式。监事会每年度至少召开一次会议，监事可以提议召开临时监事会会议。

②监事会的议事方式和表决程序。监事会的议事方式和表决程序，除法律有规定的外，由公司章程规定。

③监事会的决议方式。监事会决议应当经半数以上监事通过。

④监事会的会议记录。监事会应当对所议事项的决定做成会议记录，出席会议的监事应当在会议记录上签名。

二、一人有限责任公司和国有独资有限责任公司

(一)一人有限责任公司

1. 一人有限责任公司概述

(1)一人有限责任公司的概念。一人有限责任公司，是指只有一个自然人股东或者一个法人股东的有限责任公司。一人有限责任公司的特殊性表现在：第一，一人有限责任公司只有 1

个股东，而一般的有限责任公司有两个以上的股东。第二，一人有限责任公司的股东如果是一个自然人的话，则一人有限责任公司与个人独资企业不同，前者对企业债务承担有限责任，后者对企业债务承担无限责任。

（2）一人有限责任公司产生的原因。产生一人有限责任公司的原因主要有：第一，有限责任公司的股权通过转让归于一人，形成事实上的一人有限责任公司；第二，一个投资人设立一人有限责任公司，利用有限责任规避投资风险。

（3）一人有限责任公司的利弊和法律适用。对于投资人而言，一人有限责任公司是有利的，因为一人有限责任公司既可以节约公司的运营成本，又可以规避无限责任的风险；对于债权人而言，一人有限责任公司是有弊的，因为一人有限责任公司的股东如果滥用有限责任原则和公司独立人格，那么，债权人的利益将难以得到保护。所以，法律如果承认一人有限责任公司地位，就必须在防止股东滥用有限责任原则和公司独立人格上有所安排。一人有限责任公司的设立和组织机构适用《公司法》第二章（有限责任公司的设立和组织机构）第三节（一人有限责任公司的特别规定）的规定；《公司法》第二章第三节没有规定的，适用《公司法》第二章第一节（设立）和第二节（组织机构）的规定。

2. 一人有限责任公司的特别规定

（1）设立限制。一个自然人只能投资设立一个一人有限责任公司，该一人有限责任公司不能投资设立新的一人有限责任公司。

（2）股东属性公示。一人有限责任公司应当在公司登记中注明自然人独资或者法人独资，并在公司营业执照中载明。

（3）公司章程的制订和股东决策。一人有限责任公司章程由一名股东制定。股东作出决定时，应当采用书面形式并由股东签名后置备于公司。

（4）法定强制审计和股东财产责任加重。一人有限责任公司由一个股东控制公司，公司财产与股东个人财产容易混淆。为了防止一人有限责任公司的财产与股东个人财产混淆、保护债权人利益：第一，法定强制审计。一人有限责任公司应当在每一会计年度终了时编制财务会计报告，并经会计师事务所审计。第二，股东财产责任加重。一人有限责任公司的股东不能证明公司财产独立于股东自己的财产的，应当对公司债务承担连带责任。

（二）国有独资有限责任公司

1. 国有独资有限责任公司概述

（1）国有独资有限责任公司的概念。国有独资有限责任公司，是指国家单独出资、由国务院或者地方人民政府授权本级人民政府国有资产监督管理机构履行出资人职责的有限责任公司。国有独资有限责任公司的特殊性表现在：第一，国有独资有限责任公司由国家单独出资设立。国有独资有限责任公司的唯一“股东”是国家，国家是不同于自然人和法人的特殊民事关系主体。第二，国有独资有限责任公司由国务院或者地方人民政府授权本级人民政府国有资产监督管理机构履行出资人职责。国家作为国有独资有限责任公司的唯一出资人，对国有独资有限责任公司享有权利、承担义务。国家作为民事关系的主体具有特殊性，为了避免为公司的日常经营和民事纠纷所累，由国务院或者地方人民政府授权本级人民政府国有资产监督管理机构履行出资人职责。

（2）国有独资有限责任公司与一人有限责任公司的区别。国有独资有限责任公司与一人有限责任公司都有出资人“单独”的特点，但两者有许多区别，主要是：第一，国有独资有限责任公司的出资人是国家，国家单独对这种有限责任公司享有权利、承担义务；而一人有限责任公司的出资人是一个自然人或者一个法人，一个自然人或者一个法人对自己单独出资设立的有限责任公司享有权利、承担义务。第二，国有独资有限责任公司的财产所有权属于国家，是公有制企业；而一人有限责任公司的财产所有权属于自然人，是私有制企业。

(3)国有独资有限责任公司的法律适用。国有独资有限责任公司的设立和组织机构适用《公司法》第二章(有限责任公司的设立和组织机构)第四节(国有独资有限责任公司特别规定)的规定；第四节没有规定的，适用《公司法》第二章第一节(设立)和第二节(组织机构)的规定。

2. 国有独资有限责任公司的特别规定

(1)公司章程的制定。国有独资有限责任公司的章程由国有资产监督管理机构制定，或者由董事会制定报国有资产监督管理机构批准。

(2)公司组织机构。国有独资有限责任公司的组织机构与一般有限责任公司相比有以下几个特点：第一，不设股东会，由国有资产监督管理机构行使股东会职权。国有资产监督管理机构可以授权公司董事会行使股东会的部分职权，决定公司的重大事项，但公司的合并、分立、解散、增加或者减少注册资本和发行公司债券，必须由国有资产监督管理机构决定；重要的公司合并、分立、解散或申请破产，应当由国有资产监督管理机构审核后，报本级人民政府批准。第二，董事会成员由国有资产监督管理机构委派，由公司职工代表大会选举产生。国有独资公司设董事会，依法行使职权；董事每届任期不得超过 3 年。董事会成员由国有资产监督管理机构委派，其中应当有由公司职工代表大会选举产生的公司职工代表。董事会设董事长一人，可以设副董事长。董事长和副董事长由国有资产监督管理机构从董事会成员中指定。国有独资有限责任公司设经理，由董事会聘任或者解聘。经国有资产监督管理机构同意，董事会成员可以兼任经理。第三，监事会成员不得少于 5 人，其中，职工代表的比例不得低于 1/3，具体比例由公司章程规定；监事会成员由国有资产监督管理机构委派，由公司职工代表大会选举产生；监事会主席由国有资产监督管理机构从监事会成员中指定。监事会行使《公司法》规定的职权和国务院规定的其他职权。

国有独资有限责任公司的董事长、副董事长、董事和高级管理人员，未经国有资产监督管理机构同意，不得在其他有限责任公司、股份有限公司或者其他经济组织兼职。

三、有限责任公司的股权转让

1. 有限责任公司股权转让概述

(1)股权转让的含义。有限责任公司的股权转让，是指有限责任公司的股东将自己在公司中的出资(股权)让渡给他人的法律行为。有限责任公司的股权转让包括以下含义：第一，股权转让的财产基础是股东在公司中的出资，但股权转让的标的不仅是股东在公司中的出资，而且包括因为出资而享有的资本权利；第二，股权转让是法律行为，股东在转让过程中应当遵守法律规定，承担法律后果。

(2)股权转让与股份转让的区别。股份有限公司的资本划分为等额的股份，股东的出资凭证是作为有价证券的股票，股权已经证券化，股权转让就是股份转让，转让的规则由《证券法》规定；有限责任公司股东的出资凭证是出资证明书，股权没有完全证券化，股权转让的规则由《公司法》规定。

2. 有限责任公司股权转让的规定

(1)股东根据自己的意愿转让股权。第一,股东将股权转让给其他股东。有限责任公司的股东之间可以相互转让其全部或者部分股权。第二,股东将股权转让给股东以外的人。股东向股东以外的人转让股权应当经其他股东过半数同意,股东应就其股权转让的事项书面通知其他股东征求同意,其他股东自接到书面通知之日起满30日未答复的,视为同意转让;其他股东半数以上不同意转让的,不同意的股东应当购买该转让的股权,否则视为同意转让;经股东同意转让的股权,在同等条件下其他股东有优先购买权,两个以上的股东主张行使优先购买权的,协商确定各自的购买比例,协商不成的,按照转让时各自的出资比例行使优先购买权。公司章程对股权转让另有规定的,从其规定。

(2)股东根据人民法院的强制执行程序转让股权。人民法院依照法律规定的强制执行程序转让股东的股权时,应当通知公司及全体股东,其他股东在同等条件下有优先购买权;其他股东自人民法院通知之日起满20日不行使优先购买权的,视为放弃优先购买权。

(3)股东因行使请求收购权转让股权。请求收购权,是指有限责任公司股东在法律规定的情形下,要求公司收购自己股权的请求权。有下列情形之一的,对股东会该项决议投反对票的股东,可以请求公司按照合理的价格收购其股权:公司连续5年不向股东分配利润,而公司该5年连续盈利,并且符合《公司法》规定的分配利润条件的;公司合并、分立、转让主要财产的;公司章程规定的营业期限届满或者章程规定的其他解散事由出现,股东会会议通过决议修改章程使公司存续的。自股东会会议决议通过之日起60日内股东与公司不能达成股权收购协议的,股东可以自股东会会议决议通过之日起90日内向人民法院提起诉讼。

(4)自然人股东死亡后因股权继承而转让股权。股权是财产权利,自然人股东死亡后,其股权作为遗产是可以由继承人继承的;但是,有限责任公司具有人合性特征,其他股东不一定信任继承人,并且由于继承,股权实际上已经转让,其他股东的意愿应当得到尊重。自然人股东死亡后,其合法继承人可以继承股东资格,但公司章程另有规定的除外。

因上述(1)、(2)原因股权转让的,公司应当注销原股东的出资证明书,向新股东签发出资证明书,并相应修改公司章程和股东名册中有关股东及其出资额的记载;对公司章程的该项修改无须再经股东会表决。

第三节　股份有限公司

一、股份有限公司的设立和组织机构

(一)股份有限公司的设立

1. 股份有限公司的设立方式

股份有限公司的设立,可以采取发起设立或者募集设立的方式。

(1)发起设立。发起设立是指由发起人认购公司应发行的全部股份而设立公司。采取发起设立方式设立股份有限公司的,发起人首次缴纳出资后,可以选举董事会和监事会,由董事会向公司登记部门申请公司设立登记,无须召开创立大会。

(2)募集设立。募集设立是指由发起人认购公司应发行股份的一部分,其余股份向社会公开募集或者向特定对象募集而设立公司。募集设立方式有公开募集和定向募集两种:公开募

集是指由发起人认购公司应发行股份的一部分，其余股份向社会公开募集而设立股份有限公司；定向募集是指由发起人认购公司应发行股份的一部分，其余股份向特定对象募集而设立股份有限公司。

2. 股份有限公司的设立条件

(1)发起人符合法定人数。设立股份有限公司应当有 2 人以上 200 人以下为发起人，其中需有半数以上的发起人在中国境内有住所。发起人承担股份有限公司筹办事务，应当签订发起人协议，明确各自在公司设立过程中的权利和义务。股份有限公司的发起人应当承担下列责任：公司不能设立时，对设立行为所产生的债务和费用负连带责任；公司不能设立时，对认股人已缴纳的股款负返还股款并加算银行同期存款利息的连带责任；在公司设立过程中，由于发起人的过失致使公司利益受到损害的，应当对公司承担赔偿责任。

(2)有符合公司章程规定的全体发起人认购的股本总额或者募集的实收股本总额。法律、行政法规以及国务院对股份有限公司注册资本实缴和最低限额另有规定的，从其规定。

(3)股份发行和筹办事项符合法律规定(详见《证券法》)。

(4)发起人制定公司章程，采用募集方式设立的经创立大会通过。股份有限公司章程应当载明下列事项：公司名称和住所；公司经营范围；公司设立方式；公司股份总数、每股金额和注册资本；发起人的姓名或者名称、认购的股份数、出资方式和出资时间；董事会的组成、职权和议事规则；公司法定代表人；监事会的组成、职权和议事规则；公司利润分配办法；公司的解散事由与清算办法；公司的通知和公告办法；股东大会会议认为需要规定的其他事项。

(5)有公司名称，建立符合股份有限公司要求的组织机构。

(6)有公司住所。

3. 股份有限公司采取发起设立的设立程序

(1)发起人签订发起人协议。发起人应当签订发起人协议，明确各自在公司设立过程中的权利和义务。

(2)发起人制定公司章程。

(3)发起人认购公司应发行的全部股份。发起人应当书面认足公司章程规定其认购的股份；每个发起人以书面形式承诺自己将要认购的股份数，所有发起人承诺认购的股份数之和应当等于公司应发行的全部股份。

(4)发起人缴纳股款。发起人按照公司章程的规定缴纳出资。发起人以非货币财产出资的，应当依法办理其财产权的转移手续；发起人不依照规定缴纳出资的，应当按照发起人之间的协议承担违约责任。

(5)发起人选举董事会和监事会。发起人认足公司章程规定的出资后，应当选举董事会和监事会。

(6)董事会申请设立登记。董事会向公司登记机关报送公司章程以及法律、行政法规规定的其他文件，申请设立登记。

公司登记部门自接到设立登记申请之日起 30 日内作出是否予以登记的决定。

4. 股份有限公司采取募集设立的设立程序

(1)发起人签订发起人协议。

(2)发起人制订公司章程，在以后经创立大会通过。

(3)发起人认购法定数额的股份。除法律、行政法规另有规定外，以募集设立方式设立股份有限公司的，发起人认购的股份不得少于公司股份总数的 35%。

(4)发起人公开或者定向募集股份。股份有限公司的发起人认购不少于公司股份总数35%的股份后,其余股份应当向社会公开募集或者向特定对象募集。发起人向社会公开募集股份,必须公告招股说明书并制作认股书;认股书应当载明招股说明书所列事项,由认股人填写认购股数、金额、住所,并签名、盖章。公告的招股说明书应当附有发起人制定的公司章程,并载明发起人认购的股份数、每股的票面金额和发行价格、无记名股票的发行总数、募集资金的用途、认股人的权利义务、本次募股的起止期限及逾期未募足时认股人可以撤回所认股份的说明。

(5)发起人和认股人缴纳股款。发起人和认股人必须一次缴清股款,发起人向社会公开募集股份的,应当由依法设立的证券公司承销,签订承销协议;同时,应当与银行签订代收股款协议,代收股款的银行应当按照协议代收和保存股款,向缴纳股款的认股人出具收款单据,并履行向有关部门出具收款证明的义务。发起人、认股人缴纳股款或者交付抵作股款的出资后,除未按期募足股份、发起人未按期召开创立大会或者创立大会决议不设立公司的情形外,不得抽回其股本。

(6)发起人验资并主持召开创立大会。发行股份的股款缴足后,必须经依法设立的验资机构验资并出具证明。发起人应当自股款缴足之日起30日内主持召开由发起人、认股人组成的公司创立大会。创立大会行使下列职权:审议发起人关于公司筹办情况的报告;审议并通过公司章程;选举董事会成员;选举监事会成员;对公司的设立费用进行审核;对发起人用于抵作股款的财产的作价进行审核;发生不可抗力或者经营条件发生重大变化直接影响公司设立的,可以作出不设立公司的决议。

(7)创立大会的举行和决议。发起人应当在创立大会召开15日前将会议日期通知各认股人或者予以公告。代表股份总数过半数的发起人、认股人出席,创立大会方可举行。创立大会对职权事项作出决议,必须经出席会议的认股人所持表决权过半数通过。

(8)董事会申请设立登记。创立大会决议公司设立的,董事会应于创立大会结束后30日内向公司登记部门报送公司登记申请书、创立大会的会议记录、公司章程、验资证明、法定代表人、董事、监事的任职文件及其身份证明、发起人的法人资格证明或者自然人身份证明和公司住所证明,申请设立登记。以募集方式设立股份有限公司公开发行股票的,还应当向公司登记部门报送国务院证券管理机构的核准文件。公司登记部门自接到设立登记申请之日起30日内作出是否予以登记的决定。

股份有限公司成立后,应当将公司章程、股东名册、公司债券存根、股东大会会议记录、董事会会议记录、监事会会议记录、财务会计报告置备于公司。股东有权查阅公司章程、股东名册、公司债券存根、股东大会会议记录、董事会会议决议、监事会会议决议和财务会计报告,对公司的经营提出建议或者质询。

5. 股份有限公司发起人的出资

(1)股份有限公司的注册资本。股份有限公司采取发起设立方式设立的,注册资本为在公司登记机关登记的全体发起人认购的股本总额。在发起人认购的股份缴足前,不得向他人募集股份。股份有限公司采取募集方式设立的,注册资本为在公司登记机关登记的实收股本总额。法律、行政法规以及国务院决定对股份有限公司的注册资本实缴、注册资本最低限额另有规定的,从其规定。

(2)发起人的出资方式。发起人的出资方式有货币出资和非货币出资两种。非货币出资包括实物、知识产权、土地使用权等可以用货币估价并可以依法转让的非货币财产作价出资。

(3)发起人的出资期限。采取发起设立方式的,发起人的出资可以一次缴纳,也可以分期缴纳。采取募集设立的,发起人和认股人应当一次缴纳全部出资。

(4)发起人的缴资补差责任。股份有限公司成立后,发起人未按照公司章程的规定缴足出资的,应当补缴,其他发起人承担连带责任。股份有限公司成立后,发现作为设立公司出资的非货币财产的实际价额显著低于公司章程所定价额的,应当由交付该出资的发起人补足其差额,其他发起人承担连带责任。

(5)认股人要求发起人返还股款的权利。发行的股份超过招股说明书规定的截止期限尚未募足的,或者发行股份的股款缴足后,发起人在30日内未召开创立大会的,认股人可以按照所缴股款并加算银行同期存款利息,要求发起人返还。

6. 有限责任公司变更为股份有限公司的资本要求

(1)资产折合为股份有限公司股份的规定。有限责任公司变更为股份有限公司时,折合的实收股本总额不得高于公司净资产额。有限责任公司变更为股份有限公司时,应当将有限责任公司的资产折合为股份有限公司的股份。有限责任公司变更为股份有限公司时,应当将其净资产折合为股份有限公司的股份,不能以总资产折合为股份有限公司的股份的,负债应当从总资产中减去。

(2)为增加资本公开发行股份的规定。有限责任公司变更为股份有限公司,为增加资本而公开发行股份时,应当依法办理。有限责任公司变更为股份有限公司后,可以通过公开发行股份增加资本,以适应变更为股份有限公司后经营的需要。此时,公司的责任形式已为股份有限公司,所以,必须按照《公司法》,特别是《证券法》的规定办理公开发行股份事宜。

(二)股份有限公司的组织机构

1. 股东大会

(1)股东大会的组成和性质。股份有限公司的股东大会由全体股东组成,是公司的权力机构。

(2)股东大会的职权。股东大会依照《公司法》行使下列职权:决定公司的经营方针和投资计划;选举和更换非由职工代表担任的董事、监事,决定有关董事、监事的报酬事项;审议批准董事会的报告;审议批准监事会或者监事的报告;审议批准公司的年度财务预算方案、决算方案;审议批准公司的利润分配方案和弥补亏损方案;对公司增加或者减少注册资本作出决议;对发行公司债券作出决议;对公司合并、分立、解散、清算或者变更公司形式作出决议;修改公司章程;公司章程规定的其他职权。上述股东大会的职权,归纳起来有投资经营决定权、人事任免权、审议批准权、章程修改权和章程规定的其他职权五个方面。

(3)股东大会的会议形式。第一,年会。年会也称股东常会,应当每年召开一次。年会的召开日期一般应在每年会计年度终结后6个月或者更短的时期内。第二,临时会。股东临时会在必要时召开,与年会并列。有下列情形之一的,应当在2个月内召开临时股东大会:董事人数不足法定人数或者公司章程所定人数的2/3时;公司未弥补的亏损达实收股本总额的1/3时;单独或者合计持有公司股份10%以上的股东请求时;董事会认为必要时;监事会提议召开时;公司章程规定的其他情形。

(4)股东大会的召集。第一,股东大会的召集和主持。股东大会会议由董事会召集,董事长主持;董事长不能履行职务或者不履行职务的,由副董事长主持;副董事长不能履行职务或者不履行职务的,由半数以上董事共同推举一名董事主持。董事会不能履行或者不履行召集股东大会会议职责的,监事会应当及时召集和主持;监事会不召集和主持的,连续90日以上单独或者合计持有公司10%以上股份的股东可以自行召集和主持。第二,股东大会的会议通知。召开股东大会会议,应当将会议召开的时间、地点和审议事项于会议召开20日前通知各股东,临时会应当于会议召开15日前通知各股东;发行无记名股票的,应当于会议召开30日前公告会议召开的时间、地点和审议事项。第三,股东临时提案权。股东临时提案权是指持有一定比例股份的股东有权在股东大会召开前一定时限内向公司董事会提交提案,要求股东大会审议。单独或者合计持有公司3%以上股份的股东,可以在股东大会召开10日前提出临时提案并书面提交董事会,董事会应当在收到提案后2日内通知其他股东,并将该临时提案提交股东大会审议。临时提案的内容应当属于股东大会的职权范围,并有明确议题和具体决议事项。

(5)股东大会的表决。第一,股东大会的表决事项。股东大会的表决事项是指在会议通知中列明的审议事项和董事会在收到提案后2日内通知其他股东的临时提案。股东大会不得对上述两个通知中未列明的事项作出决议。第二,股东的表决权。股东的表决权是指股东对股东大会的表决事项表达赞成与否的权利。股东出席股东大会会议的,所持每一股份有一表决权;但是,为了防止公司与股东个人人格混淆,公司持有的本公司股份没有表决权。另外,由于持有优先股的股东在资产收益方面享有优先权,因此,其一般也是没有表决权的。第三,股东表决权的行使。无记名股股东是合法持有股份的自然人或者法人,可能经常变化,为了确定无记名股股东出席股东大会并行使表决权的资格,无记名股票持有人出席股东大会会议的,应当于会议召开5日前至股东大会闭会时将股票交存于公司;不交存的不能出席股东大会,也就不能行使表决权。表决权可以由股东在出席股东大会时自己行使,也可以委托他人在出席股东大会时代理行使。股东可以委托代理人出席股东大会会议,代理人应当向公司提交股东授权委托书,并在授权范围内行使表决权。第四,股东大会的表决方式。根据所议事项对公司的重要程度,股东大会的表决方式可以分为普通决议和特别决议两种,表决的事项相应地分为普通决议事项和特别决议事项。股东大会作出决议,必须经出席会议的股东所持表决权过半数通过;股东大会作出修改公司章程、增加或者减少注册资本的决议,以及公司合并、分立、解散或者变更公司形式的决议,必须经出席会议的股东所持表决权的2/3以上通过。第五,股东大会对公司重大资产处置事项的表决。《公司法》和公司章程规定公司转让、受让重大资产或者对外提供担保等事项必须经股东大会作出决议的,董事会应当及时召开股东大会会议,由股东大会就上述事项进行表决,但对表决方式没有明确规定。第六,股东大会的会议记录。股东大会的会议记录也称议事录,是记录股东大会对所议事项的决议情况的书面文件,股东有权查阅。股东大会应当对所议事项的决定做成会议记录,主持人、出席会议的董事应当在会议记录上签名。会议记录应当与出席股东的签名册及代理出席的委托书一并保存。

(6)累积投票制。股东大会选举董事、监事,可以依照公司章程的规定或者股东大会的决议,实行累积投票制。所谓累积投票制,是指股东大会选举董事或者监事时,每一股份拥有与应选董事或者监事人数相同的表决权,股东拥有的表决权可以集中使用。第一,累积投票制的适用。股东大会选举董事、监事时,可以适用累积投票制。适用累积投票制选举董事、监事的,应当有公司章程的规定或者股东大会的决议。第二,累积投票制的意义。股东大会在选任董事和监事时,如果实行累积投票制,每一股份有与应选董事或者监事人数相同的表决权,并且可以集中地投向一人或者数人。

2. 董事会和经理

(1)董事会

①董事的产生。在股份有限公司设立时，董事由发起人或者创立大会选举产生；在股份有限公司成立后，董事由股东大会选举产生和更换。当然，董事会成员中的公司职工代表另有产生办法。自然人和法人都可以被选举为董事，法人作为股份有限公司的董事，必须由具有完全民事行为能力的自然人为代理人。

②董事的任期和职责。第一，董事的任期。董事的任期由公司章程规定，但每届任期不得超过3年，董事任期届满，连选可以连任；董事任期届满未及时改选，或者董事在任期内辞职导致董事会成员低于法定人数的，在改选出的董事就任前，原董事仍应当依照法律、行政法规和公司章程的规定，履行董事职务。第二，董事职责。董事职责有一般职责和特殊职责两个方面：一般职责，即董事应该以善良管理人应有的注意处理公司的事务，具体而言，董事应当谨慎、忠实地履行职责，以最大的努力谋求公司利益，不得损害公司的利益；特殊职责，包括董事有私人交易限制和对公司损害禁止的义务等。

③董事会的设置、人数和组成。第一，董事会的设置和人数。股份有限公司设董事会，董事会的成员人数为5～19人，董事会的具体人数可由公司章程规定。第二，董事会的组成。公司章程可以规定董事会成员中有公司职工代表，董事会中的公司职工代表通过职工代表大会、职工大会或者其他形式民主选举产生。

④董事会的性质和职权。第一，董事会的性质。董事会是股份有限公司的经营决策机构、业务执行机构和公司代表机构。董事会是股份有限公司的必设、常设机构。第二，董事会的职权。股份有限公司的董事会行使下列职权：召开股东大会会议并向股东大会报告工作；执行股东大会的决议；决定公司的经营计划和投资方案；制订公司的年度财务预算方案和决算方案；制订公司的利润分配方案和弥补亏损方案；制订公司增加或者减少注册资本以及发行公司债券的方案；制订公司合并、分立、解散或者变更公司形式的方案；决定公司内部管理机构的设置；决定聘任或者解聘公司经理及其报酬事项，并根据经理的提名决定聘任或者解聘公司副经理、财务负责人及其报酬事项；制定公司的基本管理制度；公司章程规定的其他职权。

⑤董事长。董事会设董事长1人，可以设副董事长。董事长和副董事长由董事会以全体董事过半数选举产生。董事长召集和主持董事会会议，检查董事会决议的实施情况。副董事长协助董事长的工作。董事长不能履行职务或者不履行职务的，由副董事长履行职务；副董事长不能履行职务或者不履行职务的，由半数以上董事共同推举1名董事履行职务。

⑥董事会会议。第一，董事会会议的形式。董事会会议有经常会议和临时会议两种。经常会议每年度至少召开2次，每次应当于会议召开10日前通知全体董事和监事；临时会议由代表1/10以上表决权的股东、1/3以上董事或者监事会提议召开，董事长应当自接到提议后10日内召集和主持董事会会议，董事会可以另定召集临时董事会的通知方式和通知时限。第二，董事会会议的举行和表决。董事会会议应当有过半数董事出席方可举行。董事会作出决议时，必须经全体董事过半数通过。董事会决议的表决实行一人一票制。

⑦董事会会议的出席、会议记录和对董事会决议的责任。第一，董事会会议的出席。董事本人应当出席董事会会议，董事因故不能出席时，可以书面形式委托其他董事代为出席，委托书中应载明授权范围。第二，董事会会议的记录。董事会应当对会议所议事项的决定做成会议记录，出席会议的董事应当在会议记录上签名。会议记录一般包括会议举行的时间、地点、召集人和主持人、出席人和会议主要内容，以及决议事项、表决情况和表决结果等。第三，对董事会决议的责任。董事应当对董事会的决议承担责任，当董事会的决议违反法律、行政法规或者公司章程、股东大会决议，致使公司遭受严重损失的，参与决议的董事对公司负赔偿责任；但

是，董事经证明在表决时对此曾表明异议并记载于会议记录的，可以免除责任。

(2)经理

①经理的设置。股份有限公司设经理，由董事会决定聘任或者解聘，董事会可以决定由董事会成员兼任经理。经理对董事会负责，接受董事会监督。

②经理的职权。经理有以下职权：主持公司的生产经营管理工作，组织实施董事会决议；组织实施公司年度经营计划和投资方案；拟订公司内部管理机构设置方案；拟订公司的基本管理制度；制定公司的具体规章；提请聘任或者解聘公司副经理、财务负责人；决定聘任或者解聘除应由董事会决定聘任或者解聘以外的管理人员；董事会授予的其他职权。公司章程对经理职权另有规定的，从其规定。

3. 监事会

(1)监事会的设置、人数和组成

①监事会的设置和人数。股份有限公司设监事会，其成员不得少于 3 人。监事会是股份有限公司的必设、常设机构，其具体人数由公司章程规定。

②监事会的组成。股份有限公司监事会的组成人员应当包括股东代表和适当比例的公司职工代表。职工代表的具体比例由公司章程按照不低于总人数 1/3 的比例规定，职工代表通过职工代表大会、职工大会或者其他形式民主选举产生。

③监事。第一，监事的任期。股份有限公司监事的任期每届为 3 年，任期届满连选可以连任。第二，监事履行职务。监事可以列席董事会会议，并对董事会决议事项提出质询或者建议。监事任期届满未及时改选，或者监事在任期内辞职导致监事会成员低于法定人数的，在改选出的监事就任前，原监事仍应当依照法律、行政法规和公司章程的规定，履行监事职务。第三，监事的任职禁止。公司的董事、高级管理人员不得兼任监事。

④监事会主席。第一，监事会主席的设置和产生。监事会设主席 1 人，可以设副主席；主席和副主席由全体监事过半数选举产生。第二，监事会主席的职权。监事会主席召集和主持监事会会议。监事会主席不能履行职务或者不履行职务的，由监事会副主席召集和主持监事会会议；副主席不能履行职务或者不履行职务的，由半数以上监事共同推举一名监事召集和主持监事会会议。

(2)监事会的性质和职权

①监事会的性质。监事会是股份有限公司监督业务执行情况的机构。股东大会作为股份有限公司的权力机构，当然有权监督公司的业务执行情况，但是，股东大会不是常设机构，况且一般股东缺乏专业知识和经验，又大多对公司业务不够了解或者没有兴趣了解，实际上不可能由股东大会实现对公司业务的监督。所以，设置监事会专门监督公司业务的执行情况是必要的。

②监事会的职权。股份有限公司的监事会行使下列职权：检查公司财务；对董事、高级管理人员执行公司职务的行为进行监督，对违反法律、行政法规、公司章程或者股东会决议的董事、高级管理人员提出罢免建议；当董事、高级管理人员的行为损害公司的利益时，要求董事、高级管理人员予以纠正；提议召开临时股东会会议，在董事会不履行《公司法》规定的召集和主持股东会会议的职责时召集和主持股东会会议；向股东会会议提出提案；依照《公司法》的规定，对董事、高级管理人员提起诉讼；公司章程规定的其他职权。监事会行使职权所必需的费用由公司承担。监事会发现公司经营情况异常，可以进行调查；必要时，可以聘请会计师事务所等协助其工作，费用由公司承担。

(3)监事会的会议

①监事会会议的形式。监事会会议的形式有经常会议和临时会议两种,经常会议每6个月至少召开1次,临时会议可以由监事提议召开。

②监事会的议事方式和表决程序。监事会的议事方式和表决程序,除我国《公司法》有规定的外,由公司章程规定;监事会决议应当经半数以上监事通过。

③监事会的会议记录。监事会应当对所议事项的决定做成会议记录,出席会议的监事应当在会议记录上签名。

二、股份有限公司的股份发行和转让

(一)股份概述

1. 股份的含义和法律性质

(1)股份的含义。股份有限公司的资本划分为股份,每一股的金额相等。股份有限公司的"股份"有两个方面的基本含义:第一,它是指股份有限公司资本的构成部分。股份有限公司的资本划分为股份,每一股的金额相等。股份既是公司资本的构成部分,又是公司资本的最小计算单位,可以称之为"资本股"。第二,它是指股东在股份有限公司中权利义务的体现。股东在股份有限公司中权利义务的大小是由其所持股份的多少决定的,同种类的每一股份应当具有同等权利。股份是计算股东权利义务的单位,可以称之为"权义股"。

(2)股份的法律性质。股份有限公司的股份具有以下法律性质:第一,平等性。股份的发行实行公平、公正的原则,同种类的每一股份应当具有同等权利;同次发行的同种类股票,每股的发行条件和价格应当相同;任何单位或者个人所认购的股份,每股应当支付相同的价额。第二,转让性。股东持有的股份可以依法转让。第三,不可分割性。股份是计算公司资本的最小单位,因此,每一股份不得再行分割,但是允许数人共同持有一单位股份。

2. 股份的分类

(1)普通股和特别股。根据持有股份的股东享有权利的不同,股份可以分为普通股和特别股。第一,普通股。普通股是指对公司财产的权利一概平等的股份,是股份有限公司最基本的股份。第二,特别股。特别股是指对公司财产的权利不同于普通股的股份,又有优先股和劣后股之分。优先股是在利益分配的权利方面优先于普通股的股份;劣后股则是在利益分配的权利方面劣后于普通股的股份。优先股具有以下特点:持有优先股的股东有权先于普通股股东获得股息,而且其股息可以是固定的;持有优先股的股东有权先于普通股股东分配公司的剩余财产。我国不禁止股份有限公司发行优先股。

(2)记名股和无记名股。根据股份是否载明股东的姓名(名称),股份可以分为记名股和无记名股。第一,记名股。记名股是指股东的姓名或者名称记载于股票和公司股东名册上的股份。公司发行记名股票的,应当置备于股东名册。第二,无记名股。无记名股是指不将股东的姓名或者名称记载于股票和公司股东名册上的股份。但是,发行无记名股票的,公司也应当记载其股票数量、编号及发行日期。公司向发起人、法人发行的股票,应当为记名股票,并应当记载该发起人、法人的名称或者姓名,不得另立户名或者以代表人姓名记名。

(3)额面股和无额面股。根据股份是否明示金额,股份可以分为额面股和无额面股。第一,额面股。额面股也称金额股,是指由公司章程明确规定每股金额、在股票上标明其券面额的股份。股份有限公司应当发行额面股,股票发行价格可以按票面金额,也可以超过票面金额，但不得低于票面金额。第二，无额面股。无额面股也称比例股，即股票票面上不标明具体金额，只标明其占公司股份总数一定比例的股份。我国《公司法》不允许发行无额面股。

(4)表决权股和无表决权股。根据持有股份的股东是否有表决权，股份可以分为表决权股和无表决权股。第一，表决权股。表决权股是指享有表决权的股份。普通股一般都是表决权股。第二，无表决权股。无表决权股是指不享有表决权的股份。优先股一般是无表决权股。

3. 股份与股票

(1)股票的含义。股份有限公司的股份采取股票的形式。股票是公司签发的证明股东所持股份的凭证。股票与股份既有联系，又有区别：第一，股份是公司资本的构成内容，股票是股份的表现形式。股份采取股票的形式，其发行和流通就方便了。股份转让是通过股票转让的形式实现的。第二，股份可以由发起人发行，股票则须由公司签发。股份有限公司成立之前只能发行股份，不能签发股票；股份有限公司成立之后，股份发行和股票发行就形式而言几乎没有区别。

(2)股票的法律特征。股票作为股份的形式，具有以下法律特征：第一，股票是一种有价证券。所谓有价证券，是指表示具有财产价值的权利的证券。我国《公司法》没有明确规定股票是一种有价证券，而只说它是"证明股东所持股份的凭证"，是因为我国允许发行记名股份。记名股份股东权利的享受与股票的持有并不完全一致，持有记名股票的人如果没有办理过户手续，就不能享受该记名股份所代表的股东权利，所以，记名股票不是纯粹的有价证券，或者说记名股票是不完全的有价证券，不能笼统地将股票定义为一种有价证券。第二，股票是一种要式证券。所谓要式证券，是指法律对它的制作格式和内容有强制性要求的证券。股票采用纸面形式或者国务院证券监督管理机构规定的其他形式。股票应当载明公司名称、公司登记成立的日期、股票种类、票面金额及代表的股份数、股票的编号，应当由法定代表人签名、公司盖章；发起人的股票应当标明"发起人股票"字样。第三，股票是一种不设权证券。所谓不设权证券，是指权利的产生并不凭借证券的做成而完成的证券。股票是股份采取的形式，股东地位的确立以及股东权利的享有凭借的是认股人出资认购的股份而不是股票。股票不过是把已经存在的股东权利用证券形式表现出来而已，所以股票是一种不设权证券。

(二)股份发行

1. 股份发行概述

(1)股份发行的含义。股份发行，是指股份有限公司设立时或者成立后以筹集公司资本(股本)为目的向他人出售自己的股份。

(2)股份发行的目的。第一，设立发行。设立发行是指为了设立公司而发行股份。采取发起设立方式的，设立发行可以发生在公司设立过程中，也可以发生在公司成立后；采取募集设立方式的，设立发行发生在公司设立过程中。第二，增资发行。增资发行是指公司章程规定的股份总数已经发行完毕，为了增加公司资本而发行股份，应该召开股东大会修改公司章程，发行完毕后应该办理公司变更登记。

2. 股份发行的原则和价格

(1)股份发行的原则。股份的发行实行公平、公正的原则，同种类的每一股份应当具有同等权利。同次发行的同种类股票，每股的发行条件和价格应当相同；任何单位或者个人认购股份，每股应当支付相同的价额。

(2)股份发行的价格。股份有限公司的资本划分为股份，每一股的金额相等。股票发行价格可以按票面金额，也可以超过票面金额，但不得低于票面金额。

3. 股票交付

股票交付，是指股份有限公司依法制作股票并将它交给股份认购人的行为。股份发行和股票交付并不是同步的，一般是在股份发行完毕、股份有限公司登记成立之后才能向认股人（股东）正式交付股票，公司成立前不得向股东交付股票。

（三）股份转让

1. 股份转让概述

（1）股份转让的含义。股份（票）的转让，是指股份所代表的股东权利的转让。广义的股份转让包括股份（票）的出售、赠与、继承和抵押；狭义的股份转让仅指股份的出售，也即股份买卖或者称股份交易。股东持有的股份可以依法转让。

（2）股份转让的形式。股份的转让通过股票转让的形式实现，但是，股份的转让和股票的转让并不完全相同。由于股份有限公司成立后才能交付股票，因此，股票的转让只有在股份有限公司成立后才能进行，而股份的转让可以在股份有限公司成立后、股票交付前进行。

2. 股份转让的场所和方式

（1）股份转让的场所。股东转让其股份，应当在依法设立的证券交易场所进行或者按照国务院规定的其他方式进行。

（2）股份转让的方式。第一，记名股票的转让方式。记名股票由股东以背书方式或者法律、行政法规规定的其他方式转让；转让后由公司将受让人的姓名或者名称及住所记载于股东名册。股东大会召开前20日内或者公司决定分配股利的基准日前5日内不得进行规定的股东名册的变更登记。但是，法律对上市公司股东名册变更登记另有规定的，从其规定。第二，无记名股票的转让方式。无记名股票由股东将该股票交付给受让人后即发生转让效力。

3. 股份转让的限制

（1）发起人持有股份的转让限制。发起人持有的本公司股份自公司成立之日起1年内不得转让，公司公开发行股份前已发行的股份自公司股票在证券交易所上市交易之日起1年内不得转让。

（2）公司董事、监事、高级管理人员持有股份的转让限制。公司董事、监事、高级管理人员应当向公司申报所持有的本公司的股份及其变动情况，在任职期间每年转让的股份不得超过其所持有本公司股份总数的25%，所持本公司股份自公司股票上市交易之日起1年内不得转让。上述人员离职后半年内不得转让其所持有的本公司股份。公司章程可以对公司董事、监事、高级管理人员转让其所持有的本公司股份作出其他限制性规定。

4. 收购本公司股份

（1）收购本公司股份的含义。收购本公司股份，是指股份有限公司购买和持有自己的股份。股份有限公司拥有本公司股份，导致公司资本不实，损害公司债权人的利益，而且使公司有可能操纵股票价格，扰乱证券市场，所以一般不允许公司拥有自己的股份。但是，我国《公司法》规定在某些特殊情况下，股份有限公司可以收购本公司的股份，收购的本公司股份必须作出相应的处理，不能造成股份有限公司拥有本公司股份的结果。

（2）可以收购本公司股份的情形。公司不得收购本公司股份，但有下列情形之一的除外：减少公司注册资本；与持有本公司股份的其他公司合并；将股份奖励给本公司职工；股东因对股东大会作出的公司合并、分立决议持异议，要求公司收购其股份的。

(3)收购本公司股份的规定。第一，收购程序。公司因第一项至第三项原因收购本公司股份的，应当经股东大会决议。第二，股份处理。公司依照规定收购本公司股份后，属于第一项情形的，应当自收购之日起10日内注销；属于第二项、第四项情形的，应当在6个月内转让或者注销。第三，收购数额、资金和转让。公司依照第三项收购的本公司股份不得超过本公司已发行股份总额的5%；用于收购的资金应当从公司的税后利润中支出；所收购的股份应当在1年内转让给职工。

上述情形下股份有限公司收购的本公司股份不是注销了，就是转让了，股份有限公司最终没有拥有本公司的股份。另外，公司不得接受本公司的股票作为质押权的标的，因为公司即使将本公司的股票作为质押权的标的，由于公司不能拥有本公司的股票，最后也是无法实现担保目的的。

5. 记名股票的失效和补发

记名股票被盗、遗失或者灭失，股东可以依照《民事诉讼法》规定的公示催告程序，请求人民法院宣告该股票失效。人民法院宣告该股票失效后，股东可以向公司申请补发股票。

三、上市公司

(一)上市公司概述

1. 上市公司的概念

上市公司，是指其股票在证券交易所上市交易的股份有限公司。上市公司的含义包括以下几个方面：

(1)上市公司是股份有限公司。有限责任公司不能成为上市公司。

(2)上市公司是其股票在证券交易所上市交易的股份有限公司。不是所有的股份有限公司都是上市公司。

2. 上市公司的优势

(1)有利于吸引投资者。证券交易所为上市公司的股票提供了连续性的市场(发行市场为一级市场、交易市场为二级市场)，该股票对投资者的吸引力大于尚未上市公司的股票。

(2)有利于提高公司的知名度。上市公司必然被投资者和证券管理部门更多地关注，社会公众对它比较熟悉，使公司具有比尚未上市公司更大的知名度，这也是吸引投资者的重要因素。

(3)方便投资者投资。股票上市更有利于股票的流通，股票的流通性越好，投资者就越愿意投资；另外，上市公司的有关信息，如财务会计报告和重要人事变动等被要求披露，使投资者容易了解公司情况，也方便了投资者投资。

(4)降低投资成本。证券交易所一般都采用竞价成交，股票的买卖价格相对比较合理，对于买进者可以降低投资成本，对于卖出者可以提高投资收益或者减少投资损失。

(二)上市公司的特别规定

1. 重大资产运作程序和关联企业表决限制

(1)重大资产运作程序。上市公司在1年内购买、出售重大资产或者担保金额超过公司资产总额30%的，应当由股东大会作出决议，并经出席会议的股东所持表决权的2/3以上通过。

(2)关联关系表决限制。上市公司董事与董事会会议决议事项所涉及的企业有关联关系的,不得对该项决议行使表决权,也不得代理其他董事行使表决权。该董事会会议由过半数的无关联关系董事出席即可举行,董事会会议所作决议须经无关联关系董事过半数通过。出席董事会的无关联关系董事人数不足 3 人的,应将该事项提交上市公司股东大会审议。

2. 董事会秘书和独立董事

(1)董事会秘书。上市公司设董事会秘书,负责公司股东大会和董事会会议的筹备、文件保管以及公司股东资料的管理,办理信息披露事务等事宜。

(2)独立董事。上市公司设立独立董事,具体办法由国务院规定。

3. 信息公开

上市公司必须依照法律、行政法规的规定,公开其财务状况、经营情况及重大诉讼,在每个会计年度内半年公布一次财务会计报告。

第四节 公司的基本制度

一、公司董事、监事和高级管理人员的任职资格及义务

(一)董事、监事和高级管理人员的任职资格

1. 任职资格的含义

任职资格,是指担任公司董事、监事和高级管理人员的人应具备的基本条件。任职资格有积极和消极两个方面:

(1)任职资格的积极方面。这是指担任董事、监事和高级管理人员必须具备的条件。我国《公司法》没有这方面的规定。

(2)任职资格的消极方面。这是指《公司法》规定的不得担任董事、监事和高级管理人员的情形。

2. 任职资格的消极规定

有下列情形之一的,不得担任公司的董事、监事或高级管理人员:(1)无民事行为能力或者限制民事行为能力;(2)因贪污、贿赂、侵占财产、挪用财产或者破坏社会主义市场经济秩序,被判处刑罚,执行期满未逾 5 年,或者因犯罪被剥夺政治权利,执行期满未逾 5 年;(3)担任破产清算的公司、企业的董事或者厂长、经理,对该公司、企业的破产负有个人责任的,自该公司、企业破产清算完结之日起未逾 3 年;(4)担任因违法被吊销营业执照、责令关闭的公司、企业的法定代表人,并负有个人责任的,自该公司、企业被吊销营业执照之日起未逾 3 年;(5)个人所负数额较大的债务到期未清偿。

公司违反上述规定选举、委派董事、监事或者聘任高级管理人员的,该选举、委派或者聘任无效;董事、监事和高级管理人员在任职期间出现上述情形的,公司应当解除其职务。

(二)董事、监事和高级管理人员的义务

1. 基本义务

董事、监事和高级管理人员的基本义务,是指基于董事、监事和高级管理人员的职务以及

对公司经营管理或者监督的职责而产生的义务。董事、监事和高级管理人员的基本义务包括以下几个方面：

(1)遵守法律、行政法规和公司章程的义务。

(2)对公司的忠实义务。这是指董事、监事和高级管理人员应当以维护公司利益为准则，忠于公司利益并且诚实履行职务，不得利用法律、行政法规和公司章程赋予的权利为自己和第三人牟取利益、损害公司的利益。

(3)对公司的勤勉义务。勤勉义务也称注意义务，是指董事、监事和高级管理人员应当以善良管理人的小心、谨慎管理人的注意履行职务，不得敷衍失职。

另外，董事、监事和高级管理人员不得利用职权收受贿赂或者其他非法收入，不得侵占公司的财产，这是从上述基本义务得出的必然结论。

2. 协助义务

董事、监事和高级管理人员的协助义务，是指董事、监事和高级管理人员作为实际掌握公司经营管理和监督的人员，协助股东大会、监事会工作的义务。董事、监事和高级管理人员的协助义务包括以下几个方面：

(1)列席股东大会并接受股东的质询的义务。股东大会要求董事、监事和高级管理人员列席会议的，董事、监事和高级管理人员应当列席并接受股东的质询。

(2)提供情况和资料的义务。董事和高级管理人员应当如实向监事会提供有关情况和资料，不得妨碍监事会行使职权。

(三)董事和高级管理人员的职务禁止行为

1. 职务禁止行为的含义

职务禁止行为，是指公司的董事和高级管理人员在履行职务时不得有法律禁止的行为。这是上述基本义务，特别是忠实义务的具体要求。由于监事的职务权利不能直接涉及公司利益，因此，职务禁止行为仅指公司董事和高级管理人员的行为。

2. 职务禁止行为的内容

职务禁止行为具体包括以下几个方面：(1)挪用公司资金；(2)将公司资金以其个人名义或者以其他个人名义开立账户存储；(3)违反公司章程的规定，未经股东会、股东大会或者董事会同意，将公司资金借贷给他人或者以公司财产为他人提供担保；(4)违反公司章程的规定或者未经股东会、股东大会同意，与本公司订立合同或者进行交易；(5)未经股东会或者股东大会同意，利用职务便利为自己或者他人谋取属于公司的商业机会，自营或者为他人经营与所任职公司同类的业务；(6)接受他人与公司交易的佣金归为己有；(7)擅自披露公司秘密；(8)违反对公司忠实义务的其他行为。

公司的董事和高级管理人员违反上述规定所得的收入应当归公司所有。另外，公司不得直接或者通过子公司向董事、监事、高级管理人员提供借款，以保证公司财产安全；公司应当定期向股东披露董事、监事、高级管理人员从公司获得报酬的情况，便于股东的知情和监督。

3. 董事、监事和高级管理人员的责任

董事、监事和高级管理人员执行公司职务时违反法律、行政法规或者公司章程的规定，给公司造成损失的，应当承担赔偿责任。

二、股东诉讼

(一)股东诉讼概述

1. 股东诉讼的含义

股东诉讼,是指公司的股东针对侵犯公司合法权益、给公司造成损失或者损害股东利益的行为,间接或者直接地向侵害人提起诉讼。

2. 股东诉讼的意义

股东诉讼的意义在于保护公司和股东,特别是中小股东的合法权益。

(二)给公司造成损失的股东诉讼

1. 董事、高级管理人员给公司造成损失的股东诉讼

董事、高级管理人员执行公司职务时违反法律、行政法规或者公司章程的规定,给公司造成损失的,有限责任公司的股东、股份有限公司连续180日以上单独或者合计持有公司1%以上股份的股东,可以书面请求监事会或者不设监事会的有限责任公司的监事向人民法院提起诉讼。监事执行公司职务时违反法律、行政法规或者公司章程的规定,给公司造成损失的,股东可以书面请求董事会或者不设董事会的有限责任公司的执行董事向人民法院提起诉讼。监事会、不设监事会的有限责任公司的监事,或者董事会、执行董事收到股东书面请求后拒绝提起诉讼,或者自收到请求之日起30日内未提起诉讼,或者情况紧急,不立即提起诉讼将会使公司利益受到难以弥补的损害的,股东有权为了公司的利益以自己的名义直接向人民法院提起诉讼。这种股东诉讼的基本特点是:

(1)有资格提起诉讼的股东是有限责任公司的股东、股份有限公司连续180日以上单独或者合计持有公司1%以上股份的股东。

(2)股东代表应当首先以书面形式请求公司监事会或者监事、董事会或者执行董事向人民法院提起诉讼。

(3)股东代表在公司监事会或者监事、董事会或者执行董事收到上述书面请求后拒绝提起诉讼,自收到请求之日起30日内未提起诉讼,或者情况紧急,不立即提起诉讼将会使公司利益受到难以弥补的损害时,有权为了公司的利益以自己的名义直接向人民法院提起诉讼。

2. 他人给公司造成损失的股东诉讼

他人,在这里是指董事和高级管理人员以外的人。他人侵犯公司的合法权益,给公司造成损失的,有资格提起诉讼的股东可以依照上述规定向人民法院提起诉讼。

(三)损害股东利益的股东诉讼

董事、高级管理人员违反法律、行政法规或者公司章程的规定,损害股东利益的,股东可以向人民法院提起诉讼。股东是公司的投资者,有权维护自己在公司的合法权益,当公司的实际掌控者(董事、高级管理人员)违反法律、行政法规或者公司章程的规定,损害股东利益时,股东有权为了维护自己在公司的合法权益而行使诉讼权利。

三、公司债券

(一)公司债券概述

1. 公司债券的概念

公司债券,是指公司依照法定程序发行、约定在一定期限内还本付息的有价证券。公司债与公司债券既有联系,又有区别:公司债是公司债券的实质,公司债券是公司债的有价证券形式。

2. 公司债与公司股份的区别

认购公司债券和公司股份都是对公司的投资,而且公司债券和公司股票都是有价证券,两者可以在证券交易场所依法流通转让。但是,公司债与公司股份是有区别的:

(1)持有人的身份、地位不同。持有公司股份的是公司的股东,由股东组成的股东大会或者股东会是公司的权力机构,有权决定公司的重大问题;持有公司债券的是公司的债权人,其无权出席股东大会或者股东会并进行表决。

(2)对公司盈余的权利不同。股东有权参与公司盈余的分配,但当公司亏损时股东则无利可得,股东承担较大的投资风险;而债权人无权参与公司盈余分配,但有权按照约定在一定期限内获得还本付息,即使公司发生亏损,也不妨碍债权人按照约定要求公司还本付息。

(3)对公司剩余财产的权利不同。股东在公司成立后无权要求公司返还股份金额,但在公司解散清算时有权按照股份比例分配公司剩余财产;而债权人除了依照规定要求还本付息外,无权分配公司剩余财产。

3. 公司债券的分类

(1)记名公司债券和不记名公司债券。公司债券可以为记名债券,也可以为不记名债券。第一,记名公司债券。记名公司债券是指在债券上载明债权人的姓名或者名称及住所的公司债券。第二,不记名公司债券。不记名公司债券是指不在债券上载明债权人的姓名或者名称及住所等事项的公司债券。公司发行公司债券的,应当置备于公司债券存根簿。发行记名公司债券的,应当在公司债券存根簿上载明的事项有债券持有人的姓名或者名称及住所、债券持有人取得债券的日期及债券的编号、债券总额、债券的票面金额、利率、还本付息的期限和方式以及债券的发行日期。发行不记名公司债券的,应当在公司债券存根簿上载明债券总额、利率、偿还期限和方式、发行日期及债券的编号。另外,记名公司债券的登记结算机构应当建立债券登记、存管、付息、兑付等相关制度。

(2)转换的公司债券和非转换的公司债券。转换的公司债券,是指可以转换成股票的公司债券。非转换的公司债券,是指不能转换成股票的公司债券。转换的公司债券的持有人有决定是否将债券转换成股份的权利,而非转换的公司债券的持有人则无此权利。对于转换的公司债券,我国《公司法》规定:第一,发行主体。上市公司可以发行可转换为股票的公司债券。第二,发行程序。上市公司发行可转换为股票的公司债券,必须经股东大会决议,并应当报国务院证券监督管理机构核准。第三,发行要求。上市公司发行可转换为股票的公司债券,应当在公司债券募集办法中规定具体的转换办法,应当在债券上标明“可转换公司债券”字样,并在公司债券存根簿上载明可转换公司债券的数额。第四,换发股票。上市公司发行可转换为股票的公司债券,应当按照其转换办法向债券持有人换发股票,但债券持有人对转换股票或者不转换股票有选择权。

(二)公司债券的发行和转让

1. 公司债券的发行

(1)发行条件。公司发行公司债券应当符合我国《证券法》规定的发行条件。

(2)发行程序和文件。发行公司债券的申请经国务院授权部门核准后,应当公告载明下列主要事项的公司债券募集办法:公司名称;债券募集资金的用途;债券总额和债券的票面金额;债券利率的确定方式;还本付息的期限和方式;债券担保情况;债券的发行价格、发行的起止日期;公司净资产额;已发行尚未到期的公司债券总额;公司债券的承销机构。

(3)公司债券的制作。公司以实物券方式发行公司债券的,必须在债券上载明公司名称、债券票面金额、利率、偿还期限等事项,并由法定代表人签名、公司盖章。

2. 公司债券的转让

(1)公司债券转让的价格。公司债券可以转让,转让价格由转让人与受让人约定。公司债券在证券交易所上市交易的,按照证券交易所的交易规则转让。

(2)公司债券转让的方式。第一,记名公司债券的转让方式。记名公司债券由债券持有人以背书方式或者法律、行政法规规定的其他方式转让;转让后由公司将受让人的姓名或者名称及住所记载于公司债券存根簿。第二,不记名公司债券的转让方式。不记名公司债券的转让由债券持有人将该债券交付给受让人后即发生转让的效力。

四、公司财务、会计

(一)公司财务、会计概述

1. 公司财务、会计的立法范围

公司财务、会计的基本制度是由《会计法》等法律规定的。《公司法》对公司财务、会计的规定,一般只限于公司财务、会计的特别情况。我国目前有关公司财务、会计的法律主要有《企业会计准则》《企业财务通则》《股份制试点企业会计暂行办法》以及《公司法》中的有关条文。我国《公司法》对公司财务、会计的规定主要有以下几个方面:(1)公司财务、会计的基本要求;(2)公积金的提取和使用;(3)利润分配。

2. 公司财务、会计的基本要求

(1)依法建立财务、会计制度。公司应当依照法律、行政法规和国务院财政部门的规定建立本公司的财务、会计制度。公司除法定的会计账簿外,不得另立会计账簿。

(2)审计和制作财务、会计报告。公司应当在每一会计年度终了时编制财务会计报告,并依法经会计师事务所审计。财务会计报告应当依照法律、行政法规和国务院财政部门的规定制作。

(3)股东知悉财务会计报告。有限责任公司应当依照公司章程规定的期限将财务会计报告送交各股东。股份有限公司的财务会计报告应当在召开股东大会年会的20日前置备于本公司,供股东查阅,公开发行股票的股份有限公司必须公告其财务会计报告。

(4)与会计师事务所的关系。第一,聘用、解聘。公司聘用、解聘承办公司审计业务的会计师事务所,依照公司章程的规定,由股东会、股东大会或者董事会决定。公司股东会、股东大会或者董事会就解聘会计师事务所进行表决时，应当允许会计师事务所陈述意见。第二，提供真实信息。公司应当向聘用的会计师事务所提供真实、完整的会计凭证、会计账簿、财务会计报告及其他会计资料，不得拒绝、隐匿、谎报。对公司资产不得以任何个人名义开立账户存储。

(二)公积金

1. 公积金的含义和种类

(1)公积金的含义。公积金，是指公司为了巩固自己的财产基础而从盈余中提取的累积资金。公积金从盈余中提取，不是指将公积金以现金提出另行保管，而是指在财务会计报告中将公积金列入资产负债表的贷方项下与公司资本并列，不准将它作为盈余进行分配。

(2)公积金的种类。第一，法定公积金。法定公积金是由《公司法》规定必须提取的公积金，其提取比例及用途都有法律明文规定，不得更改。法定公积金又可分为从盈余中提取的盈余公积金和资本公积金。盈余公积金，是指从盈余中提取的法定公积金，公司分配当年税后利润时，应当提取盈余公积金；资本公积金，是指从公司其他财产利益中提取的法定公积金，股份有限公司以超过股票票面金额的发行价格发行股份所得的溢价款，以及国务院财政部门规定列入资本公积金的其他收入，应当列为资本公积金。第二，任意公积金。任意公积金是指由公司章程或者股东大会决议提取的公积金，其提取比例和用途由公司章程或者股东大会决议决定，法律不作强制性规定。

2. 公积金的提取

(1)法定盈余公积金的提取。公司分配当年税后利润时，应当提取利润的10%列入公司法定公积金；公司法定公积金累计额为公司注册资本的50%以上的，可以不再提取。这里的“法定公积金”是从税后利润即盈余中提取的，就是“盈余公积金”。

(2)任意公积金的提取。公司从税后利润中提取法定公积金后，经股东会或者股东大会决议，还可以从税后利润中提取任意公积金。

(3)资本公积金。股份有限公司以超过股票票面金额的发行价格发行股份所得的溢价款，以及国务院财政部门规定列入资本公积金的其他收入，应当列为公司资本公积金。

3. 公积金的用途

公司的公积金用于弥补公司的亏损、扩大公司的生产经营或者转为增加公司资本。但是，资本公积金不得用于弥补公司的亏损。法定公积金转为资本时，所留存的该项公积金不得少于转增前公司注册资本的25%。

(三)利润分配

1. 分配前的税后利润

公司的法定公积金不足以弥补以前年度亏损的，在依照规定提取法定公积金之前，应当先用当年利润弥补亏损；然后提取法定公积金和任意公积金。

2. 公司弥补亏损和提取公积金后所余税后利润的分配

(1)有限责任公司的股东按照实缴的出资比例分取红利，公司新增资本时股东有权优先按照实缴的出资比例认缴出资，但全体股东约定不按照出资比例分取红利或者不按照出资比例优先认缴出资的除外。

(2)股份有限公司的股东按照持有的股份比例分配，但股份有限公司章程规定不按持股比例分配的除外。

股东会、股东大会或者董事会违反规定，在公司弥补亏损和提取法定公积金之前向股东分配利润的，股东必须将违反规定分配的利润退还公司。公司持有的本公司股份不得分配利润。

五、公司合并、分立、增资、减资

(一)公司合并、分立

1. 公司合并

(1)公司合并的含义。公司合并，是指两个或者两个以上的公司按照《公司法》的规定合并为一个公司的法律行为。公司合并扩大了公司的经营规模，改善了公司的营业状况，提高了公司的竞争能力；也可能出现因某个行业的竞争被限制而产生垄断的局面，没有竞争就没有了市场经济的活力。为了保护正当竞争和消费者的利益，许多国家在《公司法》中规定公司合并制度的同时，也在《反垄断法》中限制甚至禁止关系国计民生行业的公司的合并。

(2)合并的形式。公司合并可以采取吸收合并或者新设合并。第一，吸收合并又称兼并，也称存续合并。一个公司吸收其他公司为吸收合并，被吸收的公司解散。第二，新设合并又称联合，也称创设合并。两个以上的公司合并设立一个新的公司为新设合并，合并各方解散。

(3)签订合并协议、编制资产负债表及财产清单并告知债权人。公司合并应当由合并各方签订合并协议并编制资产负债表及财产清单。公司应当自作出合并决议之日起 10 日内通知债权人，并于 30 日内在报纸上公告。债权人自接到通知书之日起 30 日内、未接到通知书的自公告之日起 45 日内，可以要求公司清偿债务或者提供相应的担保。

(4)债权债务承继。公司合并时，合并各方的债权、债务应当由合并后存续的公司或者新设的公司承继。

2. 公司分立

(1)公司分立的含义。现代大型公司一般都有广泛的经营范围，它们往往涉及不同的行业，经营的要求也不相同，这样就给公司的经营决策和业务执行带来一定困难。在这种情况下，公司把专门从事某一行业经营的那部分分立出去，成立一家新公司，使它成为独立的主体，自行进行决策和营业，公司的管理水平将有所提高。由于原公司可以用控股的方法控制新公司，收益照样可以分享，在总体上提高了公司的效益。

(2)分立形式。公司分立有存续分立和新设分立。第一，存续分立。存续分立是指公司以其部分财产和业务另外设立一家新公司，原公司保留。此时，原公司已经发生变更，应办理变更登记手续，新公司则要办理设立登记手续。第二，新设分立。新设分立是指公司将其全部财产和业务分别归入两个或者两个以上的新设公司，原公司解散。此时，原公司应办理注销登记手续，新公司要办理设立登记手续。在新设分立时，解散的原公司的财产按不同比例归入新公司，原公司不必进行清算，但应与债权人妥善地解决或者安排债务问题。

(3)财产分割、编制资产负债表及财产清单并告知债权人。公司分立，其财产作相应的分割；应当编制资产负债表及财产清单；应当自作出分立决议之日起 10 日内通知债权人，并于 30 日内在报纸上公告。

(4)债务责任。公司分立前的债务由分立后的公司承担连带责任。但是,公司在分立前与债权人就债务清偿达成的书面协议另有约定的除外。

公司合并或者分立,登记事项发生变更的,应当依法向公司登记部门办理变更登记;公司解散的,应当依法办理公司注销登记;设立新公司的,应当依法办理公司设立登记。

(二)公司增资、减资

1. 公司增资、减资概述

(1)公司资本的含义。公司资本是公司设立时由公司章程确定和公布的,来源于股东出资的公司财产总额。股份有限公司的资本划分为均等的份额(股份),所以也称股本。公司资本的含义包括:第一,公司资本由公司章程确定并公布。增加或者减少公司资本必须修改公司章程,而修改公司章程必须由股东会、股东大会表决。股东缴纳股款之和,经过公司登记部门的登记,成为公司的注册资本。第二,公司资本来源于股东的出资。公司的实际财产可因估价、经营好坏等因素而高于或者低于公司资本的价值。公司以资本为限而不是以实际财产为限对公司债务承担责任。

(2)公司增资、减资的含义。公司资本增加简称增资,是指公司成立后,依照法律规定的条件和程序,增加公司章程所确定的公司资本的行为。资本减少简称减资,是指公司成立后,依照法律规定的条件和程序,减少公司章程所确定的公司资本的行为。

2. 公司增资、减资的规定

(1)公司增资的规定。有限责任公司增加注册资本时,股东认缴新增资本的出资,依照《公司法》设立有限责任公司缴纳出资的有关规定执行;股份有限公司为增加注册资本发行新股时,股东认购新股,依照《公司法》设立股份有限公司缴纳股款的有关规定执行。

(2)公司减资的规定。第一,编制资产负债表及财产清单。公司需要减少注册资本时,必须编制资产负债表及财产清单。第二,告知债权人。公司应当自作出减少注册资本决议之日起 10 日内通知债权人,并于 30 日内在报纸上公告。第三,清偿债务或者提供担保。债权人自接到通知书之日起 30 日内、未接到通知书的自公告之日起 45 日内,有权要求公司清偿债务或者提供相应担保。

公司增加或者减少注册资本,应当依法向公司登记部门办理变更登记。

六、公司解散和清算

(一)公司解散

1. 公司解散的原因

(1)公司章程规定的营业期限届满或者公司章程规定的其他解散事由出现。此时,公司可以通过修改公司章程而存续。有限责任公司须经持有 2/3 以上表决权的股东通过,股份有限公司须经出席股东大会会议的股东所持表决权的 2/3 以上通过。

(2)股东会或者股东大会决议解散。

(3)因公司合并或者分立而需要解散。

(4)依法被吊销营业执照、责令关闭或者被撤销。

(5)股东请求解散。公司经营管理发生严重困难、存续会使股东利益受到重大损失、通过其他途径不能解决的，持有公司全部股东表决权 10%以上的股东可以请求人民法院解散公司。

2. 公司解散的后果

公司一经宣告解散，就被称为“解散公司”，应当停止生产经营活动，及时公告并通报债权人、债务人进行清算。

(二)公司清算

1. 成立清算组

公司除了因合并或者分立的需要而解散外，应当自解散事由出现之日起 15 日内成立清算组，开始清算。清算期间，公司不得开展与清算无关的经营活动。

(1)“解散公司”自行成立清算组。有限责任公司的清算组由股东组成，股份有限公司的清算组由董事或者股东大会确定的人员组成。

(2)人民法院指定组成清算组。逾期不成立清算组进行清算的，债权人可以申请人民法院指定有关人员组成清算组进行清算。人民法院应当受理该申请，并及时组织清算组进行清算。

2. 清算组成员的职责和责任

(1)清算组成员的职责。清算组成员应当忠于职守，依法履行清算义务。清算组成员不得利用职权收受贿赂或者其他非法收入，不得侵占公司财产。

(2)清算组成员的责任。清算组成员因故意或者重大过失给公司或者债权人造成损失的，应当承担赔偿责任。

3. 清算组的职权

清算组在清算期间行使下列职权：(1)清理公司财产，编制资产负债表和财产清单；(2)通知、公告债权人；(3)处理与清算有关的公司未了结的业务；(4)清缴所欠税款以及清算过程中产生的税款；(5)清理债权、债务；(6)处理公司清偿债务后的剩余财产；(7)代表公司参与民事诉讼活动。

4. 清算组的清算活动

(1)告知债权人及申报债权。第一，告知债权人。清算组应当自成立之日起 10 日内通知债权人，并于 60 日内在报纸上公告。第二，申报债权。债权人应当自接到通知书之日起 30 日内、未接到通知书的自公告之日起 45 日内向清算组申报其债权。债权人申报债权，应当说明债权的有关事项，并提供证明材料。清算组应当对债权进行登记。在申报债权期间，清算组不得对债权人进行清偿。

(2)制订清算方案。清算组在清理公司财产、编制资产负债表和财产清单后，应当制订清算方案，并报股东会、股东大会或者人民法院确认。

(3)进行财产清算。公司财产的清算顺序是：第一，支付清算费用。第二，支付职工工资。第三，支付社会保险费用和法定补偿金。第四，缴纳所欠税款。第五，清偿公司债务。公司财产在未依照上述规定清偿前，不得分配给股东。第六，清偿公司债务后的剩余财产，有限责任公司按照股东的出资比例分配，股份有限公司按照股东持有的股份比例分配。

(4)破产清算。清算组在清理公司财产、编制资产负债表和财产清单后，发现公司财产不足清偿债务的，应当依法向人民法院申请宣告破产；公司经人民法院裁定宣告破产后，清算组应当将清算事务移交给人民法院。公司被依法宣告破产的，依照有关企业破产的法律实施破产清算。

(5)制作清算报告及申请注销。公司清算结束后，清算组应当制作清算报告，报股东会、股东大会或者人民法院确认，并报送公司登记部门，申请注销公司登记，公告公司终止。

七、外国公司的分支机构

(一)外国公司分支机构概述

1. 外国公司分支机构的概念

外国公司分支机构，是指外国公司在中国境内设立的分支机构。外国公司是指依照外国法律在中国境外设立的公司。分支机构一般是指分公司、办事处等。

2. 外国公司分支机构与外商投资经营企业的区别

(1)外国公司的分支机构是外国公司在中国境内设立的分支机构，虽然设立在中国境内、必须经过中国政府批准，但它只是外国公司的分支机构，不是独立的企业，不具有中国法人资格。外商投资经营企业是依照中国法律、经中国政府批准、在中国境内设立的中国企业；符合法律关于法人条件的规定的，是中国的企业法人。

(2)外国公司的分支机构与设立该分支机构的外国公司具有相同的国籍，外国公司对其分支机构在中国境内从事经营活动承担民事责任；外商投资经营企业是中国国籍的法律主体，其根据法律的规定对其经营活动承担民事责任。

(二)外国公司分支机构的规定

1. 外国公司分支机构的设立

(1)设立程序。第一，申请批准。外国公司在中国境内设立分支机构，必须向中国主管部门提出获得批准的申请，并提交其公司章程和所属国的公司登记证书等有关文件。第二，办理登记。经中国主管部门批准后，向公司登记部门依法办理登记，领取营业执照。

(2)设立条件。第一，代表人、代理人和资金。外国公司在中国境内设立分支机构，必须在中国境内指定负责该分支机构的代表人或者代理人，并向该分支机构拨付与其所从事的经营活动相适应的资金(对外国公司分支机构的经营资金需要规定最低限额的，由国务院另行规定)。第二，标明国籍、责任形式和置备外国公司章程。外国公司的分支机构应当在其名称中标明该外国公司的国籍及责任形式，并应当在本机构中置备该外国公司章程。

2. 外国公司分支机构的法律管辖和保护

经批准设立的外国公司分支机构，在中国境内从事业务活动，必须遵守中国的法律，不得损害中国的社会公共利益，其合法权益受中国法律保护。

3. 外国公司分支机构的撤销

外国公司撤销其在中国境内的分支机构时，必须依法清偿债务，依照我国《公司法》有关公司清算程序的规定进行清算；未清偿债务之前，不得将其分支机构的财产移至中国境外。

本章练习

一、名词解释

有限责任公司　股份有限公司　公司资本　股份和股票　累积投票　控股股东　公积金

实际控制人　公司合并　公司分立

二、单项选择题

1. 公司是具有法人资格的企业，是________。

A. 社团法人　B. 财团法人　C. 事业单位法人　D. 公法人

2. 公司以________为公司成立日期。

A. 申请登记之日　B. 受理申请登记之日

C. 营业执照签发日期　D. 税务登记之日

3. 公司可以对外投资，但不得成为其他企业的________。

A. 有限合伙人　B. 有限责任股东　C. 股份有限股东　D. 普通合伙人

4. 股东滥用公司法人独立地位和股东有限责任，逃避债务，严重损害公司债权人利益的，应当对公司债务承担________。

A. 连带责任　B. 按份责任　C. 有限责任　D. 无限责任

5. 控股股东包括其出资额占有限责任公司资本总额________以上或者其持有的股份占股份有限公司股本总额________以上的股东。

A. 51%　B. 50%　C. 49%　D. 45%

6. 公司股东会或者股东大会、董事会的决议内容违反法律、行政法规的，________。

A. 可以撤销　B. 可以重新表决

C. 无效　D. 可以请求人民法院撤销

7.《公司法》以保护________为根本宗旨。

A. 经营管理权　B. 财产权利　C. 股东利益　D. 公司营利

8. 设立公司________依法制定公司章程；公司章程对公司、股东、董事、监事、高级管理人员具有约束力。

A. 要求　B. 可以　C. 必须　D. 应当

9. 以下关于公司全体股东货币出资金额的表述中，正确的是________。

A.《公司法》没有统一规定　B. 不得低于注册资本的30%

C. 不得低于注册资本的40%　D. 不得低于注册资本的50%

10. 以下关于公司股东非货币出资金额的表述中，正确的是________。

A.《公司法》没有统一规定　B. 可以达到注册资本的70%

C. 可以达到注册资本的35%　D. 可以达到注册资本的30%

11. 公司合并的，应当自作出合并决议之日起________内通知债权人，并于________内在报纸上公告。

A. 15日；30日　B. 10日；30日　C. 10日；20日　D. 15日；20日

12. 公司发行可转换公司债券的，________对转换股票或者不转换股票有选择权。

A. 债券发行人　B. 证券业监管机构　C. 债券持有人　D. 债务人

13. 公司分配当年税后利润时，应当提取利润的________列入公司法定公积金。

A. 10%　B. 15%　C. 25%　D. 5%

14. 法定盈余公积金转为资本时，所留存的该项公积金不得少于转增前公司注册资本的________。

A. 20%　B. 25%　C. 35%　D. 15%

15. 有限责任公司由________股东出资设立。

A. 2～50个　B. 2～200个　C. 50个以下　D. 1个

16. 有限责任公司股东分批将出资额缴清的，公司全体股东的首次出资额________。

A. 法律没有统一规定　B. 不得低于注册资本的20%

C. 不得低于注册资本的25%　D. 不得低于注册资本的15%

17. 有限责任公司股东的出资证明是________。

A. 出资凭证　B. 股票　C. 股东名册　D. 出资证明书

18. 股东会是有限责任公司的________。

A. 权力机构　B. 执行机构　C. 监督机构　D. 经营机构

19. 两个以上的国有企业或者两个以上的其他国有投资主体投资设立的有限责任公司，其董事会成员中应当有________代表。

A. 公司股东　B. 公司职工　C. 国有资产管理局　D. 上级主管部门

20. 股东人数较少或者规模较小的________，可以设 1 名执行董事，不设董事会。

A. 公司　B. 国有公司　C. 股份有限公司　D. 有限责任公司

21. 公司监事的任期每届________，任期届满连选可以连任。

A. 不超过 3 年　B. 3 年　C. 2 年　D. 5 年

22. 一人有限责任公司的注册资本最低限额________。

A. 法律没有统一规定　B. 不得低于人民币 3 万元

C. 不得低于人民币 5 万元　D. 不得低于人民币 10 万元

23. 一人有限责任公司的股东不能证明公司财产独立于________的财产的，应当对公司债务承担连带责任。

A. 股东自己　B. 债务人　C. 债权人　D. 其他人

24. 国有独资有限责任公司不设________，由国有资产监督管理机构行使股东会职权。

A. 董事会　B. 监事会　C. 股东会　D. 董事长

25. 国有独资公司的监事会成员不得少于________，其中，职工代表的比例不得低于________，具体比例由公司章程规定。

A. 3 人；1/3　B. 5 人；1/3　C. 3 人；2/3　D. 5 人；2/3

26. 国有独资公司的监事会主席由________从监事会成员中指定。

A. 国有资产监督管理机构　B. 国务院

C. 股东会　D. 董事会

27. 有限责任公司股东向股东以外的人转让股权，应当经其他股东________同意，股东应就其股权转让事项书面通知其他股东征求同意。

A. 1/3　B. 过半数　C. 2/3　D. 一致

28. 股份有限公司的发起人认购公司应发行的全部股份而设立公司的，是________。

A. 发起设立　B. 募集设立　C. 定向募集设立　D. 公开募集设立

29. 股份有限公司采取募集设立的，其设立程序与发起设立不同的是________。

A. 召开创立大会　B. 由董事会申请登记

C. 签订发起人协议　D. 由当地人民政府批准

30. 股份有限公司设董事会，其成员人数为________，具体人数可由公司章程规定。

A. 3～13 人　B. 3～15 人　C. 5～19 人　D. 5～15 人

31. 我国的股份有限公司禁止发行________。

A. 记名股　B. 无记名股　C. 优先股　D. 无额面股

32. 记名股票由股东以________方式或者法律、行政法规规定的其他方式转让。

A. 交付　B. 背书　C. 拍卖　D. 协议

33. 股份有限公司注册资本的最低限额________。

A. 不得低于人民币 500 万元　B.《公司法》没有统一要求

C. 不得低于人民币 3 万元　D. 不得低于人民币 10 万元

34. 发起人持有的本公司股份，自公司成立之日起________内不得转让。

A. 5 年　B. 3 年　C. 2 年　D. 1 年

35. 为将股份奖励给本公司职工而收购本公司股份的，不得超过本公司已发行股份总额的________。

A. 10%　B. 15%　C. 5%　D. 3%

36. 公司董事、监事和高级管理人员应当向公司申报所持有的本公司的股份及其变动情况，在任职期间每年转让的股份不得超过其所持有本公司股份总数的________。

A. 25%　　B. 20%　　C. 15%　　D. 10%

37. 募集设立股份有限公司的发起人认购不少于公司股份总数________的股份后，其余股份应当向社会公开募集或者向特定对象募集。

A. 25%　　B. 30%　　C. 35%　　D. 40%

38. 上市公司在1年内购买、出售重大资产或者担保金额超过公司资产总额的________的，应当由股东大会作出决议，并经出席会议的股东所持表决权的________以上通过。

A. 20%;1/3　　B. 20%;2/3　　C. 30%;1/3　　D. 30%;2/3

39. 公司法定公积金累计额为公司注册资本的________以上的，________不再提取。

A. 50%;应当　　B. 50%;可以　　C. 30%;应当　　D. 30%;可以

40. 公司经营管理发生严重困难，存续会使股东利益受到重大损失，通过其他途径不能解决的，持有公司全部股东表决权________以上的股东，可以请求人民法院解散公司。

A. 3%　　B. 5%　　C. 10%　　D. 15%

三、多项选择题

1. 公司法是________。

A. 组织法　　B. 活动法

C. 企业法的重要组成部分　　D. 规范市场主体的法律

2. 法人财产权是公司受全体股东的委托，以自己的名义对公司资本享有的________权利。

A. 占有　　B. 使用　　C. 收益　　D. 依法处分

3. 股东基于投资人身份的基本权利有________。

A. 参与公司经营　　B. 资产收益　　C. 参与重大决策　　D. 选择管理者

4. 公司对职工的义务包括________。

A. 依法与职工签订劳动合同　　B. 参加社会保险

C. 加强劳动保护　　D. 遵守法律、行政法规

5. 设立公司必须依法制定公司章程，公司章程对________具有约束力。

A. 债权人　　B. 公司

C. 股东　　D. 董事、监事和高级管理人员

6. 我国有限责任公司的章程应当载明的事项包括________。

A. 股东的出资方式　　B. 公司股份总数　　C. 公司法定代表人　　D. 公司注册资本

7. 有限责任公司股东缴纳出资后应建立公司组织机构，确定________名单。

A. 股东　　B. 董事长　　C. 董事、监事　　D. 经理

8. 有限责任公司股东认足公司章程规定的出资后，由全体股东指定的代表或者共同委托的代理人向公司登记部门报送公司________等文件，申请设立登记。

A. 登记申请书　　B. 公司章程　　C. 验资证明　　D. 设立协议

9. 股东出资后对有限责任公司的基本权利有________。

A. 查阅或复制公司章程、股东会会议记录、董事会会议决议、监事会会议决议和财务会计报告

B. 要求查阅公司会计账簿

C. 按照实缴的出资比例分取红利

D. 公司新增资本时，优先按照实缴的出资比例认缴出资

10. 对于有限责任公司的股东会，正确的表述是________。

A. 股东会由全体股东组成　　B. 股东会对外不代表公司，对内不执行业务

C. 股东会是公司的权力机构　　D. 股东会不是公司的常设机构

11. 有限责任公司的下列重大问题中，采用股东表决议事方式，并且必须经代表2/3以上表决权的股东通过的有________。

A. 作出修改公司章程的决议　　B. 作出增加或者减少注册资本的决议

C. 作出公司合并、分立、解散的决议　　D. 作出变更公司形式的决议

12. 下列各项中，属于《公司法》对一人有限责任公司的特别规定的是________。

A. 注册资本最低限额为人民币10万元

B. 股东应当一次足额缴纳公司章程规定的出资额

C. 财务会计年度报告经会计师事务所审计

D. 一个自然人只能投资设立一家一人有限责任公司

13. 下列各项中，属于《公司法》对国有独资有限责任公司的特别规定的是________。

A. 不设股东会

B. 董事会成员由国有资产监督管理机构委派，由公司职工代表大会选举产生

C. 董事长、副董事长、董事、高级管理人员，未经国有资产监督管理机构同意，不得在其他有限责任公司、股份有限公司或者其他经济组织兼职

D. 重要的国有独资公司合并、分立、解散、申请破产的，应当由国有资产监督管理机构审核后，报本级人民政府批准

14. 下列情形中，对股东会的该项决议投反对票的股东，可以请求公司按照合理的价格收购其股权的有________。

A. 公司连续5年不向股东分配利润，而公司该5年连续盈利且符合《公司法》规定的分配利润的条件的

B. 公司合并、分立、转让主要财产的

C. 对公司的经营管理状况表示满意的

D. 公司章程规定的营业期限届满或者其他解散事由出现，股东会会议通过决议修改章程使公司存续的

15. 股份有限公司的组织机构有权力机构、执行机构和监督机构，也就是由________组成。

A. 股东大会　　B. 董事会　　C. 监事会　　D. 经理

16. 对于股份有限公司的股东大会，下列表述中正确的是________。

A. 应当每年召开一次年会

B. 由董事会召集，经理主持

C. 应当将会议召开的时间、地点和审议的事项于会议召开20日前通知各股东

D. 选举董事或者监事时应当实行累积投票制

17. 下列事项中，必须经股东大会出席会议的股东所持表决权2/3以上通过的有________。

A. 变更公司章程　　B. 公司合并、分立

C. 公司资本增加、减少　　D. 公司聘任经理

18. 关于股份有限公司董事的任期，下列表述中正确的是________。

A. 董事任期由公司章程规定　　B. 每届任期不得超过3年

C. 董事任期届满，连选可以连任　　D. 董事任期由《公司法》规定

19. 董事会是股份有限公司的________。

A. 经营决策机构　　B. 业务执行机构

C. 对外代表机构　　D. 必设、常设机构

20. 股份有限公司的股份具有________。

A. 合法性　　B. 平等性　　C. 转让性　　D. 不可分割性

21. 下列情形中，不得担任公司的董事、监事或高级管理人员的有________。

A. 无民事行为能力或者限制民事行为能力

B. 因贪污、贿赂、侵占财产、挪用财产或者破坏社会主义市场经济秩序，被判处刑罚，执行期满未逾5年，或者因犯罪被剥夺政治权利，执行期满未逾5年

C. 担任破产清算的公司、企业的董事或者厂长、经理，对该公司、企业的破产负有个人责任的，自该公司、企业破产清算完结之日起未逾3年

D. 担任因违法被吊销营业执照、责令关闭的公司、企业的法定代表人，并负有个人责任的，自该公司、企业被吊销营业执照之日起未逾3年

22. 股份有限公司股份发行的原则有________。

A. 同种类的每一股份应当具有同等权利

B. 同次发行的同种类股票，每股的发行条件和价格应当相同

C. 任何单位或者个人所认购的股份，每股应当支付相同价额

D. 公平、公正

23. 股份有限公司向________发行的股票，应当为记名股票。

A. 股东　　B. 发起人　　C. 法人　　D. 其他股东

24. 股票发行价格________。

A. 可以按票面金额　　B. 可以超过票面金额

C. 不得低于票面金额　　D. 可以没有票面金额

25. 董事、高级管理人员执行公司职务时违反法律、行政法规或者公司章程的规定，给公司造成损失的，________可以书面请求监事会或者不设监事会的有限责任公司的监事向人民法院提起诉讼。

A. 有限责任公司的股东

B. 股份有限公司连续180日以上单独或者合计持有公司1%以上股份的股东

C. 公司登记部门

D. 公司债权人

26. 公司的公积金用于________。

A. 弥补公司的亏损　　B. 扩大公司的生产经营

C. 提供担保　　D. 转为增加公司资本

27. 公司合并，应当由合并各方签订合并协议，并编制________。

A. 清算报告　　B. 结算报告　　C. 资产负债表　　D. 财产清单

28. 公司分立的形式有________。

A. 存续分立　　B. 新设分立　　C. 财产分割　　D. 设立分公司

29. 下列情形中，公司应当进行清算的有________。

A. 股东会或者股东大会决议解散

B. 合并或者分立

C. 依法被吊销营业执照、责令关闭或者被撤销

D. 股东请求解散

30. 经批准设立的外国公司分支机构，在中国境内从事业务活动，________。

A. 必须遵守中国的法律　　B. 不得损害中国的社会公共利益

C. 合法权益受中国法律保护　　D. 享受外商投资企业待遇

四、判断题

1. 公司是指依照《公司法》设立、以营利为目的的财团法人。（　）

2. 我国《公司法》规定的公司形式是有限责任公司和股份有限公司。（　）

3. 根据公司对外的信用基础，可以将公司分为资合性公司、人合性公司和人资兼合性公司。（　）

4. 母公司和子公司都是依照公司法登记设立的，具有法人资格，能够独立承担民事责任。（　）

5. 股东对公司财产享有所有权，可以对公司财产占有、使用、收益和处分。（　）

6. 我国公司的设立一般采取登记主义，申请人向公司登记部门申请设立登记；法律、行政法规规定设立公司必须报经批准的，采取审批主义，申请人应当在公司登记前依法办理批准手续。（　）

7. 公司法定代表人依照公司章程的规定，由董事长担任，并依法登记。（　　）

8. 我国《公司法》规定，公司进行转投资时，在一般情况下其累计投资额不得超过本公司注册资本的40%。（　　）

9. 公司作为独立的经营实体，在财产关系上与其股东是分离的，即股东作为公司的出资者享有所有权，公司作为经营者享有法人财产权和经营管理权。（　　）

10. 所谓实际控制人，是指公司的股东或者通过投资关系、协议或其他安排，能够实际支配公司行为的人。（　　）

11. 股东依法享有资产收益、重大决策和选择管理者等权利，可以直接干预公司的日常经营管理。（　　）

12. 公司可以设立不具有法人资格，其民事责任由公司承担的子公司；也可以设立具有法人资格，依法独立承担民事责任的分公司。（　　）

13. 在我国，广义的公司法不仅指《公司法》，还包括《民法通则》中的有关规定和《公司登记管理条例》等。（　　）

14. 设立公司应当依法向公司登记部门申请设立登记。依法设立的公司由公司登记部门发给公司营业执照。公司营业执照的签发日期为公司成立日期。（　　）

15. 第三次修订后的《公司法》取消了原《公司法》"公司应当在登记的经营范围内从事经营活动"的规定。（　　）

16. 有限责任公司的股东可以是自然人（公民），也可以是法人。（　　）

17. 有限责任公司的股东共同制定公司章程，股东应当在公司章程上签名、盖章。（　　）

18. 有限责任公司的股东缴纳出资后，必须经企业登记部门验资并出具证明。（　　）

19. 有限责任公司变更为股份有限公司，或者股份有限公司变更为有限责任公司的，公司变更前的债权、债务由变更后的公司承继。（　　）

20. 有限责任公司股东依法缴纳首期出资后，其余部分由股东自公司成立之日起5年内缴足。（　　）

21. 有限责任公司成立后，应当向股东签发由验资机构盖章的出资证明书。（　　）

22. 有限责任公司的股东要求查阅公司会计账簿，公司拒绝提供查阅的，股东可以请求人民法院要求公司提供查阅。（　　）

23. 有限责任公司的首次股东会会议由董事会召集和主持，依照法律规定行使职权。（　　）

24. 有限责任公司股东会会议的议事方式一般采用股东表决，但公司章程可以规定另外的议事方式。（　　）

25. 两个以上的国有企业或者两个以上的其他国有投资主体投资设立的有限责任公司，其董事会成员中可以有公司职工代表。（　　）

26. 有限责任公司设经理，由董事会决定聘任或者解聘。（　　）

27. 一个法人投资设立的一人有限责任公司不能投资设立新的一人有限责任公司。（　　）

28. 一人有限责任公司的股东不能证明公司财产独立于股东自己的财产的，应当对公司债务承担全部清偿责任。（　　）

29. 有限责任公司的股东向股东以外的人转让股权，应当经其他股东过半数同意；其他股东半数以上不同意转让的，不同意的股东应当购买该转让的股权，否则视为同意转让。（　　）

30. 有限责任公司的自然人股东死亡后，其合法继承人可以继承股东资格；但是，公司章程另有规定的除外。（　　）

31. 设立股份有限公司，应当有2人以上200人以下的股东，其中须有半数以上的发起人在中国境内有住所。（　　）

32. 募集设立的股份有限公司召开创立大会，可以依法作出不设立公司的决议。（　　）

33. 股份有限公司股东人数较少或者规模较小的，可以不设董事会而设一名执行董事。（　　）

34. 股份有限公司的股东大会选举董事、监事，应当实行累积投票制。（　　）

35. 股份有限公司的董事会作出决议时，必须经全体董事过半数通过。董事会决议的表决实行一人一票。（　　）

36. 股份有限公司设经理，由董事会决定聘任或者解聘。（　　）

37. 股份有限公司向法人发起人发行的股票，应当为记名股票；向自然人发起人发行的股票，可以为不记名股票。（　　）

38. 股份有限公司成立之前，可以发行股份，但不能签发股票。（　　）

39. 记名股票被盗、遗失或者灭失，股东可以依照《民事诉讼法》规定的宣告程序，请求人民法院宣告该股票失效。（　　）

40. 上市公司董事与董事会会议决议事项所涉及的企业有关联关系的，不得对该项决议行使表决权，也不得代理其他董事行使表决权。（　　）

41. 担任破产清算的公司、企业的董事或者厂长、经理，对该公司、企业的破产负有个人责任，自该公司、企业破产清算完结之日起未逾 5 年的，不得担任公司的董事、监事或高级管理人员。（　　）

42. 公司应当定期向股东披露董事、监事、高级管理人员从公司获得报酬的情况，便于股东的知情和监督。（　　）

43. 董事、高级管理人员违反法律、行政法规或者公司章程的规定，损害股东利益的，股东可以向人民法院提起诉讼。（　　）

44. 股份有限公司可以发行可转换为股票的公司债券。（　　）

45. 公司聘用、解聘承办公司审计业务的会计师事务所，依照公司章程的规定，由股东会、股东大会或者董事会决定。（　　）

46. 股份有限公司以超过股票票面金额的发行价格发行股份所得的溢价款以及国务院财政部门规定列入资本公积金的其他收入，应当列为公司盈余公积金。（　　）

47. 公司合并时，合并各方的债权、债务应当由合并后存续的公司或者新设的公司承继。（　　）

48. 我国《公司法》规定，公司减资后的注册资本不得低于法定的资本最低限额。（　　）

49. 公司解散后，一律由人民法院指定组成清算组进行清算。（　　）

50. 外国公司在中国境内设立分支机构，必须在中国境内指定负责该分支机构的代表人或者代理人，并向该分支机构拨付与其所从事的经营活动相适应的资金。（　　）

五、简答题

1. 简述股份有限公司(有限责任公司)的设立条件。
2. 简述股份有限公司的设立方式。
3. 简述股票与公司债券的区别。
4. 简述董事、高级管理人员给公司造成损失的股东诉讼。
5. 简述有限责任公司股东转让股权。
6. 简述公司合并与分立的形式。
7. 简述公司公积金的提取和使用。
8. 简述公司债券的转让方式。
9. 简述公司清算的顺序。
10. 简述外国公司分支机构在我国的设立条件。

六、综合分析题

中国公民甲、乙、丙、丁 4 人经过协商，决定设立一家从事贸易的股份有限公司，初步商定的意向中有以下内容：公司采取发起设立方式设立，注册资本为人民币 2 000 万元。甲以专利权作价 300 万元出资，乙以商标权作价 200 万元出资，丁以非专利技术作价 200 万元出资，其余由丙以货币和实物出资。公司的设立经所在地县人民政府批准。发起人制定公司章程后经创立大会通过。发起人交付全部出资并选举董事会和监事会后向登记部门申请登记，由于公司规模较小，决定不设董事会。

问：该公司的设立意向中有哪些是违法的？

上述股份有限公司经过多年经营，业绩良好，准备向公众公开发行新股，向原发起人、法人和公众统一发行无记名股，其中，部分为无额面股，对原发起人实行 8 折销售。

问：该公司准备的新股发行有哪些是违法的？

该股份有限公司已有法定公积金 1 000 万元，准备将其中部分转为资本。

问：该公司还要提取公积金吗？能将多少法定公积金转为资本？

第四章

外商投资企业法律制度

第一节　外商投资企业与外商投资企业法概述

一、外商投资企业概述

(一)外商投资企业的概念及种类

1. 外商投资企业的概念

外商投资企业是外国投资者经东道国政府允许,在东道国境内设立的企业。我国的外商投资企业,是指外国及境外的投资者,经我国政府批准,在我国境内投资举办的企业。我国的外商投资企业有以下特征:

(1)外商投资企业是外商直接投资举办的企业。直接投资,是指投资者将资金投入企业并不同程度地参与企业的经营决策,通过企业的盈利分配获取投资利润的投资方法。我国的外商投资企业是外商直接投资举办的企业,相对间接投资而言具有更大的稳定性。

(2)外商投资企业是吸引外国私人投资举办的企业。私人投资,是指以个人或者企业的名义进行的投资。我国的外商投资企业是外商投资举办的企业,其与政府的对外援助不同,属于民间经济合作。

(3)外商投资企业是经中国政府批准、设在中国境内的企业。我国对外商投资企业的设立一般采取审批主义,外商投资企业的设立必须经我国政府主管部门的批准,并且必须设在中国境内。外商投资企业尽管有来源于境外的资本,但仍属于中国企业。

2. 外商投资企业的种类

(1)中外合资经营企业。中外合资经营企业(以下简称"合资企业")是外国的公司、企业、其他经济组织或者个人与中国的公司、企业或者其他经济组织,依照中国法律、经中国政府批准、设在中国境内的,由双方共同投资、共同经营,按照投资比例分享利润、分担风险和亏损的企业。合资企业的特征包括以下几个方面:第一,合资企业由中外双方合营者共同举办。中方的合营者是公司、企业或者其他经济组织,不允许是个人;外方的合营者可以是公司、企业或者其他经济组织,也可以是个人。为了吸引境外更多的资本投入国内建设,香港、澳门、台湾同胞与大陆合营者举办的企业也是合资企业。第二,合资企业由中外双方共同投资、共同经营并共享盈亏。中外合营者必须对企业进行直接投资,有权参与企业的经营管理,按照出资比例分配利润、分担风险和亏损。合资企业是一种紧密的中外合营方式。

(2)中外合作经营企业。中外合作经营企业(以下简称"合作企业")是外国的公司、企业、其他经济组织或者个人与中国的公司、企业或者其他经济组织,依照中国法律、经中国政府批准、设在中国境内的,由双方通过合作经营,履行合同约定的各自权利义务的企业。合作企业有别于合资企业。合作企业的特征包括以下几个方面:第一,合作企业的经营方式比较灵活。经营者可以投资,也可以提供合作条件;投资也不必折算成比例(份额);经营者可以分配企业的利润,也可以分配产品。第二,合作各方在合作企业中的权利义务由合作经营企业合同约定。中外合作者依据双方协商签订、经中国政府批准的合作经营企业合同,对合作企业分担亏损、分配利润或者产品。合作经营企业合同中还可以约定由外方在合作期内先行回收投资,而由中方在合作期满后取得全部固定资产。

中外合营企业包括合资企业和合作企业。根据国际惯例,合营企业有股权式合营与契约式合营之分,我国的合资企业是股权式合营企业,合作企业则是契约式合营企业。股权式合营企业的基本特点是:合营各方必须对企业投资,并且投资必须折算成比例(份额),合营各方对合营企业的权利义务由各自的股权决定。契约式合营企业的基本特点是:合营各方不必都参与投资,可以是为其他合营者提供合营的条件,投资不一定折算成比例份额,合营各方对合营企业的权利义务由合营合同(契约)约定。

(3)外资企业。外资企业是依照中国法律、设在中国境内、经中国政府批准、全部资本均由外国或者境外投资者投资的企业,但不包括外国公司、企业和其他经济组织在中国境内的分支机构。外资企业是有别于合营企业的外商投资企业,其特征包括以下几个方面:第一,外资企业的全部投资来源于境外。外资企业没有中方合营者,这是外资企业与上述两种合营企业的主要区别。外资企业可以由外国及境外的一个公司、企业、其他经济组织或者个人投资,也可以由数个外国及境外的投资者投资举办,企业的全部资本来源于境外。第二,外资企业是依照中国法律设立的,外国公司、企业或者其他经济组织在中国境内的分支机构不是独立的企业,也不是我国外商投资企业中的外资企业。

外商独营是从企业经营权的角度而言的,我国的外资企业是外商独营企业,其投资者可以出让企业经营权。将外资企业称为外国独资企业是不妥的,因为独资企业是由单个投资主体投资举办的企业。外资企业只是全部资本来源于境外,这些资本可以由单个投资者投资,也可以由多个投资者投资形成。所以,外资企业不一定是独资的,只是由外商经营,中方不参与经营的企业。

(二)外商投资企业的法律地位及其法律管辖和保护

1. 外商投资企业的法律地位

外商投资企业依据中国法律、经中国政府批准在中国境内设立,所以是中国企业。其中,符合中国法律关于法人条件的规定的,是中国的企业法人。根据我国《外商投资企业法》的规定,合资企业必须具有法人资格才能成立,合作企业和外资企业可以具备法人资格,也可以不具备法人资格。

2. 外商投资企业的法律管辖和保护

由于外商投资企业是中国企业，因此，其必须遵守中国的法律，受中国法律的管辖和保护。为了保护外商的合法权益，我国有关的外商投资企业法规定，国家对合资企业和外资企业不实行国有化和征收；在特殊情况下，根据社会公共利益的需要，对合资企业和外资企业可以依照法律程序实行征收，并给予相应的补偿。也就是说，我国对合资企业和外资企业不实行国有化，如果要实行征收，必须符合以下条件：(1)发生特殊情况并且出于社会公共利益的需要；(2)必须依照法律程序进行；(3)对被征收者给予相应的补偿。

二、外商投资企业法概述

(一)外商投资企业法的概念和立法

1. 外商投资企业法的概念

我国的外商投资企业法是调整有关外商投资企业在组织和活动过程中发生的经济关系的法律规范的总称。我国外商投资企业法调整的对象主要包括以下几个方面：

(1)外国及境外投资者与中国投资者之间的关系。合营企业的中外投资者之间的关系，如出资或者提供合作条件的比例和期限、利润和产品分配、风险和亏损分担等关系，需要由外商投资企业法调整。

(2)外商及外商投资企业与中国政府之间的关系。外商与中国政府之间的关系，如投资举办外资企业过程中的关系，应当由外商投资企业法调整；外商投资企业与中国政府之间的关系，如管辖和保护外商投资企业的关系，也应当由外商投资企业法调整。

2. 我国外商投资企业立法

我国自实行改革开放政策以来，国家十分重视外商投资企业立法。我国外商投资企业的立法主要有：

(1)《中华人民共和国中外合资经营企业法》(简称《合资企业法》，于 1979 年 7 月 1 日通过，同年 7 月 8 日起施行，经 1990 年 4 月 4 日修订后公布施行)和《中华人民共和国中外合资经营企业法实施条例》(简称《合资企业法实施条例》，于 1983 年 9 月 20 日由国务院颁布施行，后经修改)。除上述法律、行政法规之外，还有国务院有关部委颁布施行的部委规章等。

(2)《中华人民共和国中外合作经营企业法》(简称《合作企业法》，于 1988 年 4 月 13 日通过)和《中华人民共和国中外合作经营企业法实施细则》(简称《合作企业法实施细则》)。此外，关于合资企业的法律规定有许多也适用于合作企业。

(3)《中华人民共和国外资企业法》(简称《外资企业法》，于 1986 年 4 月 12 日通过)和《中华人民共和国外资企业法实施细则》(简称《外资企业法实施细则》)。

(二)外商投资企业法的原则和作用

1. 我国外商投资企业法的基本原则

(1)维护国家主权。作为主权国家，我国在吸引外资、举办外商投资企业的过程中，必须坚决维护国家主权。外国投资者在我国举办各种外商投资企业，必须向我国政府提出申请，并经我国政府批准。我国政府出于国家安全和国民经济长远发展的考虑，可以限制、禁止外商对某些项目的投资。

(2)平等互利。外商到我国创办外商投资企业是一种营利活动,与我国有关合营者之间是一种经济合作关系,外商之间也是一种经济合作关系,只有坚持平等互利原则,这种经济合作关系才能建立和发展。

(3)参照国际惯例。吸引外资、创办外商投资企业是对外经济技术合作行为,因此必须与国际上通行的做法、习惯相一致,只要国际惯例不损害我国国家主权,在对外经济合作中就应该被承认和采用。

2. 我国外商投资企业法的作用

我国自改革开放以来的实践证明,外商投资企业法在社会主义现代化建设中发挥着重要的作用。

(1)为我国的改革开放提供了法律保障。我国的外商投资企业法是我国改革开放政策的具体化、条文化和规范化。将我国对外商投资的鼓励、保护和优惠政策以法律形式肯定下来,具有相当的稳定性,对吸引外商投资起到了积极的作用。

(2)为外商投资提供了法律依据。我国的外商投资企业法规定了外商投资企业组织和活动的一系列法律规范,为外商投资创办外商投资企业提供了法律依据,使外国投资者在我国的直接投资行为有法可依,并得到切实的法律保护。

第二节　中外合资经营企业法律制度

一、中外合资经营企业的设立

(一)合资企业的设立条件

1. 合资企业的设立要求

根据《合资企业法》的规定,申请设立合资企业应当注重经济效益,符合下列一项或者数项要求:(1)采用先进技术设备和科学管理方法,能够增加产品品种,提高产品质量和产量,节约能源和原材料;(2)有利于技术改造,能做到投资少、见效快、收益大;(3)能培训技术人员和经营管理人员;(4)能扩大产品出口,增加外汇收入。

2. 合资企业设立不予批准的情形

根据《合资企业法》的规定,申请设立合资企业有下列情形之一的,不予批准:(1)有损中国主权的;(2)违反中国法律的;(3)不符合中国国民经济发展要求的;(4)造成环境污染的;(5)签订的协议、合同、章程显属不公平,损害合营一方权益的。

(二)合资企业的设立程序及主要法律文件

1. 合资企业的设立程序

根据《合资企业法》的规定,合资企业的设立要经过申请、审批和登记三个阶段:

(1)设立合资企业的申请。第一,由中方合营者向其企业主管部门呈报拟与外方合营者设立合资企业的项目建议书和初步可行性研究报告。第二,在上述文件经企业主管部门审查同意后,合营各方进行谈判,协商签订合资协议、合同和章程。第三,由中方合营者向中国审批部门报送申请文件，包括申请书、可行性研究报告以及签署的合资协议、合同和章程等。

(2)设立合资企业的审批。我国合资企业的审批部门是国务院商务主管部门及其委托的省级政府或者国务院有关部、局(统称审批部门)。国务院商务主管部门审批的，对符合条件的申请发给批准证书；受托部门审批批准的，应当报国务院商务主管部门备案，并由其发给批准证书。审批部门应自接到中方合营者按照规定报送的全部文件之日起3个月内决定批准或者不批准。

(3)设立合资企业的登记。我国合资企业的登记部门是国家工商行政管理局及其授权的地方工商行政管理局(统称登记部门)。合资企业应当自收到批准证书后30日内向登记部门申请设立登记，登记部门应当在受理申请后30日内作出核准登记或者不予核准登记的决定。核准登记的，领取《企业法人营业执照》，取得中国法人资格，企业即告成立。合资企业登记的主要事项是：企业法人名称、住所、经营场所、法定代表人、经济性质、经营范围、经营方式、注册资本、从业人数、经营期限和分支机构。

2. 合资企业设立过程中的主要法律文件

合资企业设立过程中合营各方商签的合资协议、合同和合资企业章程，是合资企业的主要法律文件。

(1)合资企业协议。合资企业协议是合营各方对设立合资企业的某些要点和原则达成一致意见而订立的文件。

(2)合资企业合同。合资企业合同是合营各方为设立合资企业就相互之间的权利义务关系达成一致意见而订立的文件。

(3)合资企业章程。合资企业章程是按照合资企业合同规定的原则，经合营各方一致同意，规定合资企业的宗旨、组织原则和经营管理方法等事项的文件。

我国《合资企业法》规定，合资企业协议与合资企业合同有抵触时，以合资企业合同为准。经合营各方同意，也可以不订立合资企业协议而只订立合资企业合同、章程。

二、中外合资经营企业的投资

(一)合资企业的投资总额及其构成

1. 合资企业投资总额的含义

合资企业的投资总额，是指按照合资企业合同、章程规定的生产规模投入的基本建设资金和生产流动资金的总和。投资总额的具体含义包括以下几个方面：(1)合资企业的投资总额是由其生产规模决定的；(2)合资企业的投资总额表现为基本建设资金和生产流动资金。

2. 合资企业投资总额的构成

合资企业的投资总额由注册资本和借入资本构成：

(1)注册资本。合资企业的注册资本是指为设立合资企业，在登记部门登记的资本总额，应为合营各方认缴的出资额之和。注册资本的含义包括：第一，注册资本是合资企业在登记部门登记的资本额，是合资企业的法定资本；第二，注册资本是合营各方认缴的出资额之和，是合资企业的自有资本。

(2)借入资本。合资企业的借入资本是指为弥补投资总额的不足，以合资企业的名义向金融机构借入的资本。借入资本的含义是：第一，借入资本的目的是弥补注册资本与投资总额之间的差额，所以它在投资总额中必须有一个适当的比例，不能占过大的比例；第二，借入资本是以合资企业的名义借入的，而不是以合营者的名义借入的，合资企业是借入资本的债务人。

（二）合资企业注册资本的法律规定

1. 出资比例和出资方式

（1）出资比例。在合资企业的注册资本中，外商的投资比例一般不得低于25%。

（2）出资方式。在合资企业的注册资本中，合营各方可以用货币、实物、工业产权和场地使用权作为投资。外国合营者以机器设备或者其他物料作价出资的，必须符合以下条件：第一，是合资企业生产所必不可少的；第二，中国不能生产，或者虽能生产，但价格过高或者在技术性能和供应时间上不能保证需要的；第三，作价不得高于同类机器设备或者其他物料当时的国际市场价格。外国合营者以工业产权或专有技术作价出资的，必须符合下列条件之一，并报审批部门批准：第一，能生产中国急需的新产品或者出口适销产品的；第二，能显著改进现有产品的性能、质量，提高生产效率的；第三，能显著节约原材料、燃料、动力的。中国合营者的出资方式可以是为合资企业在经营期内提供场地使用权。如果场地使用权没有作为中国合营者出资的一部分，合资企业应当向中国政府缴纳场地使用费；如果场地使用权作为中国合营者出资的一部分的，其作价金额应当与取得同类场地使用权所应缴纳的使用费相同。

2. 出资期限和出资证明

（1）出资期限。合营各方应当在合资企业合同中订明出资期限，逾期未缴或者少缴的，应按合同的约定支付延迟利息或者赔偿损失。合资企业合同约定一次缴清出资的，各方应当自营业执照签发之日起6个月内缴清；合资企业合同约定分期缴付出资的，各方的第一期出资不得低于各自认缴出资额的15%，并自营业执照签发之日起3个月内缴清；合营各方未能在规定期限内缴付出资的，视同合资企业自动解散，合资企业批准证书自动失效。可见，我国《合资企业法》对出资的规定与《公司法》不同，允许投资人（合营各方）在企业成立后的一定期限内缴纳、缴清出资额。

（2）出资证明。合营各方缴付出资后，应当由中国注册会计师验证，出具验资报告，据此发给合资企业出资证明书。

3. 注册资本与投资总额的比例

投资总额由注册资本和借入资本构成，明确注册资本与投资总额的比例，使合资企业投资总额的结构比较合理，有利于合资企业的生产经营。

（1）合资企业投资总额在300万美元（含本数，下同）以下的，注册资本至少应占其中的7/10。

（2）合资企业投资总额在300万美元以上至1 000万美元的，注册资本至少应占其中的1/2；其中，投资总额在420万美元以下的，注册资本不得低于210万美元。

（3）合资企业投资总额在1 000万美元以上至3 000万美元的，注册资本至少应占其中的2/5；其中，投资总额在1 250万美元以下的，注册资本不得低于500万美元。

（4）合资企业投资总额在3 000万美元以上的，注册资本至少应占其中的1/3；其中，投资总额在3 600万美元以下的，注册资本不得低于1 200万美元。

4. 注册资本的变更

注册资本的变更，是指注册资本的减少、增加及转让。

（1）合资企业的注册资本在合营期内不得减少。

(2)合资企业中合营一方向第三方转让全部或者部分出资的，必须经合营他方同意，并经审批部门批准，合营他方有优先购买权。

(3)合资企业的注册资本经董事会通过并报审批部门批准，可以增加，并办理变更注册资本的登记手续。

三、中外合资经营企业的组织形式和组织机构

(一)合资企业的组织形式

根据《合资企业法》的规定，合资企业的组织形式是有限责任公司。关于有限责任公司，详见本书第三章的内容，但是，如果《公司法》和《合资企业法》有不同规定的，设立合资企业以《合资企业法》的规定为准。

(二)合资企业的组织机构

根据《合资企业法》的规定，合资企业的组织机构是董事会和经营管理机构，采取董事会领导下的总经理负责制，即董事会制。

1. 董事会

(1)董事会的性质和职权。董事会是合资企业的最高权力机构，根据合资企业章程的规定，讨论决定合资企业的一切重大事宜。

(2)董事会的组成和召集。董事会由董事长、副董事长及董事组成，不得少于3人。董事的名额分配由合营各方参照出资比例商定。董事任期4年，可以连任。董事会每年至少召开一次；经1/3以上的董事提议，可以召开董事会临时会议。董事会会议应当有2/3以上的董事出席方可举行。

(3)董事长的产生及地位。董事长和副董事长由合营各方协商确定或者由董事会选举产生，中外合营者一方担任董事长的，另一方担任副董事长。董事长是合资企业的法定代表人。

2. 经营管理机构

(1)经营管理机构的性质、权限和组成。合资企业设经营管理机构，负责合资企业的日常经营管理工作。经营管理机构设总经理一人，副总经理若干人，其他高级管理人员若干人。总经理、副总经理、总工程师和审计师由董事会聘用，可以由中国公民担任，也可以由外国公民担任；总会计师也由董事会聘用，一般由中国公民担任。

(2)总经理的职权和地位。合资企业的总经理执行董事会的各项决议，组织领导日常经营管理工作，在董事会的授权范围内对外代表合资企业，对内任免下属人员。

四、中外合资经营企业的经营管理

(一)合资企业的生产经营管理

根据《合资企业法》的规定，合资企业按照合资企业合同规定的经营范围和生产规模所制订的生产经营计划由董事会批准执行，报主管部门备案；合资企业所需的机器设备、原材料、燃

料、配套件、运输工具和办公用品等，有权自行决定在中国购买或者向国外购买，但在同等条件下，应当先在中国购买；我国政府鼓励合资企业向国际市场销售其产品，合资企业生产的产品属于中国急需的或者中国需要进口的，可以中国国内市场销售为主。

（二）合资企业的劳动管理

根据《合资企业法》和有关法规的规定，合资企业的劳动管理应当遵循以下要求：用工实行劳动合同制；职工的工资由董事会按照不低于所在地区同行业条件相近的国有企业平均工资的120％的原则加以确定，并逐步调整；合资企业应当依照我国《社会保险法》的规定，为中国职工办理社会保险。

（三）合资企业的利润分配管理

1. 合资企业利润分配的顺序

根据《合资企业法》的规定，合资企业缴纳所得税后的利润按照下列顺序分配：(1)支付各项赔偿金、违约金、滞纳金、罚款和罚息；(2)弥补企业以前年度亏损；(3)提取储备基金、企业发展基金、职工奖励及福利基金，三项基金的提取比例由董事会确定；(4)向投资者分配利润。

2. 合资企业利润分配的原则

根据《合资企业法》的规定，合资企业税后利润中可以向投资者分配的利润，按照投资者的实际出资比例分配；以前年度尚未分配的可以向投资者分配的利润，允许并入本年度可以向投资者分配的利润进行分配。

五、中外合资经营企业的合营期限、解散和清算

（一）合资企业的合营期限

我国《合资企业法》规定，有的行业的合资企业应当约定合营期限；有的行业的合资企业可以约定合营期限，也可以不约定合营期限；约定合营期限的合资企业，合营各方同意延长合营期限的，应在距期满6个月前向审批部门提出申请，审批部门应当自接到申请之日起1个月内决定批准或者不批准。

（二）合资企业的解散和清算

1. 合资企业的解散

根据《合资企业法》的规定，合资企业有下列情形之一的，应当解散：(1)合营期限届满；(2)发生严重亏损，无力继续经营；(3)合营一方不履行合资企业协议、合同、章程规定的义务，致使合资企业无法继续经营；(4)因自然灾害、战争等不可抗力遭受严重损失，无法继续经营；(5)合资企业未达到其经营目的，同时又无发展前途；(6)合资企业合同、章程所规定的其他解散原因已经出现。

上述因合营期满解散之外的其他情形解散的，应当由董事会提出解散申请书，报审批部门批准。合营一方违约的，应对合资企业由此造成的损失负赔偿责任。

2. 合资企业的清算

合资企业宣告解散时，董事会应提出清算程序、原则和清算委员会人选，报企业主管部门审核并监督清算。合资企业清算时，资产净额或者剩余财产减去未分配利润、各项基金和清算费用后的余额，超过实缴资本的部分是清算所得，应当缴纳所得税。缴纳所得税后的剩余财产，按照合营各方的出资比例分配，各方另有约定的除外。

合资企业清算结束时，清算委员会提出清算结束报告，提请董事会通过后，报审批机关，并办理合资企业注销登记手续。

第三节　中外合作经营企业法律制度

一、中外合作经营企业的设立、变更和终止

(一)合作企业的设立

1. 国家鼓励举办的合作企业

根据《合作企业法》的规定，国家鼓励举办的合作企业是产品出口的生产型合作企业和技术先进的生产型合作企业。

2. 合作企业的设立程序

根据《合作企业法》的规定，合作企业的设立要经过申请、审批和登记三个阶段。审批部门是国务院商务主管部门、国务院授权部门和地方人民政府。审批部门应当自收到规定的全部文件之日起45日内决定批准或者不批准。国务院商务主管部门、国务院授权部门批准的，由国务院商务主管部门颁发批准证书；国务院授权的地方人民政府批准的，由其颁发批准证书。合作企业设立的其他规定与合资企业基本相同，在此不再详述。合作企业可以是法人企业，也可以是非法人企业。

(二)合作企业的变更

合作企业是契约式合营企业，其变更也就是合作企业合同的变更。我国《合作企业法》对合作企业的变更作了以下规定：

(1)合营者在合营期限内协商同意对合作企业合同作重大变更的，应当报审批部门批准；变更内容涉及法定的工商、税务登记项目的，应当办理变更登记手续。

(2)合作企业成立后改为委托合营者以外的人经营管理的，必须经董事会或者联合管理机构一致同意，报审批部门批准，并向工商行政管理部门办理变更登记手续。

(三)合作企业的终止

根据《合作企业法》的规定，合作企业期满或者提前终止时，应当依照法定程序对资产、债权和债务进行清算；中外合营者应当依照合作合同的约定，确定合作企业财产的归属。合作企业的期限由合营者协商确定，并在合作企业合同中订明，其延长的规定、办法与合资企业类似。

二、中外合作经营企业合同

（一）合作企业合同的概念

合作企业是契约式合营企业，合营各方对合作企业的权利义务由合作企业合同约定。因此，合作企业合同对于合作企业具有重要意义。根据《合作企业法》的规定，合作企业合同是中外合营者为明确合作经营中的权利义务而达成的协议。合作企业合同是涉外合同的，须经中国政府批准后才能成立。

（二）合作企业合同的主要内容

根据《合作企业法》的规定，合作企业合同应当依法约定下列内容：

1. 投资或者合作条件及其期限

合营各方向合作企业的投资或者提供的合作条件可以是货币，也可以是实物或者工业产权、专有技术、土地使用权等财产权利。合作企业中应当约定向合作企业投资或者提供合作条件的期限。在依法取得法人资格的合作企业中，外国合营者的投资一般不得低于注册资本的25％。

2. 收益分配和回收投资

(1)收益分配方式。中外合营者可以采用分配利润、分配产品或者共同商定的其他方式分配收益。

(2)回收投资的方式。合作合同中可以约定合同期满时合作企业的全部固定资产归中方合营者所有，此时，在合作合同中可以约定外方合营者在合营期内先行回收投资；外方合营者提出先行回收投资申请时，应当具体说明先行回收投资的总额、期限和方式，经财政税务部门审查同意后，报审批机关批准。合作企业的亏损未弥补前，外方合营者不得先行回收投资。

3. 经营管理方式

根据合作企业的具体情况，合作企业的管理可以采用董事会制、联合管理委员会制以及其他方式。取得中国法人资格的合作企业，其组织形式是有限责任公司，一般采用董事会制；没有取得中国法人资格的合作企业，采用联合管理制。但是，法人型的合作企业也可以采用联合管理制。董事会或者联合管理委员会是合作企业的权力机构，决定合作企业的重大事项。董事长或者联合管理委员会主任是合作企业的法定代表人。合作企业设总经理一人，负责日常经营管理工作，对董事会或者联合管理委员会负责。

除上述内容外，合作企业合同还应当约定其他内容，这些内容的规定与合资企业大致相同，在此不再赘述。

三、中外合作经营企业的经营管理

合作企业的生产经营管理和劳动管理的法律规定与合资企业基本相同，在此不再赘述。

第四节　外资企业法律制度

一、外资企业的设立

(一)外资企业的设立条件

根据《外资企业法》的规定，设立外资企业必须有利于中国国民经济的发展，能够取得显著的经济效益，并应至少符合下列条件之一：(1)采用先进技术和设备，从事新产品开发，节约能源和原材料，实现产品升级换代，可以替代进口的；(2)年出口产品的产值达到当年全部产品产值的50%以上，实现外汇收支平衡和有余的。

禁止设立外资企业的行业是新闻、出版、广播、电视、电影、国内商业、对外贸易、保险、邮电通信等中国政府规定禁止的行业；限制设立外资企业的行业包括公用事业、交通运输、房地产、信托投资和租赁等行业。

我国已经加入世界贸易组织（WTO)，上述“禁止”和“限制”都要重新审查。

(二)外资企业的设立程序

根据《外资企业法》的规定，设立外资企业的程序有申请、审批和登记三个阶段，但在申请之前，须经企业所在地县级以上政府签署意见。其具体步骤包括以下几个方面：

(1)外国投资者向拟设外资企业所在地的县级或者县级以上地方人民政府提交报告，收到报告的人民政府应自收到之日起30日内以书面形式答复外国投资者。

(2)外国投资者通过前述人民政府向审批部门提出申请，两个或者两个以上的外国投资者共同申请设立外资企业的，应将其签订的合同副本报审批部门备案。

(3)审批部门应自收到申请文件之日起90日内决定批准或者不批准。

(4)外国投资者应自收到批准之日起30日内向工商行政管理部门申请登记，领取营业执照。外资企业自营业执照签发之日起成立。

(三)外资企业的组织形式和土地使用

1. 外资企业的组织形式

根据《外资企业法》的规定，外资企业符合中国法律关于法人条件的规定的，依法取得中国法人资格，其组织形式是有限责任公司；经批准，外资企业可以采用其他责任形式。

2. 外资企业的土地使用

外资企业设在中国境内，使用土地必须向中国政府提出申请并支付费用。

二、外资企业的投资和经营管理

(一)外资企业的投资

外资企业的全部资本由外商投资构成。投资者可以是一人，也可以是数人。外资企业的投资总额由注册资本和借入资本构成，其含义与合资企业的有关含义相同，在此不再赘述。我国《外资企业法》对外资企业的资本作了以下规定：

1. 对外资企业注册资本的一般规定

(1)外资企业的注册资本要与其经营规模相适应，注册资本与投资总额的比例应符合中国的有关规定。

(2)外资企业在经营期内不得减少注册资本。

(3)外资企业注册资本的增加和转让须经审批部门批准，并向工商行政管理部门办理变更手续。

(4)外资企业将其财产或者权益对外抵押或转让，须经审批部门批准，并向工商行政管理部门备案。

2. 外资企业注册资本的出资方式、期限和验资

(1)外国投资者的出资方式。投资者的出资方式可以是可自由兑换的外币，也可以是机器设备、工业产权、专有技术等作价出资。投资者以机器设备、工业产权、专有技术等作价出资的，应符合我国法律规定的条件，并且工业产权、专有技术的作价应与国际上通常的作价原则相一致，其作价金额不得超过外资企业注册资本的20%。

(2)外国投资者的出资期限及出资验资。投资者缴付出资的期限应在外资企业申请书和外资企业章程中载明。外国投资者分期缴付出资的，最后一期出资应自营业执照签发之日起3年内缴清，其第一期出资不得少于外国投资者认缴出资额的15%，并应自营业执照签发之日起90日内缴清。违反以上规定的，外资企业批准证书自动失效，营业执照被吊销。外国投资者缴付每期出资后，外资企业应聘请中国的注册会计师验证并出具验资报告，报审批部门和工商行政管理部门备案。

(二)外资企业的经营管理

1. 外资企业的生产经营管理

外资企业在生产计划制订、物资购买、产品销售等方面享有与合资企业大致相同的自主权。但是，根据《外资企业法实施细则》的规定，外资企业在中国市场销售其产品，应依照经批准的销售比例进行，超过批准的销售比例在中国市场销售其产品的，须经审批机关批准。

2. 外资企业的劳动管理

外资企业在中国境内雇用职工，实行劳动合同制。劳动合同中应订明雇用、辞退、报酬、福利、劳动保护、劳动保险等事项。外资企业应负责职工的业务和技术培训，建立考核制度。外资企业职工有权组织工会，开展工会活动。外资企业研究决定有关职工奖惩、工资制度、生活福利、劳动保护和劳动保险等问题时，工会代表有权列席会议。外资企业应当听取工会的意见，取得工会的合作。

三、外资企业的期限、终止和清算

(一)外资企业的期限及终止

1. 外资企业的期限

根据《外资企业法》及其实施细则的有关规定，外资企业的经营期限根据不同行业和企业

的具体情况，由外国投资者在设立外资企业的申请书中拟订，报审批机关审批。外资企业的经营期限自其营业执照签发之日起计算，期满需延长的，应在距期满前 180 日内向审批机关提出书面申请，审批机关应自收到申请之日起 30 日内决定是否批准；批准延长的，应自收到批准文件之日起 30 日内向工商行政管理机关办理变更登记手续。

2. 外资企业的终止

根据《外资企业法》的规定，外资企业有下列情形之一的，应予终止：(1)经营期限届满；(2)经营不善，严重亏损，外国投资者决定解散；(3)因自然灾害、战争等不可抗力而遭受严重损失，无法继续经营；(4)破产；(5)违反中国法律、法规，危害社会公共利益被依法撤销；(6)外资企业章程规定的其他解散事由已经出现。

因第(2)至(4)项情形而终止，应自行提交终止申请书，报审批机关核准。审批机关核准的日期为企业的终止日期。

(二)外资企业的清算

根据《外资企业法》的规定，外资企业因上述(1)、(2)、(3)、(6)项而终止的，应自终止之日起 15 日内对外公告并通知债权人，自终止公告发出之日起 15 日内提出清算程序、原则及清算委员会人选，报审批机关审核后进行清算。

在外资企业清算结束之前，外国投资者不得将企业的资金汇出或者携出中国境外，不得自行处理企业财产。外资企业清算结束，应向工商行政管理部门办理注销登记手续，缴销营业执照；资产净值和剩余财产超过注册资本的部分，视为利润，应依法缴纳所得税。

本章练习

一、名词解释

外商投资企业　　合资企业　　合作企业　　外资企业

二、单项选择题

1. 外商投资企业是________。

A. 中国企业　　B. 外国企业　　C. 中国企业法人　　D. 外国企业法人

2. 我国对合资企业和外资企业不实行________。

A. 征收　　B. 国有化　　C. 征用　　D. 征税

3. 在我国的立法中，目前还没有________。

A.《外商投资企业法》　　B.《中外合资经营企业法》

C.《中外合作经营企业法》　　D.《外资企业法》

4. 在合资企业的注册资本中，外方合营者的出资不得少于________。

A. 15%　　B. 20%　　C. 25%　　D. 30%

5. 登记部门应当在收到全部申请文件后________内作出对合资企业是否予以核准登记的决定。

A. 15 日　　B. 20 日　　C. 30 日　　D. 45 日

6. 合资企业的借入资本是以________的名义借入的。

A. 中方合营者　　B. 合资企业　　C. 外方合营者　　D. 审批部门

7. 合营各方缴付出资后，应当由中国注册会计师验证，出具验资报告，发给________。

A. 出资证明书　　B. 股份凭证　　C. 股权凭证　　D. 股票

8. 合资企业投资总额在________的，注册资本至少应占其中的 7/10。

A. 300 万美元以下　　B. 300 万美元以上至 1 000 万美元
C. 3 000 万美元以上　　D. 任意数额

9. 合资企业的注册资本在合营期内________。
A. 不得增加　　B. 不得减少　　C. 不得变更　　D. 不得转让

10. 在合资企业的税后利润中，可以向投资者分配的利润按照________分配。
A. 合资企业合同的约定　　B. 投资者的出资比例
C. 合资企业章程的规定　　D. 投资者的实际出资比例

11. 审批部门应当自收到规定的全部申请文件之日起________内决定批准或者不批准合作企业的设立。
A. 30 日　　B. 45 日　　C. 90 日　　D. 180 日

12. 合作企业的合营者________。
A. 必须参与对企业的直接投资　　B. 可以对企业投资或者提供合作条件
C. 必须对企业提供合作条件　　D. 必须对企业债务承担无限责任

13. 董事会或联合管理委员会是合作企业的________。
A. 最高权力机构　　B. 经营管理机构　　C. 监督机构　　D. 法人代表

14. 外国投资者向拟设外资企业所在地的________提交报告，并通过它向审批部门提出设立申请。
A. 省级或省级以上地方人民政府的工商登记部门
B. 县级或县级以上地方人民政府的工商登记部门
C. 县级或县级以上地方人民政府
D. 省级或省级以上地方人民政府

15. 审批部门应自收到申请文件之日起________内决定批准或者不批准外资企业的设立。
A. 30 日　　B. 60 日　　C. 90 日　　D. 120 日

三、多项选择题

1. 我国目前的外商投资企业主要有________。
A. 外商独营企业　　B. 中外合资经营企业
C. 中外合作经营企业　　D. 外资企业

2. 关于外商投资企业，下列表述中正确的是________。
A. 必须设在中国(大陆)境内　　B. 必须是有限责任公司
C. 必须经中国政府批准　　D. 必须承担有限责任

3. 申请设立的合资企业应当注重经济效益，符合下列一项或者数项要求：________。
A. 采用先进技术设备和科学管理方法，能够增加产品品种，提高产品质量和产量，节约能源和原材料
B. 有利于技术改造，能做到投资少、见效快、收益大
C. 能培训技术人员和经营管理人员
D. 能扩大产品出口，增加外汇收入

4. 下列情形中，不予批准设立合资企业的有________。
A. 有损中国主权的
B. 违反中国法律的
C. 不符合中国国民经济发展要求的
D. 造成环境污染及签订的协议、合同、章程显属不公平，损害合营一方权益的

5. 在合资企业设立过程中，合营各方商签的________是合资企业的主要法律文件。
A. 合资企业协议　　B. 合资企业章程　　C. 合资企业合同　　D. 合资企业意向

6. 关于合资企业的注册资本，下列表述中正确的是________。
A. 注册资本是合资企业在登记部门登记的资本额
B. 注册资本是合资企业的法定资本

C. 注册资本是合营各方认缴的出资额之和

D. 注册资本是合资企业的自有资本

7. 合资企业中合营一方向第三方转让全部或部分出资的，________。

A. 必须经合营他方同意　　B. 必须经审批部门批准

C. 合营他方有优先购买权　　D. 合营他方可以要求降低出资比例

8. 合资企业是有限责任公司，它的组织机构包括________。

A. 股东会　　B. 董事会　　C. 经营管理机构　　D. 监督机构

9. 关于合资企业的组织机构，下列表述中正确的是________。

A. 总经理是法定代表人　　B. 董事会是最高权力机构

C. 经营管理机构负责日常经营管理工作　　D. 董事长是法定代表人

10. 在合资企业中，合营者按出资比例________。

A. 分享收益　　B. 分担风险　　C. 分担亏损　　D. 分配产品

11. 国家鼓励举办的合作企业是________。

A. 产品出口的生产型合作企业　　B. 技术先进的生产型合作企业

C. 服务型合作企业　　D. 贸易型合作企业

12. 合作企业合同可以约定中外合营者采用________分配收益。

A. 分配利润的方式　　B. 分配产品的方式

C. 分配股份的方式　　D. 共同商定的其他方式

13. 具有法人资格的合作企业，其法定代表人可以是________。

A. 中方合营者　　B. 总经理

C. 联合管理委员会主任　　D. 董事长

14. 外资企业在清算结束之前，外国投资者________。

A. 不得将企业的资金汇出中国境外　　B. 不得将企业的资金带出中国境外

C. 不得自行处理企业财产　　D. 不得办理企业注销登记手续

15. 外资企业的组织形式(责任形式)可以是________。

A. 独资企业　　B. 合伙企业　　C. 有限责任公司　　D. 股份有限公司

四、判断题

1. 我国的外商投资企业必须经中国政府批准，但可以设在中国境外。(　　)

2. 我国的外商投资企业既吸引了国外的私人投资，也接纳了外国政府的投资。(　　)

3. 我国的外商投资企业都具有中国法人资格。(　　)

4. 我国最早的外商投资企业立法是《中华人民共和国外资企业法》。(　　)

5. 我国对外商投资企业在任何情况下都不实行国有化和征收，以保护外商投资。(　　)

6. 外商投资企业的审批部门只有国务院商务主管部门。(　　)

7. 合资企业在登记部门领取的是企业法人营业执照。(　　)

8. 合资企业的合营各方可以不订立合营合同，只订立合营协议和章程。(　　)

9. 合资企业必须约定合营期限。(　　)

10. 合资企业的总经理执行董事会的各项决议，组织领导日常经营管理工作，在董事会的授权范围内对外代表合资企业，对内任免下属人员。(　　)

11. 合作企业取得中国法人资格的，必须采用董事会制的管理方式。(　　)

12. 合作企业的合营者可以在合营合同中约定一方先行回收投资，同时在合营期满时取得固定资产。(　　)

13. 合作企业的合营者可以在合作企业合同中约定合营者的具体分配方式。(　　)

14. 合作企业成立后改为委托合营者以外的人经营管理的，报审批部门批准即可，不必向工商行政管理

部门办理变更登记手续。(　　)

15. 外资企业不包括外国企业设在中国境内的分支机构。(　　)

五、简答题

1. 简述股权式合营企业和契约式合营企业的特点。
2. 简述外商投资企业的法律地位和法律管辖。
3. 简述申请设立合资企业不予批准的情形。
4. 简述合资企业与合作企业在法律地位、组织形式、经营管理方式和收益分配方面的区别。

六、综合分析题

1. 大陆个体工商户王某想和香港地区商人李某合资创办一家服装企业,是否可以?

2. 假如大陆个体工商户王某想和香港地区商人李某合资创办一家服装企业,应当以什么名义?

3. 大陆个体工商户王某和香港地区商人李某拟订了一份合资企业协议草案:合资企业定名为大顺服装股份有限公司,暂时设在香港。合资企业的注册资本为人民币100万元,李某出资20万元。合资企业的投资总额为150万元,双方出资自营业执照签发之日起10个月内一次缴清。合资企业的最高权力机构为股东会,总经理为法人代表。

问:上述合资企业协议草案是否违法?为什么?

第五章
企业破产法律制度

第一节　企业破产与企业破产法概述

一、企业破产与破产制度概述

(一)企业破产的概念

1. 企业破产的定义

企业破产,是指当企业法人不能清偿到期债务时,由人民法院主持,将债务人的全部财产依法抵偿所欠的各种债务,不足部分不再清偿。这个概念揭示了破产的基本含义:破产是债务人不能清偿到期债务的客观状态,也是人民法院依法主持债务清偿的一种特殊程序。

2. 企业破产的特征

作为一种特殊的债务清偿制度,企业破产与一般的企业债务清偿制度相比具有以下特征:

(1)破产是以债务人的主体资格消灭作为最终结局的债务清偿程序。按照民法的规定,债务人应当向债权人清偿债务。按照破产法的规定,债务人必须以自己的全部财产作为债务清偿的基础,并且这种清偿是一次性的,不论是否能够足额清偿,清偿程序结束后,债务人的主体资格消灭。

(2)破产是一种以公平偿债为目的的债务清偿程序。债务人所欠的各种债务原因不同、次序有先后、数额有大小。破产是公平的债务清偿程序,它要求债务清偿与债权的性质和数额相适应,在同一顺序中平等受偿,并不是“捷足先登”者获全部清偿,后来者“望债兴叹”。

(3)破产是一种由人民法院主持的债务清偿程序。债务人破产时,一般都有复数的债权人,要对复数债权人公平清偿债务并最终消灭债务人的主体资格,必须由人民法院行使审判权才能实现,所以,破产程序应由人民法院主持。

(二)破产制度的概念和性质

1. 破产制度的概念

破产制度是关于企业破产的法律制度，它是债务人在不能清偿到期债务时，经由债权人或债务人向人民法院提出申请，由人民法院主持将债务人的全部财产公平地清偿所欠全部债务，最终消灭债务人主体资格的一系列法律制度，包括重整、和解。企业破产制度是由企业破产法确立的，没有企业破产法就没有企业破产制度。

2. 破产制度的性质

法律有实体法与程序法之分。破产制度是一种以程序内容为主、兼有实体内容的法律制度，总体上是一种诉讼制度。

破产制度中有关破产申请和受理、债权申报、清偿顺序、注销登记等的规定是具有程序性质的法律规定，它是破产制度的主要内容。破产制度中关于破产财产权和破产债权的认定，取回权、别除权及否认权的规定，是具有实体性质的法律规定，在破产制度中也占有重要地位。

二、企业破产法概述

(一)企业破产法的概念和适用

1. 企业破产法的概念及其立法

我国企业破产法是规范企业破产原因、破产企业重整、和解以及破产债务清偿程序的法律规范的总称。我国企业的破产立法有以下两个方面：

(1)《中华人民共和国企业破产法》(简称《企业破产法》)。该法于 2006 年 8 月 27 日第十届全国人民代表大会常务委员会第二十三次会议通过，自 2007 年 6 月 1 日起施行；于 1986 年 12 月通过、1988 年 11 月 1 日起施行的《中华人民共和国企业破产法(试行)》同时废止。

(2)《中华人民共和国民事诉讼法》(简称《民事诉讼法》)中有关破产的规定。该法于 1991 年 4 月 9 日通过，从 1991 年 4 月 9 日起施行，第十八章为“企业法人破产还债程序”，内容规定得过于简单。所以，我国的破产立法主要是《企业破产法》。

2.《企业破产法》的适用

(1)《企业破产法》的适用对象。我国《企业破产法》适用于企业法人。其他法律规定企业法人以外的组织(如合伙企业)的清算属于破产清算的，参照适用《企业破产法》规定的程序；破产案件审理程序《企业破产法》没有规定的，适用《民事诉讼法》的有关规定。

(2)《企业破产法》的适用事项。我国《企业破产法》适用于企业法人破产后的债务清偿，也适用于企业法人破产后的重整、和解。所以，从内容上看，我国《企业破产法》也可以说是“企业破产清偿或重整法”。

(二)企业破产法的宗旨和效力

1. 企业破产法的宗旨

(1)规范企业破产程序，公平清理债权债务。企业破产后，各种债权债务都在破产程序中处理，破产程序必须由企业破产法规范，保证公平清理债权债务。

（2）保护债权人和债务人的合法权益。企业不能清偿到期债务，债权人的权益将依据企业破产法的规定得到公平实现，债务人依据企业破产法的规定进行债务清偿，不足部分不再清偿，这是企业破产法的基本原则。根据这些原则，使破产发生后债权人及债务人的合法权益得到保护。

（3）维护社会主义市场经济秩序。企业在市场经济环境中必然会出现优胜劣汰的结果。劣汰的企业或被兼并吸收进其他企业，或破产。所以，在市场经济中出现企业破产是正常现象，企业破产法使破产的企业在债务清偿过程中能够依法有序清偿，以维护社会主义市场经济秩序。

2. 企业破产法的效力

（1）对域外财产的效力。依照《企业破产法》开始的破产程序，对债务人在我国领域外的财产发生效力。

（2）对外国法院作出的发生法律效力的破产案件的判决、裁定的承认和执行。对外国法院作出的发生法律效力的破产案件的判决、裁定，涉及债务人在我国领域内的财产申请或请求人民法院承认和执行的，人民法院依照我国缔结或参加的国际条约，或按照互惠原则进行审查，认为不违反我国法律的基本原则，不损害国家主权、安全和社会公共利益，不损害我国领域内债权人的合法权益的，裁定承认和执行。

（三）企业破产、重整的原因

破产制度是由破产法确立的，既包括破产企业的债务清偿制度，也包括企业的重整制度。

1. 企业破产的原因

企业法人破产的直接判断依据是企业法人“不能清偿到期债务”，但“不能清偿到期债务”不是企业法人破产原因的完整表述。企业法人的破产原因是：

（1）企业法人不能清偿到期债务，并且资产不足以清偿全部债务。企业法人不能清偿到期债务和资产不足以清偿全部债务的状况同时出现，企业法人可以依照《企业破产法》破产。企业法人资产不足以清偿全部债务，包含以下含义：第一，企业法人的债务清偿期到了，债权人提出清偿债务的要求；第二，企业法人的债务清偿能力缺乏，综合其财产、信用等各种因素仍不能清偿债务；第三，企业法人的债务清偿能力缺乏处于连续状态，而不是一时的财务困难。

（2）企业法人不能清偿到期债务，并且明显缺乏清偿能力。企业法人不能清偿到期债务和明显缺乏清偿能力同时出现，企业法人可以依照《企业破产法》破产。明显缺乏清偿能力，是指企业长期负债而扭亏无望，其经营所得不能清偿到期债务。

2. 企业重整的原因

企业重整是为了拯救出现债务危机的企业，利用重整程序有效地避免债务人被破产清算的活动。企业法人的重整原因是：

（1）企业法人不能清偿到期债务，并且资产不足以清偿全部债务或明显缺乏清偿能力。

（2）企业法人有明显丧失清偿能力的可能。企业法人出现财务困难，有明显丧失清偿能力的可能，重整成功的希望大，此时申请重整对债权人和债务人都比较有利，可防止企业破产。

第二节　破产程序中的管理人和债权人会议

一、破产程序的开始

(一)申请人的破产申请

破产申请，是指债权人和债务人向人民法院提出要求宣告企业法人破产的诉讼活动。破产申请的提出不是破产程序开始的起点，而是进入破产程序的前提。人民法院受理破产申请前，申请人可以请求撤回申请。

1. 破产申请的申请人

(1)债务人提出破产申请。企业法人不能清偿到期债务，并且资产不足以清偿全部债务或明显缺乏清偿能力的，债务人可以向人民法院提出破产申请。

(2)债权人提出破产申请。债务人不能清偿到期债务，债权人可以向人民法院提出破产申请。

(3)其他人提出破产申请。企业法人已解散但未清算或未清算完毕，资产不足以清偿债务的，依法负有清算责任的人应当向人民法院申请破产清算。

2. 破产申请的文件

申请人向人民法院提出破产申请，应当提交破产申请书和有关证据。破产申请书应当载明下列事项：(1)申请人和被申请人的基本情况；(2)申请目的；(3)申请的事实和理由；(4)人民法院认为应当载明的其他事项。

债务人提出申请的，还应当向人民法院提交财产状况说明、债务清册、债权清册、有关财务会计报告、职工安置预案以及职工工资的支付和社会保险费用的缴纳情况。

(二)人民法院对破产申请的裁定

1. 对破产申请的裁定

人民法院对破产申请的裁定，是指人民法院经过审查，对破产申请作出受理或不受理的决定的司法活动。破产案件由债务人住所地人民法院管辖，有管辖权的人民法院对破产申请裁定的期限有以下两种情况：

(1)债权人提出破产申请。债权人提出破产申请的，人民法院应当自收到申请之日起 5 日内通知债务人；债务人对申请有异议的，应当自收到人民法院的通知之日起 7 日内向人民法院提出。人民法院应当自异议期满之日起 10 日内裁定是否受理。

(2)债务人及其他人提出破产申请。除债权人提出破产申请外，人民法院应当自收到破产申请之日起 15 日内裁定是否受理。

有特殊情况需要延长上述裁定期限的，经上一级人民法院批准，可以延长 15 日。

2. 破产申请裁定的送达

人民法院的裁定结果应当送达申请人。

(1)人民法院裁定受理的送达。人民法院裁定受理破产申请，是指人民法院决定将破产申请立案，标志着破产程序的开始。人民法院受理破产申请的，应当自裁定作出之日起 5 日内送达申请人;债权人提出申请的,人民法院应当自裁定作出之日起 5 日内送达债务人,债务人应当自裁定送达之日起 15 日内向人民法院提交财产状况说明、债务清册、债权清册、有关财务会计报告以及职工工资的支付和社会保险费用的缴纳情况。

(2)人民法院裁定不受理的送达。人民法院裁定不受理破产申请的,应当自裁定作出之日起 5 日内送达申请人并说明理由。申请人对裁定不服的,可以自裁定送达之日起 10 日内向上一级人民法院提起上诉。

3. 破产申请受理后的驳回

人民法院受理破产申请后至破产宣告前,经审查发现债务人不符合破产原因的,可以裁定驳回申请。申请人对裁定不服的,可以自裁定送达之日起 10 日内向上一级人民法院提起上诉。

(三)破产申请受理的后果

1. 人民法院的责任

(1)指定管理人。人民法院受理破产申请后,为了保护债权人和债务人的合法权益,公平清理债权债务,应当同时指定破产企业的管理人。管理人,是指负责对债务人(破产企业)的财产进行管理、处分、分配的专门机构。

(2)告知债权人。人民法院应当自裁定受理破产申请之日起 25 日内通知已知债权人并予以公告。通知和公告应当载明下列事项:申请人、被申请人的名称或姓名;人民法院受理破产申请的时间;申报债权的期限、地点和注意事项;管理人的名称或姓名及其处理事务的地址;债务人的债务人或财产持有人应当向管理人清偿债务或交付财产的要求;第一次债权人会议召开的时间和地点;人民法院认为应当通知和公告的其他事项。

2. 债务人有关人员的责任

债务人的有关人员,是指企业的法定代表人,经人民法院决定,可以包括企业的财务管理人员和其他经营管理人员。自人民法院受理破产申请的裁定送达债务人之日起至破产程序终结之日,债务人的有关人员承担下列义务:妥善保管其占有和管理的财产、印章、账簿和文书等资料;根据人民法院、管理人的要求进行工作并如实回答询问;列席债权人会议并如实回答债权人的询问;未经人民法院许可,不得离开住所地;不得新任其他企业的董事、监事或高级管理人员。

3. 债务人的影响

(1)债务人对部分债权人的清偿无效。人民法院受理破产申请后,债务人对个别债权人的债务清偿无效。破产申请受理后,所有债权人为一方,除有财产担保的债权人可以就担保财产获得优先受偿之外,其他债权人都必须通过破产程序才能获得清偿,债务人对部分债权人的清偿是违反公平清偿目的的,所以是无效的。

(2)债务人财产的保全措施和执行程序解除或中止。人民法院受理破产申请后,有关债务人财产的保全措施应当解除,执行程序应当中止。

(3)债务人的民事诉讼或仲裁应当中止。人民法院受理破产申请后,已经开始而尚未终结的有关债务人的民事诉讼或者仲裁应当中止;在管理人接管债务人的财产后,该诉讼或仲裁继续进行。

(4)债务人的民事诉讼管辖。人民法院受理破产申请后,有关债务人的民事诉讼只能向受理破产申请的人民法院提起。

4. 管理人接管破产企业

(1)管理人接受他人的债务清偿和财产交付。人民法院受理破产申请后,债务人的债务人或财产持有人应当向管理人清偿债务或交付财产。破产申请受理后,破产企业由管理人管理,管理人接受清偿债务或交付财产有利于公平清偿债务。债务人的债务人或财产持有人故意违反向债务人清偿债务或交付财产的规定,使债权人受到损失的,不免除其清偿债务或交付财产的义务。

(2)管理人决定交易、营业是否继续。人民法院受理破产申请后,管理人对破产申请受理前成立而债务人和对方当事人均未履行完毕的合同有权决定解除或继续履行,并通知对方当事人。管理人自破产申请受理之日起 2 个月内未通知对方当事人,或者自收到对方当事人的催告之日起 30 日内未答复的,视为解除合同。管理人决定继续履行合同的,对方当事人应当履行;但是,对方当事人有权要求管理人提供担保,管理人不提供担保的,视为解除合同。在第一次债权人会议召开之前,管理人决定继续或停止债务人的营业,应当经人民法院许可。

5. 债权人申报债权

债权人应当在人民法院确定的债权申报期限内向管理人申报债权。

(1)人民法院确定申报债权的期限。人民法院受理破产申请后,应当确定债权人申报债权的期限;债权申报期限自人民法院发布受理破产申请公告之日起计算,最短不得少于 30 日,最长不得超过 3 个月。在人民法院确定的债权申报期限内,债权人未申报债权的,可以在破产财产最后分配前补充申报;但是,此前已进行的分配不再对其补充分配。补充申报债权的费用由补充申报人承担。债权人未依照规定申报债权的,不得依照规定的程序行使权利。

(2)申报债权的规则。第一,债权的确定。人民法院受理破产申请时,对债务人享有债权的债权人可以申报,未到期的债权,在破产申请受理时视为到期;附利息的债权自破产申请受理时起停止计息;附条件、附期限的债权和诉讼、仲裁未决的债权,债权人可以申报。第二,申报的形式。债权人应当书面说明债权的数额和有无财产担保,并提交有关证据。第三,不必申报的债权。债务人所欠职工的工资、医疗补助、伤残补助、抚恤费用,所欠的应当划入职工个人账户的基本养老保险、基本医疗保险费用,以及法律、行政法规规定应当支付给职工的补偿金,不必申报,由管理人调查后列出清单并予以公示。职工对清单记载有异议的,可以要求管理人更正;管理人不予更正的,职工可以向人民法院提起诉讼。

(3)连带关系中的债权申报人。第一,申报的债权是连带债权的应当说明,连带债权人可以由其中一人代表全体连带债权人申报债权,也可以共同申报债权。第二,连带债务人数人被裁定适用破产程序的,其债权人有权就全部债权分别在各破产案件中申报债权。

(4)债权人申报的债权范围。第一,债务人的保证人或其他连带债务人已经代替债务人清偿债务的,以其对债务人的求偿权申报债权;债务人的保证人或其他连带债务人尚未代替债务人清偿债务的,以其对债务人的将来求偿权申报债权,但是,债权人已经向管理人申报全部债权的除外。第二,管理人或债务人依照规定解除合同的,对方当事人以因合同解除所产生的损害赔偿请求权申报债权。第三,债务人是委托合同的委托人,被裁定适用破产程序,受托人不知该事实,继续处理委托事务的,受托人以由此产生的请求权申报债权。第四,债务人是票据的出票人,被裁定适用破产程序,该票据的付款人继续付款或者承兑的,付款人以由此产生的请求权申报债权。

(5)管理人编制债权表。管理人收到债权申报材料后,应当登记造册,对申报的债权进行审查,并编制债权表。债权表和债权申报材料由管理人保存,供利害关系人查阅。债权表应当提交第一次债权人会议核查。债务人和债权人对债权表记载的债权无异议的，由人民法院裁定确认；债务人和债权人对债权表记载的债权有异议的，可以向受理破产申请的人民法院提起诉讼。

二、破产程序中的管理人

（一）管理人的产生和地位

1. 管理人的产生

我国企业破产程序中的管理人由人民法院指定。人民法院裁定受理破产申请的，应当同时指定管理人。管理人应当勤勉尽责，忠实执行职务。

2. 管理人的地位

管理人依照《企业破产法》的规定执行职务，向人民法院报告工作，并接受债权人会议和债权人委员会的监督。管理人应当列席债权人会议，向债权人会议报告职务执行情况，并回答询问；债权人会议认为管理人不能依法、公正执行职务或者有其他不能胜任职务情形的，可以申请人民法院予以更换。

（二）管理人的担任和任职资格

1. 管理人的担任

管理人可以由有关部门、机构的人员组成的清算组，或依法设立的律师事务所、会计师事务所、破产清算事务所等社会中介机构担任；人民法院根据债务人的实际情况，可以在征询有关社会中介机构的意见后，指定该机构具备相关专业知识并取得执业资格的人员担任管理人。管理人没有正当理由不得辞去职务，管理人辞去职务应当经人民法院许可。

2. 管理人的任职资格

有下列情形之一的，不得担任管理人：因故意犯罪受过刑事处罚；曾被吊销相关专业执业证书；与本案有利害关系；人民法院认为不宜担任管理人的其他情形。个人担任管理人的，应当参加执业责任保险。

（三）管理人的职责

管理人履行下列职责：接管债务人的财产、印章、账簿和文书等资料；调查债务人的财产状况，制作财产状况报告；决定债务人的内部管理事务；决定债务人的日常开支和其他必要开支；在第一次债权人会议召开之前决定继续或停止债务人的营业；管理和处分债务人的财产；代表债务人参加诉讼、仲裁或其他法律程序；提议召开债权人会议；人民法院认为管理人应当履行的其他职责。《企业破产法》对管理人的职责另有规定的，适用其规定。

管理人实施下列行为，应当及时报告债权人委员会：涉及土地、房屋等不动产权益的转让；探矿权、采矿权、知识产权等财产权的转让；全部库存或营业的转让；借款；设定财产担保；债权和有价证券的转让；履行债务人和对方当事人均未履行完毕的合同；放弃权利；担保物的取回；对债权人利益有重大影响的其他财产处分行为。未设立债权人委员会的，管理人实施前款规定的行为应当及时报告人民法院。

三、破产程序中的债权人会议

（一）债权人会议的含义和性质

1. 债权人会议的含义

债权人会议是破产程序中的特殊组织，是债权人依照人民法院的通知或公告组成的行使债权和破产参与权的机构。破产申请受理后，所有债权人作为诉讼当事人，为维护自己的合法权益，享有相应的诉讼权利。但是，不可能让债权人单独地实施诉讼行为，因此，必须建立一个能够协调债权人意见、统一债权人行动的债权人会议。

2. 债权人会议的性质

（1）债权人会议是清理债权债务的决议机构。债权人会议在审查债权证明材料、确认债权性质和数额、讨论通过和解协议草案以及破产财产的处理、分配方案等方面有决议权；而管理人实施破产程序中的事务性工作，没有决议权。

（2）债权人会议是监督机构。债权人会议与债务人之间的和解协议经人民法院批准生效后，在整顿期间，债权人会议有对债务人执行和解协议情况的监督权。管理人的工作要接受债权人会议的监督。

（3）债权人会议是临时机构。债权人会议根据人民法院的通知或公告组成，随着破产程序的结束而终止，在债权人会议存续期间，只在需要讨论决定破产程序中的有关事项时才召集开会。

（二）债权人会议的职权

债权人会议的职权包括：（1）核查债权；（2）申请人民法院更换管理人，审查管理人的费用和报酬；（3）监督管理人；（4）选任和更换债权人委员会成员；（5）决定继续或者停止债务人的营业；（6）通过重整计划；（7）通过和解协议；（8）通过债务人财产的管理方案；（9）通过破产财产的变价方案；（10）通过破产财产的分配方案；（11）人民法院认为应当由债权人会议行使的其他职权。

上述第（8）、（9）项所列事项，经债权人会议表决未通过的，由人民法院裁定。债权人对人民法院作出的裁定不服的，可以自裁定宣布之日或收到通知之日起 15 日内向该人民法院申请复议；第（10）项所列事项，经债权人会议二次表决仍未通过的，由人民法院裁定。债权额占无财产担保债权总额 1/2 以上的债权人对人民法院作出的裁定不服的，可以自裁定宣布之日或收到通知之日起 15 日内向该人民法院申请复议。复议期间不停止裁定的执行。

（三）债权人会议的会议制度

1. 债权人会议的成员及其表决权

依法申报债权的债权人为债权人会议的成员，有权参加债权人会议，享有表决权；债权尚未确定的债权人，除人民法院能够为其行使表决权而临时确定债权额外，不得行使表决权。对债务人的特定财产享有担保权的债权人，未放弃优先受偿权的，对于《企业破产法》规定的有关事项不享有表决权。

2. 债权人会议的召集和通知

（1）债权人会议的召集（召开）。第一次债权人会议由人民法院召集，自债权申报期限届满之日起 15 日内召开；以后的债权人会议，在人民法院认为必要时，或管理人、债权人委员会、占债权总额 1/4 以上的债权人向债权人会议主席提议时召开。

(2)债权人会议召开通知。召开债权人会议,管理人应当提前 15 日通知已知的债权人。

3. 债权人会议的主持和出席

(1)债权人会议的主持。债权人会议设主席一人,由人民法院从有表决权的债权人中指定,债权人会议主席主持债权人会议。

(2)债权人会议的出席。债权人可以委托代理人出席债权人会议,行使表决权。代理人出席债权人会议,应当向人民法院或者债权人会议主席提交债权人的授权委托书。债权人会议应当有债务人的职工和工会代表参加,并对有关事项发表意见。债权人会议应当对所议事项的决议做成会议记录。

4. 债权人会议的决议

债权人会议的决议,除法律另有规定(如通过和解协议)外,由出席会议的有表决权的债权人过半数通过,并且其所代表的债权额占无财产担保债权总额的 1/2 以上。但是,债权人认为债权人会议的决议违反法律规定,损害其利益的,可以自债权人会议作出决议之日起 15 日内请求人民法院裁定撤销该决议,责令债权人会议依法重新作出决议。债权人会议的决议对于全体债权人均有约束力。

(四)债权人委员会

1. 债权人委员会的意义

债权人会议是会议性质的机构,其成员是依法申报债权的债权人,在闭会期间难以监督破产企业及管理人的活动。设立相对常设的债权人委员会,对保护债权人团体的利益是有积极意义的。但是,债权人委员会不是必须设立的,可以根据具体情况由债权人会议决定是否设立。

2. 债权人委员会的设立

债权人会议可以决定设立债权人委员会,债权人委员会由债权人会议选任的债权人代表和 1 名债务人的职工代表或工会代表组成。债权人委员会成员不得超过 9 人。债权人委员会成员应当经人民法院书面认可。

3. 债权人委员会的职权

债权人委员会行使下列职权:监督债务人财产的管理和处分;监督破产财产的分配;提议召开债权人会议;债权人会议委托的其他职权。债权人委员会执行职务时,有权要求管理人和债务人的有关人员对其职权范围内的事务作出说明或者提供有关文件;管理人和债务人的有关人员违反规定拒绝接受监督的,债权人委员会有权就监督事项请求人民法院作出决定,人民法院应当在 5 日内作出决定。

第三节　债务人财产、破产费用和共益债务

一、债务人财产

(一)债务人财产概述

1. 债务人财产的概念

债务人财产，是指人民法院受理破产申请后，债务人用于重整、和解和破产清算的财产。债务人被宣告破产后，债务人财产成为破产财产。

2. 债务人财产的范围

(1)破产申请受理时属于债务人的全部财产。

(2)破产申请受理后至破产程序终结前债务人取得的财产。

债务人财产对于维护债权人的合法权益，保证破产程序的正常进行具有重要意义，维护债务人财产就是保护债权人的合法权益。

(二)人民法院的撤销、宣告无效权和管理人的追讨、取回权

人民法院受理破产申请后，债务人财产不仅包括债务人实际拥有的合法财产，还应包括其他应当属于债务人的财产。人民法院受理破产申请后，通过人民法院的撤销、宣告无效和管理人的追讨、取回行为，可以最大限度地确定债务人财产。

1. 人民法院的撤销、宣告无效权

(1)人民法院对债务人违法财产行为的撤销。人民法院受理破产申请前 1 年内涉及债务人财产的下列行为，管理人有权请求人民法院予以撤销：第一，无偿转让财产；第二，以明显不合理的价格进行交易；第三，对没有财产担保的债务提供财产担保；第四，对未到期的债务提前清偿；第五，放弃债权。另外，人民法院受理破产申请前 6 个月内债务人已经有不能清偿到期债务并且资产不足以清偿全部债务或明显缺乏清偿能力的情形，仍对个别债权人进行清偿的，管理人有权请求人民法院予以撤销，但个别清偿使债务人财产受益的除外。

(2)人民法院对债务人违法财产行为的宣告无效。涉及债务人财产的下列行为，无论何时都是无效的：第一，为逃避债务而隐匿、转移财产的；第二，虚构债务或承认不真实的债务的。违反上述规定而取得的债务人的财产，管理人有权追回。

2. 管理人的追讨、取回权

(1)管理人向出资人追讨出资。人民法院受理破产申请后，债务人的出资人尚未完全履行出资义务的，管理人应当要求该出资人缴纳所认缴的出资，而不受出资期限的限制。

(2)管理人向董事、监事和高级管理人员追回财产。债务人的董事、监事和高级管理人员利用职权从企业获取的非正常收入和侵占的企业财产，管理人应当追回。

(3)管理人取回担保物。人民法院受理破产申请后，管理人可以通过清偿债务或提供为债权人接受的担保，取回质物、留置物。债务清偿或替代担保在质物或留置物的价值低于被担保的债权额时，以该质物或留置物当时的市场价值为限。

(三)权利人的取回权和债权人的抵销权

人民法院受理破产申请后，债务人占有的财产并不都属于债务人，债权人在破产申请受理前可能对债务人负有债务，权利人可以要求取回，债权人可以主张抵销。通过权利人的取回、债权人的抵销行为，真实地确定债务人财产。

1. 权利人的取回权

(1)人民法院受理破产申请后，债务人占有的不属于债务人的财产，该财产的权利人可以通过管理人取回，但法律另有规定的除外。

(2)人民法院受理破产申请时，出卖人已将买卖标的物向作为买受人的债务人发运，债务人尚未收到且未付清全部价款的，出卖人可以取回运输途中的标的物，但管理人可以支付全部

价款并请求出卖人交付标的物。

2. 债权人的抵销权

债权人在破产申请受理前对债务人负有债务的，可以向管理人主张抵销，但有下列情形之一的，不得抵销：债务人的债务人在破产申请受理后取得他人对债务人的债权的；债权人已知债务人有不能清偿到期债务或者破产申请的事实，对债务人负担债务的，但债权人因为法律规定或者有破产申请1年前所发生的原因而负担债务的除外；债务人的债务人已知债务人有不能清偿到期债务或破产申请的事实，对债务人取得债权的，但债务人的债务人因为法律规定或有破产申请1年前所发生的原因而取得债权的除外。

二、破产费用和共益债务

（一）破产费用和共益债务的含义

1. 破产费用的含义

破产费用，是指人民法院受理破产申请后发生的、与破产程序有关的管理费用。破产费用是处理破产案件过程中必须支出的费用，支出的目的在于保证破产程序的正常进行。

2. 共益债务的含义

共益债务，是指人民法院受理破产申请后，为了全体债权人的共同利益以及破产程序的顺利进行而负担的债务。

破产费用与共益债务都产生于破产程序开始之后，与破产债权不同。破产费用是管理费用，其发生有必然性；共益债务是债务，其发生有或然性。

（二）破产费用和共益债务的范围

1. 破产费用的范围

人民法院受理破产申请后发生的下列费用为破产费用：破产案件的诉讼费用；管理、变价和分配债务人财产的费用；管理人执行职务的费用、报酬和聘用工作人员的费用。

2. 共益债务的范围

人民法院受理破产申请后发生的下列债务为共益债务：因管理人或债务人请求对方当事人履行双方均未履行完毕的合同所产生的债务；债务人财产受无因管理所产生的债务；因债务人的不当得利所产生的债务；为债务人继续营业而应支付的劳动报酬和社会保险费用以及由此产生的其他债务；管理人或相关人员执行职务致人损害所产生的债务；债务人财产致人损害所产生的债务。

（三）破产费用和共益债务的清偿

1. 清偿的原则

（1）随时清偿。破产费用和共益债务由债务人财产随时清偿，无须等到破产清算。

（2）优先清偿。进入破产清算程序后，破产费用和共益债务在破产财产中优先清偿。

2. 清偿的顺序

债务人财产不足以清偿所有破产费用和共益债务的，先行清偿破产费用；债务人财产不足以清偿所有破产费用或共益债务的，按照比例清偿。债务人财产不足以清偿破产费用的，管理人应当提请人民法院终结破产程序，人民法院应当自收到请求之日起 15 日内裁定终结破产程序，并予以公告。

第四节　重整与和解

一、重整

（一）重整的概念和意义

1. 重整的概念

重整是在人民法院的主持下，债务人重新管理财产和营业事务，希望通过经营恢复清偿债务的能力、避免破产清算的活动。

2. 重整的意义

重整的对象是不能清偿到期债务并且资产不足以清偿全部债务或明显缺乏清偿能力的企业法人。所以，重整的意义在于通过经营，恢复这类企业法人清偿债务的能力，避免其破产清算，使该类企业法人的主体资格得以保留。

（二）重整期间

1. 重整期间的确定

（1）重整的申请。债务人和债权人可以依法直接向人民法院申请对债务人进行重整。债权人申请对债务人进行破产清算的，在人民法院受理破产申请后、宣告债务人破产前，债务人或出资额占债务人注册资本 1/10 以上的出资人，可以向人民法院申请重整。

（2）人民法院裁定债务人重整。人民法院经审查认为重整申请符合规定的，应当裁定债务人重整，并予以公告。

自人民法院裁定债务人重整之日起至重整程序终止，为重整期间。

2. 重整期间债务人的民事权利能力

（1）自行管理财产和营业事务。经债务人申请，人民法院批准，在管理人的监督下，债务人自行管理财产和营业事务。已接管债务人财产和营业事务的管理人应当向债务人移交财产和营业事务，管理人的职权由债务人行使。管理人负责管理财产和营业事务的，可以聘任债务人的经营管理人员负责营业事务。

（2）担保权暂停行使。对债务人的特定财产享有的担保权暂停行使，但是，担保物有损坏或价值明显减少的可能，足以危害担保权人权利的，担保权人可以向人民法院请求恢复行使担保权。

（3）设定担保。债务人或者管理人为继续营业而借款的，可以为该借款设定担保。

3. 重整期间债务人的权益保障

（1）债务人合法占有的他人财产，该财产的权利人要求取回的，应当符合事先约定的条件。

（2）债务人的出资人不得请求投资收益分配。

（3）债务人的董事、监事或高级管理人员不得向第三人转让其持有的债务人的股权，但经人民法院同意的除外。

4. 重整程序的终止

在重整期间，有下列情形之一的，经管理人或利害关系人请求，人民法院应当裁定终止重整程序，并宣告债务人破产：债务人的经营状况和财产状况继续恶化，缺乏挽救的可能性；债务人有欺诈、恶意减少债务人财产或者其他显著不利于债权人的行为；由于债务人的行为致使管理人无法执行职务。

（三）重整计划的表决通过、批准和法律效力

1. 提交重整计划草案的期限和重整计划草案的内容

（1）提交重整计划草案的期限。债务人自行管理财产和营业事务的，由债务人制作重整计划草案；管理人负责管理财产和营业事务的，由管理人制作重整计划草案。债务人或管理人应当自人民法院裁定债务人重整之日起 6 个月内同时向人民法院和债权人会议提交重整计划草案；规定的期限届满，经债务人或管理人请求，有正当理由的，人民法院可以裁定延期 3 个月。债务人或管理人未按期提出重整计划草案的，人民法院应当裁定终止重整程序并宣告债务人破产。

（2）重整计划草案的内容。重整计划草案应当包括下列内容：债务人的经营方案；债权分类；债权调整方案；债权受偿方案；重整计划的执行期限；重整计划执行的监督期限；有利于债务人重整的其他方案。

2. 重整计划草案的表决通过和批准

（1）人民法院召开债权人会议。人民法院应当自收到重整计划草案之日起 30 日内召开债权人会议，对重整计划草案进行表决。债务人或管理人应当向债权人会议就重整计划草案作出说明，并回答询问。

（2）债权分类和分组表决原则。不同的重整措施对不同性质债权人的影响不同，所以，根据不同的债权分类进行分组表决是必要的。债权人参加讨论重整计划草案的债权人会议，依照下列债权分类，分组对重整计划草案进行表决：对债务人的特定财产享有担保权的债权；债务人所欠职工的工资、医疗补助、伤残补助、抚恤费用，所欠的应当划入职工个人账户的基本养老保险、基本医疗保险费用，以及法律、行政法规规定应当支付给职工的补偿金（除此以外的社会保险费用，重整计划不得规定减免，该项费用的债权人不参加重整计划草案的表决）；债务人所欠税款；普通债权。人民法院在必要时可以决定在普通债权组中设小额债权组对重整计划草案进行表决。

（3）债权人表决通过。出席会议的同一表决组的债权人过半数同意重整计划草案，并且其所代表的债权额占该组债权总额的 2/3 以上的，即为该组通过重整计划草案；各表决组均通过重整计划草案时，重整计划即为通过。另外，债务人的出资人代表可以列席讨论重整计划草案的债权人会议。重整计划草案涉及出资人权益调整事项的，应当设出资人组对该事项进行表决。

（4）未通过表决组的协商再表决。部分表决组未通过重整计划草案的，债务人或管理人可以与未通过重整计划草案的表决组协商（双方协商的结果不得损害其他表决组的利益），该表决组可以在协商后再表决一次。

（5）债务人或管理人提出批准重整计划的申请。自重整计划通过之日起 10 日内债务人或管理人应当向人民法院提出批准重整计划的申请。

（6）人民法院批准重整计划。人民法院经审查认为符合规定的，应当自收到重整计划申请

之日起30日内裁定批准，终止重整程序，并予以公告。批准后重整计划的执行不属于重整程序。

(7)未通过的重整计划草案的批准。未通过重整计划草案的表决组拒绝再次表决或再次表决仍未通过重整计划草案，但重整计划草案符合下列条件的，债务人或管理人可以申请人民法院批准重整计划草案：第一，按照重整计划草案，债权分类第一项所列债权就该特定财产将获得全额清偿，其因延期清偿所受的损失将得到公平补偿，并且其担保权未受到实质性损害，或该表决组已经通过重整计划草案；第二，按照重整计划草案，债权分类第二、三项所列债权将获得全额清偿，或相应表决组已经通过重整计划草案；第三，按照重整计划草案，普通债权所获得的清偿比例不低于其在重整计划草案被提请批准时依照破产清算程序所能获得的清偿比例，或该表决组已经通过重整计划草案；第四，重整计划草案对出资人权益的调整公平、公正，或者出资人组已经通过重整计划草案；第五，重整计划草案公平对待同一表决组的成员，并且所规定的债权清偿顺序不违反规定；第六，债务人的经营方案具有可行性。人民法院应当自收到申请之日起30日内裁定批准，终止重整程序，并予以公告。

重整计划草案未获得通过且未依法获得批准，或已通过的重整计划未获得批准的，人民法院应当裁定终止重整程序，并宣告债务人破产。

3. 重整计划的法律效力

经人民法院裁定批准的重整计划，对债务人和全体债权人均有约束力。按照重整计划减免的债务，自重整计划执行完毕时起，债务人不再承担清偿责任。债权人未依照规定申报债权的，在重整计划执行期间不得行使权利；在重整计划执行完毕后，可以按照重整计划规定的同类债权的清偿条件行使权利。债权人对债务人的保证人和其他连带债务人所享有的权利，不受重整计划的影响。

(四)重整计划的执行、监督和终止

1. 重整计划的执行

重整的对象是被申请或申请重整的企业法人(债务人)，所以，重整计划由债务人负责执行。为了保证重整计划的执行，人民法院裁定批准重整计划后，已接管财产和营业事务的管理人应当向债务人移交财产和营业事务。

2. 重整计划的监督

自人民法院裁定批准重整计划之日起，在重整计划规定的监督期内，由管理人监督重整计划的执行。在监督期内，债务人应当向管理人报告重整计划的执行情况和债务人的财务状况。监督期届满时，管理人应当向人民法院提交监督报告。自监督报告提交之日起，管理人的监督职责终止；管理人向人民法院提交的监督报告，重整计划的利害关系人有权查阅。经管理人申请，人民法院可以裁定延长重整计划执行的监督期限。

3. 重整计划的终止

债务人不能执行或不执行重整计划的，人民法院经管理人或利害关系人请求，应当裁定终止重整计划的执行，并宣告债务人破产。人民法院裁定终止重整计划的执行的，债权人在重整计划中作出的债权调整的承诺失去效力。债权人因执行重整计划所受的清偿仍然有效，债权未受清偿的部分作为破产债权。债权人只有在其他同顺位债权人与自己所受的清偿达到同一比例时才能继续接受分配。人民法院裁定终止重整计划的执行，并宣告债务人破产的，为重整计划的执行提供的担保继续有效。

二、和解

(一)和解的概念及意义

1. 和解的概念

和解是在人民法院的主持下,债务人与债权人会议就债务人延期清偿到期债务、减少债务数额等问题所达成的协议。

2. 和解的意义

和解的当事人是债务人和债权人会议,它们之间就债务人延期清偿到期债务、减少债务数额等问题达成协议,对于债务人争取时间清偿债务、摆脱债务和避免破产清算及债权人最大限度地获得债务清偿是十分有利的。

(二)和解协议的达成

1. 债务人申请和解

和解是债务人的要求,所以应由债务人申请。债务人可以依法直接向人民法院申请和解,也可以在人民法院受理破产申请后、宣告债务人破产前,向人民法院申请和解。债务人申请和解,应当提出和解协议草案。

2. 人民法院裁定和解

人民法院经审查认为和解申请符合规定的,应当裁定和解,和解程序开始。人民法院裁定和解的,应予以公告,并召集债权人会议讨论和解协议草案。对债务人的特定财产享有担保权的权利人自人民法院裁定和解之日起可以行使权利。

3. 和解协议的生效

和解协议的生效必须经过以下程序:

(1)和解协议经债权人会议通过。债权人会议通过和解协议的决议,由出席会议的有表决权的债权人过半数同意,并且其所代表的债权额占无财产担保债权总额的2/3以上。

(2)人民法院裁定认可。债权人会议通过和解协议的,由人民法院裁定认可,终止和解程序,并予以公告。管理人应当向债务人移交财产和营业事务,并向人民法院提交执行职务的报告。

4. 终止和解程序、宣告债务人破产

和解协议草案经债权人会议表决未获得通过,或已经债权人会议通过的和解协议未获得人民法院认可的,人民法院应当裁定终止和解程序并宣告债务人破产。

(三)和解协议的效力和执行

1. 和解协议的效力

经人民法院裁定认可的和解协议对债务人和全体和解债权人(人民法院受理破产申请时,对债务人享有无财产担保债权的人)都有约束力。因债务人的欺诈或其他违法行为而成立的和解协议,人民法院应当裁定无效,并宣告债务人破产。和解债权人因执行该和解协议所受的清偿,在其他债权人所受清偿同等比例的范围内不予返还。和解债权人对债务人的保证人和其他连带债务人所享有的权利不受和解协议的影响。

和解债权人未依照规定申报债权的，在和解协议执行期间不得行使权利；在和解协议执行完毕后，可以按照和解协议规定的清偿条件行使权利。债务人应当按照和解协议规定的条件清偿债务。

2. 和解协议的终止执行

债务人不能执行或不执行和解协议的，人民法院经和解债权人请求，应当裁定终止和解协议的执行，并宣告债务人破产，为和解协议的执行提供的担保继续有效。

人民法院裁定终止和解协议的执行的，和解债权人在和解协议中作出的债权调整的承诺失去效力，和解债权人因执行和解协议所受的清偿仍然有效，和解债权未受清偿的部分作为破产债权。该债权人只有在其他债权人与自己所受的清偿达到同一比例时，才能继续接受分配。

3. 和解协议执行完毕后债务人的责任

按照和解协议减免的债务，自和解协议执行完毕时起，债务人不再承担清偿责任。

另外，人民法院受理破产申请后，债务人与全体债权人就债权债务的处理自行达成协议的，可以请求人民法院裁定认可，并终结破产程序。

第五节　破产宣告和破产清算

一、破产宣告

(一)破产宣告的概念和法律后果

1. 破产宣告的概念

破产宣告，是指受理破产案件的人民法院对具备破产原因的债务人的破产事实予以认定，并使债务人进入破产清算程序的司法活动。人民法院宣告破产采用裁定的形式。

2. 破产宣告的法律后果

(1)破产程序进入清算阶段。债务人被宣告破产后，破产程序进入清算阶段，债权人的债权在这个阶段可能得到实现，债务人的主体资格随着清算的结束而消灭。但是，破产宣告前，有下列情形之一的，人民法院应当裁定终结破产程序并予以公告：第三人为债务人提供足额担保或为债务人清偿全部到期债务的；债务人已清偿全部到期债务的。

(2)身份和关系的变化。债务人被宣告破产后，债务人就被称为破产人，债务人的财产被称为破产财产，人民法院受理破产申请时对债务人享有的债权被称为破产债权。

(二)破产宣告的情形及送达和告知

1. 破产宣告的情形

(1)企业法人不能清偿到期债务，并且资产不足以清偿全部债务；企业法人不能清偿到期债务，并且明显缺乏清偿能力的，人民法院宣告债务人破产。

(2)债务人不能执行或不执行重整计划的，人民法院经管理人或利害关系人请求，应当裁定终止重整计划的执行，并宣告债务人破产。

(3)和解协议草案经债权人会议表决未获得通过，或已经债权人会议通过的和解协议未获得人民法院认可的，人民法院应当裁定终止和解程序，并宣告债务人破产。

(4)因债务人的欺诈或其他违法行为而成立的和解协议,人民法院应当裁定无效,并宣告债务人破产。

(5)债务人不能执行或者不执行和解协议的,人民法院经和解债权人请求,应当裁定终止和解协议的执行,并宣告债务人破产。

2. 破产宣告的送达和告知

人民法院依法宣告债务人破产的,应当自裁定作出之日起5日内送达债务人和管理人,自裁定作出之日起10日内通知已知债权人,并予以公告。

二、破产清算

(一)破产清算的概念和范围

1. 破产清算的概念

破产清算,是指破产宣告后,以破产财产对破产人的普通债务按照规定的顺序进行清偿。在破产清算中,用于清偿的财产是破产人的破产财产,需要清偿的债务是所有没有担保的债权(普通债权)。

2. 破产清算的范围

破产清算的范围是普通债权。有担保的债权在破产清算前优先受偿;对破产人的特定财产享有担保权的权利人,对该特定财产享有优先受偿的权利。享有优先受偿权的债权人行使优先受偿权未能完全受偿的,其未受偿的债权作为普通债权;放弃优先受偿权的,其债权作为普通债权。

(二)破产财产的变价

1. 破产财产变价的含义

破产财产变价,是指对破产财产中的实物、财产权利进行变价出售,将破产财产变为货币,方便破产财产的分配。破产财产的分配应当以货币分配方式进行,但如果债权人会议另有决议的,也可以其他方式分配。

2. 破产财产变价的规则

(1)管理人拟订、执行破产财产变价方案。管理人应当及时拟订破产财产变价方案,提交债权人会议讨论。管理人应当按照债权人会议通过的或人民法院依法裁定的破产财产变价方案,适时变价出售破产财产。

(2)变价出售破产财产的方式。变价出售破产财产应当通过拍卖进行,但如果债权人会议另有决议的,可以其他方式进行。按照国家规定不能拍卖或限制转让的财产,应当按照国家规定的方式处理。破产企业可以全部或部分变价出售。企业变价出售时,可以将其中的无形资产和其他财产单独变价出售。

(三)破产财产的分配

1. 管理人拟订破产财产分配方案

管理人应当及时拟订破产财产分配方案,提交债权人会议讨论。破产财产分配方案应当载明下列事项:参加破产财产分配的债权人名称或者姓名、住所;参加破产财产分配的债权额;

可供分配的破产财产数额;破产财产分配的顺序、比例及数额;实施破产财产分配的方法。债权人会议通过破产财产分配方案后,由管理人将该方案提请人民法院裁定认可。

2. 破产财产的分配顺序和原则

(1)破产财产的分配顺序。破产财产在优先清偿破产费用和共益债务后,依照下列顺序清偿:第一,破产人所欠职工的工资(破产企业的董事、监事和高级管理人员的工资,按照该企业职工的平均工资计算)、医疗补助、伤残补助、抚恤费用,所欠的应当划入职工个人账户的基本养老保险、基本医疗保险费用,以及法律、行政法规规定应当支付给职工的补偿金;第二,破产人欠缴的除上述以外的社会保险费用和税款;第三,普通破产债权。

(2)破产财产的分配原则。破产财产不足以清偿同一顺序的清偿要求的,按照比例分配。

3. 管理人执行破产财产分配方案

破产财产分配方案经人民法院裁定认可后,由管理人执行。管理人在执行破产财产分配方案时,应遵守以下规定:

(1)管理人按照破产财产分配方案实施多次分配的,应当公告本次分配的财产额和债权额。管理人实施最后分配的,应当在公告中指明并载明规定的事项。

(2)对于附生效条件或者解除条件的债权,管理人应当将其分配额提存。管理人提存的分配额在最后分配公告日,生效条件未成就或解除条件成就的,应当分配给其他债权人;在最后分配公告日,生效条件成就或者解除条件未成就的,应当交付债权人。

(3)债权人未受领的破产财产分配额,管理人应当提存。债权人自最后分配公告之日起满2个月仍不领取的,视为放弃受领分配的权利,管理人或人民法院应当将提存的分配额分配给其他债权人。

(4)破产财产分配时,对于诉讼或仲裁未决的债权,管理人应当将其分配额提存;自破产程序终结之日起满2年仍不能受领分配的,人民法院应当将提存的分配额分配给其他债权人。

(四)破产程序终结

1. 破产程序终结的概念

破产程序终结,是指在破产程序进行过程中发生法律规定的应当终止破产程序的情形,由人民法院裁定终结破产程序。

2. 破产程序终结的原因

(1)债务人的财产不足以支付破产费用。

(2)全体债权人与债务人就债权债务处理达成协议。

(3)债权得到全部清偿。

(4)破产人无财产可供分配。

(5)破产财产分配完毕(管理人在分配完结后,应及时向人民法院提交破产财产分配报告)。

3. 破产程序终结的后果

(1)管理人办理注销登记手续。破产人无财产可供分配的,人民法院应当自收到管理人终结破产程序的请求之日起15日内作出是否终结破产程序的裁定。裁定终结的,应当予以公告。管理人应当自破产程序终结之日起10日内持人民法院终结破产程序的裁定向破产人的原登记机关办理注销登记。

(2)管理人终止职务。管理人于办理注销登记完毕的次日终止执行职务,但存在诉讼或仲裁未决情况的除外。

(3)追加分配。债务人财产不足以清偿破产费用以及破产人无财产可供分配的，自终结之日起2年内有下列情形之一的，债权人可以请求人民法院按照破产财产分配方案进行追加分配：发现有依法规定应当追回的财产的；发现破产人有应当供分配的其他财产的。如果财产数量不足以支付分配费用的，不再进行追加分配，由人民法院将其上缴国库。

(4)保证人和其他连带债务人的清偿责任。破产人的保证人和其他连带债务人在破产程序终结后，对债权人依照破产清算程序未受清偿的债权，依法继续承担清偿责任。

本章练习

一、名词解释

企业破产　管理人　债权人会议　重整　和解　债务人财产　破产费用　共益债务

二、单项选择题

1. 我国的企业破产制度主要是由________确立的。

A.《企业破产法》　B.《民事诉讼法》　C. 人民法院　D.《民法通则》

2. 我国的企业破产制度是一种________的法律制度，总体上是一种诉讼制度。

A. 规定程序内容　B. 以程序内容为主，兼有实体内容

C. 规定实体内容　D. 以实体内容为主，兼有程序内容

3. 债务人及其他人提出破产申请，人民法院应自收到破产申请之日起________内裁定是否受理。

A. 5日　B. 10日　C. 15日　D. 20日

4. 人民法院受理破产申请的，应当自________作出之日起5日内送达申请人。

A. 裁定　B. 判决　C. 决定　D. 审定

5. 人民法院应当自裁定受理破产申请之日起________内通知已知债权人并予以公告。

A. 15日　B. 25日　C. 30日　D. 45日

6. 人民法院受理破产申请后，债务人对个别债权人的债务清偿________。

A. 有效　B. 可以撤销　C. 视为无效　D. 无效

7. 人民法院受理破产申请后，债务人的债务人或者财产持有人应当向________清偿债务或者交付财产。

A. 管理人　B. 人民法院　C. 债权人委员会　D. 债权人会议

8. 债权申报期限自人民法院发布受理破产申请公告之日起计算，最短不得少于30日，最长不得超过3个月。________受理破产申请后，应当确定债权人申报债权的期限。

A. 管理人　B. 人民法院　C. 债权人会议　D. 债权人委员会

9. 债权人会议的决议，除法律另有规定外，由出席会议的有表决权的债权人过半数通过，并且其所代表的债权额占无财产担保债权总额的________以上。

A. 2/3　B. 3/4　C. 1/2　D. 3/5

10. 债权人委员会成员不得超过________人；债权人委员会成员应当经人民法院书面决定认可。

A. 9　B. 11　C. 13　D. 15

11. 人民法院受理破产申请后，债务人的出资人尚未完全履行出资义务的，________应当要求该出资人缴纳所认缴的出资，而不受出资期限的限制。

A. 人民法院　B. 管理人　C. 债权人会议　D. 债权人委员会

12. 人民法院在受理破产案件后、宣告债务人破产前，债务人或者出资额占债务人注册资本________的出资人向人民法院申请重整的，从破产清算程序向重整程序转换。

A. 1/2以上　B. 1/3以上　C. 1/5以上　D. 1/10以上

13. ________，债务人的出资人不得请求投资收益分配。

A. 在重整期间　B. 在企业法人存续期间

C. 在和解期间　D. 在清算期间

14. 债务人或者________可以依法直接向人民法院申请对债务人进行重整。

A. 债权人会议　B. 债权人　C. 管理人　D. 债权人委员会

15. 在重整期间，有法定情形之一的，经管理人或者________请求，人民法院应当裁定终止重整程序，并宣告债务人破产。

A. 债权人会议　B. 债务人　C. 利害关系人　D. 债权人委员会

16. 重整计划由________负责执行。

A. 债务人　B. 管理人　C. 债权人会议　D. 债权人委员会

17. ________可以向人民法院申请和解。

A. 债权人　B. 债务人

C. 管理人　D. 债务人的上级主管部门

18. 因债务人的欺诈或者其他违法行为而成立的和解协议，人民法院应当裁定无效，并宣告________。

A. 债务人进行重整　B. 债务人重新申请和解

C. 债务人破产　D. 破产程序终止

19. 破产财产不足以清偿同一顺序的清偿要求的，按照________分配。

A. 比例　B. 申报的先后顺序

C. 人民法院的裁定　D. 债权人之间的协商结果

20. ________拟订并执行破产财产分配方案。

A. 债权人会议　B. 管理人　C. 债务人　D. 人民法院

三、多项选择题

1. 企业破产与一般的企业债务清偿制度相比，具有以下特征________。

A. 破产是以债务人的主体资格消灭作为最终结局的债务清偿程序

B. 破产是一种以公平偿债为目的的债务清偿程序

C. 破产是一种由人民法院主持的债务清偿程序

D. 破产是以消灭债务人的主体资格为最终目的的债务清偿程序

2. 我国企业破产法的宗旨包括________。

A. 规范企业破产程序，公平清理债权债务

B. 保护债权人和债务人的合法权益

C. 维护社会主义市场经济秩序

D. 建立健全社会保障体制

3. 我国的《企业破产法》适用于企业法人的________。

A. 破产后债务清偿　B. 重整　C. 和解　D. 一般债务清偿

4. 自人民法院受理破产申请的裁定送达债务人之日起至破产程序终结之日，债务人的有关人员承担下列义务，________。

A. 妥善保管其占有和管理的财产、印章、账簿和文书等资料

B. 根据人民法院和管理人的要求工作，并如实回答询问

C. 列席债权人会议并如实回答债权人的询问

D. 未经人民法院许可，不得离开住所地；不得新任其他企业的董事、监事或高级管理人员

5. 债权申报的一般规则包括________。

A. 应当说明债权的数额和有无财产担保　B. 必须以书面形式提出

C. 应当提交有关证据　D. 申报的债权是连带债权的应当说明

6. 在债权申报中，________不必申报。

A. 债务人所欠职工的工资、医疗补助、伤残补助和抚恤费用

B. 债务人所欠的应当划入职工个人账户的基本养老保险和基本医疗保险费用

C. 债务人所欠的税款

D. 法律、行政法规规定应当支付给职工的补偿金

7. 下列人员中，可以担任管理人的有________。

A. 审判员　　B. 社会中介机构　　C. 专业人员　　D. 清算组

8. 管理人________，应当及时报告债权人委员会；未设立债权人委员会的，应当及时报告人民法院。

A. 实施涉及土地、房屋等不动产权益的转让

B. 聘用人员

C. 实施探矿权、采矿权、知识产权等财产权的转让

D. 履行债务人和对方当事人均未履行完毕的合同

9. 债权人会议中，债权人行使表决权的条件是________。

A. 债权已经确定

B. 债权没有担保，或者有担保但放弃优先受偿权

C. 债权没有附条件

D. 债权没有附期限

10. 债权人会议的职权有11项，其中包括________。

A. 通过重整计划　　B. 通过和解协议

C. 通过债务人财产的管理方案　　D. 通过破产财产的分配方案

11. 债权人会议应当有________参加，对有关事项发表意见。

A. 债务人上级主管部门的代表　　B. 当地人民政府的代表

C. 债务人的职工　　D. 债务人工会的代表

12. 债务人财产的范围包括________。

A. 破产申请受理时属于债务人的全部财产

B. 破产申请受理后至破产程序终结前债务人取得的财产

C. 债务人在破产程序终结后取得的财产

D. 债务人的其他财产

13. 人民法院受理破产申请前1年内，涉及债务人财产的下列行为中，管理人有权请求人民法院予以撤销的有________。

A. 无偿转让财产、放弃债权　　B. 以明显不合理的价格进行交易

C. 对没有财产担保的债务提供财产担保　　D. 对未到期的债务提前清偿

14. 人民法院受理破产申请后发生的________，为破产费用。

A. 破产案件的诉讼费用

B. 管理、变价和分配债务人财产的费用

C. 管理人执行职务的费用、报酬和聘用工作人员的费用

D. 债务人财产受无因管理所产生的债务

15. 经人民法院裁定批准的重整计划，对________和________均有约束力。

A. 债务人　　B. 管理人　　C. 全体债权人　　D. 清算人

16. 债务人或者管理人应当自人民法院裁定债务人重整之日起6个月内同时向________提交重整计划草案。

A. 人民法院　　B. 债权人会议　　C. 债权人委员会　　D. 债务人的出资人

17. ________，人民法院经管理人或者利害关系人请求，应当裁定终止重整计划的执行。

A. 管理人对重整计划有意见　　B. 债权人会议对重整计划有意见

C. 债务人不能执行重整计划　　D. 债务人不执行重整计划

18. 和解协议生效必须经过________程序。

A. 债权人会议通过　　B. 人民法院裁定认可

C. 管理人同意　　D. 债务人同意

19. 债务人被宣告破产后,________。

A. 债务人被称为破产人

B. 债务人财产被称为破产财产

C. 人民法院受理破产申请时对债务人享有的债权被称为破产债权

D. 对债权人有担保的债权失去优先清偿权

20. ________,在优先清偿破产费用和共益债务后,列入第一顺序清偿。

A. 破产人所欠的应当划入职工个人账户的基本养老保险费用

B. 破产人所欠的应当划入职工个人账户的基本医疗保险费用

C. 破产人所欠的职工失业保险费用

D. 法律、行政法规规定应当支付给职工的补偿金

四、判断题

1. 我国《企业破产法》适用于全民所有制企业和其他企业法人。(　　)

2.《企业破产法》保护债权人和债务人的合法权益。(　　)

3. 人民法院裁定企业破产的,破产企业只需清偿到期债务。(　　)

4. 债权人和债务人都可以申请破产。(　　)

5. 破产案件可以由债权人或者债务人所在地的人民法院管辖。(　　)

6. 破产程序从破产申请提出时开始。(　　)

7. 我国企业破产程序中的管理人由人民法院指定。(　　)

8. 债权人会议由无财产担保的破产债权人组成。(　　)

9. 债务人可以依法直接向人民法院申请和解,也可以在人民法院受理破产申请后、宣告债务人破产前,向人民法院申请和解。(　　)

10. 破产宣告是人民法院的审判活动,以判决方式作出。(　　)

11. 债权人提出破产申请的,人民法院应当自收到申请之日起5日内通知债务人;债务人对申请有异议的,应当自收到人民法院的通知之日起7日内向人民法院提出。人民法院应当自异议期满之日起10日内裁定是否受理。(　　)

12. 人民法院应当自裁定受理破产申请之日起15日内通知已知债权人,并予以公告。(　　)

13. 人民法院受理破产申请后,债务人对个别债权人的债务清偿无效。(　　)

14. 人民法院受理破产申请后,管理人对破产申请受理前成立而债务人和对方当事人均未履行完毕的合同有权决定解除或者继续履行,并通知对方当事人。(　　)

15. 依据申报的债权依法编制的债权表,应当提交人民法院核查。(　　)

16. 我国《企业破产法》规定,个人担任管理人的,可以根据本人意愿参加或执业责任保险。(　　)

17. 债权人会议设主席1人,由人民法院从所有申报债权的债权人中指定,债权人会议主席主持债权人会议。(　　)

18. 债务人的财产,在破产申请受理后、破产宣告前,称"债务人财产";在破产宣告后,称"破产财产"。(　　)

19. 为逃避债务而隐匿、转移财产以及虚构债务或者承认不真实的债务的,人民法院应当自行为发生之日起6个月内宣告无效。(　　)

20. 人民法院受理破产申请后,债务人的出资人尚未完全履行出资义务的,管理人应当要求该出资人缴纳所认缴的出资,而不受出资期限的限制。(　　)

21. 管理、变价和分配债务人财产的费用属于共益债务的范围。(　　)

22. 破产费用和共益债务由债务人财产在破产宣告后清偿;债务人财产不足以清偿所有破产费用和共益债务的,先行清偿共益债务。(　　)

23. 自人民法院裁定债务人重整之日起至重整程序终止,为重整期间。(　　)

24. 我国《企业破产法》规定,各类债权的债权人参加讨论重整计划草案的债权人会议,要依照债权分类,分组对重整计划草案进行表决。(　　)

25. 债权人会议通过和解协议的决议,由出席会议的有表决权的债权人过半数同意,并且其所代表的债权额占无财产担保债权总额的1/2以上。(　　)

26. 有下列情形之一的,人民法院应当裁定终结破产程序并予以公告:第三人为债务人提供足额担保或者为债务人清偿全部到期债务的;债务人已清偿全部到期债务的。(　　)

27. 对破产人的特定财产享有担保权的权利人,对该特定财产享有优先受偿的权利。债权人行使优先受偿权而未能完全受偿的,其未受偿的债权作为普通债权;放弃优先受偿权的,其债权作为普通债权。(　　)

28. 破产财产的分配应当以货币分配方式进行,没有例外。(　　)

29. 在破产财产的分配中,破产企业的董事、监事和高级管理人员的工资按照原来的实际工资水平计算。(　　)

30. 破产人的保证人和其他连带债务人,在破产程序终结后,对债权人依照破产清算程序未受清偿的债权,依法不再继续承担清偿责任。(　　)

五、简答题

1. 简述我国《企业破产法》的适用范围。
2. 简述企业破产的原因。
3. 简述破产申请受理的法律后果。
4. 简述债权人会议的职权。
5. 简述重整计划草案的制订。
6. 简述人民法院裁定债务人破产的情形。
7. 简述破产费用的范围。
8. 简述破产财产的分配顺序和分配原则。

六、综合分析题

国有企业甲因经营不善造成不能清偿到期债务,经上级主管部门同意,向人民法院申请破产,人民法院受理该案。4个月后,甲通过人民法院向债权人会议提出希望和解、整顿3年。

问:根据《企业破产法》规定的和解条件,甲是否可以提出和解?为什么?

甲被人民法院裁定宣告破产时,有国家授予其经营管理的财产1 500万元(其中,一台价值180万元的设备用于80万元债的抵押)、他人欠其债务500万元、企业自有资金200万元、商标权和专利权价值300万元。

问:甲的破产财产有多少?

甲被人民法院裁定宣告破产前,共欠债务1 200万元(其中,1 000万元为无担保债务),管理人在破产程序进行的过程中为解除合同支付赔偿金15万元。

问:甲的破产债权有多少?

第六章
合同法律制度

第一节　合同与合同法概述

一、合同概述

(一)合同的概念

1. 合同的定义

我国《合同法》规定,合同是指平等主体的自然人、法人、其他组织之间设立、变更、终止民事权利义务关系的协议。具体来说,合同的概念包括以下内容:

(1)合同是平等主体之间的协议。自然人、法人和其他组织可以成为合同的主体,在法律地位上是平等的。只有法律地位平等的自然人、法人和其他组织,才需要以合同的方式明确彼此之间的民事权利义务关系。

(2)合同是为了设立、变更、终止民事权利义务关系而订立的协议。合同主体订立合同的目的是设立、变更或者终止民事权利义务关系。设立民事权利义务关系,是指合同的主体通过订立合同,彼此之间形成特定的民事权利义务关系;变更民事权利义务关系,是指合同的主体改变已有的民事权利义务关系;终止民事权利义务关系,是指合同的主体消灭原有的民事权利义务关系。

2. 合同的特征

(1)合同是平等主体之间的法律关系。我国《合同法》规定的合同是平等主体之间的合同,当事人之间形成的是平等主体之间的法律关系。合同当事人之间平等地享有权利、承担义务。

(2)合同是设立、变更、终止民事权利义务关系的协议。我国《合同法》规定的合同是合同主体为了设立、变更、终止民事权利义务关系的协议。合同是协议,但不是所有的协议都是合同,如为了设立、变更、终止劳动权利义务关系而订立的协议就不是我国《合同法》规定的合同。

(二)合同的分类

1. 有名合同与无名合同

有名合同,是指法律、法规规定了具体名称和调整规范的合同。我国《合同法》规定的有名合同有买卖合同,供用电、水、气、热力合同,赠与合同,借款合同,租赁合同,融资租赁合同,承揽合同,建设工程合同,运输合同,技术合同,保管合同,仓储合同,委托合同,行纪合同和居间合同,共 15 种。

无名合同,是指法律、法规尚未规定其名称和相应的调整规范的合同。无名合同的订立和履行等应当遵守我国《合同法》的基本规定。

2. 诺成合同与实践合同

诺成合同,是指双方当事人意思表示一致即能成立的合同,如普通的货物买卖合同和委托合同等。

实践合同,是指除双方当事人意思表示一致以外,还须交付标的物才能成立的合同。例如,没有特殊约定的保管合同,自保管物交付时合同成立;再如,质押合同、定金合同等,一般也是实践合同。

3. 要式合同与不要式合同

要式合同,是指法律、法规要求或者当事人约定必须具备特定形式和手续才能成立的合同。例如,城市房地产买卖合同、抵押合同,需到县级以上地方人民政府规定的部门办理过户登记、抵押物登记后合同才告成立。

不要式合同,是指不以特定形式为成立要件的合同,如普通货物买卖合同等。

4. 双务合同与单务合同

双务合同,是指当事人双方都享有权利并承担义务的合同,如买卖合同和承揽合同等。

单务合同,是指当事人一方只享有权利、不承担义务,而另一方只承担义务、不享有权利的合同,如赠与合同。

5. 有偿合同与无偿合同

有偿合同,是指必须偿付代价才能享有权利的合同,如买卖合同和借款合同等。

无偿合同,是指不必偿付代价就能享有权利的合同,如赠与合同。

6. 主合同与从合同

不需要依赖其他合同而能独立存在的合同,是主合同,如承揽合同;需要依赖其他合同(主合同)才能成立的合同,是从合同,如担保合同。主合同和从合同是相对而言的,没有从合同的合同,也就无所谓主合同。

二、合同法概述

(一)我国的合同立法

1999 年 3 月 15 日,第九届全国人民代表大会第二次会议审议通过了《中华人民共和国合同法》(简称《合同法》),自 1999 年 10 月 1 日起施行,原来的《中华人民共和国经济合同法》《中华人民共和国涉外经济合同法》和《中华人民共和国技术合同法》同时废止。《合同法》成为我国合同法律制度方面的基本法律。

(二)《合同法》的调整范围

1. 调整平等主体之间的民事权利义务关系

政府的经济管理活动产生的社会关系属于行政关系，不是民事关系，所以不适用《合同法》；企业、单位内部的管理关系不是平等主体之间的关系，也不适用《合同法》。

2. 调整自然人、法人、其他组织之间的贸易合同关系

有关婚姻、收养、监护等身份关系的协议是规范人身关系为主的，由相关的法律调整，不适用《合同法》。

另外，其他法律对合同另有规定的，依照其规定，但仍适用《合同法》总则的规定，如我国《商标法》《专利法》《著作权法》《保险法》和《担保法》等法律对有关合同的特殊问题作了具体规定；《海商法》《铁路法》和《航空法》对海上运输、铁路运输和航空运输合同作了专门规定。对于无名合同，适用《合同法》总则的规定，并可参照《合同法》分则或者其他法律最相类似的规定。

(三)《合同法》的基本原则

《合同法》的基本原则，是指合同当事人在合同活动中应当遵守的基本准则，也是人民法院、仲裁机构在审理、仲裁合同纠纷时应当遵循的原则。

1. 平等、自愿原则

平等原则，是指合同当事人的法律地位平等，一方不得将自己的意志强加给另一方，当事人无论具有什么身份，在合同关系中相互之间的法律地位是平等的，都是独立、平等的合同主体。自愿原则，是指合同当事人通过协商，自愿决定和调整相互之间的权利义务关系，任何单位和个人不得非法干预。平等原则贯穿于合同的全过程，订立合同、履行合同或者承担合同责任时，双方当事人的法律地位是平等的；自愿原则也是贯穿于合同活动全过程的，包括订不订合同、与谁订合同都是自愿的，合同内容由当事人在不违法的情况下自愿约定。平等是自愿的前提，如果当事人的法律地位不平等，就谈不上协商一致和自愿了。

2. 公平、诚实信用原则

公平、诚实信用原则要求当事人在订立和履行合同，以及合同终止后的全过程中，都要心怀善意、诚实讲信用、相互协作，不得滥用权利。在订立合同时，应当遵循公平原则确定双方的权利和义务，不得欺诈，不得假借订立合同恶意进行磋商或者有其他违背诚实信用原则的行为；在履行合同义务时，当事人应当遵循诚实信用原则，根据合同的性质、目的和交易习惯，履行通知、协助、提供必要的条件、防止损失扩大和保密等义务；合同终止后，当事人也应当遵循诚实信用原则，根据交易习惯履行通知、协助和保密等义务(称为后契约义务)；根据公平原则确定违约责任。

3. 守法、不得损害社会公共利益原则

合同的订立和履行都必须在法律规定的范围内进行，并不得有损于社会公共利益。合同的订立和履行属于合同当事人之间的民事权利义务关系，主要涉及当事人的利益，所以，国家一般不干预，由当事人自主约定，采取自愿原则。但是，合同绝不仅仅只是当事人之间的关系，有时可能涉及社会公共利益和社会经济秩序。因此，自愿原则也不是绝对的，必须遵守法律、行政法规，不得损害社会公共利益。

4. 依法成立的合同对当事人具有法律约束力的原则

当事人依法订立合同之后，就应当按照合同的约定履行自己的义务，非依法律规定或者取

得对方同意，不得擅自变更或者解除，如果不履行合同义务或者履行合同义务不符合约定的，要承担违约责任。

第二节　合同的订立和效力

一、合同的订立

（一）合同订立的概念和形式

1. 合同订立的概念

合同订立，是指两个或者两个以上的当事人依法就合同的主要条款经过协商一致，达成协议的法律行为。订立合同，当事人必须具备与所订立合同相适应的民事权利能力和民事行为能力，当事人也可以依法委托代理人订立合同。

2. 合同订立的形式

订立合同的形式是合同双方当事人明确相互之间的权利义务的方式，是双方当事人意思表示一致的外在表现。合同的形式，是指合同当事人达成的协议的表现形式。我国《合同法》规定，当事人订立合同可以有以下三种形式：

（1）书面形式。这是指合同书、信件和数据电文（包括电报、电传、传真、电子数据交换和电子邮件）等可以有形地表现所载内容的合同形式。我国《合同法》规定，法律、行政法规规定采用书面形式的，应当采用书面形式；当事人约定采用书面形式的，应当采用书面形式。书面形式有利于保障交易安全、减少纠纷，发生纠纷时易于分清责任，在实践中被当事人所普遍采用。

（2）口头形式。这是指当事人各方就合同内容在口头上达成一致的合同形式。口头合同比较简便、迅速，缺点是发生纠纷时难以取证，不易分清责任，所以，对于不能即时清结的、较为重要的合同，不宜采用口头形式。

（3）其他形式。除了书面形式和口头形式外，合同还可以其他形式订立。不属于上述两种形式，但根据当事人的行为或者交易习惯能够推定合同成立的其他形式，也是法律上认可的合同形式。

（二）合同的主要条款

合同的内容，是指合同当事人约定享有的债权和承担的债务。合同内容通过合同条款来体现，由当事人约定，依合同种类的不同而有所不同。我国《合同法》规定，合同的主要条款一般包括以下几个方面：

1. 当事人的名称（姓名）和住所

当事人的名称（姓名）和住所是所有合同必须具备的条款。当事人是合同法律关系的主体，合同中如果不写明当事人，就无法确定权利的享受者和义务的承担者。订立合同不仅要把当事人都写到合同中去，而且要把各方当事人的名称或者姓名以及住所都记载准确、清楚。

2. 标的

标的，是指合同当事人双方权利和义务所共同指向的对象。标的是合同成立的必要条件，是一切合同的必备条款。没有标的，合同关系就无法建立。合同标的可以是有形财产、无形财产、劳务和工作成果。

3. 数量

数量，是指标的的数量，是以计量单位和数字来衡量的标的的尺度。在大多数合同中，数量是必备条款。对于有形财产，数量是对单位个数、体积、面积、长度、容积和重量等的计量；对于无形财产，数量是个数、件数、字数以及使用范围等多种量度方法；对于劳务，数量为劳动量；对于工作成果，数量是工作量及成果数量。合同的数量要准确，应选择使用双方当事人共同接受的计量单位、计量方法和计量工具。根据不同情况要求不同的精确度、允许的尾差、磅差、超欠幅度和自然耗损率等。

4. 质量

质量，是指标的的具体特征，是标的的内在素质和外观形态的综合，如商品的品种、型号、规格、等级和工程项目的标准等。合同中必须对质量明确加以规定，国家有强制性标准的，必须按照规定的标准执行。当事人可以约定质量检验的方法、质量责任的期限和条件、对质量提出异议的条件与期限等。

5. 价款或者报酬

价款或者报酬，是指一方当事人向对方当事人所付代价的货币表现。价款一般是指对提供财产的当事人支付的货币，如买卖合同的货款；报酬一般是指对提供劳务或者工作成果的当事人支付的货币，如保管合同中的保管费。在合同中应当明确规定价款或者报酬的数额、计算标准、结算方式和程序。

6. 履行期限、地点和方式

履行期限，是指合同中规定的一方当事人向对方当事人履行义务的时间界限，它是衡量合同能否按时履行的标准。履行地点关系到履行合同的费用和风险由谁承担，有时还是确定所有权是否转移、何时转移的依据，也是发生纠纷后确定由哪一地法院管辖的依据。履行方式，是指合同当事人履行合同义务的具体做法。不同种类的合同有着不同的履行方式，有的需要以转移一定财产的方式履行，如买卖合同；有的需要以提供某种劳务的方式履行，如运输合同；有的需要以交付一定工作成果的方式履行，如承揽合同等。履行方式还包括价款或者报酬的支付方式和结算方式等。

7. 违约责任

违约责任，是指合同当事人一方或者双方不履行合同义务或者履行合同义务不符合约定时，按照法律或者合同的规定应当承担的法律责任。

8. 解决争议的方法

解决争议的方法，是指合同当事人对合同的履行发生争议时解决的途径和方式。解决争议的方法主要有当事人协商、第三人调解、仲裁和诉讼。解决争议的方法的选择对于纠纷发生后，当事人利益的保护是非常重要的，如果意图通过诉讼解决争议，可以不进行约定；如果选择适用仲裁解决，则要经过事先或者事后约定，还要明确选择的是哪一家仲裁机构。

(三)合同订立的方式

我国《合同法》规定，当事人订立合同应采取要约和承诺的方式。

1. 要约

(1)要约的含义。要约，是指希望与他人订立合同的意思表示。发出要约的当事人称为要约人，要约所指向的对方当事人称为受要约人。要约的特征是：第一，由特定的要约人向特定的受要约人发出，但在一些场合，要约人也可以向不特定人发出要约。第二，内容应当具体、确定。要约的内容应当包括足以决定合同内容的主要条款，对方一经接受，合同就告成立。第三，表明经受要约人承诺，要约人受该意思表示的约束。要约是一种法律行为，要约人受到要约的约束，当要约已送达受要约人后，在要约的有效期限内，如果受要约人表示接受，合同即告成立。没有要约，合同无从订立。在合同订立前，可以有要约邀请。要约邀请，是指希望他人向自己发出要约的意思表示，它与要约有以下区别：要约以订立合同为目的，要约邀请的目的是让他人向自己发出要约；要约内容要明确、具体，要约邀请的内容则不受此约束。寄送的价目表、拍卖公告、招标公告和招股说明书等是要约邀请；商业广告视其内容确定是要约还是要约邀请，若内容符合要约规定的条件的，视为要约，否则就是要约邀请。

(2)要约的生效。要约在到达受要约人时生效。采用数据电文形式订立合同，收件人指定特定系统接收数据电文的，该数据电文进入特定系统的时间为到达时间；未指定特定系统的，该数据电文进入收件人的任何系统的首次时间视为到达时间。要约到达受要约人并不是指要约实际送达受要约人或者其代理人手中，只要送达受要约人通常的地址、住所或者能够控制的地方(如信箱等)，即为送达。

(3)要约的撤回和撤销。第一，要约的撤回。要约的撤回，是指要约人在要约发出后、到达生效前，使要约不发生法律效力的意思表示。要约在没有发生法律效力时可以撤回，撤回要约不会对受要约人产生任何影响，也不会对交易秩序产生不良影响。撤回要约的通知应当在要约到达受要约人之前或者与要约同时到达受要约人。第二，要约的撤销。要约的撤销，是指要约人在要约到达生效后，使要约丧失法律效力的意思表示。要约撤销可能会给受要约人带来不利的影响，损害受要约人的利益，法律规定了两种不得撤销要约的情形：一是要约人确定了承诺期限或者以其他形式明示要约不可撤销；二是受要约人有理由认为要约是不可撤销的，并已经为履行合同做了准备工作。除此之外，在受要约人作出承诺之前，要约人可以撤销要约，撤销要约的通知应当在受要约人发出承诺通知之前到达受要约人。

(4)要约的失效。要约失效，是指要约丧失法律效力，要约人可以不受其要约的约束，受要约人也终止了承诺的权利。要约在下列情况下失效：第一，拒绝要约的通知到达要约人；第二，要约人依法撤销要约；第三，承诺期限届满，受要约人未作出承诺；第四，受要约人对要约的内容作出实质性变更。

2. 承诺

(1)承诺的含义。承诺，是指受要约人同意要约的意思表示。承诺的特征是：第一，由受要约人向要约人作出。他人向要约人作出的表示接受要约内容的意思表示是他人作为要约人发出的要约而不是承诺。第二，承诺的内容应当与要约的内容一致。受要约人对要约的内容作出实质性变更后的答复是新要约，有关合同标的、数量、质量、价款或者报酬、履行期限、履行地点和方式、违约责任和解决争议方法等的变更，是对要约内容的实质性变更。承诺对要约的内容作出非实质性变更后的答复，除要约人及时表示反对或者要约表明承诺不得对要约的内容作出任何变更的以外，该承诺有效，合同的内容以承诺的内容为准。第三，必须在规定的期限内作出。受要约人超过规定期限发出承诺的，除要约人及时通知受要约人该承诺有效外，为新要约，但受要约人在承诺期限内发出承诺，按照通常情形能够及时到达要约人，但因其他原因承诺到达要约人时超过承诺期限的，除要约人及时通知受要约人因承诺超过期限不接受该承诺外，该承诺有效。

(2)承诺的方式和生效。承诺的方式，是指受要约人将其承诺的意思表示传达给要约人所采用的方式。我国《合同法》规定，承诺应当以通知的方式作出，但根据交易习惯或者要约表明可以通过行为作出承诺的除外。承诺通知到达要约人时生效；承诺不需要通知的，根据交易习惯或者要约的要求作出承诺的行为时生效。采用数据电文方式订立合同的，承诺到达时间的确定与前述要约到达时间的确定相同。

(3)承诺的期限。承诺应当在要约规定的期限内到达要约人。要约没有确定承诺期限的，承诺应当依照下列规定到达：第一，要约以对话方式作出的，应当即时作出承诺，但当事人另有约定的除外；第二，要约以非对话方式作出的，承诺应当在合理期限内到达。要约以信件或者电报形式作出的，承诺期限自信件载明的日期或者电报交发之日开始计算；信件未载明日期的，自投寄该信件的邮戳日期开始计算。要约以电话、传真等快速通信方式作出的，承诺期限自要约到达受要约人时开始计算。

(4)承诺的撤回。承诺可以撤回，撤回承诺的通知应当在承诺通知到达要约人之前或者与承诺通知同时到达要约人。撤回承诺的通知生效的，合同不能成立。

(四)合同成立的时间和地点

1. 合同成立的时间

我国《合同法》规定，承诺生效时合同成立，但当事人采用合同书形式订立合同的，自双方当事人签字或者盖章时合同成立。合同成立的时间，具体有下列几种情况：

(1)当事人采用信件、数据电文等形式订立合同的，可以在合同成立之前要求签订确认书，签订确认书时合同成立。

(2)法律、行政法规规定或者当事人约定采用书面形式订立合同的，当事人未采用书面形式但一方已经履行主要义务，对方接受的，该合同成立。

(3)采用合同书形式订立合同，在签字或者盖章之前，当事人一方已经履行主要义务，对方接受的，该合同成立。

2. 合同成立的地点

我国《合同法》规定，承诺生效的地点为合同成立的地点，具体情况如下：

(1)采用数据电文形式订立合同的，收件人的主营业地为合同成立的地点；没有主营业地的，其经常居住地为合同成立的地点；当事人另有约定的，按照其约定。

(2)采用合同书形式订立合同的，双方当事人签字或者盖章的地点为合同成立的地点。

(五)缔约过错责任

1. 缔约过错责任的含义

缔约过错责任，是指当事人在订立合同的过程中，因违背诚实信用原则而给对方造成损失时，应该承担的法律责任。当事人根据自愿和诚实信用原则进行协商，决定是否订立合同，协商不成无须承担责任。但是，如果当事人违背了诚实信用原则，给对方造成损失，就应当承担损害赔偿责任。缔约过错责任发生于合同不成立或者合同无效的缔约过程，有以下三个条件：(1)当事人有过错；(2)有损害后果的发生；(3)当事人的过错行为与造成的损失有因果关系。

2. 承担缔约过错责任的情形

我国《合同法》规定，承担缔约过错责任的情形有：(1)假借订立合同，恶意进行磋商；(2)故意隐瞒与订立合同有关的重要事实或者提供虚假情况；(3)有其他违背诚实信用原则的行为。

我国《合同法》对当事人的保密义务作出了规定，当事人在订立合同的过程中知悉的商业秘密，无论合同是否成立，均不得泄露或者不正当地使用；泄露或者不正当地使用该商业秘密给对方造成损害的，应当承担损害赔偿责任。

二、合同的效力

（一）合同效力的含义与合同生效

1. 合同效力的含义

合同效力，是指合同所具有的法律效力。有效合同对当事人具有法律约束力，国家法律予以保护；无效合同不具有法律约束力。我国《合同法》对合同效力规定了以下四种情况，即有效合同、无效合同、可撤销合同和效力待定合同。合同效力的具体含义包括以下几个方面：

(1)合同效力涉及合同有无法律约束力，是否需要履行的问题。有效合同是具有法律约束力的，当事人必须依约履行，否则应当承担违约责任。无效合同不具有法律约束力，当事人不能履行，履行了也不受法律保护。

(2)合同效力与合同订立有一定关系，但不是同一个问题。合同效力是对所订立合同的法律约束力的判断，没有合同的订立，就没有合同效力的问题。但是，并非订立的合同都是有效合同，只有依法订立的合同才是具有法律约束力的合同。所以，合同订立是当事人的行为，而合同效力则是合同法对当事人订立的合同是否有效的判断。

2. 合同的有效条件

一般来说，有效的合同应该具备以下三个条件：(1)合同当事人具有相应的民事权利能力和民事行为能力，即合同的主体合法；(2)当事人的意思表示真实；(3)合同内容不违反法律或者社会公共利益。

合同的有效条件缺一不可，缺少了其中一个或者几个条件，就可能导致合同无效或者被撤销，但法律允许在一定情况下采取补救措施，使之成为有效合同。

3. 合同生效

我国《合同法》规定，依法成立的合同，自合同成立时生效；法律、行政法规定应当办理批准、登记等手续生效的，依照其规定。另外，我国《合同法》规定，当事人对合同的效力可以约定附条件或附期限。

(1)合同附条件。附生效条件的合同，自条件成就时生效；附解除条件的合同，自条件成就时失效。当事人为自己的利益不正当地阻止条件成就的，视为条件已成就；不正当地促成条件成就的，视为条件不成就。

(2)合同附期限。附生效期限的合同，自期限届至时生效；附终止期限的合同，自期限届满时失效。

（二）无效合同

1. 无效合同的含义

无效合同，是指因违反法律、法规的要求，国家不予承认和保护的，不具有法律约束力的合同。无效合同根据其无效的程度和范围，可分为部分无效合同和全部无效合同两种。

(1)部分无效合同，是指合同的某些条款虽然违反法律规定，但并不影响其他条款的法律效力的合同。合同部分无效不影响其他部分效力的，其他部分仍然有效。

(2)全部无效合同，是指合同的全部条款都没有法律约束力的合同。全部无效合同不能履行，当事人履行了也不受法律保护。

我国《合同法》规定，无效合同自始没有法律约束力。

2. 无效合同的种类

我国《合同法》规定，下列合同无效：(1)一方以欺诈、胁迫的手段订立合同，损害国家利益；(2)恶意串通，损害国家、集体或者第三人利益；(3)以合法形式掩盖非法目的；(4)损害社会公共利益；(5)违反法律、行政法规的强制性规定。

3. 无效合同的法律后果

我国《合同法》规定，合同无效的，因该合同取得的财产应当返还，不能返还或者没有必要返还的，应当折价补偿；有过错的一方应当赔偿对方因此所受到的损失，双方都有过错的，应当各自承担相应的责任；当事人恶意串通，损害国家、集体或者第三人利益的，因此取得的财产收归国家所有或者返还集体、第三人。

另外，我国《合同法》规定，合同中针对下列情况的免责条款无效：造成对方人身伤害的；因故意或者重大过失造成对方财产损失的。

(三)可撤销合同

1. 可撤销(变更)合同的含义

可撤销(变更)合同，是指因合同当事人订立合同时的意思表示不真实，通过有请求权的当事人行使撤销、变更请求权，可使已经生效的合同归于无效或者变更的合同。可撤销合同与无效合同有以下不同：

(1)可撤销合同是相对无效的合同，而无效合同是绝对无效的合同。可撤销合同可以由有撤销权的当事人申请撤销，合同被撤销的，该合同归于无效；有撤销权的当事人不申请撤销的，合同为有效合同。无效合同则不需要当事人的申请，是当然无效的合同。

(2)可撤销合同是订立时意思表示不真实或者有瑕疵的合同，而无效合同是对社会有危害的合同。可撤销合同可能造成的损害一般限于合同当事人，所以当事人有权选择是否撤销合同。无效合同造成的后果危及国家、社会和他人，所以由法律确认其无效，不由当事人选择。

2. 可撤销(变更)合同的种类

我国《合同法》规定，下列合同可以申请撤销或者变更：(1)因重大误解订立的合同；(2)显失公平的合同；(3)一方以欺诈、胁迫的手段或者乘人之危，使对方在违背真实意思的情况下订立的合同。

我国《合同法》规定，当事人请求变更上述合同的，人民法院或者仲裁机构不得撤销合同。所以，上述三种合同也称可变更合同，有撤销权的当事人同时有变更权，是申请撤销合同还是变更合同，由当事人决定。

3. 请求权的享有和限制

(1)请求权的享有。对于因重大误解订立的合同、显失公平的合同，任何一方当事人均有权请求变更或者撤销合同，一般是由误解方或者受害方行使请求权；对于一方以欺诈、胁迫手段或者乘人之危使对方在违背真实意思的情况下订立的合同，则只有受害方当事人行使请求权。

(2)请求权的限制。请求权的行使是有时效和限制的，有下列情形之一的，请求权消灭：第一，超过时效，具有撤销权的当事人自知道或者应当知道撤销事由之日起1年内没有行使撤销权的;第二,表示放弃,具有撤销权的当事人知道撤销事由后明确表示或者以自己的行为放弃撤销权的。

4. 被撤销合同的法律后果

被撤销的合同与无效合同一样,自始没有法律约束力。因该合同取得的财产应当返还,不能返还或者没有必要返还的,应当折价补偿;有过错的一方应当赔偿对方因此所受到的损失,双方都有过错的应当各自承担相应的责任。

(四)效力待定合同

1. 效力待定合同的含义

对于某些方面不符合合同有效的条件,但并不属于前面所讲的无效合同或者可撤销合同,法律允许根据情况予以补救的合同,为效力待定合同。

2. 效力待定合同的种类

我国《合同法》规定,下列合同是效力待定合同,允许采取补救措施,使之成为有效合同:

(1)限制民事行为能力的人订立的合同。限制民事行为能力的人订立的合同经法定代理人追认的,该合同有效;但如果是限制民事行为能力的人纯获利益的合同或者与其年龄、智力、精神健康状况相适应而订立的合同,不必经法定代理人追认,合同当然有效。合同的相对人可以催告法定代理人在1个月内予以追认,法定代理人未作表示的,视为拒绝追认。合同被追认之前,善意相对人有撤销的权利,撤销应当以通知的方式作出。所谓善意,是指合同的相对人在签订合同时并不知道也不可能知道对方当事人是限制民事行为能力人。

(2)行为人没有代理权、超越代理权或者代理权终止后以被代理人名义订立的合同。行为人没有代理权、超越代理权或者代理权终止后以被代理人名义订立的合同,被代理人追认的,对被代理人发生效力,由被代理人承担责任;未被追认的,由行为人自己承担责任。合同的相对人可以催告被代理人在1个月内予以追认,被代理人未作表示的,视为拒绝追认;合同被追认之前,善意相对人有撤销的权利,撤销应当以通知的方式作出。行为人没有代理权、超越代理权或者代理权终止后以被代理人名义订立合同,相对人有理由相信行为人有代理权的,该代理行为有效。

(3)无处分权的人处分他人财产的合同。无处分权的人经权利人追认或者无处分权的人订立合同后取得处分权的,为有效合同。

第三节　合同的履行和担保

一、合同的履行

(一)合同履行的含义和原则

1. 合同履行的含义

合同履行,是指合同生效后,双方当事人按照合同约定的各项条款完成各自承担的义务、实现各自享受的权利,使双方当事人的合同目的得以实现的行为。合同的履行是合同法律约束力的主要体现,合同当事人应当按照约定全面履行自己的义务,当事人不得因姓名(名称)的变更或者法定代表人、负责人、承办人的变动而不履行合同义务。

2. 合同履行的原则

合同履行的原则，是指当事人履行合同必须遵守的准则。违反合同履行的原则，当事人应当承担违约责任。合同履行的原则包括以下几个方面：

(1)全面履行原则。全面履行原则要求当事人应当按照合同约定的各项条款，全面履行自己在合同中的义务；不履行或者不完全按照合同的约定履行合同义务是违反全面履行原则的。

(2)诚信履行原则。诚信履行原则要求当事人应当以诚实、守信的态度履行自己的合同义务；故意利用对方的差错、疏忽，故意隐瞒自己的瑕疵是违反诚信履行原则的。

(二)合同履行的规则

合同履行的规则，是指我国《合同法》规定的，当合同约定不明确时，当事人履行合同的方法。它与合同履行原则不同，是专门针对合同条款约定不明确而提出的法定的履行方法，防止因合同条款不明确而导致合同不能履行或者当事人对履行要求产生歧义而妨碍合同的履行。当事人在按照合同履行规则履行合同时，也应遵守合同履行的原则。

1. 当事人就有关合同内容约定不明确时的确定规则

合同生效后，当事人就质量、价款或者报酬、履行地点等内容没有约定或者约定不明确的，可以补充协议；不能达成补充协议的，按照合同有关条款或者交易习惯确定；仍不能确定的，按下列规则确定：

(1)质量要求不明确的，按照国家标准、行业标准履行；没有国家标准、行业标准的，按照通常标准或者符合合同目的的特定标准履行。

(2)价款或者报酬不明确的，按照订立合同时履行地的市场价格履行；依法应当执行政府定价或者政府指导价的，按照规定履行。

(3)履行地点不明确，给付货币的，在接受货币一方所在地履行；交付不动产的，在不动产所在地履行；其他标的，在履行义务一方所在地履行。

(4)履行期限不明确的，债务人可以随时履行，债权人也可以随时要求履行，但应当给对方必要的准备时间。

(5)履行方式不明确的，按照有利于实现合同目的的方式履行。

(6)履行费用的负担不明确的，由履行义务一方负担。

2. 执行政府定价或者政府指导价的合同的价格履行规则

执行政府定价或者政府指导价的，在合同约定的交付期限内政府价格调整时，按照交付时的价格计价。逾期交付标的物的，遇价格上涨时，按照原价格执行；价格下降时，按照新价格执行。逾期提取标的物或者逾期付款的，遇价格上涨时，按照新价格执行；价格下降时，按照原价格执行。

(三)双务合同履行的抗辩权

抗辩权，是指在双务合同中，一方当事人有依法对抗对方要求或者否认对方权利主张的权利。我国《合同法》规定了同时履行抗辩权、后履行抗辩权和不安抗辩权，目的是保护双方当事人的权利。

1. 同时履行抗辩权

同时履行抗辩权，是指当事人互相负有债务，合同没有约定先后履行顺序的，应当同时履行;一方在对方履行之前或在对方履行债务不符合约定时,有权拒绝其相应的履行要求。当事人行使同时履行抗辩权的,需具备以下条件:

(1)基于同一个双务合同。双方当事人因同一合同互相负有债务,在履行上存在关联性,形成对价关系,这是同时履行抗辩权成立的前提条件,而单务合同因只有一方当事人有履行义务,无法发生抗辩。

(2)根据合同约定或者合同性质要求当事人同时履行合同义务。同时履行,是指合同订立后,在合同期限内,双方当事人不分先后地履行各自的义务。

(3)双方债务已届清偿期。当事人行使抗辩权必须双方债务都已到清偿期,否则不能抗辩。

(4)一方当事人有证据证明应同时履行义务的对方当事人未履行或者未适当履行合同。

同时履行抗辩权是暂时阻止对方当事人请求权的行使,并非永久的抗辩权,当对方当事人履行了合同义务,同时履行抗辩权即消灭,主张抗辩权的当事人就应当履行自己的义务。

2. 后履行抗辩权

后履行抗辩权,是指合同当事人互相负有债务,合同约定有先后履行顺序的,先履行一方未履行或履行债务不符合约定的,后履行一方有权拒绝其相应的履行要求。当事人行使后履行抗辩权的,必须具备以下条件:

(1)基于同一双务合同。

(2)合同需由一方当事人先履行,而应当先履行的当事人不履行合同或者不适当履行合同。

(3)后履行抗辩权的行使人是履行义务顺序在后的一方当事人。

3. 不安抗辩权

不安抗辩权又称先履行抗辩权,是指双务合同成立后,应当先履行债务的当事人有确切证据证明对方不能履行债务或者有不能履行债务的可能时,在对方没有履行或者没有提供担保之前,有权中止履行合同义务。当事人行使不安抗辩权,应具备以下条件:

(1)基于同一双务合同。

(2)该合同约定由一方当事人先履行。

(3)后履行债务的当事人已丧失或者可能丧失履行债务的能力。

(4)不安抗辩权的行使人是履行债务顺序在前的一方当事人。

对不安抗辩权要严格限制,不能滥用。我国《合同法》规定,应当先履行债务的当事人有确切证据证明对方有下列情形之一的,可以中止履行:第一,经营状况严重恶化;第二,转移财产、抽逃资金,以逃避债务;第三,丧失商业信誉;第四,有丧失或者可能丧失履行债务能力的其他情形。当事人一方丧失或者可能丧失履行债务的能力,也就是根本违约,另一方当事人才能行使不安抗辩权。我国《合同法》规定,行使不安抗辩权的当事人有两项义务:第一,举证。先履行债务的当事人只有在有确切证据证明对方丧失或者可能丧失履约能力时,才可中止履行合同,没有确切证据而中止履行的,应当承担违约责任。第二,通知。不安抗辩权的行使无须征得对方同意,但要及时通知对方。另外,中止履行合同是指暂停履行或者延期履行合同,而不是终止合同。对方提供适当担保或者在合同期限内恢复履行能力时,应当恢复合同的履行,不安抗辩权即归于消灭。只有当对方在合理期限内未恢复履行能力并且未提供适当担保的,中止履行的一方才可以解除合同。

(四)合同履行的保全措施

为防止因债务人的财产不当减少而给债权人的债权带来损害，法律允许债权人为保全其债权的实现而采取法律措施，称为合同的保全措施。我国《合同法》规定，合同履行的保全措施有代位权和撤销权。

1. 代位权

代位权，是指因债务人怠于行使其到期债权，对债权人造成损害，债权人可以向人民法院请求以自己的名义代位行使债务人的债权。代位权的行使应具备以下条件：(1)债务人与债权人的合同关系已到期，债务人已经迟延履行；(2)债务人对第三人享有到期债权，并且是非专属于债务人自身的权利；(3)债务人怠于行使其债权，并且损害到对债权人履行债务。

代位权的行使范围以债权人的债权为限，债权人行使代位权的必要费用由债务人负担。

2. 撤销权

撤销权，是指因债务人有损害债权人利益的行为，债权人有权请求人民法院撤销债务人的行为。撤销权的发生是因为债务人有损害债权人利益的下列行为：(1)放弃其到期债权；(2)无偿转让财产；(3)以明显不合理的低价转让财产，对债权人造成损害并且受让人知道该情形。

撤销权的行使是有时效限制的，撤销权自债权人知道或者应当知道撤销事由之日起 1 年内行使。自债务人的行为发生之日起 5 年内没有行使撤销权的，该撤销权消灭。

二、合同的担保

(一)合同担保概述

1.合同担保的含义和特征

担保，是指为保障合同债权的实现，由当事人双方依照法律规定，经过协商一致而采取的法律措施。担保具有以下法律特征：

(1)从属性。担保是从属于主合同(行为)的从合同(从行为)。合同的担保一般在订立合同的同时成立，既可以是单独订立的书面合同，也可以是主合同中的担保条款。担保合同是主合同的从合同，除担保合同另有约定外，主合同无效，担保合同也无效。

(2)补充性。担保对债权人权利的实现仅具有补充作用，只有在债务人不履行债务时，债权人才能行使担保权。据此，一般保证的保证人对债权人享有先诉抗辩权。

(3)相对独立性。担保可相对独立于所担保的债权而发生或存在，如担保的成立须当事人另行约定。担保合同被确认无效时，债务人、担保人、债权人有过错的，应当根据其过错各自承担相应的民事责任，即承担《合同法》规定的缔约过失责任。另外，第三人为债务人向债权人提供担保时，可以要求债务人提供反担保。反担保适用担保的规定。

2.合同担保的法律依据

1995 年 6 月 30 日，第八届全国人民代表大会常务委员会第十四次会议通过了《中华人民共和国担保法》(简称《担保法》)，规定在借贷、买卖、货物运输、加工承揽等经济活动中，债权人需要以担保方式保障其债权的实现，可以设定保证、抵押、质押、留置和定金 5 种方式的担保。设定担保的目的是保障合同的切实履行，既保障合同债权人实现其债权，也促使合同债务人履行其债务。

2007 年 3 月 16 日，第十届全国人民代表大会第五次会议通过了《中华人民共和国物权法》(简称《物权法》),规定了物权担保的抵押权、质押权和留置权。

(二)合同担保方式

1. 保证

保证,是指第三人为债务人的债务履行作担保,由保证人和债权人约定,当债务人不履行债务时,保证人按照约定履行债务或者承担责任的行为。

(1)保证人资格。保证是人的担保,保证人应当具备一定的资格。第一,保证人的积极资格。具有代为清偿债务能力的法人、其他组织或者公民,可以作保证人。第二,保证人的消极资格。国家机关、学校、幼儿园、医院等以公益为目的的事业单位、社会团体以及企业法人的分支机构、职能部门,不得作保证人,但在经国务院批准为使用外国政府或者国际经济组织贷款进行转贷的情况下,国家机关可以作保证人;企业法人的分支机构有法人书面授权的,可以在授权范围内提供保证。

(2)保证的形式和内容。保证的内容应当由保证人与债权人在以书面形式订立的保证合同中加以确定,具体包括被保证的主债权(即主合同债权,下同)的种类、数额,债务人履行债务的期限,保证的方式,保证担保的范围,保证的期间,以及双方认为需要约定的其他事项。保证合同不完全具备以上规定内容的,可以补正。

(3)保证方式。第一,一般保证。当事人在保证合同中约定,当债务人不能履行债务时,由保证人承担保证责任的,为一般保证。一般保证的保证人在主合同纠纷未经审判或仲裁,并就债务人财产依法强制执行仍不能履行债务以前,对债权人可以拒绝承担保证责任。第二,连带责任保证。当事人在保证合同中约定保证人与债务人对债务承担连带责任的,为连带责任保证。连带责任保证的债务人在主合同规定的债务履行期届满没有履行债务的,债权人可以要求债务人履行债务,也可以要求保证人在其保证范围内承担保证责任。当事人对保证方式没有约定或者约定不明确的,按照连带责任保证承担保证责任。

(4)保证担保责任。第一,保证责任的范围。保证人在约定的保证担保范围内承担保证责任。保证担保的范围包括主债权及利息、违约金、损害赔偿金和实现债权的费用。保证合同另有约定的,按照约定确定保证责任的范围。当事人对保证担保的范围没有约定或约定不明确的,保证人应当对全部债务承担责任。保证人承担保证责任后,有权向债务人追偿。第二,多个保证人的保证责任。同一债务有两个以上保证人的,保证人应当按照保证合同约定的保证份额承担保证责任;没有约定保证份额的,保证人承担连带责任,债权人可以要求任何一个保证人承担全部保证责任,保证人都负有担保全部债权实现的义务。已经承担保证责任的保证人有权向债务人追偿,或者要求承担连带责任的其他保证人清偿其应当承担的份额。第三,重复担保的保证责任。同一债权既有保证,又有物的担保的,保证人对物的担保以外的债权承担保证责任;债权人放弃物的担保的,保证人在债权人放弃权利的范围内免除保证责任。第四,主合同变更后的保证责任。债权人与债务人协议变更主合同的,应当取得保证人的书面同意;未经保证人书面同意的,保证人不再承担保证责任,保证合同另有约定的,按照约定。

(5)保证担保责任期间。第一,有约定或者法定保证期间的保证责任。保证人在与债权人约定的保证期间或法律规定的保证期间内承担保证责任。在保证期间内,债权人依法将主债权转让给第三人的,保证人在原保证担保的范围内继续承担保证责任;保证合同另有约定的,按照约定。在保证期间内,债权人许可债务人转让债务的,应当取得保证人的书面同意,保证人对未经其同意转让的债务不再承担保证责任。第二,无约定保证期间的保证责任。保证人与债权人未约定保证期间的，保证期间为自主债务履行期届满之日起 6 个月。在合同约定的保证期间或法律规定的保证期间，债权人未对债务人提起诉讼或申请仲裁的，或债权人未要求保证人承担保证责任的，保证人免除保证责任。

2. 抵押

抵押，是指为担保债务的履行，债务人或者第三人不转移财产的占有，将该财产抵押给债权人的，债务人不履行到期债务或者发生当事人约定的实现抵押权的情形，债权人有权就该财产优先受偿。债务人或者第三人为抵押人，债权人为抵押权人，提供担保的财产为抵押财产。

(1)抵押物。抵押是物的担保，抵押人只能以法律规定可以抵押的财产提供担保，法律规定不可以抵押的财产，抵押人不得用于提供担保。根据《物权法》的规定，下列财产可以抵押：建筑物和其他土地附着物；建设用地使用权；以招标、拍卖、公开协商等方式取得的荒地等土地承包经营权；生产设备、原材料、半成品、产品；正在建造的建筑物、船舶、航空器；交通运输工具；法律、行政法规未禁止抵押的其他财产。抵押人可以将上述所列财产一并抵押。另外，经当事人书面协议，企业、个体工商户、农业生产经营者可以将现有的以及将有的生产设备、原材料、半成品和产品抵押，债务人不履行到期债务或者发生当事人约定的实现抵押权的情形，债权人有权就实现抵押权时的动产优先受偿；以建筑物抵押的，该建筑物占用范围内的建设用地使用权一并抵押。以建设用地使用权抵押的，该土地上的建筑物一并抵押；抵押人未一并抵押的，未抵押的财产视为一并抵押。根据《物权法》的规定，下列财产不得抵押：土地所有权；耕地、宅基地、自留地、自留山等集体所有的土地使用权，但法律规定可以抵押的除外；学校、幼儿园、医院等以公益为目的的事业单位、社会团体的教育设施、医疗卫生设施和其他社会公益设施；所有权、使用权不明或者有争议的财产；依法被查封、扣押、监管的财产；法律、行政法规规定不得抵押的其他财产。

根据《担保法》的规定，抵押人所担保的债权不得超出其抵押物的价值；财产抵押后，该财产的价值大于所担保债权的余额部分可以再次抵押，但不得超出其余额部分。

(2)抵押的形式和内容。设立抵押权，当事人应当采取书面形式订立抵押合同。抵押合同包括以下内容：被担保债权的种类和数额；债务人履行债务的期限；抵押财产的名称、数量、质量、状况、所在地、所有权归属或者使用权归属；担保的范围。抵押合同不完全具备以上规定内容的，可以补正。

(3)抵押合同的生效。当事人以法律规定必须登记的财产作抵押的，抵押合同自登记之日起生效；当事人以其他财产作抵押的，可以自愿办理抵押物登记，抵押合同自签订之日起生效。

(4)抵押责任。抵押责任的范围包括主债权及利息、违约金、损害赔偿金和实现抵押权的费用；抵押合同另有约定的，按照约定。

(5)已办理登记抵押物的转让。抵押期间，抵押人经抵押权人同意转让抵押财产的，应当将转让所得的价款向抵押权人提前清偿债务或者提存。转让的价款超过债权数额的部分归抵押人所有，不足部分由债务人清偿。抵押期间，抵押人未经抵押权人同意，不得转让抵押财产，但受让人代为清偿债务以消灭抵押权的除外。抵押人转让已办理登记的抵押物的，必须遵守以下规定：第一，应当通知抵押权人并告知受让人转让物已经抵押的情况，抵押人未通知抵押权人或者未告知受让人的，转让行为无效。第二，转让抵押物的价款明显低于其价值的，抵押权人可以要求抵押人提供相应的担保；抵押人不提供的，不得转让抵押物。第三，抵押权不得与债权分离而单独转让或作为其他债权的担保，抵押权与其担保的债权同时存在，债权消灭的，抵押权也消灭。

(6)抵押权的实现。第一，抵押权实现的一般规定。债务人不履行到期债务或者发生当事人约定的实现抵押权的情形，抵押权人可以与抵押人协议以抵押财产折价或者以拍卖、变卖该抵押财产所得的价款优先受偿。协议损害其他债权人利益的，其他债权人可以自知道或者应当知道撤销事由之日起 1 年内请求人民法院撤销该协议。抵押权人与抵押人未就抵押权实现方式达成协议的，抵押权人可以请求人民法院拍卖、变卖抵押财产。抵押财产折价或者变卖的，应当参照市场价格。抵押财产折价或者拍卖、变卖后，其价款超过债权数额的部分归债务人所有，不足部分由债务人清偿。第二，重复抵押的抵押权的实现。同一财产向两个以上债权人抵押的，拍卖、变卖抵押财产所得的价款依照下列规定清偿：抵押权已登记的，按照登记的先后顺序清偿；顺序相同的，按照债权比例清偿；抵押权已登记的先于未登记的受偿；抵押权未登记的，按照债权比例清偿。

另外，为债务人抵押担保的第三人在抵押权人实现抵押权后，有权向债务人追偿。抵押权因抵押物灭失而消失，因灭失所得的赔偿金应当作为抵押财产。

3. 质押

根据《物权法》和《担保法》的规定，质押包括动产质押和权利质押。动产质押，是指债务人或第三人将其动产移交债权人占有，将该动产作为债权的担保，当债务人不履行债务时，债权人有权依照法律规定，以该动产折价或者以拍卖、变卖该动产的价款优先受偿。该债务人或第三人为出质人，债权人为质权人，移交的动产为质物。动产质押也是物的担保，但担保物仅限于动产。权利质押，是指以汇票、支票、本票、债券、存款单、仓单、提单、可以转让的基金份额、股权、可以转让的注册商标专用权、专利权、著作权等知识产权中的财产权、应收账款、法律和行政法规规定可以出质的其他财产权利等作为质权标的的担保。

(1)质押的形式和内容。出质人和质权人应当以书面形式订立质押合同，质押合同包括以下内容：被担保的主债权的种类、数额，债务人履行债务的期限，质物的名称、数量、质量、状况，质押担保的范围，质物移交的时间以及当事人认为需要约定的其他事项。质押合同不完全具备以上规定内容的，可以补正。

(2)质押合同的生效。质押合同自质物移交质权人占有时生效；以汇票、支票、本票、债券、存款单、仓单、提单出质的，质押合同自权利凭证交付之日起生效；以依法可以转让的股票、商标专用权、专利权、著作权中的财产权出质的，应当向有关部门办理出质登记，质押合同自登记之日起生效；以有限责任公司的股权出质的，适用《公司法》的有关规定。质押合同自股份出质记载于股东名册之日起生效。

(3)质押担保责任。质押担保的范围包括主债权及利息、违约金、损害赔偿金、质物保管费用和实现质权的费用；质押合同另有约定的，按照约定。

(4)质押权的实现。根据《担保法》的规定，债务履行期限届满债务人履行债务的，或者出质人提前清偿所担保的债权的，质权人应当返还质物；债务履行期限届满质权人未受清偿的，可以与出质人协议以质物折价，也可以依法拍卖、变卖质物。质物折价或者拍卖、变卖后，其价款超过债权数额的部分归出质人所有，不足部分由债务人清偿。质权因质物灭失而消灭，因灭失所得的赔偿金应当作为出质财产。

另外，为债务人质押担保的第三人在质权人实现质权后，有权向债务人追偿。质权与其担保的债权同时存在。债权消灭的，质权也消灭。

4. 留置

留置，是指债务人不履行到期债务，债权人可以留置已经合法占有的债务人的动产，并有权就该动产优先受偿。债权人为留置权人，占有的动产为留置财产。

留置与抵押、质押都是物的担保，但留置物只能是按照合同约定已经合法占有的债务人的动产。留置权人负有妥善保管留置财产的义务；因保管不善致使留置财产毁损、灭失的，应当承担赔偿责任。

(1)留置的适用范围。并非所有合同都能采用留置方式进行担保，保管合同、运输合同、承揽合同及法律规定可以留置的其他合同发生的债权，债务人不履行债务的，债权人有留置权。

(2)留置担保责任。留置担保的范围包括主债权及利息、违约金、损害赔偿金、留置物保管费用和实现留置权的费用。

(3)留置权的实现。留置权人与债务人应当约定留置财产后的债务履行期间；没有约定或者约定不明确的，留置权人应当给债务人 2 个月以上履行债务的期间，但鲜活易腐等不易保管的动产除外。债务人逾期未履行的，留置权人可以与债务人协议以留置财产折价，也可以就拍卖、变卖留置财产所得的价款优先受偿。留置财产折价或者变卖的，应当参照市场价格。

留置物折价或拍卖、变卖后，其价款超过债权数额的部分归债务人所有，不足部分由债务人清偿。

留置权因债权消灭或债务人另行提供担保并被债权人接受而消灭。

5. 定金

定金，是指合同当事人约定一方向对方给付一定数额货币的债权担保方式。保证是以人的信用为基础的担保，抵押、质押和留置是以物的财产价值为基础的担保，而定金则是以货币(金钱)的价值直接担保。

(1)定金的约定。定金应当以书面形式约定，当事人在定金合同中应当约定交付定金的期限。定金合同自实际交付定金之日起生效。定金的数额由当事人约定，但不得超过主合同标的额的 20%。

(2)定金的担保作用。债务人履行债务后，定金抵作价款或者收回。给付定金的一方不履行约定的债务的，无权要求返还定金；收受定金的一方不履行约定的债务的，应当双倍返还定金，即定金制裁。

第四节　合同的变更、转让和终止

一、合同的变更

(一)合同变更的含义

合同变更，是指合同成立后，没有履行或者没有完全履行完毕前，当事人双方因客观情况的变化，依照法律规定的条件和程序，对原合同进行修改或者补充。合同变更是在合同的主体不改变的前提下，对合同内容或者标的的变更，合同性质和标的性质并不改变，如有关标的物数量的增减、质量标准的修改、履行地点的变动、标的物包装要求的改变等，都属于合同变更。具体来说，合同变更包括以下内容：

1. 合同变更发生在合同成立后、履行完毕前

合同在订立过程中没有变更的问题，合同履行完毕后当事人之间不再有权利义务关系，变

更对象不存在，也就无所谓变更。

2. 合同变更是对合同条款的修改或者补充

合同变更不涉及合同当事人的变动，只是对合同具体内容（条款）的修改或者补充，也就是合同当事人之间权利义务的变更。

（二）合同变更的规定

依法订立的合同具有法律约束力，受法律保护，当事人必须全面履行合同规定的义务，任何一方都不得擅自变更或者解除合同。但是，在合同履行过程中，由于主、客观情况的变化，使原合同的履行已经不可能或者不必要时，为了减少不必要的损失，合同当事人可以依法变更合同。我国《合同法》规定，当事人协商一致，可以变更合同；法律、行政法规规定变更合同应当办理批准、登记等手续的，依照其规定。合同依法变更后，当事人按照变更后的合同享受权利和承担义务。当事人对合同变更的内容约定不明确的，推定为未变更。

二、合同的转让

（一）合同转让的含义

合同转让，是指合同当事人一方将其合同的权利和义务全部或者部分转让给第三人。合同的转让一般由当事人自主决定，但法律、行政法规规定转让权利或者转移义务应当办理批准、登记等手续的，依照其规定。

（二）合同转让的形式

按照转让的权利义务的不同，合同转让可分为债权让与、债务承担和合同承受三种形式。

1. 债权让与

债权让与，是指合同权利的转让，在不改变合同内容的前提下，由债权人将合同权利的全部或者部分转让给第三人。转让债权的人称为让与人，受让债权的第三人称为受让人。

(1)债权让与的种类。第一，合同权利全部转让。合同权利全部转让的，受让人取代原债权人的地位，成为新的债权人，原债权人脱离合同关系。第二，合同权利部分转让。合同权利部分转让的，受让人作为第三人加入合同关系中，与原债权人共同享有债权。债权人转让主权利时，附属于主权利的从权利一并转让，受让人在取得债权时，也取得与债权有关的从权利，但该从权利专属于债权人自身的除外。

(2)债权让与的规定。第一，债权让与的限制。除下列情形外，债权人可自主决定让与债权：根据合同性质不得转让的；根据当事人的约定不得转让的；依照法律规定不得转让的。第二，债权让与的通知。债权人转让权利，不需要经债务人同意，但应当通知债务人，否则该转让对债务人不发生效力。债务人接到债权转让通知后，债权让与行为生效，债务人对让与人的抗辩可以向受让人主张。债权人转让权利的通知不得撤销，但经受让人同意的除外。

2. 债务承担

债务承担就是合同义务的转移，是指经债权人同意，债务人将合同的义务全部或者部分转移给第三人。债权人可以全部或者部分转让权利，债务人也可以将合同的义务全部或者部分转移给第三人，转移合同义务是法律赋予债务人的一项权利。但是，债权人与债务人的合同关系是建立在相互了解的基础上的，在订立合同时，债权人一般要对债务人的资信情况和偿还能力进行调查，而对于取代债务人或者加入债务人的第三人的资信情况及履行债务的能力不可能完全清楚，如果债务人不经债权人的同意就将债务转让给第三人，不利于保障债权人的合法利益。所以，我国《合同法》规定，债务人将合同的义务全部或者部分转移给第三人的，应当经债权人同意。

债务人转移义务，新的债务人取得了合同债务人的地位，承担履行合同义务的责任，享有债务人所应享有的抗辩权，可以主张原债务人对债权人的抗辩；同时，与所转移的主债务有关的从债务也应当由新债务人承担，但该从债务专属于原债务人自身的除外。

3. 合同承受

合同承受就是合同权利义务的一并转让，是指当事人一方将自己在合同中的权利和义务一并转让给第三人。我国《合同法》规定，当事人一方经对方同意，可以将自己在合同中的权利义务一并转让给第三人，但根据合同性质以及按照当事人的约定或者依照法律规定不得转让的除外。

当事人订立合同后合并的，由合并后的法人或者其他组织行使合同权利、履行合同义务。当事人订立合同后分立的，除债权人和债务人另有约定外，由分立的法人或者其他组织对合同的权利和义务享有连带债权、承担连带债务。

三、合同的终止

（一）合同终止的含义

合同终止就是合同权利义务的终止，是指合同当事人双方终止合同关系，合同确立的权利义务关系随之消灭。

（二）合同终止的情形

1. 债务已经按照约定履行

合同生效后，当事人按照约定履行自己的义务，债权人实现了自己的全部权利，订立合同的目的已经实现，合同确立的权利义务关系自然消灭，合同终止。

2. 合同解除

合同解除，是指合同依法成立后，当具备法律规定的解除条件时，因当事人一方或者双方的意思表示而使合同关系归于消灭。合同解除有两种情况：一是协议解除，二是法定解除。

（1）协议解除，是指当事人双方在合同成立后，未履行或者未完全履行之前，通过协商一致解除合同，或者在订立合同时就约定了解除合同的条件，当条件成就时合同自然解除。

（2）法定解除，是指在合同成立后，没有履行或者没有完全履行完毕之前，由于出现了法定解除情形，当事人一方行使法定解除权而使合同终止。我国《合同法》规定，有下列情形之一的，当事人可以解除合同：第一，因不可抗力致使不能实现合同目的；第二，在履行期限届满之前，当事人一方明确表示或者以自己的行为表明不履行主要债务的；第三，当事人一方迟延履行主要债务，经催告后在合理期限内仍未履行的；第四，当事人一方迟延履行债务或者有其他违约行为致使不能实现合同目的；第五，法律规定的其他情形。当事人一方主张解除合同时，应当通知对方，合同自通知到达对方时解除。对方有异议的，可以请求人民法院或者仲裁机构确认解除合同的效力。法律规定或者当事人约定解除权行使期限，期限届满当事人不行使的，该权利消灭；法律没有规定或者当事人没有约定解除权行使期限，经对方催告后在合理期限内不行使的，该权利消灭。

合同解除后，尚未履行的，终止履行；已经履行的，根据履行情况和合同性质，当事人可以要求恢复原状、采取其他补救措施，并有权要求赔偿损失。合同的权利义务终止，不影响合同中结算和清理条款的效力。

3. 债务相互抵销

当事人互负到期债务，该债务的标的物种类、品质相同的，任何一方可以将自己的债务与对方的债务抵销，但依照法律规定或者合同性质不得抵销的除外。当事人主张抵销的，应当通知对方，通知自到达对方时生效。抵销不得附条件或者附期限。当事人互负债务，标的物种类、品质不相同的，经双方协商一致，也可以抵销。

4. 债务人依法将标的物提存

我国《合同法》规定，当有下列情形之一，难以履行债务的，债务人可以将标的物提存：(1)债权人无正当理由拒绝受领；(2)债权人下落不明；(3)债权人死亡未确定继承人或者丧失民事行为能力未确定监护人；(4)法律规定的其他情形。

标的物不适于提存或者提存费用过高的，债务人依法可以拍卖或者变卖标的物，提存所得的价款。标的物提存后，除债权人下落不明外，债务人应当及时通知债权人或者债权人的继承人、监护人。标的物提存后，毁损、灭失的风险由债权人承担。提存期间，标的物的孳息归债权人所有。提存费用由债权人负担。标的物提存后，债权人可以随时领取提存物，但债权人对债务人负有到期债务的，在债权人未履行债务或者提供担保之前，提存部门根据债务人的要求应当拒绝其领取提存物。债权人领取提存物的权利自提存之日起 5 年内不行使而消灭，提存物扣除提存费用后，归国家所有。

5. 债权人免除债务

债权人免除债务，即债权人自愿放弃债权，债务人的债务即被解除。

6. 债权债务同归于一人

由于某种事实的发生，使一项合同中原本由一方当事人享有的债权和由另一方当事人承担的债务统归于一人时，合同的履行失去实际意义，合同的权利义务终止。例如，两企业合并，企业之间原先订立的合同中的权利义务同归于合并后的企业，债权债务关系自然终止。债权和债务同归于一人的，合同的权利义务终止，但涉及第三人利益的除外。

7. 法律规定或者当事人约定终止的其他情形

除上述情况外，都属于法律规定或者当事人约定合同终止的其他情形。

第五节　违约责任

一、违约责任概述

(一)违约责任的含义和意义

1. 违约责任的含义

违约责任即违反合同的民事责任，是指合同当事人不履行合同义务或者履行合同义务不符合约定时，依照法律规定或者合同约定所承担的民事责任。具体来说，违约责任包括以下内容：

(1)违约责任是一种民事责任。合同当事人的违约责任是一种民事责任，而不是行政责任或者刑事责任。违约责任的责任人也就是违约的合同当事人，其必须有违约行为，必须具有民事责任能力。当然，当事人的行为触犯《行政法》和《刑法》的，也可追究其行政责任或者刑事责任，但这不属于《合同法》范畴的问题。

(2)违约责任是由法律规定或者当事人约定的。《合同法》对当事人的违约责任作了原则性规定，当事人在不违反《合同法》规定的原则的前提下，可以约定违约责任的具体内容，这既体现了具体合同的个性要求，也是当事人将自己的意志平等自愿地反映出来的途径，反映了合同自由的观念。

2. 违约责任的意义

依法订立的有效合同对当事人双方都具有法律约束力，如果不履行义务或者履行义务不符合约定，就应当承担违约责任，这样才能促使当事人双方及时、全面地履行合同，维护合同秩序，保护当事人的合法权益。《合同法》规定合同违约责任制度是保证当事人履行合同义务的重要措施，有利于促进合同的履行和弥补违约造成的损失。

3. 预期违约责任

一般来说，违约责任的追究要在合同履行期限届满时才能行使，因为只有在履行期限届满时才能确定债务人是否履行了合同或者履行义务是否符合约定。但在合同生效后、履行期限届满前，当事人一方明确表示或者以自己的行为表明不履行合同义务的，对方可以在履行期限届满之前要求其承担违约责任(预期违约责任)，这样可以保证当事人及时保护自己的权益。

(二)产生违约责任的条件

合同当事人违约责任的发生应当具备法定的条件，只有具备这些条件才能产生违约责任。

1. 有效合同的存在

有效合同的存在是发生违约责任的基本前提，没有有效合同，不存在合同约定的权利义务关系，没有必须履行的合同义务，也就没有违约，没有违约责任。当然，有效合同的当事人按照合同履行原则履行了自己义务的，也不需要承担违约责任。

2. 当事人有违约行为

当事人的违约行为即当事人在合同生效后，不履行合同约定的义务或者履行义务不符合合同约定。我国《合同法》规定，当事人对违约行为不论有无故意或者过失，都应当承担违约责任，采用的是严格责任原则。

二、承担违约责任的主要形式

我国《合同法》规定，违约的当事人承担违约责任的主要形式有继续履行、采取补救措施、赔偿损失、支付违约金和定金等。

(一)继续履行

1. 继续履行的含义

继续履行，是指合同中违约的当事人在对方当事人要求时，按照合同约定继续履行合同义务。订立合同的目的是为了实现合同的约定,即实际履行合同。合同当事人为了实现自己的合同目的,要求违约方继续履行合同义务,既是为了实现合同目的,也是追究违约责任的方式。当事人一方违反合同约定,不履行或者履行不符合约定,对方当事人有权要求其继续履行。

2. 继续履行的法律规定

我国《合同法》规定,当事人一方未支付价款或者报酬的,对方可以要求其支付价款或者报酬;当事人一方不履行非金钱债务或者履行非金钱债务不符合约定的,对方可以要求其履行,但有下列情形之一的除外:(1)法律上或者事实上不能履行;(2)债务的标的不适于强制履行或者履行费用过高;(3)债权人在合理期限内未要求履行。

(二)采取补救措施

1. 采取补救措施的规定

针对违约的补救措施,是指修理、更换、重作、退货、减少价款或者报酬。我国《合同法》规定,质量不符合约定的,应当按照当事人的约定承担违约责任;对违约责任没有约定或者约定不明确的,当事人可以协议补充或者按照合同有关条款或者交易习惯确定;仍不能确定的,受损害方根据标的的性质以及损失的大小,可以合理选择要求对方承担修理、更换、重作、退货、减少价款或报酬等违约责任。

2. 采取补救措施的条件

(1)合同履行时质量不符合约定的才能采取要求对方修理、更换、重作、退货、减少价款或报酬等补救措施。

(2)合同当事人没有办法明确其他承担违约责任的形式的,才能适用采取补救措施的承担违约责任的形式。

(三)赔偿损失

1. 赔偿损失的适用

我国《合同法》规定,当事人一方不履行合同义务或者履行合同义务不符合约定的,在履行义务或者采取补救措施后,对方还有其他损失的,应当赔偿损失,即向对方支付赔偿金。

2. 赔偿金的性质

支付赔偿金是承担违约责任的一种主要形式。它虽然是对违约方的一种经济制裁,但不具有惩罚性,主要目的在于弥补损失,具有补偿性质。

3. 赔偿金的确定

我国《合同法》规定,当事人一方不履行合同义务或者履行合同义务不符合约定,给对方造成损失的,损失赔偿额应相当于因违约所造成的损失,包括合同履行后可以获得的利益,但不得超过违反合同一方订立合同时预见到或者应当预见到的因违反合同可能造成的损失。

4. 守约方的责任

我国《合同法》规定,当事人一方违约后,对方应当采取适当措施防止损失的扩大,没有采取适当措施致使损失扩大的,不得就扩大的损失要求赔偿。当事人因防止损失扩大而支出的合理费用由违约方承担。

(四)支付违约金

1. 违约金的含义和性质

违约金，是指合同当事人一方不履行合同或者履行合同不符合约定时，按照合同的约定，向对方支付一定数额的货币。违约金是对不能履行或者不能完全履行合同的行为的一种带有惩罚性质的经济补偿手段，不论违约的当事人一方是否已给对方造成损失，都应当支付。

2. 违约金的约定

为了保证合同的履行，保护自己的利益不受损失，合同当事人可以约定一方违约时应当根据情况向对方支付一定数额的违约金，也可以约定因违约而产生的损失赔偿额的计算方法。

3. 违约金的调整

约定的违约金低于造成的损失的，当事人可以请求人民法院或者仲裁机构予以增加；约定的违约金过分高于造成的损失的，当事人可以请求人民法院或者仲裁机构予以减少。当事人就迟延履行约定支付违约金的，违约方支付违约金后，还应当履行债务。

(五)定金制裁

1. 定金制裁的适用

当事人可以根据《担保法》的规定，约定一方向对方给付定金作为债权的担保。债务人履行债务后，定金应当抵作价款或者收回。给付定金的一方不履行约定债务的，无权要求返还定金；收受定金的一方不履行约定债务的，应当双倍返还定金。

2. 定金与违约金竞合时的选择

定金与违约金的竞合，是指合同当事人既约定违约金，又约定定金。我国《合同法》规定，一方违约时，对方可以选择适用违约金或者定金条款。实践中，一般选择适用违约金条款或者定金条款，就可以达到弥补因违约所受到的损失的目的，守约方可以在违约金条款和定金条款中选择对自己最有利的条款。如果允许守约方并用违约金和定金条款，其数额可能远远高于因违约所造成的损失，对补偿守约方遭受的损失既无必要，也加重了对违约方的惩罚，这与合同的公平原则相悖。

另外，我国《合同法》规定，因当事人一方的违约行为，侵害对方人身、财产权利的，受损害的一方有权选择要求其承担违约责任或者侵权责任。

三、违约责任的免除

(一)违约责任免除的含义

违约责任免除，是指当事人一方违约是由于某些无法防止的客观原因造成的，根据情况依法免除其违约责任。一般来说，在合同订立之后，如果一方当事人没有履行合同或者履行合同不符合约定，不论是自己的原因，还是第三人的原因，都应当向对方承担违约责任。但是，如果当事人一方违约是由于某些无法防止的客观原因造成的，则可以根据情况免除违约方的违约责任。

(二)违约责任免除的情形

我国《合同法》规定，因不可抗力不能履行合同的，根据不可抗力的影响，部分或者全部免除责任，但法律另有规定的除外；当事人迟延履行后发生不可抗力的，不能免除责任。我国《合同法》所规定的不可抗力，是指不能预见、不能避免且不能克服的客观情况。

当事人一方因不可抗力不能履行合同的，可以依法免除违约责任，但有及时通知对方和在合理期限内提供证明的责任，以减少对方的损失和确认不可抗力的事实。

本章练习

一、名词解释

合同　要约和承诺　代位权　无效合同　抵押　质押　留置　定金　违约责任　不可抗力

二、单项选择题

1. 合同是指平等主体的自然人、法人和其他组织之间设立、变更、终止________关系的协议。

A. 民事权利义务　B. 权利义务　C. 各种权利义务　D. 民事法律

2. 与诺成合同对应的合同是________。

A. 无名合同　B. 实践合同　C. 双务合同　D. 无偿合同

3. 合同的当事人可以依法委托________订立合同。

A. 其他人　B. 其他组织　C. 代理人　D. 法定代表人

4. 合同的书面形式是指可以________表现所载内容的合同形式。

A. 有形地　B. 用文字　C. 用纸面　D. 有效

5. 根据当事人的行为或者交易习惯能够________合同成立的其他形式，也是法律上认可的合同形式。

A. 促进　B. 推定　C. 假定　D. 认定

6. 要约在________时生效。

A. 要约人发出　B. 受要约人实际收到

C. 到达受要约人　D. 要约人认可

7. 承诺是指________同意要约的意思表示。

A. 要约人　B. 要约人和其他人

C. 受要约人的代理人　D. 受要约人

8. 当事人采用________形式订立合同的，双方当事人签字或者盖章的地点为合同成立的地点。

A. 合同书　B. 数据电文　C. 要约、承诺　D. 书面

9. 可撤销合同是一种________的合同。

A. 绝对无效　B. 效力拟定　C. 效力待定　D. 相对无效

10. 当事人恶意串通，损害国家、集体或者第三人利益，因此而取得的财产________或返还集体、第三人。

A. 折价补偿国家　B. 返还国家

C. 收归国家所有　D. 收归集体或第三人所有

11. 我国《合同法》中的撤销权自债务人的行为发生之日起________内没有行使的，该撤销权消灭。

A. 1 年　B. 2 年　C. 3 年　D. 5 年

12. 保证人的保证方式有一般保证和________。

A. 重复责任保证　B. 连带责任保证　C. 赔偿责任保证　D. 加重责任保证

13. 合同采用抵押和质押担保的，当债务人不履行债务时，债权人有权依照法律规定，以抵押物、质押财产折价或者以拍卖、变卖该财产的价款________。

A. 优先受偿　B. 获得受偿　C. 普通受偿　D. 一般受偿

14. 定金的数额由当事人约定，但不得超过主合同标的额的________。

A. 10%　B. 20%　C. 30%　D. 35%

15. 债权人领取提存物的权利自提存之日起________内不行使而消灭，提存物扣除提存费用后，归国家所有。

A. 1 年　　B. 2 年　　C. 3 年　　D. 5 年

16.《合同法》规定的赔偿损失是具有________的违约责任形式。

A. 惩罚性质　　B. 补偿性质

C. 惩罚、补偿性质　　D. 补偿性质为主、惩罚性质为辅

17. 一方以欺诈、胁迫的手段订立合同，损害国家利益的，是________合同。

A. 无效　　B. 可撤销　　C. 效力待定　　D. 相对无效

18. 超越代理权而以被代理人名义订立的合同是________合同。

A. 无效　　B. 可撤销　　C. 效力待定　　D. 相对无效

19. 无效合同的效力________起无效。

A. 自当事人发生争议时　　B. 自始

C. 自人民法院裁判　　D. 自人民法院受理

20. 对于效力待定合同，经相对人催告，追认人应在________内作出是否追认的决定。

A. 15 日　　B. 1 个月　　C. 2 个月　　D. 3 个月

三、多项选择题

1. 有关________等身份关系的协议是以规范人身关系为主的，由相关的法律调整，不适用《合同法》。

A. 婚姻　　B. 收养　　C. 监护　　D. 劳动

2. 我国《合同法》的基本原则包括________。

A. 平等、自愿　　B. 公平、诚实信用

C. 守法、不得损害社会公共利益　　D. 依法成立的合同对当事人具有法律约束力

3. 我国《民法通则》根据公民的民事行为能力将公民分为________。

A. 完全民事行为能力人　　B. 限制民事行为能力人

C. 无民事行为能力人　　D. 民事行为能力待定人

4. 当事人订立合同可以有________形式。

A. 书面　　B. 口头　　C. 公证　　D. 其他

5. 我国《合同法》规定，合同的主要条款除了当事人的名称(姓名)和住所、标的、数量和质量外，一般还包括________。

A. 价款或者报酬　　B. 履行期限、地点和方式

C. 违约责任　　D. 解决争议的方法

6. 我国《合同法》规定，下列情况中，要约失效的有________。

A. 拒绝要约的通知到达要约人　　B. 要约人依法撤销要约

C. 承诺期限届满，受要约人未作出承诺　　D. 受要约人对要约的内容作出实质性变更

7. 我国《合同法》规定，下列情形中，承担缔约过错责任的有________。

A. 标的质量不符合标准

B. 假借订立合同进行恶意磋商

C. 故意隐瞒与订立合同有关的重要事实或者提供虚假情况

D. 违反保密义务

8. 我国《合同法》规定，合同中针对________的免责条款是无效的。

A. 造成对方人身伤害

B. 因故意或者重大过失造成对方财产损失

C. 过失造成对方人身伤害

D. 故意造成对方人身伤害

9. 在通常情况下，一般的买卖合同是________。

A. 有名合同　　B. 诺成合同　　C. 双务合同　　D. 有偿合同

10. 合同的书面形式包括________。

A. 电子邮件　　B. 传真　　C. 推定　　D. 合同书

11. 一般来说，一份有效的合同应该具备的条件包括________。

A. 合同当事人具有相应的民事权利能力和民事行为能力

B. 合同当事人的意思表示真实

C. 合同内容不违反法律或者社会公共利益

D. 合同的形式符合法律规定的要求

12. 我国《合同法》规定，下列情形中，合同可以申请撤销的有________。

A. 因重大误解订立的合同

B. 显失公平的合同

C. 一方以欺诈、胁迫的手段或者乘人之危，使对方在违背真实意思的情况下订立的合同

D. 一方以欺诈、胁迫的手段订立合同，损害国家利益的

13. 合同无效的法律后果包括________。

A. 承担违约责任　　B. 返还或者折价补偿

C. 赔偿损失　　D. 没收财产或者返还

14. 根据《合同法》的规定，下列效力待定合同中，允许采取补救措施使之成为有效合同的有________。

A. 限制民事行为能力人订立的合同

B. 行为人没有代理权、超越代理权或者代理权终止后以被代理人名义订立的合同

C. 无处分权的人处分他人财产的合同

D. 法定代表人订立的合同

15. 当事人对合同的效力可以约定________。

A. 有效　　B. 附条件　　C. 无效　　D. 附期限

16. 履行地点不明确的履行规则包括________。

A. 给付货币的，在接受货币一方所在地履行

B. 交付不动产的，在不动产所在地履行

C. 其他标的，在履行义务一方所在地履行

D. 按照有利于实现合同目的的方式履行

17. 双务合同履行的抗辩权包括________。

A. 同时履行抗辩权　　B. 后履行抗辩权

C. 不安抗辩权　　D. 特别抗辩权

18. 用物(财产)进行担保的合同担保方式有________。

A. 保证　　B. 抵押　　C. 质押　　D. 留置

19. 不得作保证人的是________。

A. 以公益为目的的社会团体　　B. 公司的分公司

C. 商业银行　　D. 中国人民银行

20. ________以及法律规定可以留置的其他合同发生的债权，债务人不履行债务的，债权人有留置权。

A. 买卖合同　　B. 保管合同　　C. 运输合同　　D. 承揽合同

21. 权利质押的质押对象包括________。

A. 汇票、支票、本票

B. 债券、存款单、仓单、提单

C. 可以转让的基金份额、股权

D. 可以转让的注册商标专用权、专利权、著作权等知识产权中的财产权

22. 根据《物权法》的规定，下列财产中，不得抵押的有________。

A. 土地所有权

B. 耕地、宅基地、自留地、自留山等集体所有的土地使用权，但法律规定可以抵押的除外

C. 所有权、使用权不明或者有争议的财产

D. 抵押人继承的房产

23. 主合同标的为 1 000 万元人民币，下列金额中，作为定金是合法的有________。

A. 200 万元　　B. 250 万元　　C. 100 万元　　D. 800 万元

24. 对于________，债权人是不能行使代位权的。

A. 基于扶养关系、赡养关系、继承关系而产生的给付请求权

B. 退休金、养老金、抚恤金、安置费请求权

C. 人寿保险、人身伤害赔偿请求权

D. 合同债权请求权

25. 我国《合同法》规定，下列情形中，当事人可以解除合同的有________。

A. 因不可抗力致使不能实现合同目的

B. 在履行期限届满之前，当事人一方明确表示或者以自己的行为表明不履行主要债务的

C. 当事人一方迟延履行主要债务，经催告后在合理期限内仍未履行的

D. 当事人一方迟延履行债务或者有其他违约行为致使不能实现合同目的

26. 债务人依法可将标的物提存的情形有________。

A. 债权人处于清算期间　　B. 债权人下落不明

C. 债权人无正当理由拒绝受领　　D. 债权人死亡且无继承人

27. 合同当事人承担违约责任的条件是________。

A. 有效合同的存在　　B. 发生不可抗力

C. 当事人不履行合同约定的义务　　D. 当事人履行义务不符合合同约定

28. 当事人一方不履行非金钱债务或者履行非金钱债务不符合约定的，对方可以要求履行，但________的除外。

A. 法律上或者事实上不能履行

B. 债务的标的不适于强制履行或者履行费用过高

C. 债权人在合理期限内未要求履行

D. 债权人有过错

29. 补救措施作为一种违约责任形式，包括________ 。

A. 修理、重作　　B. 退货

C. 迟延履行　　D. 减少价款或者报酬

30. 我国《合同法》所规定的不可抗力是指________的客观情况。

A. 不能预见　　B. 不能避免　　C. 不能克服　　D. 不能想像

四、判断题

1. 我国《合同法》中的合同是指平等主体之间关于身份关系和财产关系的协议。(　　)

2. 实践合同是指除双方当事人意思表示一致外，还须交付标的物才能成立的合同。(　　)

3. 合同订立是双方(多方)的法律行为。(　　)

4. 我国《合同法》规定，合同都应当采用书面形式订立。(　　)

5. 提供格式条款的一方免除其责任、加重对方责任、排除对方主要权利的，该条款无效。(　　)

6. 发出要约的当事人是要约人，要约指向的对方当事人是承诺人。(　　)

7. 要约邀请是以订立合同为目的的意思表示。(　　)

8. 要约和承诺都在到达对方时生效。(　　)

9. 要约和承诺都可以撤回，也都可以撤销。(　　)

10. 受要约人超过规定期限发出承诺的，除要约人及时通知受要约人该承诺有效外，为新要约。(　　)

11. 附生效条件的合同自条件成就时合同失效。(   )

12. 我国《合同法》规定,无效合同自始没有法律约束力。(   )

13. 具有撤销权的当事人自知道或者应当知道撤销事由之日起3年内没有行使撤销权的,撤销合同的请求权消灭。(   )

14."全面履行"是合同的履行规则。(   )

15. 按照合同的履行规则,价款或者报酬不明确的,按照履行合同时履行地的市场价格履行。(   )

16. 债权人行使代位权时应向人民法院请求以其债务人的名义行使债务人的债权。(   )

17. 一般情况下,担保合同是主合同的从合同,主合同无效,担保合同也无效。(   )

18. 企业法人的分支机构有法人书面授权的,可以提供保证。(   )

19. 抵押合同自签订之日起生效。(   )

20. 质押物可以是动产,也可以是不动产。(   )

21. 债务人履行债务后,定金只能抵作价款。(   )

22. 留置权人与债务人应当约定留置财产后的债务履行期间,没有约定或者约定不明确的,留置权人应当给债务人3个月以上履行债务的期间,但鲜活易腐等不易保管的动产除外。(   )

23. 合同依法变更后,当事人按照变更后的合同享受权利和承担义务;当事人对合同变更的内容约定不明确的,推定为已经变更。(   )

24. 合同当事人将合同权利和义务一并转让给第三人的,必须经过对方同意。(   )

25. 约定的违约金过分低于造成的损失的,当事人可以请求人民法院或者仲裁机构予以增加;约定的违约金高于造成的损失的,当事人可以请求人民法院或者仲裁机构予以减少。(   )

26. 合同当事人在合同中既约定违约金,又约定定金的,一方违约时,对方可以选择适用违约金或定金条款。(   )

五、简答题

1. 简述《合同法》的基本原则。
2. 简述《合同法》的适用范围。
3. 简述承担缔约过错责任的情形。
4. 简述无效合同的种类。
5. 简述效力待定合同的种类。
6. 简述合同履行的规则。
7. 简述抗辩权的种类。
8. 简述合同转让的形式。
9. 简述当事人单方解除合同的情形。
10. 简述承担违约责任的主要形式。

六、综合分析题

1. 甲与乙有常年的业务联系。甲于6月6日去函:可供×号钢材1 500吨,每吨人民币××元,运输方式为送货上门,同意后5日内送货。乙于6月10日回函:同意来函条件,但将每吨价格降低50元,6月20日前答复。甲于6月18日复函:同意价格降低,但要上门提货,6月28日前答复。乙于6月26日答复:同意。

问:分析双方信函的法律意义并判断合同是否成立?

2. 甲企业拥有一座临近码头的3层厂房,已被规划局通知列入拆迁规划。乙看中该厂房交通便利,与甲协商签订为期5年的厂房租赁合同。甲企业没有告诉乙厂房即将拆迁的情况。1年后,该厂房按规划拆迁,乙企业被迫中断生产另找厂房,6个月后重新恢复生产,在此期间共损失人民币35万元,乙企业要求甲企业赔偿。

问：乙企业能否要求赔偿？为什么？

3. 甲与乙订有货物买卖合同，合同到期后，甲按照约定向乙交付了货物，乙没有按照约定向甲支付货款。此时，乙根据相关合同可以向丙收取一笔货物款项，但乙因为内部原因没有及时行使债权，导致无法向甲支付货款。甲可以收取的货款为1万元，丙应当向乙支付的货款为2万元。

问：甲应如何实现自己的权利？为什么？

4. 2003年3月初，市民张某急需一笔资金从事服装批发和零售业务，遂找到邻居李某，想借款人民币6万元。李某同意，双方于3月13日签订了借款合同，合同约定：张某向李某借款人民币6万元，从3月23日起，借期为6个月。3月23日，李某将钱交给张某后，感到不放心，遂要求张某提供担保，张某便找到从事汽车服务业的朋友王某，要其向李某担保，王某立即写了一份担保书，写明：如果张某到期不还款，其愿承担全部还款责任，并在担保书上签了字。2003年9月23日，李某按约定向张某要求还款6万元，并要求支付利息。张某妻子声称张某生意做得不顺，到深圳打工去了，要过年才能回来。李某遂找到王某要求其承担担保责任，王某声称李某没有在担保书上签字，担保合同无效，其不应承担还款责任，李某遂诉至法院，要求王某承担还款责任及利息。

问：

(1)上述案件所涉及的是何种形式的担保？是否有效？

(2)李某是否可以直接起诉王某要求还款？

5. 1992年，万某以1 000元入股某企业。1995年，该企业改为股份制企业，并发给股权证。当时，企业内部经核算，万某的股份已增值为7 000余元。1997年，万某辞职经商，将股权证交与该企业的副厂长汪某，汪某付给万某2 000元，以后的红利就由汪某领取。2003年4月，该企业再次改制，清算了原有股份，企业要收回原股权证，并按股权证所载股份的现值金额退还股权人，万某的股份现价值近2万元。万某于2003年8月找汪某返还股权证，汪某以万某已将股权证转让给自己为由拒绝退还。由于发生纠纷，企业未收回原股权证。为此，万某诉至法院，认为自己将股权证质押给汪某，要求归还尚欠汪某的2 000元借款，并收回质押给汪某的股权证及1997年以来的红利。双方均未举出书面合同，也没有办理质押或者转让股权证的登记手续。

问：万某与汪某的关系是否为以股权证为标的的质押关系？为什么？

6. 甲公司与乙公司依法订立一份总货款为30万元的购销合同。合同约定违约金为货款总值的5%，同时，甲公司向乙公司给付定金7万元。后乙公司违约，给甲公司造成损失8万元。

问：

(1)该合同的约定是否有效？

(2)该合同纠纷应如何解决？

第七章
金融法律制度

第一节　金融与金融法律制度概述

一、金融概述

(一)金融的概念及意义

1. 金融的概念

金融，从字面上理解，“金”是指货币资金，“融”是指融通。金融是融通货币资金的意思。从经济活动上理解，金融包括货币的发行与回笼，存款的存取，贷款的放收，金银、外汇的买卖，有价证券的发行与交易，国际国内的货币支付与结算，票据的贴现和银行同业拆借，以及信托投资、金融租赁、商业保险等。

2. 金融的意义

金融是市场经济的重要组成部分。金融市场的健康发展对国家宏观经济的运行、企业的投融资和个人理财等方面都有极为重要的影响。

(二)金融机构与金融体系

1. 金融机构

金融机构是依法设立的从事金融业务的各类信用机构的总称。金融活动是由金融机构依法进行的。金融活动的多样性决定了金融机构的多样性。

2. 金融体系

金融体系，是指按照规定从事金融活动的各当事人之间的分工、协作及各自的职权和职责，从而确立各当事人在金融领域中的地位和功能，进而进行管理和监督所形成的有机联系的统一体系。目前，我国的金融体系由下列机构组成：

(1)中央银行。中国人民银行是我国的中央银行,它是整个金融体系的核心,享有法律赋予的各项金融宏观调控和监管职权。

(2)金融专门监督管理机构。第一,国务院银行业监督管理机构即中国银行业监督管理委员会(简称"中国银监会")主要承担由中国人民银行划转出来的银行业监管职能等,统一监督管理银行业金融机构及信托投资公司等其他金融机构。商业银行、政策性银行、金融资产管理公司、信托投资公司及其他存款类金融机构等金融机构都是中国银监会的监管对象。第二,国务院证券监督管理机构即中国证券监督管理委员会(简称"中国证监会")依法对证券、期货业实施监督管理。第三,国务院保险监督管理机构即中国保险监督管理委员会(简称"中国保监会")负责全国商业保险市场的监督管理。

(3)商业性金融机构。我国的商业性金融机构包括银行业金融机构、证券机构和保险机构三大类。第一,银行业金融机构。银行业金融机构包括商业银行、信用合作机构和非银行金融机构。商业银行是指以吸收存款、发放贷款和从事中间业务为主的营利性机构,是金融体系中的重要主体;信用合作机构包括城市信用社及农村信用社;非银行金融机构主要包括金融资产管理公司、信托投资公司、财务公司和租赁公司等。第二,证券机构。证券机构是指为证券市场参与者(如融资者、投资者)提供中介服务的机构,包括证券公司、证券交易所、证券登记结算公司、证券投资咨询公司和基金管理公司等。第三,保险机构。保险机构是指专门经营保险业务的机构,包括国有保险公司、股份制保险公司、在华从事保险业务的外资保险分公司和中外合资保险公司。

(4)政策性金融机构。政策性金融机构是由政府设立、专门从事某一方面政策性业务的、不以营利为目的的金融机构。我国的政策性银行有中国农业发展银行、中国进出口银行和国家开发银行 3 家,直属于国务院领导。

二、金融法概述

(一)金融法的概念

金融法是调整在金融活动及金融管理中发生的金融关系的法律规范的总称。由于金融在现代社会中起到了信用中介和支付中介等重要作用,因此,在建立社会主义市场经济体制时,金融业的发展和完善是不容忽视的。金融活动如同其他任何重要的市场经济行为一样,必须由法律来规范,金融法是使金融活动有序、稳健发展不可缺少的间接调控手段。

(二)金融法的概况

金融法是一系列规范金融活动的法律规范而不是单一的一部法律。金融法的内容相当丰富,既有金融机构设立和组织原则的规定,又有金融市场宏观监管、微观运行的规定。目前,我国的金融法主要由下列法律组成:

1.《中华人民共和国中国人民银行法》

1995 年 3 月 18 日,第八届全国人民代表大会第三次会议通过了《中华人民共和国人民银行法》(简称《中国人民银行法》),并于同日起施行。该法确立了中国人民银行在我国金融体系中的法律地位。2003 年 12 月 27 日,第十届全国人民代表大会常务委员会第六次会议通过《关于修改〈中华人民共和国中国人民银行法〉的决定》。

2.《中华人民共和国商业银行法》

1995 年 5 月 10 日，第八届全国人民代表大会常务委员会第十三次会议通过了《中华人民共和国商业银行法》(简称《商业银行法》)，于同年 7 月 1 日起施行。该法明确了商业银行的运行规则。

3.《中华人民共和国票据法》

1995 年 5 月 10 日，第八届全国人民代表大会常务委员会第十三次会议通过了《中华人民共和国票据法》(简称《票据法》)，于 1996 年 1 月 1 日起施行。

4.《中华人民共和国保险法》

1995 年 6 月 30 日，第八届全国人民代表大会常务委员会第十四次会议通过了《中华人民共和国保险法》(简称《保险法》)，于同年 10 月 1 日起施行。

5.《中华人民共和国证券法》

1998 年 12 月 29 日，第九届全国人民代表大会常务委员会第六次会议通过了《中华人民共和国证券法》(简称《证券法》)，于 1999 年 7 月 1 日起施行。

6.《中华人民共和国信托法》

2001 年 4 月 28 日，第九届全国人民代表大会常务委员会第二十一次会议通过了《中华人民共和国信托法》(简称《信托法》)，于同年 10 月 1 日起施行。

7.《中华人民共和国证券投资基金法》

2003 年 10 月 28 日，第十届全国人民代表大会常务委员会第五次会议通过了《中华人民共和国证券投资基金法》(简称《证券投资基金法》)，于 2004 年 6 月 1 日起施行。

8.《中华人民共和国反洗钱法》

2006 年 10 月 31 日，第十届全国人民代表大会常务委员会第二十四次会议通过了《中华人民共和国反洗钱法》(简称《反洗钱法》)，于 2007 年 1 月 1 日起施行。

9.《中华人民共和国银行业监督管理法》

2003 年 12 月 27 日，第十届全国人民代表大会常务委员会第六次会议通过了《中华人民共和国银行业监督管理法》(简称《银行业监督管理法》)，于 2007 年 1 月 1 日起施行。该法是第一次从金融监管的角度规范监管和被监管者的职责、权利和义务的一部金融专门法。

第二节　银行法律制度

一、银行与银行法概述

(一)银行概述

1. 银行和银行体系

最初的银行是经营存款、贷款、汇兑、储蓄等业务的金融机构。随着经济活动的日益复杂以及国家对金融宏观调控需求的增加，银行业进行了分工，出现了承担不同功能的银行，逐步形成了由中央银行、银行业监督管理机构、商业银行、政策性银行等组成的银行体系。

2. 银行业监督管理机构

(1)中国银监会概述。我国《中国人民银行法》曾规定，对银行进行监督管理是中国人民银行的职责。2003 年 3 月，根据第十届全国人民代表大会第一次会议审议通过的国务院机构改革方案的规定，将中国人民银行对银行、金融资产管理公司、信托投资公司及其他存款类金融机构的监管职能分离出来，并与中央金融工作委员会的相关职能进行整合，成立中国银监会。我国《银行业监督管理法》明确提出了审慎监管的银行业全面风险监管理念，对中国银监会的监督对象、监督管理机构、监督管理职责和监督管理措施等作了规定。

（2）中国银监会的监督管理对象。第一，银行业金融机构。国务院银行业监督管理机构负责对全国银行业金融机构及其业务活动的监督管理工作。这里的银行业金融机构，是指在中国境内设立的商业银行、城市信用合作社、农村信用合作社等吸收公众存款的金融机构以及政策性银行。第二，非银行金融机构。对在中国境内设立的金融资产管理公司、信托投资公司、财务公司、金融租赁公司以及经国务院银行业监督管理机构批准设立的其他金融机构的监督管理，适用《银行业监督管理法》对银行业金融机构进行监督管理的规定。另外，国务院银行业监督管理机构依照有关规定，对经其批准在境外设立的金融机构以及金融机构在境外的业务活动实施监督管理。

（3）中国银监会的监督管理职责。第一，金融监管行政规章的制定；第二，银行业金融机构设立、高级管理人员任职资格审查和业务范围、业务品种等的行政许可；第三，对银行业金融机构经营行为的检查监督和报表资料的要求报送；第四，对严重违法违规银行业金融机构的接管、撤销等行政强制措施、对银行业金融机构违法行为的处罚以及对银行业金融机构工作纪律处分的建议等。在授予银监会行政权力的同时，对行政权力进行制约、防止权力滥用也得到重视，主要体现在：强化了银监会的内部监督机制，要求银监会公开监督管理程序，建立监督管理责任制度和内部监督制度；要求银监会依法办事，公正廉洁，不得利用职务便利牟取不正当利益，不得在金融机构等企业中兼任职务；要求银监会履行监管职责时遵循依法、公开、公正和效率的原则；对银监会行使监管权、采取监管措施；规定了程序要求和监督制约措施。

（4）中国银监会的监督管理措施。第一，有权要求与银行业金融机构董事和高级管理人员进行监管会谈；第二，有权要求银行业金融机构按照规定进行信息披露；第三，有权区别不同情况，对未遵守审慎经营规则的银行业金融机构采取递进的监管强制措施；第四，有权对有问题的银行业金融机构进行接管、促成重组或者撤销，并对其直接负责的董事、高级管理人员和其他直接责任人员采取必要的限制措施；第五，有权查询涉嫌金融违法行为人的存款或者申请司法机关冻结违法资金；第六，有权向对法律、法规直接负责的银行业金融机构的董事、高级管理人员和其他责任人员警告、罚款以及禁止从事银行业工作等。

（二）银行法的概念

银行法是调整银行设立、组织形式、业务活动及对银行业进行监管的法律规范的总称。我国目前的银行立法主要有《中国人民银行法》《商业银行法》和《银行业监督管理法》。银行法是我国金融法的重要组成部分。

二、中央银行法律制度

（一）中央银行概述

1. 中央银行的概念及起源

(1)中央银行的概念。中央银行是一个国家银行体系的主导，负责制定和执行国家的货币信用政策，是控制货币流通和信用活动的金融核心机构。中央银行垄断货币发行，是发行银行；集中商业银行的存款准备金，是储备银行、银行的银行；制定和执行国家的货币信用政策、代理国库，是国家银行。

(2)中央银行的起源。中央银行出现于17世纪60年代的欧洲大陆，最先执行中央银行职能的是成立于1694年的英国英格兰银行，并在1849年通过的《比尔条例》中第一次用法律形式确立了其中央银行的地位，之后，各国纷纷效仿。19世纪初至20世纪中叶是中央银行制度的普遍推行期，这一时期成立的中央银行有美国联邦储备体系（美联储）、加拿大银行、印度准备银行和阿根廷中央银行等。尽管名称各异，但其地位是相同的。目前，世界上绝大多数国家的金融体系都以中央银行作为金融管理中心。

2. 我国的中央银行（中国人民银行）

我国的中央银行是中国人民银行，1948年12月1日在河北石家庄成立，由原先的华北银行、北海银行和西北农民银行合并建立，新中国成立后迁至北京。

（二）中国人民银行的地位和职责

1. 中国人民银行的地位

中国人民银行是我国的中央银行，其在国务院的领导下制定和执行货币政策，防范和化解金融风险，维护金融稳定。我国的货币政策目标是保持货币币值稳定，并以此促进经济增长。

2. 中国人民银行的职责

中国人民银行履行下列职责：发布与履行其职责有关的命令和规章；依法制定和执行货币政策；发行人民币，管理人民币流通；监督管理银行间同业拆借市场和银行间债券市场；实施外汇管理，监督管理银行间外汇市场；监督管理黄金市场；持有、管理、经营国家外汇储备和黄金储备；经理国库；维护支付、清算系统的正常运行；指导、部署金融业反洗钱工作，负责反洗钱的资金监测；负责金融业的统计、调查、分析和预测；作为国家的中央银行，从事有关的国际金融活动；国务院规定的其他职责。

（三）中国人民银行的组织机构

1. 中国人民银行的行长和管理体制

(1)中国人民银行的行长。中国人民银行设行长1人，副行长若干人。行长的人选根据国务院总理的提名，由全国人民代表大会决定；全国人民代表大会闭会期间，由全国人民代表大会常务委员会决定，由中华人民共和国主席任免，副行长由国务院总理任免。

(2)中国人民银行的管理体制。中国人民银行实行行长负责制。行长领导中国人民银行的工作，副行长协助行长的工作。

(3)行长及其他工作人员的职业操守。中国人民银行的行长、副行长及其他工作人员应当恪尽职守，不得滥用职权、徇私舞弊，不得在任何金融机构、企业、基金会兼职；应当依法保守国家秘密，并有责任为与履行其职责有关的金融机构及当事人保守秘密。

2. 货币政策委员会

中国人民银行设立货币政策委员会。货币政策委员会的职责、组成和工作程序由国务院规定，报全国人民代表大会常务委员会备案。货币政策委员会应当在国家宏观调控、货币政策制定和调整中发挥重要作用。

3. 分支机构

中国人民银行根据履行职责的需要设立分支机构，作为中国人民银行的派出机构。中国人民银行对分支机构实行统一领导和管理。中国人民银行的分支机构根据中国人民银行的授权，为维护本辖区的金融稳定承办有关业务。1998 年 11 月，中国人民银行管理体制改革，撤销所有省级分行，设立跨省分行。

(四)中国人民银行的人民币管理

1. 法定货币

我国的法定货币是人民币。以人民币支付我国境内一切公共的和私人的债务，任何单位和个人不得拒收。人民币的单位为元，人民币辅币单位为角、分。

2. 人民币的印制和发行

(1)统一印制、发行。人民币由中国人民银行统一印制、发行。中国人民银行发行新版人民币，应当将发行时间、面额、图案、式样和规格予以公告。

(2)印制、发行管理规则。禁止伪造、变造人民币；禁止出售、购买伪造、变造的人民币；禁止运输、持有、使用伪造、变造的人民币；禁止故意毁损人民币；禁止在宣传品、出版物或者其他商品上非法使用人民币图样。任何单位和个人不得印制、发售代币票券以代替人民币在市场上流通。残缺、污损的人民币，按照中国人民银行的规定兑换，并由中国人民银行负责收回、销毁。

3. 人民币发行库

中国人民银行设立人民币发行库，在其分支机构设立分支库。分支库调拨人民币发行基金，应当按照上级库的调拨命令办理。任何单位和个人不得违反规定动用发行基金。

(五)中国人民银行的业务

1. 法定业务范围

(1)执行货币政策。中国人民银行为执行货币政策，可以运用下列货币政策工具：要求银行业金融机构按照规定的比例缴存存款准备金；确定中央银行基准利率；为在中国人民银行开立账户的银行业金融机构办理再贴现；向商业银行提供贷款；在公开市场上买卖国债、其他政府债券、金融债券及外汇；国务院确定的其他货币政策工具。中国人民银行为执行货币政策，运用上述货币政策工具时，可以规定具体的条件和程序。

(2)经理国库。中国人民银行依照法律、行政法规的规定经理国库。

(3)发行、兑付国债和其他政府债券。中国人民银行可以代理国务院财政部门向各金融机构组织发行、兑付国债和其他政府债券。

(4)为银行业金融机构开立账户。中国人民银行可以根据需要，为银行业金融机构开立账户，但不得对银行业金融机构的账户透支。

(5)提供清算服务。中国人民银行应当组织或者协助组织银行业金融机构相互之间的清算系统，协调银行业金融机构相互之间的清算事项，提供清算服务，具体办法由中国人民银行制定。

(6)会同制定支付结算规则。中国人民银行会同国务院银行业监督管理机构制定支付结算规则。

2. 禁忌业务

(1)超过 1 年的对商业银行的贷款。中国人民银行根据执行货币政策的需要，可以决定对商业银行贷款的数额、期限、利率和方式，但贷款的期限不得超过 1 年。

(2)对政府财政透支。中国人民银行不得对政府财政透支。

(3)直接认购、包销国债和其他政府债券。中国人民银行不得直接认购、包销国债和其他政府债券。

(4)向地方政府、各级政府部门提供贷款。中国人民银行不得向地方政府、各级政府部门提供贷款。

(5)向非银行金融机构以及其他单位和个人提供贷款。中国人民银行不得向非银行金融机构以及其他单位和个人提供贷款,但国务院决定中国人民银行可以向特定的非银行金融机构提供贷款的除外。

(6)向任何单位和个人提供担保。中国人民银行不得向任何单位和个人提供担保。

(六)中国人民银行的金融监督管理

1. 与中国银行业监督管理机构不同侧重的监督管理

中国人民银行依法监测金融市场的运行情况,对金融市场实施宏观调控,促进其协调发展。中国人民银行根据执行货币政策和维护金融稳定的需要,可以建议国务院银行业监督管理机构对银行业金融机构进行检查和监督。国务院银行业监督管理机构应当自收到建议之日起 30 日内予以回复。此举强化了中国人民银行与制定和执行货币政策有关的职责。

2. 检查监督的对象

中国人民银行有权对金融机构以及其他单位和个人的以下行为进行检查监督:执行有关存款准备金管理规定的行为;与中国人民银行特种贷款有关的行为(指国务院决定的、由中国人民银行向金融机构发放的、用于特定目的的贷款);执行有关人民币管理规定的行为;执行有关银行间同业拆借市场、银行间债券市场管理规定的行为;执行有关外汇管理规定的行为;执行有关黄金管理规定的行为;代理中国人民银行经理国库的行为;执行有关清算管理规定的行为;执行有关反洗钱规定的行为。

3. 检查监督的职责

(1)对银行业金融机构进行检查监督。当银行业金融机构出现支付困难,可能引发金融风险时,为维护金融稳定,中国人民银行经国务院批准,有权对银行业金融机构进行检查和监督。

(2)要求银行业金融机构报送必要的材料。中国人民银行根据履行职责的需要,有权要求银行业金融机构报送必要的资产负债表、利润表以及其他财务会计报表、统计报表和资料。

(3)建立监督管理信息共享机制。中国人民银行应当与国务院银行业监督管理机构、国务院其他金融监督管理机构建立监督管理信息共享机制。

(4)编制、公布金融统计数据和报表。中国人民银行负责统一编制全国金融统计数据和报表,并按照国家有关规定予以公布。

(5)加强内部监督管理。中国人民银行应当建立、健全本系统的稽核、检查制度,加强内部的监督管理。

三、商业银行法律制度

(一)商业银行概述

1. 商业银行的概念

商业银行，是指依照《商业银行法》和《公司法》设立的，吸收公众存款、发放贷款、办理结算等业务的企业法人。商业银行是我国金融体系中的重要组成部分，在社会经济生活中起着举足轻重的作用。我国自1994年金融体制改革以来，更注重商业银行的发展与完善。

2. 我国的商业银行体系

我国的商业银行体系由国有商业银行（包括中国工商银行、中国农业银行、中国银行和中国建设银行）和交通银行、中信实业银行、光大银行、华夏银行、招商银行、兴业银行、广东发展银行、浦东发展银行以及农村合作银行、城市合作银行等全国性、区域性、地方性银行组成。目前，国有商业银行已经完成了股份制改造，区域性、地方性银行的发展也十分活跃。

3. 商业银行的业务范围

商业银行可以经营下列部分或者全部业务：吸收公众存款；发放短期、中期和长期贷款；办理国内外结算；办理票据承兑与贴现；发行金融债券；代理发行、代理兑付、承销政府债券；买卖政府债券、金融债券；从事同业拆借；买卖、代理买卖外汇；从事银行卡业务；提供信用证服务及担保；代理收付款项及保险业务；提供保管箱服务；经国务院银行业监督管理机构批准的其他业务。

各商业银行的经营范围由商业银行章程规定，报国务院银行业监督管理机构批准。商业银行经中国人民银行批准，可以经营结汇和售汇业务。

4. 商业银行的基本原则

（1）商业银行的经营原则。商业银行以安全性、流动性、效益性为经营原则，实行自主经营、自担风险、自负盈亏、自我约束。商业银行依法开展业务，不受任何单位和个人的干涉。

（2）商业银行的责任原则。商业银行以其全部法人财产独立承担民事责任。

（3）商业银行的业务原则。第一，客户业务往来原则。商业银行与客户的业务往来应当遵循平等、自愿、公平和诚实信用的原则。第二，保障存款人的合法权益原则。商业银行应当保障存款人的合法权益不受任何单位和个人的侵犯。第三，信贷业务原则。商业银行开展信贷业务，应当严格审查借款人的资信，实行担保，保障按期收回贷款；商业银行依法向借款人收回到期贷款的本金和利息受法律保护。第四，业务原则。商业银行开展业务，应当遵守法律、行政法规的有关规定，不得损害国家利益、社会公共利益；应当遵守公平竞争的原则，不得从事不正当竞争。第五，接受监督管理。商业银行依法接受国务院银行业监督管理机构的监督管理，但法律规定其有关业务接受其他监督管理部门或者机构的监督管理的，依照其规定。

（二）商业银行的设立和组织机构

1. 设立商业银行的程序

设立商业银行应当经国务院银行业监督管理机构的审查和批准；未经批准，任何单位和个人不得从事吸收公众存款等商业银行业务，任何单位不得在名称中使用“银行”字样。

（1）申请人提交文件、资料。设立商业银行，申请人应当向国务院银行业监督管理机构提交下列文件、资料：申请书，申请书应当载明拟设立的商业银行的名称、所在地、注册资本、业务范围等；可行性研究报告；国务院银行业监督管理机构规定提交的其他文件、资料。

（2）申请人填写正式申请表，提交文件、资料。设立商业银行的申请经审查符合规定的，申请人应当填写正式申请表并提交下列文件、资料：章程草案；拟任职的董事、高级管理人员的资格证明；法定验资机构出具的验资证明；股东名册及其出资额、股份；持有注册资本5%以上的股东的资信证明和有关资料；经营方针和计划；营业场所、安全防范措施和与业务有关的其他设施的资料；国务院银行业监督管理机构规定的其他文件、资料。

(3)颁发经营许可证、办理登记。经批准设立的商业银行，国务院银行业监督管理机构颁发经营许可证，并凭该许可证向工商行政管理部门办理登记，领取营业执照。

2. 设立商业银行的条件

(1)有符合《商业银行法》和《公司法》规定的章程。

(2)有符合《公司法》规定的注册资本最低限额。设立全国性商业银行的注册资本最低限额为 10 亿元人民币，设立城市商业银行的注册资本最低限额为 1 亿元人民币，设立农村商业银行的注册资本最低限额为 5 000 万元人民币。注册资本应当是实缴资本。国务院银行业监督管理机构根据审慎监管的要求可以调整注册资本最低限额，但不得少于前款规定的限额。

(3)有具备任职专业知识和业务工作经验的董事和高级管理人员。有下列情形之一的，不得担任商业银行的董事或高级管理人员：因犯有贪污、贿赂、侵占财产、挪用财产罪或破坏社会经济秩序罪被判处刑罚，或因犯罪被剥夺政治权利的；担任因经营不善而破产清算的公司、企业的董事或者厂长、经理，并对该公司、企业的破产负有个人责任的；担任因违法被吊销营业执照的公司、企业的法定代表人并负有个人责任的；个人所负数额较大的债务到期未清偿的。

(4)有健全的组织机构和管理制度。商业银行的组织形式和组织机构适用《公司法》的规定。《商业银行法》施行前设立的商业银行，其组织形式和组织机构不完全符合《公司法》规定的，可以沿用原有的规定，适用前款规定的日期由国务院规定。我国《公司法》规定，公司的形式为有限责任公司和股份有限公司。所以，我国商业银行的组织形式是有限责任公司或者股份有限公司。

(5)有符合要求的营业场所、安全防范措施和与业务有关的其他设施。

设立商业银行还应当符合其他审慎性条件。

3. 商业银行的分支机构

(1)商业银行分支机构的设立。第一，设立分支机构的原则。商业银行根据业务需要可以在中国境内外设立分支机构；设立分支机构必须经国务院银行业监督管理机构审查批准；在中国境内的分支机构不按行政区划设立。第二，设立分支机构的程序。经批准设立的商业银行及其分支机构由国务院银行业监督管理机构予以公告。经批准设立的商业银行分支机构由国务院银行业监督管理机构颁发经营许可证并凭该许可证向工商行政管理部门办理登记，领取营业执照。第三，设立分支机构的文件、资料。申请人应当向中国银监会提交下列文件、资料：申请书，申请书应当载明拟设立的分支机构的名称、营运资金额、业务范围、总行及分支机构所在地等；申请人最近 2 年的财务会计报告；拟任职的高级管理人员的资格证明；经营方针和计划；营业场所、安全防范措施和与业务有关的其他设施的资料；国务院银行业监督管理机构规定的其他文件、资料。

(2)商业银行分支机构的营运。商业银行在中国境内设立分支机构，应当按规定拨付与其经营规模相适应的营运资金额，拨付各分支机构营运资金额的总和不得超过总行资本金总额的 60%。商业银行对其分支机构实行全行统一核算、统一调度资金、分级管理的财务制度。商业银行分支机构不具有法人资格，在总行的授权范围内依法开展业务，其民事责任由总行承担。商业银行及其分支机构自取得营业执照之日起无正当理由超过 6 个月未开业的，或者开业后自行停业连续 6 个月以上的，由国务院银行业监督管理机构吊销其经营许可证并予以公告。

(三)商业银行对存款人的保护、贷款和其他业务的基本规则

1. 商业银行对存款人的保护

(1)对个人存款人的保护。商业银行办理个人储蓄存款业务,应当遵循存款自愿、取款自由、存款有息、为存款人保密的原则。对个人储蓄存款,商业银行有权拒绝任何单位或者个人查询、冻结、扣划,但法律另有规定的除外。

(2)对单位存款人的保护。对单位存款,商业银行有权拒绝任何单位或个人查询,但法律、行政法规另有规定的除外;有权拒绝任何单位或个人冻结、扣划,但法律另有规定的除外。

(3)保证存款本金和利息的支付。商业银行应当保证存款本金和利息的支付,不得拖延、拒绝支付存款本金和利息。

(4)按照中央银行的规定确定利率、缴存存款准备金。商业银行应当按照中国人民银行规定的存款利率的上下限确定存款利率并予以公告;商业银行应当按照中国人民银行的规定向中国人民银行缴存存款准备金,留足备付金。

2. 商业银行贷款业务的基本规则

(1)贷款业务的基本原则。第一,接受国家产业政策指导。商业银行根据国民经济和社会发展的需要,在国家产业政策的指导下开展贷款业务。第二,严格审查。商业银行贷款应当对借款人的借款用途、偿还能力、还款方式等情况进行严格审查。第三,审贷分离、分级审批。商业银行贷款应当实行审贷分离、分级审批制度。

(2)贷款业务的基本要求。第一,借款人提供担保。商业银行贷款,借款人应当提供担保;商业银行应当对保证人的偿还能力,抵押物、质物的权属和价值以及实现抵押权、质权的可行性进行严格审查。经商业银行审查、评估,确认借款人资信良好,确能偿还贷款的,可以不提供担保。第二,订立书面合同。商业银行贷款应当与借款人订立书面合同;合同应当约定贷款种类、借款用途、金额、利率、还款期限、还款方式、违约责任和双方认为需要约定的其他事项。商业银行应当按照中国人民银行规定的贷款利率的上下限确定贷款利率。第三,遵守资产负债比例管理规定。商业银行贷款应当遵守下列资产负债比例管理的规定:资本充足率不得低于8%;贷款余额与存款余额的比例不得超过75%;流动性资产余额与流动性负债余额的比例不得低于25%;对同一借款人的贷款余额与商业银行资本余额的比例不得超过10%;国务院银行业监督管理机构对资产负债比例管理的其他规定。第四,不得向关系人发放信用贷款。商业银行不得向关系人发放信用贷款;向关系人发放担保贷款的条件不得优于其他借款人同类贷款的条件。关系人,是指商业银行的董事、监事、管理人员、信贷业务人员及其近亲属,前项所列人员投资或者担任高级管理职务的公司、企业和其他经济组织。第五,自主经营贷款业务。任何单位或个人不得强令商业银行发放贷款或者提供担保;商业银行有权拒绝任何单位或个人强令要求其发放贷款或者提供担保。第六,要求保证人归还贷款本金和利息或者就该担保物优先受偿。借款人到期不归还担保贷款的,商业银行依法享有要求保证人归还贷款本金和利息或者就该担保物优先受偿的权利;商业银行因行使抵押权、质权而取得的不动产或者股权应当自取得之日起2年内予以处分。借款人到期不归还信用贷款的,应当按照合同约定承担责任。

3. 商业银行其他业务的基本规则

(1)禁忌从事的业务。在中国境内,商业银行不得从事信托投资和证券经营业务,不得向非自用不动产投资或者向非银行金融机构和企业投资,但国家另有规定的除外。

(2)按照规则办理票据结算业务。商业银行办理票据承兑、汇兑、委托收款等结算业务,应

当按照规定的期限兑现，收付入账，不得压单、压票或者违反规定退票；有关兑现和收付入账期限的规定应当公布。

(3)发行金融债券或者到境外借款需经批准。商业银行发行金融债券或者到境外借款，应当依照法律、行政法规的规定报经批准。

(4)按照规定进行同业拆借。同业拆借应当遵守中国人民银行的规定。禁止利用拆入资金发放固定资产贷款或者用于投资。拆出资金限于交足存款准备金、留足备付金和归还中国人民银行到期贷款之后的闲置资金。拆入资金用于弥补票据结算、联行汇差头寸的不足和解决临时性周转资金的需要。

(5)依法吸收存款，发放贷款。商业银行不得违反规定提高或者降低利率以及采用其他不正当手段吸收存款、发放贷款。

(6)依法为客户开立账户。企事业单位可以自主选择一家商业银行的营业场所开立一个办理日常转账结算和现金收付的基本账户，不得开立两个以上基本账户；任何单位和个人不得将单位的资金以个人名义开立账户存储。

(7)公告营业时间。商业银行的营业时间应当方便客户并予以公告；商业银行应当在公告的营业时间内营业，不得擅自停止营业或者缩短营业时间。

(8)依法收取手续费。商业银行办理业务，提供服务，按照规定收取手续费；收费项目和标准由国务院银行业监督管理机构和中国人民银行根据职责分工分别会同国务院价格主管部门制定。

(9)按照规定保存资料。商业银行应当按照国家有关规定保存财务会计报表、业务合同以及其他资料。

(四)商业银行的财务会计和监督管理

1. 商业银行的财务会计

(1)建立健全财务会计制度。商业银行应当依照法律和国家统一的会计制度以及国务院银行业监督管理机构的有关规定，建立健全本行的财务会计制度。

(2)真实、合法编制财务会计报告。商业银行应当按照国家有关规定，真实记录并全面反映其业务活动和财务状况，编制年度财务会计报告，及时向国务院银行业监督管理机构、中国人民银行和国务院财政部门报送。商业银行不得在法定的会计账册外另立会计账册。

(3)依法公布经营业绩和审计报告。商业银行应当于每一会计年度终了的 3 个月内按照国务院银行业监督管理机构的规定，公布其上一年度的经营业绩和审计报告。商业银行的会计年度自公历 1 月 1 日起至 12 月 31 日。

(4)按照规定冲销呆账。商业银行应当按照国家有关规定，提取呆账准备金，冲销呆账。

2. 商业银行的监督管理

(1)建立健全内部制度。第一，建立健全内部风险管理和控制制度。商业银行应当按照有关规定，制定本行的业务规则，建立健全本行的风险管理和内部控制制度。第二，建立健全稽核、检查制度。商业银行应当建立健全本行对存款、贷款、结算、呆账等各项情况的稽核、检查制度。商业银行对分支机构应当进行经常性的稽核和检查监督。

(2)接受外部监管。第一，报送材料、接受监管。商业银行应当按照规定向国务院银行业监督管理机构和中国人民银行报送资产负债表、利润表以及其他财务会计报表、统计报表和资料。第二，国务院银行业监督管理机构的职权。国务院银行业监督管理机构依法对商业银行的存款、贷款、结算、呆账等情况进行检查监督时，检查监督人员应当出示合法的证件。商业银行应当按照国务院银行业监督管理机构的要求，提供财务会计资料、业务合同和有关经营管理方面的其他信息。另外，中国人民银行有权依照《中国人民银行法》的规定对商业银行进行检查监督。第三，接受审计。商业银行应当依法接受审计机关的审计监督。

（五）商业银行的接管和终止

1. 商业银行的接管

（1）接管的原因和目的。第一，接管的原因。商业银行已经或者可能发生信用危机，严重影响存款人的利益时，国务院银行业监督管理机构可以对该银行实行接管。第二，接管的目的。接管的目的是对被接管的商业银行采取必要措施，以保护存款人的利益，恢复商业银行的正常经营能力。被接管的商业银行的债权债务关系不因接管而变化。

（2）接管决定、实施和接管效力。第一，接管决定、实施。接管由国务院银行业监督管理机构决定并组织实施。国务院银行业监督管理机构的接管决定应当载明下列内容：被接管的商业银行的名称、接管理由、接管组织和接管期限。第二，接管的效力。接管自接管决定实施之日起开始。自接管开始之日起由接管组织行使商业银行的经营管理权。

（3）接管期限的延期。接管期限届满，国务院银行业监督管理机构可以决定延期，但接管期限最长不得超过 2 年。

（4）接管终止。有下列情形之一的，接管终止：接管决定规定的期限届满或者国务院银行业监督管理机构决定的接管延期届满；接管期限届满前，该商业银行已恢复正常经营能力；接管期限届满前，该商业银行被合并或者被依法宣告破产。

2. 商业银行的解散和清算

（1）解散的原因。商业银行因分立、合并或者出现公司章程规定的解散事由而需要解散的，应当向国务院银行业监督管理机构提出申请，并附解散的理由和支付存款的本金和利息等债务清偿计划，经国务院银行业监督管理机构批准后解散。

（2）普通清算。商业银行解散的，应当依法成立清算组进行清算，按照清偿计划及时偿还存款本金和利息等债务。国务院银行业监督管理机构监督清算过程。商业银行因吊销经营许可证而被撤销的，国务院银行业监督管理机构应当依法及时组织成立清算组进行清算，按照清偿计划及时偿还存款本金和利息等债务。

（3）破产清算。商业银行不能支付到期债务，经国务院银行业监督管理机构同意，由人民法院依法宣告其破产。商业银行被宣告破产的，由人民法院组织国务院银行业监督管理机构等有关部门和有关人员成立清算组进行清算。商业银行破产清算时，在支付清算费用、所欠职工工资和劳动保险费用后，应当优先支付个人储蓄存款的本金和利息。

3. 商业银行的终止

商业银行因解散、被撤销和被宣告破产而终止。

四、政策性银行法律规定

（一）政策性银行概述

1. 政策性银行的概念

政策性银行是由政府设立，专门从事某一方面政策性业务的，不以营利为目的的金融机构。政策性银行以保底经营、不与商业银行竞争的原则开展业务，其业务往往直接体现了政府意图。政府通过政策性银行引导资金投向、参与资源配置、进行宏观控制与干预，这是一般金融机构不能胜任的。

2. 我国的政策性银行

为了实现政策性金融与商业性金融相分离，1994 年我国先后建立了三家政策性银行：国家开发银行、中国农业发展银行和中国进出口银行。

2007 年初召开的全国金融工作会议决定推进国家开发银行、中国农业发展银行和中国进出口银行三大政策性银行改革。国家开发银行按照建立现代金融企业制度的要求，全面推行商业化运作，自主经营、自担风险、自负盈亏，主要从事中长期业务。

(二)国家开发银行

1. 国家开发银行概况

国家开发银行成立于 1994 年 3 月 17 日，直属国务院领导，是中国三家政策性银行中最大的一家，在银行业务上接受中国人民银行和中国银监会的指导和监督。2008 年 12 月 16 日，根据国务院决定，经中国银监会批准，国家开发银行股份有限公司在北京召开成立大会。

2. 注册资本

国家开发银行的注册资本为 3 000 亿元人民币，财政部和中央汇金投资有限责任公司分别持有国家开发银行股份有限公司 51.3%和 48.7%的股权。

3. 主要任务

国家开发银行的主要任务是：根据国民经济发展的战略目标和发展方向，以国家信用为基础，依靠市场发债，筹集和引导境内外资金，遵循金融规则，利用各种现代金融工具，为国家基础设施、基础产业、支柱产业和高新技术产业重点建设项目提供金融服务，促进国民经济持续、快速、健康发展。

根据国务院 1998 年 4 月下发的关于政府机构改革和职能转换的文件，国家开发银行被授权负责世界银行和亚洲开发银行给中国政府贷款的转贷工作。

4. 主要业务

国家开发银行的贷款主要用于国家基础设施、基础产业、支柱产业以及重大技术改造和高新技术产业化项目建设。贷款主要投向的行业为：基础设施，如铁路、公路、民航、城市基础设施、电信、水利等；基础产业，如电力、石油等；支柱产业，如石化、机械(重大技术装备)、电子等；其他，如环境保护、高科技产业等。

(三)中国农业发展银行

1. 中国农业发展银行概况

中国农业发展银行成立于 1994 年 4 月 19 日，直属国务院领导。中国农业发展银行实行独立核算，自主、保本经营，企业化管理。中国农业发展银行在业务上接受中国人民银行和中国银监会的指导和监督。中国农业发展银行在机构设置上实行总行、一级分行、二级分行和支行制；在管理上实行总行一级法人制，总行行长为法定代表人；系统内实行垂直领导的管理体制，各分支机构在总行的授权范围内依法、依规开展经营活动。

2. 注册资本和资金来源

中国农业发展银行的注册资本为200亿元人民币。中国农业发展银行运营资金的来源是:业务范围内开户企事业单位的存款;发行金融债券;财政支农资金;向中国人民银行申请再贷款;境外筹资。中国农业发展银行目前的运营资金来源主要依靠中国人民银行的再贷款,暂未开展境外筹资业务。

3. 主要任务

中国农业发展银行的主要任务是:按照国家的法律、法规和方针、政策,以国家信用为基础,筹集农业政策性信贷资金,承担国家规定的农业政策性金融业务,代理财政性支农资金的拨付,为农业和农村经济发展服务。1998年3月以后,为适应以"三项政策、一项改革"为主要内容的粮食流通体制改革的需要,根据国务院的决定,中国农业发展银行开始专司粮棉油收购、调销、储备贷款业务。

4. 主要业务

中国农业发展银行的具体业务范围由国务院根据一个时期国民经济发展和宏观调控的需要并考虑农业发展银行的承办能力来界定。中国农业发展银行自成立以来,国务院对其业务范围进行过多次调整,目前的主要业务是:办理由国务院确定的粮食、油料、棉花收购、储备、调销贷款;办理肉类、食糖、烟叶、羊毛等国家专项储备贷款;办理中央财政对上述主要农产品补贴资金的拨付,为中央和省级政府共同建立的粮食风险基金开立专户并办理拨付;办理粮食企业简易建仓贷款;办理业务范围内开户企事业单位的存款;办理开户企事业单位的结算;发行金融债券;办理粮棉油政策性贷款企业进出口贸易项下的国际结算业务以及与国际业务相配套的外汇存款、外汇汇款、同业外汇拆借、代客外汇买卖、结汇和售汇业务;办理经国务院批准的其他业务。

(四)中国进出口银行

1. 中国进出口银行概况

中国进出口银行成立于1994年,直属国务院领导,实行自主、保本经营,企业化管理。该银行在业务上接受财政部、商务部、中国人民银行、中国银监会的指导和监督。中国进出口银行的国际信用评级与国家主权评级一致,为国内金融机构最高级别,目前在国内设有营业性分支机构和代表处,在境外也设有代表处,与100多家外资银行建立了代理行关系。

2. 注册资本和资金来源

中国进出口银行的注册资本为33.8亿元人民币,政府全资拥有。中国进出口银行的资金来源除财政核拨外,主要以财政专项资金和发行金融债券为主。

3. 主要任务

中国进出口银行的主要任务是贯彻执行国家产业政策、外经贸政策和金融政策,为扩大我国机电产品和高新技术产品出口、支持"走出去"项目以及促进对外经济技术合作与交流提供政策性金融支持。

4. 主要业务

中国进出口银行的主要业务范围包括:办理出口信贷(包括出口卖方信贷和出口买方信贷);办理对外承包工程和境外投资类贷款;办理中国政府对外优惠贷款;提供对外担保;转贷外国政府和金融机构提供的贷款;办理本行贷款项下的国际、国内结算业务和企业存款业务;在境内外资本市场、货币市场筹集资金(不含发行股票);办理国际银行间贷款,组织或者参加国际、国内银团贷款；从事人民币同业拆借和债券回购；从事自营外汇资金交易和经批准的代客外汇资金交易；办理与本行业务相关的资信调查、咨询、评估和见证业务；经批准或者接受委托的其他业务。

第三节　保险法律制度

一、保险和保险法概述

(一)保险概述

1. 商业保险的概念

商业保险，是指营利性机构经营的、以营利为目的的保险业务。我国《保险法》所指的保险是商业保险，是指投保人根据合同约定，向保险人支付保险费，保险人对于合同约定的可能发生的事故因其发生所造成的财产损失承担赔偿保险金责任，或者当被保险人死亡、伤残、疾病或者达到合同约定的年龄、期限时承担给付保险金责任的商业保险行为。

2. 商业保险与社会保险的区别

社会保险，是指国家通过立法强制征集专门资金用于被保险人在丧失劳动能力或者劳动机会时满足其基本生活需求的一种物质帮助制度。商业保险与社会保险的区别是：

(1)商业保险是自愿的，社会保险是强制的。商业保险的投保人和保险人自愿订立书面保险合同；社会保险则是政府通过立法强制实施的，无须订立书面合同。

(2)商业保险的对象可以是人身和财产，社会保险的对象只能是人。

(3)商业保险的保费由投保人承担，社会保险的保费一般由政府、企业和个人共同承担。

(4)商业保险依据我国《保险法》经营，社会保险则依据我国《劳动法》或者《社会保障法》实施。

(二)保险法概述

我国保险业有了较大的发展。为了规范保险活动，保护保险活动当事人的合法权益，加强对保险业的监督管理，促进保险事业的健康发展，1995 年 6 月 30 日，第八届全国人民代表大会常务委员会第十四次会议通过了《中华人民共和国保险法》(简称《保险法》)，并于 1995 年 10 月 1 日起施行。为了加强对被保险人利益的保护、强化保险监管、支持保险业的改革和发展、履行“入世”承诺、促进保险业与国际接轨，2002 年 10 月 28 日，第九届全国人民代表大会常务委员会对该法进行了第一次修改。2009 年 2 月 28 日，第十一届全国人民代表大会常务委员会第七次会议对该法进行了第二次修改。2014 年 8 月 31 日，第十二届全国人民代表大会常务委员会第十次会议对该法进行了第三次修改。2015 年 4 月 24 日，第十二届全国人民代表大会常务委员会第十四次会议对该法有关行政审批等规定作出修改。我国《保险法》规范的是商业保险，海上保险由《海商法》规定，农业保险由法律另行规定。我国还制定了《保险经纪公司管理规定》《保险公估机构管理规定》和《再保险公司设立规定》等规章。

二、保险合同

(一)保险合同概述

1. 保险合同的概念

保险合同是投保人与保险人约定保险权利义务关系的协定。保险合同的当事人是投保人和保险人。

(1)投保人。投保人,是指与保险人订立保险合同,并按照保险合同负有支付保险费义务的人。

(2)保险人。保险人,是指与投保人订立保险合同,收取保险费并承担赔偿或者给付保险金责任的保险公司。

在保险合同关系中,除了投保人和保险人作为保险合同当事人外,还有被保险人、受益人等保险合同关系人。被保险人是其财产或者人身受保险合同保障、享有赔偿金或者保险金请求权的人。受益人是人身保险合同中由被保险人或者投保人指定的享有保险金请求权的人。被保险人和投保人可以是受益人。

2. 保险合同的原则

投保人和保险人订立保险合同,应当遵循公平互利、协商一致、自愿订立的原则,不得损害社会公共利益。除法律、行政法规规定必须保险的以外,保险公司和其他单位不得强制他人订立保险合同。

3. 保险合同的成立和效力

(1)保险合同的成立。投保人提出保险要求,经保险人同意承保,并就合同的条款达成协议,保险合同成立。保险人应当及时向投保人签发载明当事人双方约定的合同内容的保险单或者其他保险凭证。经投保人和保险人协商同意,也可以采取其他书面协议的形式订立保险合同。

(2)保险合同的效力。保险合同成立后,投保人按照约定支付保险费,保险人按照约定的时间开始承担保险责任。

4. 保险合同的内容

(1)保险合同应当订明的事项。保险合同应当包括下列事项:保险人名称和住所;投保人、被保险人名称和住所,以及人身保险受益人的名称和住所;保险标的;保险责任和责任免除;保险期间和保险责任开始时间;保险价值;保险金额;保险费以及支付办法;保险金赔偿或者给付办法;违约责任和争议处理;订立合同的年、月、日。此外,投保人和保险人可以就与保险有关的其他事项作出约定。

(2)保险合同中的责任免除条款。保险合同中有关保险人责任免除的条款,保险人在订立保险合同时应当向投保人明确说明,未明确说明的,该条款不产生效力。

(3)保险合同条款的解释。对于保险合同的条款,保险人与投保人、被保险人或者受益人有争议时,人民法院或者仲裁机关应当作有利于被保险人和受益人的解释。

5. 保险合同订立中的说明和告知义务

(1)保险人的说明义务和投保人的告知义务。订立保险合同,保险人应当向投保人说明保险合同的条款内容,并可以就保险标的或被保险人的有关情况提出询问,投保人应当如实告知。

(2)投保人不履行如实告知义务的法律后果。第一,保险人有权解除保险合同。投保人故意隐瞒事实,不履行如实告知义务的,或者因过失未履行如实告知义务,足以影响保险人决定是否同意承保或者提高保险费率的,保险人有权解除保险合同。第二,保险人不承担赔偿或者给付保险金的责任。投保人故意不履行如实告知义务的,保险人对于保险合同解除前发生的保险事故不承担赔偿或者给付保险金的责任,且不退还保险费;投保人因过失未履行如实告知义务,对保险事故的发生有严重影响的,保险人对于保险合同解除前发生的保险事故不承担赔偿或者给付保险金的责任,但可以退还保险费。

6. 保险合同的变更和解除

(1)保险合同的变更。在保险合同有效期内,投保人和保险人经协商同意,可以变更保险合同的有关内容。变更保险合同的,应当由保险人在原保险单或者其他保险凭证上批注或者附贴批单,或者由投保人与保险人订立变更的书面协议。

(2)保险合同的解除。除法律另有规定或者保险合同另有约定外,保险合同成立后,投保人可以解除保险合同,保险人不得解除保险合同。

7. 保险理赔

(1)保险事故发生后的通知和请求理赔。保险事故,是指保险合同约定的保险责任范围内的事故。第一,保险事故发生后的通知。投保人、被保险人或者受益人知道保险事故发生后,应当及时通知保险人。第二,请求理赔的证明和资料。保险事故发生后,投保人、被保险人或者受益人依照保险合同请求保险人赔偿或者给付保险金时,应当向保险人提供其所能提供的与确认保险事故的性质、原因、损失程度等有关的证明和资料。保险人依照保险合同的约定,认为有关的证明和资料不完整的,应当通知投保人、被保险人或者受益人补充提供有关的证明和资料。第三,请求理赔权的行使。人寿保险以外的其他保险的被保险人或者受益人向保险人请求赔偿或者给付保险金的权利自其知道保险事故发生之日起 2 年内不行使而消灭。人寿保险的被保险人或者受益人对保险人请求给付保险金的权利自其知道保险事故发生之日起 5 年内不行使而消灭。

(2)请求理赔的核定和理赔。第一,请求理赔的核定。保险人收到被保险人或者受益人赔偿或者给付保险金的请求后,应当及时作出核定,并将核定结果通知被保险人或者受益人。第二,理赔。对属于保险责任的,在与被保险人或者受益人达成有关赔偿或者给付保险金额的协议后的 10 日内履行赔偿或者给付保险金义务。保险合同对保险金额及赔偿或者给付期限有约定的,保险人应当依照保险合同的约定,履行赔偿或者给付保险金的义务;保险人未及时履行规定义务的,除支付保险金外,应当赔偿被保险人或者受益人因此而受到的损失。任何单位或者个人不得非法干预保险人履行赔偿或者给付保险金的义务,也不得限制被保险人或者受益人取得保险金的权利。

(3)拒绝理赔和先予支付。第一,拒绝理赔。保险人收到被保险人或者受益人赔偿或者给付保险金的请求后,对不属于保险责任的,应当向被保险人或者受益人发出拒绝赔偿或者拒绝给付保险金的通知书。第二,先予支付。保险人自收到赔偿或者给付保险金的请求和有关证明、资料之日起 60 日内对其赔偿或者给付保险金的数额不能确定的,应当根据已有证明和数据可以确定的最低数额先予支付;保险人最终确定赔偿或者给付保险金的数额后,应当支付相应的差额。

8. 再保险

(1)再保险的含义。保险人将其承担的保险业务以分保的形式部分转移给其他保险人的,为再保险。应再保险接受人的要求,再保险分出人应当将其自负责任及原保险的有关情况告知再保险接受人。

(2)再保险的规定。第一,再保险接受人不得向原保险的投保人要求支付保险费。第二,原保险的被保险人或者受益人不得向再保险接受人提出赔偿或者给付保险金的请求。第三,再保险分出人不得以再保险接受人未履行再保险责任为由,拒绝履行或者迟延履行其原保险责任。

9. 骗保

(1)骗保的含义。骗保,是指被保险人或者受益人在未发生保险事故的情况下,谎称发生了保险事故,向保险人提出赔偿或者给付保险金的请求,或者故意制造保险事故,或者在保险事故发生后伪造、变造有关证明、资料或者其他证据,编造虚假的事故原因或者夸大损失程度。

(2)骗保的法律责任。第一,被保险人或者受益人谎称发生了保险事故,向保险人提出赔偿或者给付保险金的请求的,保险人有权解除保险合同,并不退还保险费。第二,投保人、被保险人或者受益人故意制造保险事故的,保险人有权解除保险合同,不承担赔偿或者给付保险金的责任,除人身保险的相关情况外,也不退还保险费。第三,保险事故发生后,投保人、被保险人或者受益人伪造、变造有关证明、资料或者其他证据,编造虚假的事故原因或者夸大损失程度的,保险人对其虚报的部分不承担赔偿或者给付保险金的责任。投保人、被保险人或者受益人有前列行为之一,致使保险人支付保险金或者其他费用的,应当退回或者赔偿。

(二)财产保险合同

1. 财产保险合同的概念

财产保险合同是以财产及其有关利益为保险标的的保险合同。保险标的是财产及其有关利益,这也是财产保险合同与人身保险合同的主要区别。

2. 财产保险合同的规定

(1)保险标的。这是指保险人(保险公司)承担保险责任的财产及其有关利益。第一,保险标的的转让。保险标的的转让应当通知保险人,经保险人同意继续承保后,依法变更合同;但是,货物运输保险合同和另有约定的合同除外。第二,保险标的的安全。被保险人应当遵守国家有关消防、安全、生产操作、劳动保护等方面的规定,维护保险标的的安全。根据合同的约定,保险人可以对保险标的的安全状况进行检查,及时向投保人、被保险人提出消除不安全因素和隐患的书面建议。投保人、被保险人未按照约定履行其对保险标的安全应尽的责任的,保险人有权要求增加保险费或者解除合同;保险人为维护保险标的的安全,经被保险人同意,可以采取安全预防措施。第三,保险标的的危险程度增加。在合同有效期内,保险标的的危险程度增加的,被保险人按照合同约定应当及时通知保险人,保险人有权要求增加保险费或者解除合同;被保险人未履行规定的通知义务,因保险标的危险程度增加而发生的保险事故,保险人不承担赔偿责任。第四,受损保险标的的归属。保险事故发生后,保险人已支付了全部保险金额,并且保险金额等于保险价值的,受损保险标的的全部权利归于保险人;保险金额低于保险价值的,保险人按照保险金额与保险价值的比例取得受损保险标的的部分权利。

(2)保险价值。这是指保险标的(财产及其有关利益)的议定价值。财产保险合同中保险标的的保险价值可以由投保人与保险人约定并在合同中载明,也可以按照保险事故发生时保险标的的实际价值确定。保险金额不得超过保险价值;超过保险价值的,超过部分无效。保险金额低于保险价值的,除合同另有约定外,保险人按照保险金额与保险价值的比例承担赔偿责任。保险金额,是指保险人承担赔偿或者给付保险金责任的最高限额,是计算赔偿金或者给付保险金的依据。

(3)保险费和保险费率。第一,保险费。这是指保险人为承担保险责任而向被保险人收取的费用。有下列情形之一的,除合同另有约定外,保险人应当降低保险费,并按日计算退还相应的保险费:据以确定保险费率的有关情况发生变化,保险标的的危险程度明显减弱;保险标的的保险价值明显减少。第二,保险费率。这是指保险人按照保险金额向被保险人或者投保人收取保险费的比例。

(4)保险事故。这是指保险人承担保险责任的事故原因。第一,被保险人防止或者减少损失的责任。保险事故发生时,被保险人有责任尽力采取必要的措施防止或者减少损失。第二,保险人的责任。保险事故发生后,被保险人为防止或者减少保险标的的损失所支付的必要的、合理的费用由保险人承担。保险人所承担的数额在保险标的损失赔偿金额以外另行计算,最高不超过保险金额的数额。保险人、被保险人为查明和确定保险事故的性质、原因及保险标的的损失程度所支付的必要的、合理的费用,由保险人承担。

(5)代位请求赔偿权。这是指保险人取得被保险人移交的向第三者或者责任人请求赔偿的权利。第一,代位请求赔偿权的产生。因第三者对保险标的的损害而造成保险事故的,保险人自向被保险人赔偿保险金之日起在赔偿金额范围内代位行使被保险人对第三者请求赔偿的权利。第二,被保险人未取得赔偿部分的保护。保险人行使代位请求赔偿权,不影响被保险人就未取得赔偿的部分向第三者请求赔偿的权利。第三,被保险人放弃对第三者请求赔偿权。保险事故发生后,保险人未赔偿保险金之前,被保险人放弃对第三者请求赔偿的权利的,保险人不承担赔偿保险金的责任;保险人向被保险人赔偿保险金后,被保险人未经保险人同意放弃对第三者请求赔偿的权利的,该行为无效。由于被保险人的过错致使保险人不能行使代位请求赔偿的权利的,保险人可以相应扣减保险赔偿金。另外,保险事故发生后,被保险人已经从第三者取得损害赔偿的,保险人赔偿保险金时,可以相应扣减被保险人从第三者已取得的赔偿金额。

(6)重复保险。这是指投保人对同一保险标的、同一保险利益、同一保险事故分别向两个以上的保险人订立保险合同的保险。保险利益,是指投保人对其投保的保险标的具有法律承认的权利或者利害关系。第一,投保人的通知义务。重复保险的投保人应当将重复保险的有关情况通知各保险人。第二,保险人的赔偿责任。各保险人赔偿金额的总和不得超过保险价值。除合同另有约定外,重复保险的保险金额总和超过保险价值的,各保险人按照其保险金额与保险金额总和的比例承担赔偿责任。

(7)责任保险。这是指以被保险人对第三者依法应负的赔偿责任为保险标的的保险。保险人对责任保险的被保险人给第三者造成的损害,可以依照法律的规定或者合同的约定直接向该第三者赔偿保险金。责任保险的被保险人因给第三者造成损害的保险事故而被提起仲裁或者诉讼的,除合同另有约定外,由被保险人支付的仲裁或者诉讼费用以及其他必要的、合理的费用由保险人承担。

(8)合同的解除和终止。第一,合同的解除。财产保险合同可以依法解除,但货物运输保险合同和运输工具航程保险合同,保险责任开始后,合同当事人不得解除合同。第二,合同的终止。保险标的发生部分损失的,在保险人赔偿后的 30 日内,投保人可以终止合同;除合同约定不得终止合同的以外,保险人也可以终止合同。保险人终止合同的,应当提前 15 日通知投保人,并将保险标的未受损失部分的保险费扣除自保险责任开始之日起至终止合同之日期间的应收部分后，退还投保人。

（三）人身保险合同

1. 人身保险合同的概念

人身保险合同是以人的寿命和身体为保险标的的保险合同。保险标的是人的寿命和身体，这也是人身保险合同与财产保险合同的主要区别。

2. 人身保险合同的规定

(1)投保人是具有保险利益的人员。投保人对下列人员具有保险利益：本人；配偶、子女、父母；与投保人有抚养、赡养或者扶养关系的家庭其他成员、近亲属。被保险人同意投保人为其订立合同的，视为投保人对被保险人具有保险利益。

(2)投保人申报被保险人年龄不真实的后果。第一，被保险人真实年龄不符合合同约定的年龄限制的，保险人可以解除合同，并在扣除手续费后向投保人退还保险费，但自合同成立之日起逾 2 年的除外；第二，致使投保人支付的保险费少于应付保险费的，保险人有权更正并要求投保人补缴保险费，或者在给付保险金时按照实付保险费与应付保险费的比例支付；第三，致使投保人的实付保险费多于应付保险费的，保险人应当将多收的保险费退还投保人。

(3)投保人不得为无民事行为能力人投保以死亡为给付保险金条件的人身保险，保险人也不得承保。父母为其未成年子女投保的人身保险，不受该规定限制，但死亡给付保险金额的总和不得超过保险监督管理机构规定的限额。

(4)以死亡为给付保险金条件的合同。第一，合同效力。以死亡为给付保险金条件的合同，未经被保险人书面同意并认可保险金额的，合同无效，但父母为其未成年子女投保的人身保险，不受其限制。第二，转让或者质押限制。依照以死亡为给付保险金条件的合同所签发的保险单，未经被保险人书面同意，不得转让或者质押。

(5)投保人支付保险费的方式和逾期支付的后果。第一，投保人支付保险费的方式。投保人于合同成立后，可以向保险人一次支付全部保险费，也可以按照合同约定分期支付保险费。合同约定分期支付保险费的，投保人应当于合同成立时支付首期保险费，并应当按期支付其余各期的保险费。保险人不得用诉讼方式要求投保人支付人身保险的保险费。第二，逾期支付的后果。合同约定分期支付保险费，投保人支付首期保险费后，除合同另有约定外，超过规定的期限 60 日未支付当期保险费的，合同效力中止，或者由保险人按照合同约定的条件减少保险金额。合同效力中止的，经保险人与投保人协商并达成协议，在投保人补缴保险费后，合同效力恢复；但自合同效力中止之日起 2 年内双方未达成协议的，保险人有权解除合同。保险人解除合同，投保人已缴足 2 年以上保险费的，保险人应当按照合同约定退还保险单的现金价值；投保人未缴足 2 年保险费的，保险人应当在扣除手续费后退还保险费。

(6)受益人。第一，指定受益人。人身保险的受益人由被保险人或者投保人指定，投保人指定受益人时须经被保险人同意。被保险人为无民事行为能力人或者限制民事行为能力人的，可以由其监护人指定受益人。第二，数人为受益人。被保险人或者投保人可以指定一人或者数人为受益人。受益人为数人的，被保险人或者投保人可以确定受益顺序和受益份额；未确定受益份额的，受益人按照相等份额享有受益权。第三，变更受益人。被保险人或者投保人可以变更受益人并书面通知保险人；保险人收到变更受益人的书面通知后，应当在保险单上批注。投保人变更受益人时须经被保险人同意。

(7)保险金作为被保险人的遗产。被保险人死亡后，遇有下列情形之一的，保险金作为被保险人的遗产,由保险人向被保险人的继承人履行给付保险金的义务:没有指定受益人的;受益人先于被保险人死亡,没有其他受益人的;受益人依法丧失受益权或者放弃受益权,没有其他受益人的。

(8)故意造成被保险人死亡、伤残或者疾病的处理。投保人、受益人故意造成被保险人死亡、伤残或者疾病的,保险人不承担给付保险金的责任。投保人已缴足2年以上保险费的,保险人应当按照合同约定向其他享有权利的受益人退还保险单的现金价值。受益人故意造成被保险人死亡或者伤残的,或者故意杀害被保险人未遂的,丧失受益权。

(9)被保险人自杀的处理。以死亡为给付保险金条件的合同,被保险人自杀的,保险人不承担给付保险金的责任,但对投保人已支付的保险费,保险人应按照保险单退还其现金价值。自合同成立之日起满2年后,如果被保险人自杀的,保险人可以按照合同给付保险金。

(10)被保险人故意犯罪导致其自身伤残或者死亡的处理。被保险人故意犯罪导致其自身伤残或者死亡的,保险人不承担给付保险金的责任;投保人已缴足2年以上保险费的,保险人应当按照保险单退还其现金价值。

(11)被保险人因第三者的行为而发生死亡、伤残或者疾病等的处理。人身保险的被保险人因第三者的行为而发生死亡、伤残或者疾病等保险事故的,保险人向被保险人或者受益人给付保险金后,不得享有向第三者追偿的权利。但被保险人或受益人仍有权向第三者请求赔偿。

(12)合同解除。投保人解除合同,已缴足2年以上保险费的,保险人应当自接到解除合同通知之日起30日内退还保险单的现金价值;未缴足2年保险费的,保险人按照合同约定在扣除手续费后,退还保险费。

三、保险公司和保险代理人、保险经纪人

(一)保险公司

1. 保险公司的组织形式

保险公司,是指经国务院保险监督管理机构(中国保监会)批准、从事保险业务的金融机构。保险公司应当采取股份有限公司或者国有独资公司的组织形式。保险公司在中国境内外经中国保监会批准可以设立分支机构。分支机构不具有法人资格,其民事责任由保险公司承担。

2. 保险公司的设立

(1)设立保险公司的条件:主要股东具有持续盈利能力,信誉良好,最近3年内无重大违法违规记录,净资产不低于人民币2亿元;有符合《保险法》和《公司法》规定的章程;有符合《保险法》规定的注册资本最低限额;有具备任职专业知识和业务工作经验的董事、监事和高级管理人员;有健全的组织机构和管理制度;有符合要求的营业场所和与业务有关的其他设施。中国保监会审查设立申请时,应当考虑保险业的发展和公平竞争的需要。

(2)保险公司的设立程序。中国保监会自收到设立保险公司的正式申请文件之日起6个月内应当作出批准或者不批准的决定。经批准设立的保险公司,由批准部门颁发经营保险业务许可证,并凭经营保险业务许可证向工商行政管理部门办理登记,领取营业执照。

3. 保险公司的业务范围

(1)业务范围的核定。保险公司的业务范围由中国保监会依法核定,保险公司只能在被核

定的业务范围内从事保险经营活动。

(2)业务范围的内容。保险公司的业务范围包括财产保险业务和人身保险业务。财产保险业务包括财产损失保险、责任保险和信用保险等保险业务;人身保险业务包括人寿保险、健康保险、意外伤害保险等保险业务。同一保险人不得同时兼营财产保险业务和人身保险业务;但是,经营财产保险业务的保险公司经中国保监会核定,可以经营短期健康保险业务和意外伤害保险业务。

(3)兼营禁止。保险公司不得兼营《保险法》及其他法律、行政法规规定以外的业务。

(4)再保险业务。经中国保监会核定,保险公司可以经营规定的保险业务的分出保险和分入保险业务。

4. 保险公司的经营规则

(1)提取法定金。第一,责任准备金。保险公司应当遵循保障被保险人利益和保证偿付能力的原则,根据中国保监会制定的具体办法提取各项责任准备金。第二,未决赔款准备金。保险公司应当按照已经提出的保险赔偿或者给付金额,以及已经发生保险事故但尚未提出的保险赔偿或者给付金额提取未决赔款准备金。第三,保险保障基金。为了保障被保险人的利益,支持保险公司稳健经营,保险公司应当按照中国保监会的规定提存保险保障基金。保险保障基金应当集中管理,统筹使用。

(2)维持最低偿付能力。保险公司应当具有与其业务规模相适应的最低偿付能力。保险公司的实际资产减去实际负债的差额不得低于保险监督管理机构规定的数额;低于规定数额的,应当增加资本金,补足差额。中国保监会应当建立健全保险公司偿付能力监管指标体系,对保险公司的最低偿付能力实施监控。

(3)限制自留保险费和承担责任。第一,经营财产保险业务的保险公司限制自留保险费。经营财产保险业务的保险公司当年自留的保险费不得超过其实有资本金加公积金总和的4倍。第二,限制承担责任的范围。保险公司对每一危险单位,即对一次保险事故可能造成的最大损失范围所承担的责任不得超过其实有资本金加公积金总和的10%,超过的部分应当办理再保险。

(4)依法办理再保险。保险公司应当按照中国保监会的有关规定办理再保险。保险公司需要办理再保险分出业务的,应当优先向中国境内的保险公司办理。中国保监会有权限制或者禁止保险公司向中国境外的保险公司办理再保险分出业务或接受中国境外再保险分入业务。

(5)依法运用资金。第一,资金运用原则。保险公司的资金运用必须稳健,遵循安全性原则,并保证资产的保值增值。第二,资金运用范围。保险公司的资金运用限于银行存款、买卖政府债券、金融债券和国务院规定的其他资金运用形式。第三,资金运用限制。保险公司的资金不得用于设立证券经营机构,不得用于设立保险业以外的企业。第四,资金运用监督。保险公司运用的资金和具体项目的资金占其资金总额的具体比例由中国保监会规定。

(6)保险公司及其工作人员的禁止行为。保险公司及其工作人员在保险业务活动中不得有下列行为:欺骗投保人、被保险人或者受益人;对投保人隐瞒与保险合同有关的重要情况;阻碍投保人履行本法规定的如实告知义务,或者诱导其不履行规定的如实告知义务;承诺向投保人、被保险人或者受益人给予保险合同规定以外的保险费回扣或者其他利益;故意编造未曾发生的保险事故进行虚假理赔,骗取保险金。

5. 保险公司的破产清偿

保险公司不能支付到期债务，经中国保监会同意，由人民法院依法宣告破产。保险公司被宣告破产的，由人民法院组织中国保监会等有关部门和有关人员成立清算组进行清算。保险公司依法破产的，破产财产优先支付其破产费用后，按照下列顺序清偿：所欠职工工资和劳动保险费用；赔偿或者给付保险金；所欠税款；清偿公司债务。破产财产不足以清偿同一顺序清偿要求的，按照比例分配。

(二)保险代理人和保险经纪人

1. 保险代理人和保险经纪人的含义

(1)保险代理人。保险代理人是根据保险人的委托，向保险人收取代理手续费，并在保险人的授权范围内代办保险业务的机构或者个人。

(2)保险经纪人。保险经纪人是基于投保人的利益，为投保人与保险人订立保险合同提供中介服务，并依法收取佣金的机构。

2. 保险代理人和保险经纪人的责任

(1)保险代理人的责任。第一，签订委托代理协议。保险人委托保险代理人代为办理保险业务的，应当与保险代理人签订委托代理协议，依法约定双方的权利和义务及其他代理事项。经营人寿保险代理业务的保险代理人不得同时接受两个以上保险人的委托。第二，保险代理人的责任。保险代理人根据保险人的授权代为办理保险业务的行为由保险人承担责任。保险代理人为保险人代为办理保险业务，有超越代理权限的行为，投保人有理由相信其有代理权，并已订立保险合同的，保险人应当承担保险责任；但是，保险人可以依法追究越权的保险代理人的责任。

(2)保险经纪人的责任。因保险经纪人在办理保险业务中的过错，给投保人、被保险人造成损失的，由保险经纪人承担赔偿责任。

3. 保险代理人的管理

保险公司应当设立本公司保险代理人登记簿。保险公司应当加强对保险代理人的培训和管理，提高保险代理人的职业道德和业务素质，不得唆使、误导保险代理人从事违背诚信义务的活动。

4. 保险代理人和保险经纪人的经营资格和条件

保险代理人和保险经纪人应当具备保险监督管理部门规定的资格和条件，并取得保险监督管理部门颁发的经营保险代理业务许可证或者经纪业务许可证，向工商行政管理部门办理登记，领取营业执照，并缴存保证金或者投保职业责任保险。保险代理人和保险经纪人应当有自己的经营场所，设立专门账簿记载保险代理业务或者经纪业务的收支情况，并接受中国保监会的监督。

5. 保险代理人和保险经纪人的禁止行为

保险代理人和保险经纪人在办理保险业务的过程中不得有下列行为：欺骗保险人、投保人、被保险人或者受益人；隐瞒与保险合同有关的重要情况；阻碍投保人履行保险法规定的如实告知义务，或者诱导其不履行本法规定的如实告知义务；承诺向投保人、被保险人或者受益人给予保险合同规定以外的其他利益；利用行政权力、职务或者职业便利以及其他不正当手段强迫、引诱或者限制投保人订立保险合同。

从广义上讲，保险市场上还存在着间接为保险业服务的中介机构，如会计师事务所、律师事务所、审计师事务所、保险咨询机构、保险同业协会和保险评级机构等，它们为保险业的正常发展发挥着重要的作用。

四、保险业的监督管理

(一)保险业监督管理概述

对保险业的监管原由中国人民银行承担。1998年11月18日,我国成立了中国保监会。中国保监会是国务院的直属事业单位,是全国商业保险的主管机关,根据国务院的授权履行行政管理职能,依照法律、法规统一监督管理保险市场。

(二)保险业监督管理的规定

1. 保险监督管理机构的险种审批和备案权

(1)险种审批。第一,审批的险种。关系社会公众利益的保险险种、依法实行强制保险的险种和新开发的人寿保险险种等的保险条款和保险费率,应当报保险监督管理机构审批。审批的范围和具体办法由保险监督管理机构制定。第二,审批的原则。保险监督管理机构审批时,遵循保护社会公众利益和防止不正当竞争的原则。

(2)险种备案。其他保险险种的保险条款和保险费率应当报保险监督管理机构备案。

2. 保险监督管理机构的检查权

保险监督管理机构有权检查保险公司的业务状况、财务状况及资金运用状况,有权要求保险公司在规定的期限内提供有关的书面报告和资料。保险公司依法接受监督检查。保险监督管理机构有权查询保险公司在金融机构的存款。

3. 保险监督管理机构的纠正、整顿权

(1)对保险公司违反经营规则的纠正和启动整顿。第一,纠正。保险公司未按照规定提取或者结转各项准备金,或者未按照规定办理再保险,或者严重违反关于资金运用的规定的,由保险监督管理机构责令该保险公司采取下列措施限期改正:依法提取或者结转各项准备金;依法办理再保险;纠正违法运用资金的行为;调整负责人及有关管理人员。第二,启动整顿。保险监督管理机构作出限期改正的决定后,保险公司在限期内未予改正的,由保险监督管理机构决定选派保险专业人员和指定该保险公司的有关人员,组成整顿组织,对该保险公司进行整顿。整顿决定应当载明被整顿保险公司的名称、整顿理由、整顿组织和整顿期限,并予以公告。

(2)对保险公司的整顿。第一,整顿组织的权利。整顿组织有权监督该保险公司的日常业务;该保险公司的负责人及有关管理人员应当在整顿组织的监督下行使自己的职权。第二,整顿过程的业务限制。保险公司的原有业务继续进行,但保险监督管理机构有权停止开展新的业务或者停止部分业务,调整资金运用。第三,整顿结束。被整顿的保险公司经整顿已纠正其违法行为,恢复正常经营状况的,由整顿组织提出报告,经保险监督管理机构批准,整顿结束。

4. 保险监督管理机构的接管权

(1)接管的依据和目的。第一,接管的依据。保险公司违反规定,损害社会公共利益,可能严重危及或者已经危及保险公司的偿付能力的,保险监督管理机构可以对该保险公司实行接管。第二,接管的目的。接管的目的是对被接管的保险公司采取必要措施,以保护被保险人的利益,恢复保险公司的正常经营。被接管的保险公司的债权债务关系不因接管而变化;接管组织的组成和接管的实施办法由保险监督管理机构决定并予以公告。

(2)接管的期限和终止。第一,接管的期限。接管期限届满,保险监督管理机构可以决定延期,但接管期限最长不得超过2年。第二,接管的终止。接管期限届满,被接管的保险公司已恢复正常经营能力的,保险监督管理机构可以决定接管终止。第三,申请宣告保险公司破产。接管组织认为被接管的保险公司的财产已不足以清偿所负债务的,经保险监督管理机构批准,依法向人民法院申请宣告该保险公司破产。

5. 保险监督管理机构的财务监督权

(1)保险公司向保险监督管理机构报送报表的义务。保险公司应当于每一会计年度终了后3个月内将上一年度的营业报告、财务会计报告及有关报表报送保险监督管理机构并依法公布。保险公司应当于每月月底前将上一个月的营业统计报表报送保险监督管理机构。

(2)保险公司建立精算报告制度的义务。保险公司必须聘用经保险监督管理机构认可的精算专业人员,建立精算报告制度。

(3)保险公司报送报表、文件和数据的真实义务。保险公司的营业报告、财务会计报告、精算报告及其他有关报表、文件和数据必须如实记录保险业务事项,不得有虚假记载、误导性陈述和重大遗漏。

(4)保险公司妥善保管有关资料的义务。保险公司应当妥善保管有关业务经营活动的完整账簿、原始凭证及有关资料。规定的账簿、原始凭证及有关资料的保管期限自保险合同终止之日起计算,不得少于10年。

6. 中介机构对保险事故进行评估和鉴定

(1)评估机构和专家参与评估和鉴定的依据。保险人和被保险人可以聘请依法设立的独立的评估机构或者具有法定资格的专家,对保险事故进行评估和鉴定。

(2)评估机构和专家的法律责任。依法受聘对保险事故进行评估和鉴定的评估机构和专家,应当依法公正地执行业务;因故意或者过失给保险人或者被保险人造成损害的,依法承担赔偿责任。

(3)评估机构和专家的收费。依法受聘对保险事故进行评估和鉴定的评估机构收取费用,应当依照法律、行政法规的规定办理。

第四节　票据法律制度

一、票据与票据法概述

(一)票据概述

1. 票据的概念

票据是发票人依照《票据法》发行的,无条件支付或者委托他人无条件支付一定金额给收款人或者持票人的一种有价证券。我国《票据法》所称的票据包括汇票、本票和支票。

2. 票据的特征

票据作为有价证券,有以下特征:(1)票据是设权证券,即票据权利经过出票人的出票行为而产生;(2)票据是文义证券,即票据权利和义务只依票据上记载的文意而确定;(3)票据是要式证券,即票据必须按照法定格式设立,否则无效;(4)票据是无因证券,即票据上权利和义务的存在不以任何实质原因为有效条件;(5)票据是流通证券,即票据权利可以通过背书或者交付等方式转让,一般无须登记或者过户;(6)票据是金钱证券,即票据以支付一定金额的货币为目的。

(二)票据法概述

1. 票据法的概念

票据法是指规定票据的种类、签发、转让和票据当事人的权利义务等内容的法律规范的总和。票据法有广义与狭义之分。广义的票据法是关于所有票据方面的法律、行政法规的总称;狭义的票据法是关于票据的专门立法。我国票据的专门立法是 1995 年 5 月 10 日第八届全国人民代表大会常务委员会第十三次会议通过、1996 年 1 月 1 日起施行的《中华人民共和国票据法》(简称《票据法》)。1997 年 10 月 1 日起又施行了中国人民银行组织制定的《票据管理实施办法》。2004 年 8 月 28 日,第十届全国人民代表大会常务委员会第十一次会议通过了《关于修改〈中华人民共和国票据法〉的决定》,同日公布,修改后的《票据法》自公布之日起施行。

2. 票据法律关系

票据法律关系是票据当事人之间因票据的签发、转让等行为而发生的权利义务关系。票据法律关系包括票据关系和票据法上的非票据关系。

(1)票据关系。票据关系是指当事人之间因票据行为而发生的债权债务关系,如出票人与收款人之间的关系,背书人与被背书人之间的关系。票据关系是票据当事人之间的基本法律关系。票据关系当事人有基本当事人与非基本当事人之分。第一,基本当事人。票据关系的基本当事人是指票据出票时已经存在的当事人,如汇票的基本当事人有出票人、收款人和付款人,本票的基本当事人有出票人和收款人,支票的基本当事人有出票人和付款人。第二,非基本当事人。票据关系的非基本当事人是指票据出票后通过其他票据活动加入票据关系的当事人,如被背书人和保证人等。

(2)票据法上的非票据关系。票据法上的非票据关系,是指不是基于票据行为直接发生的,而是由《票据法》规定的法律关系,如票据的真正权利人要求恶意取得票据的持票人返还票据而发生的关系。规定这种法律关系的目的是保障票据关系中权利义务的实现。

票据关系与票据的基础关系不是同一概念。票据的基础关系,是指授受票据的原因关系或者前提关系。例如,我国《票据法》规定,票据的签发、取得和转让应当遵循诚实信用的原则,具有真实的交易关系和债权债务关系。交易关系和债权债务关系就是票据的基础关系。另外,在《支付结算办法》中也规定,票据的取得必须给付相应的对价;除非是因税收、继承、赠与,才可无偿取得。可见,我国对票据的无因性是有限制的。票据的基础关系无效并不必然导致票据关系的无效,票据关系因一定原因失效也不影响票据基础关系的效力。

二、票据活动的一般规定

(一)票据活动的原则

1. 票据活动的一般原则

票据活动应当遵守法律、行政法规,不得损害社会公共利益。

2. 票据的签发、取得和转让原则

票据的签发、取得和转让应当遵循诚实信用的原则，具有真实的交易关系和债权债务关系。票据的取得必须给付对价，即应当给付票据双方当事人认可的相对应的代价。

(二)票据签章

1. 当事人的签章及其责任

(1)出票人制作票据的签章。出票人，是指做成票据并将票据交付收款人的人。出票，是指出票人签发票据并将其交付收款人的票据活动。票据出票人制作票据，应当按照法定条件在票据上签章并按照所记载的事项承担票据责任。所谓票据责任，是指票据债务人向持票人支付票据金额的义务。

(2)持票人行使票据权利的签章。持票人，是指占有票据的收款人、被背书人等。持票人行使票据权利，应当按照法定程序在票据上签章并出示票据。所谓票据权利，是指持票人向票据债务人请求支付票据金额的权利，包括付款请求权和追索权。

(3)其他票据债务人的签章。其他票据债务人在票据上签章的，按照票据所记载的事项承担票据责任。

(4)代理人在票据上签章。票据当事人可以委托其代理人在票据上签章，并应当在票据上表明其代理关系。没有代理权而以代理人名义在票据上签章的，应当由签章人承担票据责任；代理人超越代理权限的，应当就其超越权限的部分承担票据责任。

(5)无民事行为能力人或者限制民事行为能力人在票据上签章。无民事行为能力人或者限制民事行为能力人在票据上签章的，其签章无效，但不影响其他签章的效力。

2. 签章的形式

票据上的签章为签名、盖章或者签名加盖章。法人和其他使用票据的单位在票据上的签章为该法人或者该单位的盖章加其法定代表人或者其授权代理人的签章。在票据上的签名应当为该当事人的本名。

(三)票据记载事项

1. 票据记载事项的要求

(1)记载事项合法。票据上的记载事项必须符合《票据法》的规定。票据金额、日期、收款人名称不得更改，更改的票据无效。对票据上的其他记载事项，原记载人可以更改，更改时应当由原记载人签章证明。

(2)记载事项真实。票据上的记载事项应当真实，不得伪造、变造。伪造、变造票据上的签章和其他记载事项的，应当承担法律责任。票据上有伪造、变造的签章的，不影响票据上其他真实签章的效力。票据上其他记载事项被变造的，在变造之前签章的人对原记载事项负责；在变造之后签章的人对变造之后的记载事项负责；不能辨别是在票据被变造之前或者之后签章的，视同在变造之前签章。

2. 票据金额记载的要求

票据金额以中文大写和数码同时记载的，两者必须一致；两者不一致的，票据无效。

(四)票据丧失和票据权利

1. 票据丧失

票据丧失，是指票据被盗、遗失、灭失。由于行使票据权利必须持有票据，而票据持有人丧失票据后，票据体现的权利并不消灭，因此，法律有保护票据权利的补救措施。

(1)挂失止付。挂失止付是指失票人在票据丧失后向付款人申请挂失，要求付款人暂时停止支付票款。传统上，失票人一般还会在媒体上刊登票据丧失的公告。挂失止付对票据权利的保护效力是有限的：第一，不是所有的票据都可以挂失止付，未记载付款人或者无法确定付款人及其代理付款人的票据不能挂失止付；第二，收到挂失止付通知的付款人只有暂停支付的义务。失票人应当在通知挂失止付后 3 日内，也可以在票据丧失后，依法向人民法院申请公示催告，或者向人民法院提起诉讼。

(2)公示催告。公示催告是指可以背书的票据持有人在票据丧失后向票据支付地的基层人民法院提出申请，由人民法院发布公告，催促利害关系人在规定期限内申报权利的特殊诉讼程序。与挂失止付不同，公示催告由人民法院通知付款人(支付人)停止支付；催告期限内无人申报权利的，人民法院可以判决形式宣告票据无效。公示催告程序终结后，申请人或者申报人还可以向人民法院起诉。

2. 票据权利

(1)票据权利的消灭。票据权利在下列期限内不行使而消灭：持票人对票据出票人和承兑人的权利自票据到期日起 2 年；见票即付的汇票、本票自出票日起 2 年；持票人对支票出票人的权利自出票日起 6 个月；持票人对前手的追索权自被拒绝承兑或者被拒绝付款之日起 6 个月；持票人对前手的再追索权自清偿日或者被提起诉讼之日起 3 个月。票据的出票日和到期日由票据当事人依法确定。所谓前手，是指在票据签章人或者持票人之前签章的其他票据债务人。

(2)票据权利的丧失。以欺诈、偷盗或者胁迫等手段取得票据的，或者明知有前述情形，出于恶意而取得票据的，不得享有票据权利。持票人因重大过失取得不符合法律规定的票据的，也不得享有票据权利。

(3)票据权利行使的场所和时间。持票人对票据债务人行使票据权利或者保全票据权利，应当在票据当事人的营业场所和营业时间内进行；票据当事人无营业场所的，应当在其住所进行。

(4)抗辩。所谓抗辩，是指票据债务人根据《票据法》的规定对票据债权人拒绝履行义务的行为。票据债务人不得以自己与出票人或者与持票人的前手之间的抗辩事由对抗持票人，但持票人明知存在抗辩事由而取得票据的除外。票据债务人可以对不履行约定义务的与自己有直接债权债务关系的持票人进行抗辩。

(5)票据权利消灭和丧失后的民事权利。持票人因超过票据权利时效或者因票据记载事项欠缺而丧失票据权利的，仍享有民事权利，可以请求出票人或者承兑人返还其与未支付的票据金额相当的利益。

三、汇票

(一)汇票概述

1. 汇票的概念

汇票是出票人签发的，委托付款人在见票时或者在指定日期无条件支付确定的金额给收款人或者持票人的票据。汇票的基本当事人有出票人、收款人和付款人。

(1)出票人,是指做成汇票并将汇票交付收款人的人。

(2)收款人,是指汇票出票时接受汇票并享有向付款人请求付款的权利的人。

(3)付款人,是指受汇票出票人委托付款并记载于票据上的人。

2. 汇票的种类

根据汇票签发人的不同,汇票可分为银行汇票和商业汇票。

(1)银行汇票。银行汇票,是指汇款人将款项交存当地银行,由银行签发给汇款人持往异地办理转账结算或者支取现金的票据。

(2)商业汇票。商业汇票,是指收款人或者付款人签发,由承兑人承兑,并于到期日向收款人或者被背书人支付款项的票据。根据商业汇票承兑人的不同,商业汇票又分为商业承兑汇票和银行承兑汇票。商业承兑汇票由收款人签发,经付款人承兑,或者由付款人签发并承兑。银行承兑汇票由收款人或者承兑申请人签发,由承兑申请人向开户银行申请,经银行审查同意后承兑。

(二)出票

1. 出票的基本要求

(1)汇票的出票人必须与付款人具有真实的委托付款关系,并且具有支付汇票金额的可靠资金来源。

(2)不得签发无对价的汇票骗取银行或者其他票据当事人的资金。

2. 汇票的记载事项

(1)汇票的必须记载事项。汇票必须记载下列事项:表明“汇票”的字样;无条件支付的委托;确定的金额;付款人名称;收款人名称;出票日期;出票人签章。汇票上未记载规定的必须记载事项之一的,汇票无效。汇票上可以记载必须记载事项以外的其他出票事项,但该记载事项不具有汇票上的效力。

(2)付款日期、付款地、出票地的确定。汇票上记载付款日期、付款地和出票地等事项的,应当清楚、明确。汇票上未记载付款日期的,为见票即付;未记载付款地的,付款人的营业场所、住所或者经常居住地为付款地;未记载出票地的,出票人的营业场所、住所或者经常居住地为出票地。

(3)付款日期的记载形式。付款日期可以按照下列形式之一记载:见票即付;定日付款;出票后定期付款;见票后定期付款。上述规定的付款日期为汇票到期日。

3. 出票的法律效力

出票人签发汇票后即承担保证该汇票承兑和付款的责任。出票人在汇票得不到承兑或者付款时,应当向持票人清偿《票据法》规定的金额和费用。

(三)背书

1. 背书的含义

背书,是指票据收款人或者持有人在票据背面或者粘单上记载有关事项并签章的票据行为。背书是票据转让的法律手续,在交付后完成。

2. 背书的依据和操作

(1)背书的依据。持票人有权将汇票权利转让给他人或者将一定的汇票权利授予他人行使。除了出票人在汇票上记载“不得转让”字样的,汇票不得转让外,持票人可以将汇票权利转让给他人或者将一定的汇票权利授予他人行使。持票人行使汇票转让、授予他人行使权利时，应当背书并交付汇票。

(2)背书的操作。票据凭证不能满足背书人记载事项的需要，可以加附粘单，黏附于票据凭证上，粘单上的第一记载人应当在汇票和粘单的黏接处签章。

3. 背书的规定

(1)记载背书日期、被背书人名称。背书由背书人签章并记载背书日期；背书未记载日期的，视为在汇票到期日前背书。汇票背书转让或者以背书将一定的汇票权利授予他人行使时，必须记载被背书人名称。

(2)背书应当连续。以背书转让的汇票，背书应当连续(在票据转让过程中，转让汇票的背书人与受让汇票的被背书人在汇票上的签章前后衔接)。持票人以背书的连续证明其汇票权利；非经背书转让，而以其他合法方式取得汇票的，须依法举证，证明其汇票权利。

(3)后手的责任。以背书转让的汇票，后手应当对其直接前手背书的真实性负责。所谓后手，是指在票据签章人之后签章的其他票据债务人。

(4)背书不得附有条件。背书不得附有条件，背书时附有条件的，所附条件不具有汇票上的效力。

(5)背书无效。将汇票金额的一部分转让的背书或者将汇票金额分别转让给两个人以上的背书无效。

(6)背书人不承担保证责任。背书人在汇票上记载"不得转让"字样，其后手再背书转让的，原背书人对后手的被背书人不承担保证责任。

(7)行使委托的汇票权利。背书记载"委托收款"字样的，被背书人有权代背书人行使被委托的汇票权利；但是，被背书人不得再背书转让汇票权利。

(8)汇票质押。汇票可以设定质押，质押时应当以背书记载"质押"字样。被背书人依法实现其质权时，可以行使汇票权利。

(9)不得背书转让。汇票被拒绝承兑、付款或者超过付款提交期限的，不得背书转让；背书转让的，背书人应当承担汇票责任。

(10)背书人的责任。背书人背书转让汇票后，即承担保证其后手所持汇票承兑和付款的责任。背书人在汇票得不到承兑或者付款时，应当向持票人清偿《票据法》追索权规定的金额和费用。

(四)承兑

1. 承兑的含义

承兑，是指票据付款人承诺在汇票到期日支付汇票金额的票据行为。

2. 承兑的规定

(1)持票人提示承兑。提示承兑，是指持票人向付款人出示汇票并要求付款人承诺付款的行为。定日付款或者出票后定期付款的汇票，持票人应当在汇票到期日前向付款人提示承兑；见票后定期付款的汇票，持票人应当自出票日起 1 个月内向付款人提示承兑；见票即付的汇票，无须提示承兑。汇票未按照规定期限提示承兑的，持票人丧失对其前手的追索权。

(2)付款人承兑或者拒绝承兑。承兑或者拒绝承兑，是指付款人对提示承兑的汇票表示承诺付款或者拒绝付款的行为。第一，期限。付款人对向其提示承兑的汇票，应当自收到提示承兑的汇票之日起 3 日内承兑或者拒绝承兑。第二，签发回单。付款人收到持票人提示承兑的汇票时，应当向持票人签发收到汇票的回单，回单上应当记明汇票提示承兑的日期并签章。

(3)付款人承兑。付款人承兑汇票的，应当在汇票正面记载“承兑”字样和承兑日期并签章；见票后定期付款的汇票，应当在承兑时记载付款日期。汇票上未记载承兑日期的，以规定期限的最后一日为承兑日期。付款人承兑汇票后，应当承担到期付款的责任。

(4)付款人拒绝承兑。付款人拒绝承兑的，制作拒绝证书。承兑不得附有条件，若附有条件则视为拒绝承兑。

(五)保证

1. 保证的含义

保证，是指汇票的债务由汇票债务人以外的他人(保证人)表示承担保证责任的附属票据行为。汇票的债务可以由保证人承担保证责任。《票据法》上的保证具有独立性的特点，即除非汇票债务人(被保证人)的债务因欠缺记载事项而使汇票无效、保证人的保证责任也随之无效外，保证人不因其他原因免除保证责任。保证不得附有条件；附有条件的，不影响对汇票的保证责任。

2. 保证的规定

(1)保证人的条件。保证人必须是汇票债务人以外的他人。保证人必须在汇票或者粘单上记载下列事项：表明“保证”的字样；保证人名称和住所；被保证人的名称(保证人未记载的，已承兑的汇票，承兑人为被保证人；未承兑的汇票，出票人为被保证人)；保证日期(保证人未记载的，出票日期为保证日期)；保证人签章。

(2)保证人的责任和权利。第一，保证责任的范围。保证人对合法取得汇票的持票人所享有的汇票权利承担保证责任；但是，被保证人的债务因汇票记载事项欠缺而无效的除外。第二，保证人与被保证人的连带责任。被保证的汇票，保证人应当与被保证人对持票人承担连带责任；汇票到期后得不到付款的，持票人有权向保证人请求付款，保证人应当足额付款。第三，保证人之间的连带责任。保证人为两人以上的，保证人之间承担连带责任。第四，保证人的追索权。保证人清偿汇票债务后，可以行使持票人对被保证人及其前手的追索权。

(六)付款

1. 付款的含义

付款，是指汇票债务人在规定期限内将票据款项支付给持票人的票据行为。付款的程序包括提示付款和支付票款。

2. 付款的规定

(1)提示付款。这是指持票人按照法定期限向付款人或者承兑人出示汇票、请求付款的行为。持票人应当按照下列期限提示付款：见票即付的汇票自出票日起1个月内向付款人提示付款；定日付款、出票后定期付款或者见票后定期付款的汇票自到期日起10日内向承兑人提示付款。持票人未按照规定期限提示付款的，在作出说明后，承兑人或者付款人仍应当继续对持票人承担付款责任。通过委托收款银行或者通过票据交换系统向付款人提示付款的，视同持票人提示付款。

(2)支付票款。这是指付款人将汇票金额支付给持票人的行为。持票人依照规定提示付款的，付款人必须在当日足额付款。付款人依法足额付款后，全体汇票债务人的责任解除。持票人获得付款的，应当在汇票上签收，并将汇票交给付款人。汇票金额以外币表示的，按照付款日的市场汇价，以人民币支付；汇票当事人对汇票支付的货币种类另有约定的，从其约定。持票人委托银行收款的，受委托的银行将代收的汇票金额转账收入持票人账户，视同签收。

(3)银行的责任。持票人委托的收款银行的责任限于按照汇票上的记载事项将汇票金额转入持票人账户。付款人委托的付款银行的责任限于按照汇票上的记载事项从付款人账户支付汇票金额。

(4)付款人及其代理付款人的责任。付款人及其代理付款人付款时，应当审查汇票背书的连续性并审查提示付款人的合法身份证明或者有效证件；付款人及其代理付款人以恶意或者有重大过失付款的，应当自行承担责任。对定日付款、出票后定期付款或者见票后定期付款的汇票，付款人在到期日前付款的，由付款人自行承担所产生的责任。

(七)追索权

1. 追索权的含义

(1)持票人的票据权利，是指持票人因合法持有汇票等票据，依据《票据法》享有的权利，包括付款请求权和追索权。付款请求权，是指持票人向票据主债务人或者其他付款义务人请求按票据上记载的金额付款的权利，是票据上的第一次请求权。追索权，是指发生持票人票据到期不获付款或者期前不获承兑等法定原因后，依照法定程序向前手请求偿还票据金额的一种票据权利，是票据上的第二次请求权。

(2)票据权利的意义。《票据法》规定的双重请求权是由票据的特征决定的，目的是保护票据债权人的合法权益。

2. 追索权的规定

(1)行使追索权的情形。持票人行使追索权的情形有：第一，汇票到期后的追索。汇票到期被拒绝付款的，持票人可以对背书人、出票人以及汇票的其他债务人行使追索权。第二，汇票到期日前的追索。汇票到期日前，有下列情形之一的，持票人也可以行使追索权：汇票被拒绝承兑的；承兑人或者付款人死亡、逃匿的；承兑人或者付款人被依法宣告破产的或者因违法被责令终止业务的。

(2)行使追索权的证据。第一，承兑人或者付款人出具拒绝证明。持票人行使追索权时，应当提供被拒绝承兑或者被拒绝付款的有关证明(持票人提示承兑或者提示付款被拒绝的，承兑人或者付款人必须出具拒绝证明，或者出具退票理由书。未出具拒绝证明或者退票理由书的，应当承担由此产生的民事责任)。第二，承兑人或者付款人死亡、逃匿的证明。持票人因承兑人或者付款人死亡、逃匿或者其他原因不能取得拒绝证明的，可以依法取得其他有关证明。第三，司法文书证明。承兑人或者付款人被人民法院依法宣告破产的，人民法院的有关司法文书具有拒绝证明的效力。第四，处罚决定证明。承兑人或者付款人因违法被责令终止业务活动的，有关行政主管部门的处罚决定具有拒绝证明的效力。持票人不能出示拒绝证明、退票理由书或者未按照规定期限提供其他合法证明的，丧失对其前手的追索权；但是，承兑人或者付款人仍应当对持票人承担责任。

(3)证据通知。第一，证据通知的期限。持票人应当自收到被拒绝承兑或者被拒绝付款的有关证明之日起 3 日内将被拒绝事由书面通知其前手；其前手应当自收到通知之日起 3 日内书面通知其再前手。持票人也可以同时向各汇票债务人发出书面通知。未按照规定期限通知的，持票人仍可以行使追索权。在规定期限内将通知按照法定地址或者约定地址邮寄的，视为已经发出通知。第二，延期通知的责任。因延期通知给其前手或者出票人造成损失的，由没有按照规定期限通知的汇票当事人承担对该损失的赔偿责任，但所赔偿的金额以汇票金额为限。第三，通知的内容。书面通知应当记明汇票的主要记载事项并说明该汇票已被退票。

(4)追索的对象。汇票的出票人、背书人、承兑人和保证人对持票人承担连带责任；持票人可以不按照汇票债务人的先后顺序，对其中任何一人、数人或者全体行使追索权；持票人对汇票债务人中的一人或者数人已经进行追索的，对其他汇票债务人仍可以行使追索权。被追索人清偿债务后，与持票人享有同一权利。持票人为出票人的，对其前手无追索权。持票人为背书人的，对其后手无追索权。

(5)追索的金额和费用。第一，持票人追索的金额和费用。持票人行使追索权，可以请求被追索人支付下列金额和费用：被拒绝付款的汇票金额；汇票金额自到期日或者提示付款日起至清偿日，按照中国人民银行规定的利率计算的利息；取得有关拒绝证明和发出通知书的费用。被追索人清偿债务时，持票人应当交出汇票和有关拒绝证明，并出具所收到利息和费用的收据。第二，被追索人再追索的金额和费用。被追索人依照规定清偿后，可以向其他汇票债务人行使再追索权，请求其他汇票债务人支付下列金额和费用：已清偿的全部金额；前项金额自清偿日起至再追索清偿日，按照中国人民银行规定的利率计算的利息；发出通知书的费用。被追索人依照前面两项规定清偿债务后，其责任解除。

四、本票

(一)本票概述

1. 本票的概念

本票，是指由出票人签发的、承诺自己在见票时无条件支付确定的金额给收款人或者持票人的票据。本票的基本当事人是出票人和收款人。

2. 本票的种类

本票有商业本票和银行本票之分，我国仅规定了银行本票，且必须为记名本票和即期本票，由银行签发。银行本票有定额银行本票和不定额银行本票。

(二)本票的法律规定

1. 适用关于汇票的规定

本票的出票、背书、保证、付款行为和追索权的行使，除《票据法》对本票的规定外，适用《票据法》有关汇票的规定。

2. 出票的规定

(1)出票人资金。本票的出票人(银行)必须具有支付本票金额的可靠资金来源并保证支付。

(2)本票的记载事项。本票必须记载下列事项：表明“本票”的字样；无条件支付的承诺；确定的金额；收款人名称；出票日期；出票人签章。本票上未记载规定事项之一的，本票无效。

(3)本票的付款地和出票地。本票上记载付款地和出票地等事项的，应当清楚、明确。本票上未记载付款地的，出票人的营业场所为付款地；本票上未记载出票地的，出票人的营业场所为出票地。

3. 付款的规定

本票的出票人在持票人提示付款时，必须承担付款责任。本票自出票日起，付款期限最长不得超过 2 个月。本票的持票人未按照规定期限提示付款的，丧失对出票人以外的前手的追索权。

五、支票

(一)支票概述

1. 支票的概念

支票，是指由出票人签发的，委托办理支票存款业务的银行或者其他金融机构在见票时无条件支付确定的金额给收款人或者持票人的票据。支票限于见票即付，不得另行记载付款日期；另行记载付款日期的，该记载无效。支票的基本当事人是出票人、付款人和收款人。

2. 支票的种类

支票分为现金支票和转账支票。

(二)支票的规定

1. 适用关于汇票的规定

支票的出票背书、付款行为和追索权的行使，除《票据法》对支票的规定外，适用《票据法》有关汇票的规定。

2. 出票的规定

(1)开立支票存款账户。开立支票存款账户，申请人必须使用其本名，并提交证明其身份的合法证件。开立支票存款账户和领用支票，应当有可靠的资信，并存入一定的资金。开立支票存款账户，申请人应当预留其本名的签名式样和印鉴(支票的出票人不得签发与其预留本名的签名式样或者印鉴不符的支票)。

(2)现金支票和转账支票。支票可以支取现金，也可以转账，用于转账时，应当在支票正面注明。支票中专门用于支取现金的，可以另行制作现金支票。现金支票只能用于支取现金。支票中专门用于转账的，可以另行制作转账支票。转账支票只能用于转账，不得支取现金。

(3)支票记载事项。支票必须记载下列事项：表明“支票”的字样；无条件支付的委托；确定的金额；付款人名称；出票日期；出票人签章。支票上未记载规定事项之一的，支票无效。

(4)授权补记。支票上的金额可以由出票人授权补记，未补记的支票不得使用。支票上未记载收款人名称的，经出票人授权，可以补记。

(5)支票的付款地、出票地和收款人。支票上未记载付款地的，付款人的营业场所为付款地；支票上未记载出票地的，出票人的营业场所、住所或者经常居住地为出票地。出票人可以在支票上记载自己为收款人。

(6)金额限制和禁止签发空头支票。支票的出票人所签发的支票金额不得超过其付款时在付款人处实有的存款金额。出票人签发的支票金额超过其付款时在付款人处实有的存款金额的，为空头支票，禁止签发空头支票。

3. 付款的规定

(1)出票人的付款责任。出票人必须按照签发的支票金额承担保证向该持票人付款的责任。出票人在付款人处的存款足以支付支票金额时，付款人应当在当日足额付款。

(2)提示付款。支票的持票人应当自出票日起10日内提示付款;异地使用的支票,其提示付款的期限由中国人民银行另行规定。超过提示付款期限的,付款人可以不予付款;付款人不予付款的,出票人仍应当对持票人承担票据责任。

(3)支付票款。付款人依法支付支票金额的,对出票人不再承担受托付款责任,对持票人不再承担付款责任;但是,付款人以恶意或者有重大过失付款的除外。

六、涉外票据的法律适用

(一)涉外票据法律适用概述

1. 涉外票据的概念

涉外票据,是指出票、背书、承兑、保证、付款等行为中既有发生在我国境内,又有发生在我国境外的票据。

2. 涉外票据法律适用的规则

对于涉外票据,首先适用我国缔结或者参加的国际条约,我国缔结或者参加的国际条约与我国法律有不同规定的,适用国际条约的规定,但我国声明保留的除外;其次适用我国有关法律;我国法律和我国缔结或者参加的国际条约均没有规定的,可以适用国际惯例。

(二)我国法律对涉外票据法律适用的规定

1. 适用出票地法律

适用出票地法律的事项包括:(1)汇票、本票出票时的记载事项;(2)票据追索权的行使期限;(3)支票出票时的记载事项。

支票出票时的记载事项经当事人协议,也可以适用付款地法律。

2. 适用行为地法律

票据的背书、承兑、付款和保证行为适用行为地法律。

3. 适用其本国法律

票据债务人的民事行为能力适用其本国法律;但是,票据债务人的民事行为能力依照其本国法律为无民事行为能力或者限制民事行为能力而依照行为地法律为完全民事行为能力的,适用行为地法律。

4. 适用付款地法律

适用付款地法律的事项包括:(1)票据的提示期限、有关拒绝证明的方式、出具拒绝证明的期限;(2)票据丧失时,失票人请求保全票据权利的程序。

第五节　证券法律制度

一、证券与证券法概述

(一)证券概述

1. 证券的概念

广义的证券，是指证明或者设定持有者享有一定权益(所有权或者债权)的凭证的总称。证券包括商品证券、货币证券和资本证券。商品证券的持有者凭证券可以获得一定的商品，如提单、仓单等；货币证券的持有者凭证券可以获得一定的票面金额，如汇票、本票和支票等；资本证券的持有者凭证券可以获得一定的收益权(股权或者债权)，如股票、债券等。狭义的证券主要是指资本证券。

2.《证券法》调整的证券

《中华人民共和国证券法》(简称《证券法》)调整的证券包括股票、公司债券和国务院依法认定的其他证券；《证券法》未规定的，适用《公司法》和其他法律、行政法规的规定。政府债券、证券投资基金份额的上市交易，适用《证券法》；其他法律、行政法规有特别规定的，适用其规定。证券衍生品种发行、交易的管理办法由国务院依照证券法的原则规定。

(二)证券法概述

1. 证券法的概念

证券法是调整证券主体组织运行、证券发行、交易、监管过程中发生的经济关系的法律规范的总称。

(1)《证券法》。1998 年 12 月 29 日，第九届全国人民代表大会常务委员会第六次会议通过了《证券法》，1999 年 7 月 1 日起施行。我国《证券法》施行后，2004 年 8 月 28 日第十届全国人民代表大会常务委员会第十一次会议、2005 年 10 月 7 日第十届全国人民代表大会常务委员会第十八次会议、2013 年 6 月 29 日第十二届全国人民代表大会常务委员会第三次会议、2014 年 8 月 31 日第十二届全国人民代表大会常务委员会第十次会议对该法做了多次修改。

(2)《证券投资基金法》。2003 年 10 月 28 日，第十届全国人民代表大会常务委员会第五次会议通过了《中华人民共和国证券投资基金法》(简称《证券投资基金法》)，自 2004 年 6 月 1 日起施行。

除上述两部法律外，证监会等有关部门还制定了大量规章制度，以规范我国的证券市场，如《证券公司管理办法》和《证券公司债券管理暂行办法》等。

2.《证券法》修订的主要内容

(1)为混业经营预留政策空间。现行《证券法》规定，证券业和银行业、信托业、保险业实行分业经营、分业管理，证券公司与银行、信托、保险业务机构分别设立；国家另有规定的除外。增加了“国家另有规定的除外”，为混业经营的金融改革留下空间。

(2)允许开发新的证券交易品种。《证券法》规定，证券交易以现货和国务院规定的其他方式进行交易。期货、期权等交易形式可能成为“国务院规定的其他方式”。

(3)为国有企业买卖股票留出法律空间。修订后的《证券法》规定，国有企业和国有资产控股的企业买卖上市交易的股票，必须遵守国家有关规定。原法规定的是“国有企业和国有资产控股的企业，不得炒作上市交易的股票”。

(4)不再限制券商融资融券。《证券法》规定，证券公司为客户买卖证券提供融资融券服务，应当按照国务院的规定并经国务院证券监督管理机构批准。原法规定的是“证券公司不得从事向客户融资或者融券的证券交易活动”。

(5)取消禁止银行资金入市的规定。《证券法》规定，依法拓宽资金入市渠道，禁止资金违规流入股市。原法规定的是“禁止银行资金违规流入股市”。

(6)建立证券发行上市保荐制度，上市公司、证券公司负责人的责任制度，发行申请的预披露制度，投资者保护基金制度，公开发行行为界定制度，发行失败制度，证券登记结算业务制度和公司涉嫌犯罪公告制度。

(7)完善证券账户开立制度。《证券法》规定，投资者申请开立账户，必须持有证明中国公民身份或者中国法人资格的证件，国家另有规定的除外。原法规定"客户开立账户，必须持有证明中国公民身份或者中国法人资格的合格证件"。

(8)为建立多层次资本市场留下空间。《证券法》规定，依法公开发行的股票、公司债券及其他证券，应当在依法设立的证券交易所上市交易或者在国务院批准的其他证券交易场所转让。原法规定的是"经依法核准的上市交易的股票、公司债券及其他证券，应当在证券交易所挂牌交易"。

(9)对监管机构及人员加以制约。《证券法》规定，中国证监会依法履行职责，进行监督检查或者调查，其监督检查或调查的人员不得少于2人，并应当出示合法证件和监督检查、调查通知书。监督检查、调查的人员少于2人或者未出示合法证件和监督检查、调查通知书的，被检查、调查的单位有权拒绝。

(10)明确上市申请人与证券交易所之间属民事关系。《证券法》规定，申请证券上市交易应当向证券交易所提出申请，由证券交易所依法审核同意，并由双方签订上市协议。

(11)明确股评误导投资者需赔偿。《证券法》规定，投资咨询机构及其从业人员从事证券服务业务不得有下列行为：代理委托人从事证券投资；与委托人约定分享证券投资收益或者分担证券投资损失；买卖本咨询机构提供服务的上市公司股票；利用传播媒介或者通过其他方式提供、传播虚假或者误导投资者的信息；法律、行政法规禁止的其他行为。有前款所列行为之一，给投资者造成损失的，依法承担赔偿责任。

(12)完善监管机构的执法手段。《证券法》对中国证监会依法履行职责时有权采取的措施进行完善，如进行现场检查、调查取证等。

3. 证券法的基本原则

证券法的基本原则，是指证券发行、交易活动中必须遵循的准则。

(1)证券的发行、交易活动必须实行公开、公平、公正的原则。

(2)证券发行、交易活动的当事人具有平等的法律地位，应当遵守自愿、有偿、诚实信用的原则。

(3)证券的发行、交易活动必须遵守法律、行政法规，禁止欺诈、内幕交易和操纵证券市场的行为。

二、证券发行

(一)证券发行概述

1. 证券发行的含义及种类

(1)证券发行的含义。证券发行，是指发行人依照法律规定的条件和程序向社会公开出售其股票或者公司债券的行为。

(2)证券发行的种类。根据发行人所发行证券的属性，证券发行有股票发行和公司债券发行之分。《证券法》对股票发行和公司债券发行有不完全相同的规定。根据发行人发行证券的形式，证券发行有公开发行和不公开发行之分。《证券法》对公开发行有明确的规定，公开发行是证券发行的基本形式;非公开发行证券不得采用广告、公开劝诱和变相公开方式。

2. 证券发行的保荐人制度

(1)保荐人的职责。保荐人应当遵守业务规则和行业规范,诚实守信,勤勉尽责,对发行人的申请文件和信息披露资料进行审慎核查,督导发行人规范运作。

(2)保荐人制度的实行范围。发行人申请公开发行股票和可转换为股票的公司债券,依法采取承销方式的,或者公开发行法律、行政法规规定实行保荐制度的其他证券的,应当聘请具有保荐资格的机构担任保荐人。

(3)保荐人的资格和管理办法。保荐人的资格及其管理办法由国务院证券监督管理机构规定。

(二)证券发行的规定

1. 公开发行证券的要求和界定

(1)公开发行证券的要求。公开发行证券必须符合法律、行政法规规定的条件,并依法报经国务院证券监督管理机构或者国务院授权的部门核准;未经依法核准,任何单位和个人不得公开发行证券。

(2)公开发行证券的界定。有下列情形之一的,为公开发行:向不特定对象发行证券;向累计超过 200 人的特定对象发行证券;法律、行政法规规定的其他发行行为。

2. 股票发行

(1)设立股份公司公开发行股票的要求。第一,应当符合《公司法》规定的条件和经国务院批准的国务院证券监督管理机构规定的其他条件。第二,向国务院证券监督管理机构报送募股申请和下列文件:公司章程、发起人协议、发起人姓名或者名称、发起人认购的股份数、出资种类及验资证明、招股说明书、代收股款银行的名称及地址、承销机构名称及有关的协议。第三,依照规定聘请保荐人的,应当报送保荐人出具的发行保荐书。第四,法律、行政法规规定设立公司必须报经批准的,还应当提交相应的批准文件。

(2)公司公开发行新股的要求。第一,公开发行新股的条件。公司公开发行新股,应当符合下列条件:具备健全且运行良好的组织机构;具有持续盈利能力,财务状况良好;最近 3 年的财务会计文件无虚假记载,无其他重大违法行为;经国务院批准的国务院证券监督管理机构规定的其他条件。第二,公开发行新股的程序。公司公开发行新股,应当向国务院证券监督管理机构报送募股申请和下列文件:公司营业执照;公司章程;股东大会决议;招股说明书;财务会计报告;代收股款银行的名称及地址;承销机构名称及有关的协议。依照规定聘请保荐人的,还应当报送保荐人出具的发行保荐书。

(3)上市公司非公开发行新股。上市公司非公开发行新股的,应当符合经国务院批准的国务院证券监督管理机构规定的条件,并报国务院证券监督管理机构核准。

(4)公开发行股票募集资金的用途。公司对公开发行股票所募集的资金必须按照招股说明书所列资金用途使用,改变招股说明书所列资金用途必须经股东大会作出决议。擅自改变用途而未作纠正的,或者未经股东大会认可的,不得公开发行新股,上市公司也不得非公开发行新股。

股票依法发行后,发行人经营与收益的变化由发行人自行负责,由此变化引致的投资风险由投资者自行负责。

3. 公司债券发行

(1)公开发行公司债券的要求。第一,公开发行公司债券的条件。公开发行公司债券,应当符合下列条件:股份有限公司的净资产不低于人民币3 000万元,有限责任公司的净资产不低于人民币6 000万元;累计债券余额不超过公司净资产的40%;最近3年的平均可分配利润足以支付公司债券1年的利息;筹集资金的投向符合国家产业政策;债券的利率不超过国务院限定的利率水平;国务院规定的其他条件。上市公司发行可转换为股票的公司债券,除应当符合上述规定的条件外,还应当符合本法关于公开发行股票的条件,并报国务院证券监督管理机构核准。第二,公开发行公司债券的程序。申请公开发行公司债券,应当向国务院授权部门或者国务院证券监督管理机构报送下列文件:公司营业执照;公司章程;公司债券募集办法;资产评估报告和验资报告;国务院授权部门或者国务院证券监督管理机构规定的其他文件。依照规定聘请保荐人的,还应当报送保荐人出具的发行保荐书。第三,公开发行公司债券筹集资金的用途。公开发行公司债券筹集的资金必须用于核准的用途,不得用于弥补亏损和非生产性支出。

(2)再次公开发行公司债券的禁止情形。有下列情形之一的,不得再次公开发行公司债券:前一次公开发行的公司债券尚未募足;对已公开发行的公司债券或者其他债务有违约或者延迟支付本息的事实且仍处于继续状态;违反法律规定,改变公开发行公司债券所募资金的用途。

4. 证券发行的程序

(1)发行人申请。第一,证券发行申请文件的格式及报送方式。发行人依法申请核准发行证券所报送的申请文件的格式和报送方式由依法负责核准的机构或者部门规定。第二,证券发行申请文件的真实、准确、完整。发行人向国务院证券监督管理机构或者国务院授权的部门报送的证券发行申请文件必须真实、准确、完整。第三,证券服务机构和人员出具有关文件的真实性、准确性和完整性。为证券发行出具有关文件的证券服务机构和人员必须严格履行法定职责,保证其所出具文件的真实性、准确性和完整性。第四,预先披露。发行人申请首次公开发行股票的,在提交申请文件后,应当按照国务院证券监督管理机构的规定预先披露有关申请文件。

(2)发行审核委员会审核股票发行申请。国务院证券监督管理机构设发行审核委员会,依法审核股票发行申请。发行审核委员会由国务院证券监督管理机构的专业人员和所聘请的该机构外的有关专家组成,以投票方式对股票发行申请进行表决,提出审核意见。发行审核委员会的具体组成办法、组成人员任期和工作程序由中国证监会规定。

(3)证券监督管理机构核准股票发行申请。第一,核准股票发行申请的规则。国务院证券监督管理机构依照法定条件负责核准股票发行申请;核准程序应当公开,依法接受监督。参与审核和核准股票发行申请的人员不得与发行申请人有利害关系,不得直接或者间接接受发行申请人的馈赠,不得持有所核准的发行申请的股票,不得私下与发行申请人接触。第二,核准股票发行申请的期限。国务院证券监督管理机构或者国务院授权的部门应当自受理证券发行申请文件之日起3个月内依照法定条件和法定程序作出予以核准或者不予核准的决定,发行人根据要求补充、修改发行申请文件的时间不计算在内;不予核准的,应当说明理由。

(4)依法公开信息。证券发行申请经核准,发行人应当依照法律、行政法规的规定,在证券公开发行前公告公开发行募集文件,并将该文件置备于指定场所供公众查阅。发行证券的信息依法公开前,任何知情人不得公开或者泄露该信息。发行人不得在公告公开发行募集文件前发行证券。

(5)证券监督管理机构撤销核准。国务院证券监督管理机构或者国务院授权的部门对已作出的核准证券发行的决定，发现不符合法定条件或者法定程序，尚未发行证券的，应当予以撤销，停止发行；已经发行尚未上市的，撤销发行核准决定，发行人应当按照发行价并加算银行同期存款利息返还证券持有人。保荐人应当与发行人承担连带责任，但能够证明自己没有过错的除外；发行人的控股股东或实际控制人有过错的，应当与发行人承担连带责任。

5. 证券发行的承销

(1)适用承销的情形及承销商选择。发行人向不特定对象公开发行的证券，法律、行政法规规定应当由证券公司承销的，发行人应当与证券公司签订承销协议。公开发行证券的发行人有权依法自主选择承销的证券公司；证券公司不得以不正当竞争手段招揽证券承销业务。向不特定对象公开发行的证券票面总值超过人民币 5 000 万元的，应当由承销团承销；承销团应当由主承销和参与承销的证券公司组成。

(2)承销的方式。证券承销业务采取代销或者包销方式。证券代销，是指证券公司代发行人发售证券，在承销期结束时将未售出的证券全部退还给发行人的承销方式。证券包销，是指证券公司将发行人的证券按照协议全部购入或者在承销期结束时将售后剩余证券全部自行购入的承销方式。

(3)承销协议。证券公司承销证券应当与发行人签订代销或者包销协议，载明下列事项：当事人的名称、住所及法定代表人姓名；代销、包销证券的种类、数量、金额及发行价格；代销、包销的期限及起止日期；代销、包销的付款方式及日期；代销、包销的费用和结算办法；违约责任；国务院证券监督管理机构规定的其他事项。

(4)承销商核查责任。证券公司承销证券，应当对公开发行募集文件的真实性、准确性和完整性进行核查；发现有虚假记载、误导性陈述或者重大遗漏的，不得进行销售活动；已经销售的，必须立即停止销售活动，并采取纠正措施。

(5)承销期限。证券的代销、包销期限最长不得超过 90 日。证券公司在代销、包销期内，对所代销、包销的证券应当保证先行出售给认购人，证券公司不得为本公司预留所代销的证券和预先购入并留存所包销的证券。

(6)发行价格。股票发行采用溢价发行的，其发行价格由发行人与承销的证券公司协商确定。

(7)发行失败。股票发行采用代销方式，代销期限届满，向投资者出售的股票数量未达到拟公开发行股票数量的 70%的，为发行失败；发行人应当按照发行价并加算银行同期存款利息返还股票认购人。

(8)发行情况备案。公开发行股票，代销、包销期限届满，发行人应当在规定的期限内将股票发行情况报国务院证券监督管理机构备案。

三、证券交易

(一)证券交易概述

1. 证券交易的概念

证券交易，是指依法发行的证券在不同的投资者之间进行买卖的行为。证券市场有证券的发行市场和证券的交易市场。证券的发行市场是一级市场，证券的交易市场是二级市场。

这里说的证券交易是二级市场的证券交易。

2. 证券交易分类

证券交易可分为场内交易和场外交易。场内交易，是指在证券交易所通过证券经营机构，采用集中竞价方式，对经批准上市的公司证券进行的交易。场外交易，是指在证券交易所进行的非集中竞价的证券交易。场外交易方式多样，交易当事人可以采用协议或者证券监督管理机构允许的其他方式确定交易价格。

(二)证券交易的一般规定

1. 证券交易的买卖对象和买卖限制

(1)买卖对象。证券交易当事人依法买卖的证券必须是依法发行并交付的证券。非依法发行的证券不得买卖。证券交易当事人买卖的证券可以采用纸面形式或者中国证券监督管理机构规定的其他形式。

(2)买卖限制。依法发行的股票、公司债券及其他证券，法律对其转让期限有限制性规定的，在限定的期限内不得买卖。

2. 证券交易的场所和方式

(1)交易场所。依法公开发行的股票、公司债券及其他证券，应当在依法设立的证券交易所上市交易或者在国务院批准的其他证券交易场所转让。

(2)交易方式。证券在证券交易所上市交易，应当采用公开的集中交易方式或者中国证监会批准的其他方式。证券交易以现货和国务院规定的其他方式进行交易。

3. 证券交易的职业纪律

(1)证券从业人员、证券监督管理机构工作人员禁止持有、买卖股票。证券交易所、证券公司和证券登记结算机构的从业人员、证券监督管理机构的工作人员以及法律、行政法规规定禁止参与股票交易的其他人员在任期或者法定限期内不得直接或者以化名、借他人名义持有、买卖股票，也不得收受他人赠送的股票。任何人在成为上述所列人员时，其原已持有的股票必须依法转让。

(2)证券服务机构和人员限制买卖相关股票。为股票发行出具审计报告、资产评估报告或法律意见书等文件的证券服务机构和人员，在该股票承销期内和期满后6个月内不得买卖该种股票。除上述规定外，为上市公司出具审计报告、资产评估报告或者法律意见书等文件的证券服务机构和人员，自接受上市公司委托之日起至上述文件公开后5日内不得买卖该种股票。

(3)上市公司董事、监事和高级管理人员交易时间的限制。上市公司董事、监事、高级管理人员和持有上市公司股份5%以上的股东，将其持有的该公司的股票在买入后的6个月内卖出，或者在卖出后的6个月内又买入，由此所得收益归该公司所有，公司董事会应当收回其所得收益。但是，证券公司因包销购入售后剩余股票而持有5%以上股份的，卖出该股票不受6个月的时间限制。公司董事会不按照上述规定执行的，股东有权要求董事会在30日内执行；公司董事会未在上述期限内执行的，股东有权为了公司的利益以自己的名义直接向人民法院提起诉讼。公司董事会不按照上述规定执行的，负有责任的董事依法承担连带责任。

(4)证券机构为客户开立的账户保密。证券交易所、证券公司和证券登记结算机构必须依法为客户开立的账户保密。

(5)证券机构合理收费。证券交易的收费必须合理并公开收费项目、收费标准和收费办法。证券交易的收费项目、收费标准和管理办法由国务院有关主管部门统一规定。

(三)证券上市

1. 证券上市概述

(1)证券上市的含义。证券上市，是指已经发行的证券依照法定程序和条件，在依法设立的证券交易所挂牌交易的行为。

(2)证券上市的基本制度。第一，证券交易所审核上市交易申请。证券上市交易应当向证券交易所提出申请，由证券交易所依法审核同意，并由双方签订上市协议。第二，保荐人保荐。申请股票、可转换为股票的公司债券或者法律、行政法规规定实行保荐制度的其他证券上市交易，应当聘请具有保荐资格的机构担任保荐人。

2. 股票上市

(1)股票上市的条件。国家鼓励符合产业政策和上市条件的公司股票上市交易。股份有限公司申请股票上市，应当符合下列条件：股票经国务院证券监督管理机构核准已公开发行；公司股本总额不少于人民币 3 000 万元；公开发行的股份达到公司股份总数的 25%以上，公司股本总额超过人民币 4 亿元的，公开发行股份的比例为 10%以上；公司最近 3 年无重大违法行为，财务会计报告无虚假记载。证券交易所可以规定高于前款规定的上市要求，并报中国证监会批准。

(2)股票上市的申请文件。申请股票上市交易，应当向证券交易所报送下列文件：上市报告书；申请股票上市的股东大会决议；公司章程；公司营业执照；依法经会计师事务所审计的公司最近 3 年的财务会计报告；法律意见书和上市保荐书；最近一次的招股说明书；证券交易所上市规则规定的其他文件。

(3)公告股票上市文件。股票上市交易申请经证券交易所审核同意后，签订上市协议的公司应当在规定的期限内公告股票上市的有关文件，并将该文件置备于指定场所供公众查阅。签订上市协议的公司除公告上述规定的文件外，还应当公告下列事项：股票获准在证券交易所交易的日期；持有公司股份最多的前 10 位股东的名单和持股数额；公司的实际控制人；董事、监事、高级管理人员的姓名及其持有本公司股票和债券的情况。

(4)股票暂停上市。上市公司有下列情形之一的，由证券交易所决定暂停其股票的上市交易：公司股本总额、股权分布等发生变化不再具备上市条件；公司不按照规定公开其财务状况，或者对财务会计报告作虚假记载，可能误导投资者；公司有重大违法行为；公司最近 3 年连续亏损；证券交易所上市规则规定的其他情形。

(5)股票终止上市。上市公司有下列情形之一的，由证券交易所决定终止其股票上市交易：公司股本总额、股权分布等发生变化不再具备上市条件，在证券交易所规定的期限内仍不能达到上市条件；公司不按照规定公开其财务状况，或者对财务会计报告作虚假记载，且拒绝纠正；公司最近 3 年连续亏损，在其后 1 个年度内未能恢复盈利；公司解散或者被宣告破产；证券交易所上市规则规定的其他情形。

3. 公司债券上市

(1)公司债券上市的条件。公司申请公司债券上市交易，应当符合下列条件：公司债券的期限为 1 年以上；公司债券的实际发行额不少于人民币 5 000 万元；公司申请债券上市时仍符合法定的公司债券发行条件。

(2)公司债券上市的申请文件。申请公司债券上市交易，应当向证券交易所报送下列文件：上市报告书；申请公司债券上市的董事会决议；公司章程；公司营业执照；公司债券募集办法;公司债券的实际发行数额;证券交易所上市规则规定的其他文件。申请可转换为股票的公司债券上市交易还应当报送保荐人出具的上市保荐书。

(3)公告公司债券上市文件。公司债券上市交易申请经证券交易所审核同意后,签订上市协议的公司应当在规定的期限内公告公司债券上市文件及有关文件,并将其申请文件置备于指定场所供公众查阅。

(4)公司债券暂停上市。公司债券上市交易后,公司有下列情形之一的,由证券交易所决定暂停其公司债券的上市交易:公司有重大违法行为;公司情况发生重大变化不符合公司债券上市条件;公司债券所募集的资金不按照核准的用途使用;未按照公司债券募集办法履行义务;公司最近2年连续亏损。

(5)公司债券终止上市。公司有重大违法行为,有未按照公司债券募集办法履行义务的情形之一,经查实后果严重的;或者公司情况发生重大变化,有不符合公司债券上市条件,公司债券所募集资金不按照核准的用途使用,公司最近2年连续亏损的情形之一,在限期内未能消除的,由证券交易所决定终止其公司债券上市交易。公司解散或者被宣告破产的,由证券交易所终止其公司债券上市交易。

4. 救济措施

对证券交易所作出的不予上市、暂停上市或终止上市决定不服的,可以向证券交易所设立的复核机构申请复核。

(四)证券交易的持续信息公开

1. 信息公开的基本要求

(1)内容真实、准确、完整。发行人和上市公司依法披露的信息必须真实、准确、完整,不得有虚假记载、误导性陈述或者重大遗漏。

(2)在指定媒体发布、供社会公众查阅。依法必须披露的信息应当在国务院证券监督管理机构指定的媒体发布,同时将其置备于公司住所和证券交易所,供社会公众查阅。

2. 信息公开的内容

(1)招股说明书、公司债券募集办法和财务会计报告。经国务院证券监督管理机构核准依法公开发行股票,或者经国务院授权部门核准依法公开发行公司债券,应当公告招股说明书、公司债券募集办法。依法公开发行新股或者公司债券的,还应当公告财务会计报告。

(2)中期报告。上市公司和公司债券上市交易的公司,应当自每一会计年度的上半年结束之日起2个月内向国务院证券监督管理机构和证券交易所报送记载以下内容的中期报告,并予以公告:公司财务会计报告和经营情况;涉及公司的重大诉讼事项;已发行的股票、公司债券变动情况;提交股东大会审议的重要事项;国务院证券监督管理机构规定的其他事项。

(3)年度报告。上市公司和公司债券上市交易的公司,应当自每一会计年度结束之日起4个月内向国务院证券监督管理机构和证券交易所报送记载以下内容的年度报告,并予以公告:公司概况;公司财务会计报告和经营情况;董事、监事、高级管理人员简介及其持股情况;已发行的股票、公司债券情况,包括持有公司股份最多的前10位股东名单和持股数额;公司的实际控制人;国务院证券监督管理机构规定的其他事项。

(4)重大事件。发生可能对上市公司股票交易价格产生较大影响的重大事件,投资者尚未得知时,上市公司应当立即将有关该重大事件的情况向国务院证券监督管理机构和证券交易所报送临时报告,并予以公告,说明事件的起因、目前的状态和可能产生的法律后果。下列情况为所称的重大事件:公司的经营方针和经营范围的重大变化;公司的重大投资行为和重大的购置财产的决定;公司订立重要合同,可能对公司的资产、负债、权益和经营成果产生重要影响;公司发生重大债务和未能清偿到期重大债务的违约情况;公司发生重大亏损或者重大损失;公司生产经营的外部条件发生重大变化;公司的董事、1/3以上监事或者经理发生变动;持有公司5%以上股份的股东或者实际控制人,其持有股份或者控制公司的情况发生较大变化;公司减资、合并、分立、解散及申请破产的决定;涉及公司的重大诉讼,股东大会、董事会决议被依法撤销或者宣告无效;公司涉嫌犯罪被司法机关立案调查,公司董事、监事、高级管理人员涉嫌犯罪被司法机关采取强制措施;国务院证券监督管理机构规定的其他事项。

3. 信息公开的责任

(1)董事、监事和高级管理人员保证上市公司所披露的信息真实、准确、完整。上市公司董事、监事和高级管理人员应当对公司的定期报告签署书面确认意见;上市公司监事会应当对董事会编制的公司定期报告进行审核并提出书面审核意见。上市公司董事、监事和高级管理人员应当保证上市公司所披露的信息真实、准确、完整。

(2)发行人和上市公司的法律责任。发行人和上市公司公告的招股说明书、公司债券募集办法、财务会计报告、上市报告文件、年度报告、中期报告、临时报告以及其他信息披露资料,有虚假记载、误导性陈述或者重大遗漏,致使投资者在证券交易中遭受损失的,发行人和上市公司应当承担赔偿责任;发行人、上市公司的董事、监事、高级管理人员和其他直接责任人员以及保荐人、承销的证券公司,应当与发行人、上市公司承担连带赔偿责任,但能够证明自己没有过错的除外;发行人、上市公司的控股股东、实际控制人有过错的,应当与发行人、上市公司承担连带赔偿责任。

4. 信息公开的监督和备案

(1)监督。国务院证券监督管理机构对上市公司年度报告、中期报告、临时报告以及公告的情况进行监督,对上市公司分派或者配售新股的情况进行监督,对上市公司控股股东及其他信息披露义务人的行为进行监督。

(2)保密。证券监督管理机构、证券交易所、保荐人、承销的证券公司及有关人员对公司依照法律、行政法规规定必须作出的公告,在公告前不得泄露其内容。

(3)备案。证券交易所决定暂停或者终止证券上市交易的,应当及时公告并报国务院证券监督管理机构备案。

(五)禁止的交易行为

1. 禁止的交易行为的含义

禁止的交易行为,是指违反《证券法》公开、公平、公正原则的证券交易行为。对这些行为,不仅禁止其进行,而且予以法律制裁。

2. 内幕交易

内幕交易,是指内幕信息的知情人和非法获取内幕信息的人利用内幕信息从事证券交易活动。《证券法》禁止证券交易内幕信息的知情人和非法获取内幕信息的人利用内幕信息从事证券交易活动。

(1)内幕信息知情人的范围。证券交易内幕信息的知情人包括下列几类:发行人的董事、监事和高级管理人员;持有公司5%以上股份的股东及其董事、监事和高级管理人员,公司的实际控制人及其董事、监事和高级管理人员;发行人控股的公司及其董事、监事和高级管理人员；由于所任公司职务可以获取公司有关内幕信息的人员；证券监督管理机构的工作人员以及由于法定职责对证券的发行、交易进行管理的其他人员；保荐人、承销的证券公司、证券交易所、证券登记结算机构、证券服务机构的有关人员；国务院证券监督管理机构规定的其他人。

(2)内幕信息的范围。证券交易活动中涉及公司的经营、财务或者对该公司证券的市场价格有重大影响的尚未公开的信息，为内幕信息。下列几项信息皆属内幕信息：前面所列的重大事件；公司分配股利或者增资的计划；公司股权结构的重大变化；公司债务担保的重大变更；公司营业用主要资产的抵押、出售或者报废一次超过该资产的 30%；公司的董事、监事或高级管理人员的行为可能依法承担重大损害赔偿责任；上市公司收购的有关方案；国务院证券监督管理机构认定的对证券交易价格有显著影响的其他重要信息。

(3)禁止内幕交易。证券交易内幕信息的知情人和非法获取内幕信息的人在内幕信息公开前不得买卖该公司的证券，或者泄露该信息，或者建议他人买卖该证券。持有或者通过协议、其他安排与他人共同持有公司 5%以上股份的自然人、法人或其他组织收购上市公司的股份，法律另有规定的，适用其规定。内幕交易行为给投资者造成损失的，行为人应当依法承担赔偿责任。

3. 操纵市场

禁止任何人以下列手段操纵证券市场：(1)单独或者通过合谋，集中资金优势、持股优势或者利用信息优势联合或者连续买卖，操纵证券交易价格或者证券交易量；(2)与他人串通，以事先约定的时间、价格和方式相互进行证券交易，影响证券交易价格或者证券交易量；(3)在自己实际控制的账户之间进行证券交易，影响证券交易价格或者证券交易量；(4)以其他手段操纵证券市场。

操纵证券市场的行为给投资者造成损失的，行为人应当依法承担赔偿责任。

4. 编造、传播虚假信息

(1)禁止国家工作人员和传播媒介从业人员等编造、传播虚假信息，扰乱证券市场。

(2)禁止证券交易所、证券公司、证券登记结算机构、证券服务机构及其从业人员，证券业协会、证券监督管理机构及其工作人员，在证券交易活动中作出虚假陈述或者信息误导。

各种传播媒介传播证券市场信息必须真实、客观，禁止误导。

5. 欺诈行为

禁止证券公司及其从业人员从事下列损害客户利益的欺诈行为：(1)违背客户的委托为其买卖证券；(2)不在规定时间内向客户提供交易的书面确认文件；(3)挪用客户所委托买卖的证券或者客户账户上的资金；(4)未经客户的委托，擅自为客户买卖证券，或者假借客户的名义买卖证券；(5)为牟取佣金收入，诱使客户进行不必要的证券买卖；(6)利用传播媒介或者通过其他方式提供、传播虚假或者误导投资者的信息；(7)其他违背客户真实意思表示，损害客户利益的行为。

欺诈客户使客户造成损失的，行为人应当依法承担赔偿责任。

6. 其他

(1)禁止法人非法利用他人账户从事证券交易、法人出借自己或者他人的证券账户。

(2)禁止任何人挪用公款买卖证券。

(六)上市公司收购

1. 上市公司收购概述

(1)上市公司收购的含义。上市公司收购，是指投资者在证券交易所通过购买上市公司股份或者协议及其他安排与他人共同持有某上市公司的股份达到一定比例后，采取证券交易所股份转让以外的其他合法途径，控制该上市公司的股份达到一定程度，导致收购人获得或者可能获得对该上市公司的实际控制权的行为。收购上市公司的结果是实际控制该上市公司。

(2)上市公司收购的方式。投资者可以采取要约收购、协议收购及其他合法方式收购上市公司。

(3)上市公司收购的支付方式。上市公司收购可以采用现金、依法可以转让的证券以及法律、行政法规规定的其他支付方式进行。

2. 上市公司实际控制的起点

投资者在证券交易所通过购买而持有某上市公司的股份达到一定比例、有对该上市公司实现实际控制的可能时，法律要求持有人履行法定义务，防止影响正常的股票交易。

(1)上市公司实际控制的起点标准及持有人的书面报告和公告义务。第一，上市公司收购开始的标准。通过证券交易所的证券交易，投资者持有或者通过协议、其他安排与他人共同持有一个上市公司已发行的股份达到 5%。第二，持有人的书面报告和公告义务。持有人应当在该事实发生之日起 3 日内向国务院证券监督管理机构、证券交易所作出书面报告，通知该上市公司并予以公告。依照规定所作的书面报告和公告应当包括下列内容：持股人的名称、住所；持有的股票的名称、数额；持股达到法定比例或者持股增减变化达到法定比例的日期。

(2)上市公司实际控制起点标准的影响。第一，投资者在规定期限内停止买卖该上市公司的股票。持有人自该事实发生之日起 3 日内不得再行买卖该上市公司的股票。第二，投资者持有该上市公司股份变动的报告、公告和停止买卖该上市公司的股票。投资者所持该上市公司已发行的股份比例每增加或者减少 5%，应当依照上述规定进行报告和公告；在报告期限内和作出报告、公告后 2 日内不得再行买卖目标公司的股票。

3. 要约收购

要约收购，是指收购人通过向被收购的上市公司股东发出购买其所持有的该公司股份的书面收购要约，并且按照其公告的收购要约内容实现收购该上市公司股份的目的的收购方式。收购要约提出的各项收购条件适用于被收购公司的所有股东。

(1)收购人事先向国务院证券监督管理机构报送收购报告书。依照规定发出收购要约，收购人必须事先向国务院证券监督管理机构报送上市公司收购报告书，并载明下列内容：收购人的名称、住所；收购人关于收购的决定；被收购上市公司的名称；收购目的；收购股份的详细名称和预定收购的股份数额；收购期限（不得少于 30 日，并不得超过 60 日）；收购价格；收购所需资金额及资金保证；报送上市公司收购报告书时持有被收购公司股份数占该公司已发行的股份总数的比例。收购人还应当将上市公司收购报告书同时提交证券交易所。

(2)投资者发出收购要约。通过证券交易所的证券交易，投资者持有或者通过协议、其他安排与他人共同持有一个上市公司已发行的股份达到 30%时，继续进行收购的，应当依法向该上市公司所有股东发出收购上市公司全部或者部分股份的要约。收购上市公司部分股份的收购要约应当约定，被收购公司股东承诺出售的股份数额超过预定收购的股份数额的，收购人按比例进行收购。

(3)收购人公告收购要约。收购人自依照规定报送上市公司收购报告书之日起 15 日后公告其收购要约。在上述期限内，国务院证券监督管理机构发现上市公司收购报告书不符合法律、行政法规规定的，应当及时告知收购人，收购人不得公告其收购要约。

(4)收购人撤销、变更收购要约。在收购要约确定的承诺期限内，收购人不得撤销其收购要约。收购人需要变更收购要约的，必须事先向国务院证券监督管理机构及证券交易所提出报告，经批准后予以公告。

(5)收购人在收购期限内收购行为的约束。采取要约收购方式的，收购人在收购期限内不得卖出被收购公司的股票，也不得采取要约规定以外的形式和超出要约的条件买入被收购公司的股票。

4. 协议收购

协议收购，是指收购人与上市公司的股东协商，达成书面转让股权的协议，按照收购协议的约定收购该上市公司股份的收购方式。

(1)收购协议及其公告。采取协议收购方式的，收购人可以依照法律、行政法规的规定与被收购公司的股东以协议方式进行股份转让。以协议方式收购上市公司时，达成协议后，收购人必须在3日内将该收购协议向国务院证券监督管理机构及证券交易所作出书面报告，并予以公告，在公告前不得履行收购协议。

(2)股票临时保管和资金存放。采取协议收购方式的，协议双方可以临时委托证券登记结算机构保管协议转让的股票，并将资金存放于指定的银行。

(3)收购人发出收购要约。采取协议收购方式的，收购人收购或者通过协议、其他安排与他人共同收购一家上市公司已发行的股份达到30%时，继续进行收购的，应当向该上市公司所有股东发出收购上市公司全部或者部分股份的要约；但是，经国务院证券监督管理机构免除发出要约的除外。

5. 其他规定

(1)被收购公司的股票终止上市后的处理。收购期限届满，被收购公司的股权分布不符合上市条件的，该上市公司的股票应当由证券交易所依法终止上市交易；其余仍持有被收购公司股票的股东有权向收购人以收购要约的同等条件出售其股票，收购人应当收购。

(2)被收购公司不再具备股份公司条件的处理。收购行为完成后，被收购公司不再具备股份有限公司条件的，应当依法变更企业形式。

(3)收购人持有被收购公司股票的转让限制。在上市公司收购中，收购人持有的被收购的上市公司的股票，在收购行为完成后的12个月内不得转让。

(4)收购人更换被收购公司的股票。收购行为完成后，收购人与被收购公司合并，并将该公司解散的，被解散公司的原有股票由收购人依法更换。

(5)收购国家授权投资机构持有的股份。收购上市公司中由国家授权投资的机构持有的股份，应当按照国务院的规定，经有关主管部门批准。国务院证券监督管理机构应当依照本法的原则制定上市公司收购的具体办法。

收购行为完成后，收购人应当在15日内将收购情况报告国务院证券监督管理机构和证券交易所并予以公告。

四、证券机构

(一)证券公司

1. 证券公司的概念

证券公司，是指依照《公司法》和《证券法》的规定设立的经营证券业务的有限责任公司或者股份有限公司。证券公司必须在其名称中标明“证券有限责任公司”或者“证券股份有限公司”字样。

2. 证券公司的设立

(1)证券公司的设立条件。设立证券公司，应当具备下列条件：有符合法律、行政法规规定的公司章程；主要股东具有持续盈利能力，信誉良好，最近 3 年无重大违法违规记录，净资产不低于人民币 2 亿元；有符合规定的注册资本；董事、监事和高级管理人员具备任职资格，从业人员具有证券从业资格；有完善的风险管理与内部控制制度；有合格的经营场所和业务设施；法律、行政法规以及经国务院批准的国务院证券监督管理机构规定的其他条件。

(2)证券公司的设立程序。第一，审查批准。设立证券公司，必须经国务院证券监督管理机构审查批准。未经国务院证券监督管理机构批准，任何单位和个人不得经营证券业务。国务院证券监督管理机构应当自受理证券公司设立申请之日起 6 个月内依照法定条件和法定程序并根据审慎监管原则进行审查，作出批准或者不予批准的决定，并通知申请人；不予批准的，应当说明理由。第二，申请设立登记。证券公司的设立申请获得批准的，申请人应当在规定的期限内向公司登记部门申请设立登记并领取营业执照。第三，申请经营证券业务许可证。证券公司应当自领取营业执照之日起 15 日内向国务院证券监督管理机构申请经营证券业务许可证。未取得经营证券业务许可证的证券公司不得经营证券业务。

(3)证券公司的业务。经国务院证券监督管理机构批准，证券公司可以经营下列部分或者全部业务：证券经纪；证券投资咨询；与证券交易和证券投资活动有关的财务顾问；证券承销与保荐；证券自营；证券资产管理；其他证券业务。

(4)证券公司的注册资本。根据证券公司的经营范围确定其注册资本数额：第一，注册资本最低限额为人民币 5 000 万元。证券公司经营证券经纪、证券投资咨询、与证券交易和证券投资活动有关的财务顾问业务的，注册资本最低限额为人民币 5 000 万元。第二，注册资本最低限额为人民币 1 亿元。经营证券承销与保荐、证券自营、证券资产管理和其他证券业务之一的，注册资本最低限额为人民币 1 亿元。第三，注册资本最低限额为人民币 5 亿元。经营证券承销与保荐、证券自营、证券资产管理和其他证券业务中两项以上业务的，注册资本最低限额为人民币 5 亿元。证券公司的注册资本应当是实缴资本。国务院证券监督管理机构根据审慎监管原则和各项业务的风险程度，可以调整注册资本最低限额，但不得少于规定的限额。

(5)证券公司的变更。证券公司设立、收购或者撤销分支机构，变更业务范围，增加注册资本且股权结构发生重大调整，减少注册资本，变更持有 5%以上股权的股东、实际控制人，变更公司章程中的重要条款，合并、分立，停业、解散、破产，必须经国务院证券监督管理机构批准。另外，证券公司在境外设立、收购或者参股证券经营机构，必须经国务院证券监督管理机构批准。

(6)证券公司的净资本。国务院证券监督管理机构应当对证券公司的净资本，净资本与负债的比例，净资本与净资产的比例，净资本与自营、承销、资产管理等业务规模的比例，负债与净资产的比例，以及流动资产与流动负债的比例等风险控制指标作出规定。另外，证券公司不得为其股东或者股东的关联人提供融资或者担保。

3. 证券公司的人员管理

(1)证券公司董事、监事和高级管理人员的任职资格。证券公司的董事、监事和高级管理人员应当正直诚实，品行良好，熟悉证券法律、行政法规，具有履行职责所需的经营管理能力，并在任职前取得国务院证券监督管理机构核准的任职资格。有《公司法》规定的情形或者下列情形之一的，不得担任证券公司的董事、监事或高级管理人员：因违法行为或者违纪行为被解除职务的证券交易所、证券登记结算机构的负责人或者证券公司的董事、监事和高级管理人员，自被解除职务之日起未逾5年；因违法行为或者违纪行为被撤销资格的律师、注册会计师或者投资咨询机构、财务顾问机构、资信评级机构、资产评估机构、验证机构的专业人员，自被撤销资格之日起未逾5年。证券公司的董事、监事和高级管理人员未能勤勉尽责，致使证券公司存在重大违法违规行为或者重大风险的，国务院证券监督管理机构可以撤销其任职资格，并责令公司予以更换。

(2)证券公司从业人员的资格和责任。第一，从业人员的资格。因违法行为或者违纪行为被开除的证券交易所、证券登记结算机构、证券服务机构、证券公司的从业人员和被开除的国家机关工作人员，不得招聘为证券公司的从业人员。国家机关工作人员和法律、行政法规规定的禁止在公司中兼职的其他人员，不得在证券公司中兼任职务。第二，从业人员的责任。证券公司的从业人员在证券交易活动中执行所属证券公司的指令或者利用职务违反交易规则的，由所属证券公司承担全部责任。

4. 证券公司的业务管理

(1)证券投资者保护基金和交易风险准备金。第一，证券投资者保护基金。国家设立证券投资者保护基金，证券投资者保护基金由证券公司缴纳的资金及其他依法筹集的资金组成，其筹集、管理和使用的具体办法由国务院规定。第二，交易风险准备金。证券公司从每年的税后利润中提取交易风险准备金用于弥补证券交易的损失，其提取的具体比例由国务院证券监督管理机构规定。

(2)防范利益冲突、禁止混合操作的内部控制制度。证券公司应当建立健全内部控制制度，采取有效隔离措施，防范公司与客户之间、不同客户之间的利益冲突。证券公司必须将其证券经纪业务、证券承销业务、证券自营业务和证券资产管理业务分开办理，不得混合操作。

(3)自营业务与经纪业务的基本规则。第一，自营业务基本规则。证券公司的自营业务必须以自己的名义进行，不得假借他人名义或者以个人名义进行。证券公司的自营业务必须使用自有资金和依法筹集的资金。证券公司不得将其自营账户借给他人使用。第二，经纪业务的基本规则。证券公司办理经纪业务，应当置备统一制定的证券买卖委托书，供委托人使用。采取其他委托方式的，必须作出委托记录。客户的证券买卖委托，不论是否成交，其委托记录应当按照规定的期限保存于证券公司。证券公司办理经纪业务，不得接受客户的全权委托而决定证券买卖、选择证券种类、决定买卖数量或者买卖价格。

(4)接受证券买卖委托。证券公司接受证券买卖的委托，应当根据委托书载明的证券名称、买卖数量、出价方式、价格幅度等，按照交易规则代理买卖证券，如实进行交易记录；买卖成交后，应当按照规定制作买卖成交报告单交付客户。证券交易中确认交易行为及其交易结果的对账单必须真实，并由交易经办人员以外的审核人员逐笔审核，保证账面证券余额与实际持有的证券相一致。证券公司及其从业人员不得未经过其依法设立的营业场所私下接受客户委托买卖证券。

(5)保护客户的交易结算资金和证券。第一，客户交易结算资金的存放和管理。证券公司客户的交易结算资金应当存放在商业银行，以每个客户的名义单独立户管理，具体办法和实施步骤由国务院规定。证券公司不得将客户的交易结算资金和证券归入其自有财产。第二，保护交易结算资金和证券。禁止任何单位或者个人以任何形式挪用客户的交易结算资金和证券；证券公司破产或者清算时，客户的交易结算资金和证券不属于其破产财产或者清算财产。

非因客户本身的债务或者法律规定的其他情形，不得查封、冻结、扣划或者强制执行客户的交易结算资金和证券。

(6)融资融券服务。证券公司为客户买卖证券提供融资融券服务，应当按照国务院的规定并经国务院证券监督管理机构批准。

(7)资料。第一，资料保管。证券公司应当妥善保存客户的开户资料、委托记录、交易记录和与内部管理、业务经营有关的各项资料，任何人不得隐匿、伪造、篡改或者毁损；上述资料的保存期限不得少于 20 年。第二，资料报送。证券公司应当按照规定向国务院证券监督管理机构报送业务、财务等经营管理信息和资料。国务院证券监督管理机构有权要求证券公司及其股东、实际控制人在指定的期限内提供有关信息、资料。第三，资料真实、准确、完整。证券公司及其股东、实际控制人向国务院证券监督管理机构报送或者提供的信息、资料必须真实、准确、完整。

5. 证券监督管理机构对证券公司的监管

(1)审计或者评估。国务院证券监督管理机构认为有必要时，可以委托会计师事务所和资产评估机构对证券公司的财务状况、内部控制状况和资产价值进行审计或者评估，具体办法由国务院证券监督管理机构会同有关主管部门制定。

(2)净资本或者其他风险控制指标不符合规定的监管。证券公司的净资本或者其他风险控制指标不符合规定的，国务院证券监督管理机构应当责令其限期改正；逾期未改正，或者其行为严重危及该证券公司的稳健运行、损害客户合法权益的，国务院证券监督管理机构可以区别情形，对其采取下列措施：限制业务活动，责令暂停部分业务，停止批准新业务；停止批准增设、收购营业性分支机构；限制分配红利，限制向董事、监事和高级管理人员支付报酬、提供福利；限制转让财产或者在财产上设定其他权利；责令更换董事、监事和高级管理人员或者限制其权利；责令控股股东转让股权或者限制有关股东行使股东权利；撤销有关业务许可。证券公司整改后，应当向国务院证券监督管理机构提交报告；国务院证券监督管理机构经验收，符合有关风险控制指标的，应当自验收完毕之日起 3 日内解除对其采取的有关措施。

(3)股东虚假出资和抽逃出资的监管。证券公司的股东有虚假出资或抽逃出资行为的，国务院证券监督管理机构应当责令其限期改正，并可责令其转让所持证券公司的股权。在股东按照要求改正违法行为、转让所持证券公司的股权前，国务院证券监督管理机构可以限制其股东权利。

(4)证券公司的停业整顿、托管、接管或者撤销。第一，适用停业整顿、托管、接管或者撤销的情形。证券公司违法经营或者出现重大风险，严重危害证券市场秩序、损害投资者利益的，国务院证券监督管理机构可以对该证券公司采取责令停业整顿，指定其他机构托管、接管或者撤销等监管措施。第二，对直接负责的董事、监事、高级管理人员和其他直接责任人员的行政措施。在证券公司被责令停业整顿，被依法指定托管、接管或者清算期间，或者出现重大风险时，经国务院证券监督管理机构批准，可以对该证券公司直接负责的董事、监事、高级管理人员和其他直接责任人员采取以下措施：通知出境管理部门依法阻止其出境；申请司法机关禁止其转移、转让或者以其他方式处分财产，或者在财产上设定其他权利。

(二)证券交易所

1. 证券交易所的概念

证券交易所是为证券集中交易提供场所和设施，组织和监督证券交易，实行自律管理的法人。

2. 证券交易所的设立

证券交易所的设立和解散由国务院决定。

(1)证券交易所的章程和名称。第一,章程。设立证券交易所必须制定章程。证券交易所章程的制定和修改必须经国务院证券监督管理机构批准。第二,名称。证券交易所必须在其名称中标明"证券交易所"字样,其他任何单位或者个人不得使用"证券交易所"或者近似的名称。

(2)证券交易所的费用收入使用和财产归属。第一,费用收入的使用。证券交易所可以自行支配的各项费用收入应当首先用于保证其证券交易场所和设施的正常运行并逐步改善。第二,财产归属。实行会员制的证券交易所的财产积累归会员所有,其权益由会员共同享有,在其存续期间,不得将其财产积累分配给会员。

(3)证券交易所的负责人和从业人员。第一,理事会和总经理。证券交易所设理事会;证券交易所设总经理1人,由国务院证券监督管理机构任免。有《公司法》规定的情形或者下列情形之一的,不得担任证券交易所的负责人:因违法行为或者违纪行为被解除职务的证券交易所、证券登记结算机构的负责人或者证券公司的董事、监事、高级管理人员,自被解除职务之日起未逾5年;因违法行为或者违纪行为被撤销资格的律师、注册会计师或者投资咨询机构、财务顾问机构、资信评级机构、资产评估机构、验证机构的专业人员,自被撤销资格之日起未逾5年。第二,从业人员。因违法行为或者违纪行为被开除的证券交易所、证券登记结算机构、证券服务机构、证券公司的从业人员和被开除的国家机关工作人员,不得招聘为证券交易所的从业人员。第三,职务回避。证券交易所的负责人和其他从业人员在执行与证券交易有关的职务时,与其本人或者其亲属有利害关系的,应当回避。

3. 证券交易所的业务活动

(1)参与证券交易所集中交易的资格。进入证券交易所参与集中交易的必须是证券交易所的会员。投资者应当与证券公司签订证券交易委托协议,并在证券公司开立证券交易账户,以书面、电话以及其他方式委托该证券公司代其买卖证券。

(2)投资者、证券公司、证券登记结算机构之间的关系。证券公司根据投资者的委托,按照证券交易规则提出交易申报,参与证券交易所场内的集中交易,并根据成交结果承担相应的清算交收责任;证券登记结算机构根据成交结果,按照清算交收规则,与证券公司进行证券和资金的清算交收,并为证券公司客户办理证券的登记过户手续。

(3)证券交易所公布即时行情。证券交易所应当为组织公平的集中交易提供保障,公布证券交易即时行情,并按交易日制作证券市场行情表,予以公布。未经证券交易所许可,任何单位和个人不得发布证券交易即时行情。

(4)技术性停牌和临时停市。因突发性事件而影响证券交易的正常进行时,证券交易所可以采取技术性停牌的措施;因不可抗力的突发性事件或者为维护证券交易的正常秩序,证券交易所可以决定临时停市。上述情况必须及时报告国务院证券监督管理机构。

(5)异常交易的报告和措施。证券交易所对证券交易实行实时监控,并按照国务院证券监督管理机构的要求,对异常的交易情况提出报告。证券交易所应当对上市公司及相关信息披露义务人披露信息进行监督,督促其依法及时、准确地披露信息。证券交易所根据需要,可以对出现重大异常交易情况的证券账户限制交易,并报国务院证券监督管理机构备案。

(6)设立风险基金。证券交易所应当从其收取的交易费用和会员费、席位费中提取一定比例的金额设立风险基金;风险基金由证券交易所理事会管理。风险基金提取的具体比例和使用办法由国务院证券监督管理机构会同国务院财政部门规定。证券交易所应当将收取的风险基金存入开户银行专门账户，不得擅自使用。

（7）制定业务规则。证券交易所依照证券法律、行政法规制定上市规则、交易规则、会员管理规则和其他有关规则，并报国务院证券监督管理机构批准。

（8）确认交易结果。按照依法制定的交易规则进行的交易不得改变其交易结果。对交易中违规交易者应负的民事责任不得免除。在违规交易中所获的利益，依照有关规定处理。

（9）处分交易人员。在证券交易所内从事证券交易的人员违反证券交易所有关交易规则的，由证券交易所给予纪律处分；对情节严重的，撤销其资格，禁止其入场进行证券交易。

（三）证券登记结算机构

1. 证券登记结算机构的概念

证券登记结算机构是为证券交易提供集中登记、存管与结算服务，不以营利为目的的法人。设立证券登记结算机构必须经国务院证券监督管理机构批准。

2. 证券登记结算机构的设立

（1）设立条件。设立证券登记结算机构，应当具备下列条件：自有资金不少于人民币2亿元；具有证券登记、存管和结算服务所必需的场所和设施；主要管理人员和从业人员必须具有证券从业资格；国务院证券监督管理机构规定的其他条件。证券登记结算机构的名称中应当标明"证券登记结算"字样。

（2）章程和业务规则。证券登记结算机构章程和业务规则应当依法制定并须经国务院证券监督管理机构批准。

（3）证券登记结算机构的解散。证券登记结算机构申请解散，应当经国务院证券监督管理机构批准。

3. 证券登记结算机构的职能

证券登记结算机构履行下列职能：证券账户和结算账户的设立；证券的存管和过户；证券持有人名册登记；证券交易所上市证券交易的清算和交收；受发行人的委托派发证券权益；办理与上述业务有关的查询；国务院证券监督管理机构批准的其他业务。

4. 证券登记结算机构的业务活动

（1）运营方式。证券登记结算采取全国集中统一的运营方式。

（2）证券存管。证券持有人持有的证券在上市交易时，应当全部存管在证券登记结算机构。证券登记结算机构不得挪用客户的证券。

（3）提供证券持有人资料。证券登记结算机构应当向证券发行人提供证券持有人名册及有关资料。证券登记结算机构应当根据证券登记结算的结果确认证券持有人持有证券的事实，提供证券持有人登记资料。证券登记结算机构应当保证证券持有人名册和登记过户记录真实、准确、完整，不得隐匿、伪造、篡改或者毁损。

（4）业务保证措施。证券登记结算机构应当采取下列措施以保证业务的正常进行：具有必备的服务设备和完善的数据安全保护措施；建立完善的业务、财务和安全防范等管理制度；建立完善的风险管理系统。

（5）资料保存。证券登记结算机构应当妥善保存登记、存管和结算的原始凭证及有关文件和资料，其保存期限不得少于20年。

（6）设立结算风险基金。证券登记结算机构应当设立结算风险基金用于垫付或者弥补因违约交收、技术故障、操作失误和不可抗力造成的证券登记结算机构的损失。证券结算风险基金从证券登记结算机构的业务收入和收益中提取，并可以由结算参与人按照证券交易业务量的一定比例缴纳。证券结算风险基金的筹集和管理办法由国务院证券监督管理机构会同国务院财政部门规定。证券结算风险基金应当存入指定银行的专门账户，实行专项管理。证券登记结算机构以风险基金赔偿后，应当向有关责任人追偿。

(7)依法为投资者开立证券账户。投资者委托证券公司进行证券交易，应当申请开立证券账户。证券登记结算机构应当按照规定以投资者本人的名义为投资者开立证券账户。投资者申请开立账户，必须持有证明中国公民身份或者中国法人资格的合法证件，国家另有规定的除外。

(8)按照货银对付原则提供净额结算。证券登记结算机构为证券交易提供净额结算服务时，应当要求结算参与人按照货银对付的原则，足额交付证券和资金，并提供交收担保。在交收完成之前，任何人不得动用用于交收的证券、资金和担保物。结算参与人未按时履行交收义务的，证券登记结算机构有权按照业务规则处理前款所述财产。

(9)结算资金和证券存放清算交收账户。证券登记结算机构按照业务规则收取的各类结算资金和证券必须存放于专门的清算交收账户，只能按业务规则用于已成交的证券交易的清算交收，不得被强制执行。

(四)证券交易服务机构

1. 证券交易服务机构的批准

投资咨询机构、财务顾问机构、资信评级机构、资产评估机构和会计师事务所从事证券服务业务，必须经国务院证券监督管理机构和有关主管部门批准。投资咨询机构、财务顾问机构、资信评级机构、资产评估机构和会计师事务所从事证券服务业务的审批管理办法由国务院证券监督管理机构和有关主管部门制定。

2. 证券交易服务机构的执业规范

(1)从业资格。投资咨询机构、财务顾问机构和资信评级机构从事证券服务业务的人员必须具备证券专业知识和从事证券业务或者证券服务业务 2 年以上的经验。认定证券从业资格的标准和管理办法由国务院证券监督管理机构制定。

(2)禁止行为。投资咨询机构及其从业人员从事证券服务业务不得有下列行为：代理委托人从事证券投资；与委托人约定分享证券投资收益或者分担证券投资损失；买卖本咨询机构提供服务的上市公司股票；利用传播媒介或者通过其他方式提供、传播虚假或者误导投资者的信息；法律、行政法规禁止的其他行为。有上述所列行为之一，给投资者造成损失的，依法承担赔偿责任。

(3)收费。从事证券服务业务的投资咨询机构和资信评级机构，应当按照国务院有关主管部门规定的标准或者收费办法收取服务费用。

(4)法律责任。第一，真实性、准确性、完整性核查和验证义务。证券服务机构为证券的发行、上市、交易等证券业务活动制作、出具审计报告、资产评估报告、财务顾问报告、资信评级报告或者法律意见书等文件，应当勤勉尽责，对所制作、出具的文件内容的真实性、准确性、完整性进行核查和验证。第二，连带赔偿责任。证券服务机构制作、出具的文件有虚假记载、误导性陈述或者重大遗漏，给他人造成损失的，应当与发行人、上市公司承担连带赔偿责任，但能够证明自己没有过错的除外。

(五)证券业协会

1. 证券业协会的性质

证券业协会是证券业的自律性组织,是社会团体法人。证券公司应当加入证券业协会。

2. 证券业协会的组织

(1)会员大会。证券业协会的权力机构为全体会员组成的会员大会。

(2)章程。证券业协会的章程由会员大会制定,并报国务院证券监督管理机构备案。

(3)职责。证券业协会履行下列职责:教育和组织会员遵守证券法律、行政法规;依法维护会员的合法权益,向证券监督管理机构反映会员的建议和要求;收集、整理证券信息,为会员提供服务;制定会员应遵守的规则,组织会员单位从业人员的业务培训,开展会员之间的业务交流;对会员之间、会员与客户之间发生的证券业务纠纷进行调解;组织会员就证券业的发展、运作及有关内容进行研究;监督、检查会员行为,对违反法律、行政法规或者协会章程的,按照规定给予纪律处分;证券业协会章程规定的其他职责。

(4)理事会。证券业协会设理事会。理事会成员依章程的规定由选举产生。

(六)证券监督管理机构

1. 证券监督管理机构与证券市场

国务院证券监督管理机构依法对证券市场实行监督管理,维护证券市场秩序,保障证券市场的合法运行。

2. 证券监督管理机构的规定

(1)证券监督管理机构的职责。国务院证券监督管理机构在对证券市场实施监督管理的过程中履行下列职责:依法制定有关证券市场监督管理的规章、规则,并依法行使审批或者核准权;依法对证券的发行、上市、交易、登记、存管和结算进行监督管理;依法对证券发行人、上市公司、证券交易所、证券公司、证券登记结算机构、证券投资基金管理公司和证券服务机构的证券业务活动进行监督管理;依法制定从事证券业务人员的资格标准和行为准则,并监督实施;依法监督检查证券发行、上市和交易的信息公开情况;依法对证券业协会的活动进行指导和监督;依法对违反证券市场监督管理法律、行政法规的行为进行查处;法律、行政法规规定的其他职责。国务院证券监督管理机构可以与其他国家或者地区的证券监督管理机构建立监督管理合作机制,实施跨境监督管理。

(2)证券监督管理机构的执法措施。国务院证券监督管理机构依法履行职责,有权采取下列措施:对证券发行人、上市公司、证券公司、证券投资基金管理公司、证券服务机构、证券交易所和证券登记结算机构进行现场检查;进入涉嫌违法行为发生场所调查取证;询问当事人及与被调查事件有关的单位和个人,要求其对与被调查事件有关的事项作出说明;查阅、复制与被调查事件有关的财产权登记、通信记录等资料;查阅、复制当事人及与被调查事件有关的单位和个人的证券交易记录、登记过户记录、财务会计资料及其他相关文件和资料;对可能被转移、隐匿或者毁损的文件和资料可以予以封存;查询当事人及与被调查事件有关的单位和个人的资金账户、证券账户和银行账户;对有证据证明已经或者可能转移或者隐匿违法资金、证券等涉案财产或者隐匿、伪造、毁损重要证据的,经国务院证券监督管理机构主要负责人批准,可以冻结或者查封;在调查操纵证券市场、内幕交易等重大证券违法行为时,经国务院证券监督管理机构主要负责人批准,可以限制被调查事件当事人的证券买卖,但限制的期限不得超过15

个交易日；案情复杂的，可以延长15个交易日。国务院证券监督管理机构依法履行职责，发现证券违法行为涉嫌犯罪的，应当将案件移送司法机关处理。

(3)证券监督管理机构的监督检查和调查规范。第一，国务院证券监督管理机构依法履行职责，进行监督检查或调查，其监督检查或调查的人员不得少于2人，并应当出示合法证件和监督检查、调查通知书。监督检查、调查的人员少于2人或者未出示合法证件和监督检查、调查通知书的，被检查、调查的单位有权拒绝。第二，国务院证券监督管理机构工作人员必须忠于职守，依法办事，公正廉洁，不得利用职务便利牟取不正当利益，不得泄露所知悉的有关单位和个人的商业秘密。第三，国务院证券监督管理机构的人员不得在被监管的机构中任职。第四，被检查或调查的单位和个人应当配合，如实提供有关文件和资料，不得拒绝、阻碍和隐瞒。

(4)证券监督管理机构的信息公开和信息共享。第一，信息公开。国务院证券监督管理机构依法制定的规章、规则和监督管理工作制度应当公开。国务院证券监督管理机构依据调查结果，对证券违法行为作出的处罚决定应当公开。第二，信息共享。国务院证券监督管理机构应当与国务院其他金融监督管理机构建立监督管理信息共享机制。国务院证券监督管理机构依法履行职责，进行监督检查或者调查时，有关部门应当予以配合。

第六节　信托法律制度

一、信托和信托法概述

(一)信托概述

1. 信托的概念

信托，是指委托人基于对受托人的信任，将其财产权委托给受托人，由受托人按委托人的意愿以自己的名义为受益人的利益或者特定目的进行管理或者处分的行为。

委托人、受托人和受益人在我国境内从事民事、营业、公益信托活动，都适用信托法。

2. 信托财产和信托当事人

(1)信托财产。信托是以委托人转移给受托人并由受托人加以控制、管理和处分的财产为核心的财产管理制度，该财产被称为信托财产。

(2)信托当事人。信托关系的主体是委托人、受托人和受益人，他们是信托当事人。

3. 信托与委托代理制度的区别

信托与委托代理制度相似，都可以运用于财产管理。但是，信托与委托代理也存在区别：

(1)成立的条件不同。没有合法的信托财产就没有信托，设立信托必须要有确定的信托财产，否则信托关系便无从确立。委托代理关系不一定要以财产的存在为前提。

(2)行为人名义不同。信托关系中的受托人以自己的名义行为。一般的委托和代理关系中，受托人和代理人是以委托人和被代理人的名义实施行为的。

(3)财产性质不同。信托关系中的信托财产具有独立性，独立于受托人的自有财产和委托人的其他财产，委托人、受托人或者受益人的债权人一般不得对信托财产主张权利。在委托代理关系中，委托人和被代理人的债权人可以对委托财产主张权利。

(二)信托法概述

1. 信托法的概念

信托法是调整委托人、受托人与受益人之间因信托关系而产生的权利义务的法律规范的总称。2001 年 4 月 28 日,第九届全国人民代表大会常务委员会第二十一次会议通过了《中华人民共和国信托法》(简称《信托法》),于 2001 年 10 月 1 日起施行。这是我国第一次从法律上确立信托制度,为我国信托业的发展铺平了道路。该法调整在中国境内进行的民事、营业和公益信托活动。2002 年 6 月 5 日,中国人民银行颁布了《信托投资公司管理办法》,同年 6 月 26 日又颁布了《信托投资公司资金信托管理暂行办法》。这些法律、规章对我国信托业的规范和完善起到了很大的作用。

2. 信托法的基本原则

信托当事人从事信托活动,必须遵守法律、行政法规,遵循自愿、公平和诚实信用原则,不得损害国家利益和社会公共利益。

二、信托的设立

(一)设立信托的条件

1. 必须有合法的信托目的

设立信托必须有合法的目的。设立信托可以为他人的利益(他益信托),也可以为自己的利益(自益信托),还可以为公益目的(公益信托)。他益、自益和公益的“益”应当是合法的。

2. 必须有确定且合法的信托财产

设立信托,信托财产必须是确定的,并且该信托财产是委托人合法所有的财产,包括合法的财产权利。

3. 应当采取书面形式

设立信托应当采取书面形式,包括信托合同、遗嘱或者法律、行政法规规定的其他书面文件等。采取信托合同形式设立信托的,信托合同签订时,信托成立;采取其他书面形式设立信托的,受托人承诺信托时,信托成立。

设立信托的书面文件上应当载明下列事项:信托目的;委托人、受托人的姓名或者名称、住所;受益人或者受益人范围;信托财产的范围、种类及状况;受益人取得信托利益的形式和方法。此外,书面文件上还可以载明信托期限、信托财产的管理方法、受托人的报酬、新受托人的选任方式和信托终止事由等事项。

4. 应当依法办理信托登记

设立信托的,对于信托财产,有关法律、行政法规规定应当办理登记手续的,应当依法办理信托登记。未依照规定办理信托登记的,应当补办登记手续;不补办的,该信托不产生效力。

另外,设立遗嘱信托的,应当遵守继承法关于遗嘱的规定,包括遗嘱的形式和内容应当合法。遗嘱指定的人拒绝或者无能力担任受托人的,由受益人另行选任受托人;受益人为无民事行为能力人或者限制民事行为能力人的,依法由其监护人代行选任;遗嘱对选任受托人另有规定的,从其规定。

(二)信托的无效和撤销

1. 信托无效

有下列情形之一的,信托无效:信托目的违反法律、行政法规或者损害社会公共利益;信托财产不能确定;委托人以非法财产或者法律规定不得设立信托的财产设立信托;专以诉讼或者讨债为目的而设立信托;受益人或者受益人的范围不能确定;法律、行政法规规定的其他情形。

2. 债权人申请信托撤销

委托人设立信托损害其债权人利益的,债权人有权申请人民法院撤销该信托。人民法院依法撤销信托的,不影响善意受益人已经取得的信托利益。债权人的申请权自债权人知道或者应当知道撤销原因之日起 1 年内不行使的,归于消灭。

(三)信托财产

1. 信托财产的范围和性质

(1)信托财产的范围。信托财产包括受托人因承诺信托而取得的财产和受托人因信托财产的管理、运用、处分或者其他情形而取得的财产。法律、行政法规禁止流通的财产不得作为信托财产;法律、行政法规限制流通的财产,依法经有关主管部门批准后,可以作为信托财产。

(2)信托财产的性质。信托是一种财产转移和管理制度,作为信托制度的对象,信托财产具有独立性,不同于其他财产转移和管理制度中的财产。第一,信托财产与委托人其他财产和债务的区别。信托财产与委托人未设立信托的其他财产有区别,设立信托后,委托人死亡或者依法解散、撤销、宣告破产时,委托人是唯一受益人的,信托终止,信托财产作为其遗产或者清算财产;委托人不是唯一受益人的,信托存续,信托财产不作为其遗产或者清算财产;但作为共同受益人的委托人死亡或者依法解散、撤销、宣告破产时,其信托受益权作为其遗产或者清算财产。第二,信托财产与受托人固有财产的区别。信托财产与属于受托人所有的财产(称固有财产)相区别,信托财产不得归入受托人的固有财产或者成为固有财产的一部分。受托人死亡或者依法解散、撤销、宣告破产而终止,信托财产不属于其遗产或者清算财产。受托人管理、运用、处分信托财产所产生的债权不得与其固有财产产生的债务相抵销。

2. 信托财产的强制执行

除因下列四种情形之一外,对信托财产不得强制执行:设立信托前债权人已对该信托财产享有优先受偿的权利,并依法行使该权利的;受托人处理信托事务所产生的债务,债权人要求清偿该债务的;信托财产本身应担负的税款;法律规定的其他情形。对于违反上述规定而强制执行信托财产的,委托人、受托人或者受益人有权向人民法院提出异议。

(四)信托当事人

1. 委托人

(1)委托人的资格。委托人应当是具有完全民事行为能力的自然人、法人或者依法成立的其他组织。

(2)委托人的权利。第一,知情。委托人有权了解其信托财产的管理、运用、处分及收支情况,并有权要求受托人作出说明。委托人有权查阅、抄录或者复制与其信托财产有关的信托账目以及处理信托事务的其他文件。第二,要求调整信托财产管理方法。因设立信托时未能预见的特别事由,致使信托财产的管理方法不利于实现信托目的或者不符合受益人的利益时,委托人有权要求受托人调整该信托财产的管理方法。第三，撤销处分行为、要求赔偿。受托人违反信托目的处分信托财产或者因违背管理职责、处理信托事务不当致使信托财产受到损失的，委托人有权申请人民法院撤销该处分行为，并有权要求受托人恢复信托财产的原状或者予以赔偿；该信托财产的受让人明知是违反信托目的而接受该财产的，应当予以返还或者予以赔偿。该申请权自委托人知道或者应当知道撤销原因之日起1年内不行使的，归于消灭。第四，解任受托人。受托人违反信托目的处分信托财产或者管理、运用、处分信托财产有重大过失的，委托人有权依照信托文件的规定解任受托人，或者申请人民法院解任受托人。

2. 受托人

（1）受托人的资格。受托人应当是具有完全民事行为能力的自然人、法人；法律、行政法规对受托人的条件另有规定的，从其规定。

（2）受托人的基本义务。第一，处理信托事务。受托人应当遵守信托文件的规定，为受益人的最大利益处理信托事务。第二，管理信托财产。受托人管理信托财产，必须恪尽职守，履行诚实、信用、谨慎、有效管理的义务。第三，支付信托利益。受托人以信托财产为限向受益人承担支付信托利益的义务。

（3）受托人的报酬。受托人除依照规定取得报酬外，不得利用信托财产为自己牟取利益。受托人违反规定、利用信托财产为自己牟取利益的，所得利益归入信托财产。第一，受托人的报酬依据。受托人有权依照信托文件的约定取得报酬，信托文件未作事先约定的，经信托当事人协商同意，可以作出补充约定；未作事先约定和补充约定的，不得收取报酬。约定的报酬经信托当事人协商同意，可以增减其数额。第二，受托人的报酬请求权停滞。受托人违反信托目的处分信托财产或者因违背管理职责、处理信托事务不当致使信托财产受到损失的，在未恢复信托财产的原状或者未予赔偿前，不得请求给付报酬。

（4）受托人管理信托财产的规则。第一，受托人不得将信托财产转为其固有财产。受托人将信托财产转为其固有财产的，必须恢复该信托财产的原状；造成信托财产损失的，应当承担赔偿责任。第二，受托人不得相互交易。受托人不得将其固有财产与信托财产进行交易或者将不同委托人的信托财产进行相互交易；但信托文件另有规定或者经委托人或者受益人同意，并以公平的市场价格进行交易的除外。受托人违反规定，造成信托财产损失的，应当承担赔偿责任。第三，受托人分别管理信托财产与其固有财产。受托人必须将信托财产与其固有财产分别管理、分别记账，并将不同委托人的信托财产分别管理、分别记账。第四，受托人自己处理信托事务和转托。受托人应当自己处理信托事务；但信托文件另有规定或者有不得已事由的，可以委托他人代为处理。受托人依法将信托事务委托他人代理的，应当对他人处理信托事务的行为承担责任。

（5）共同受托人。同一信托的受托人有两个以上的，为共同受托人。第一，处理信托事务的规则。共同受托人应当共同处理信托事务；但信托文件的规定对某些具体事务由受托人分别处理的，从其规定。共同受托人共同处理信托事务，意见不一致时，按信托文件的规定处理；信托文件未规定的，由委托人、受益人或者其利害关系人决定。第二，承担法律责任的规则。共同受托人处理信托事务对第三人所负债务，应当承担连带清偿责任；第三人对共同受托人之一所作的意思表示，对其他受托人同样有效。共同受托人之一违反信托目的处分信托财产或者因违背管理职责、处理信托事务不当致使信托财产受到损失的，其他受托人应当承担连带赔偿责任。

（6）受托人处理信托事务的告知和保密。受托人必须保存处理信托事务的完整记录。受托人应当每年定期将信托财产的管理、运用、处分及收支情况报告委托人和受益人。受托人对委托人、受益人以及处理信托事务的情况和资料负有依法保密的义务。

(7)受托人处理信托事务的支出。第一,信托财产的承担。受托人因处理信托事务所支出的费用和对第三人所负的债务,以信托财产承担。受托人以其固有财产先行支付的,对信托财产享有优先受偿的权利。第二,固有财产的承担。受托人违背管理职责或者处理信托事务不当对第三人所负债务或者自己所受到的损失,以其固有财产承担。

(8)受托人辞任。设立信托后,经委托人和受益人同意,受托人可以辞任。法律对公益信托的受托人辞任有专门规定。受托人辞任的,在新受托人选出前仍应履行管理信托事务的职责。

(9)受托人职责终止的情形。受托人有下列情形之一的,其职责终止:死亡或者被依法宣告死亡;被依法宣告为无民事行为能力人或者限制民事行为能力人;被依法撤销或者被宣告破产;依法解散或者法定资格丧失;辞任或者被解任;法律、行政法规规定的其他情形。受托人职责终止时,其继承人或者遗产管理人、监护人、清算人应当妥善保管信托财产,协助新受托人接管信托事务。因第三至第六项所列情形之一而职责终止的,应当作出处理信托事务的报告,并向新受托人办理信托财产和信托事务的移交手续。报告经委托人或者受益人认可,原受托人就报告中所列事项解除责任,但原受托人有不正当行为的除外。共同受托人之一职责终止的,信托财产由其他受托人管理和处分。

(10)受托人职责终止后选任新受托人。受托人职责终止的,依照信托文件的规定选任新受托人;信托文件未规定的,由委托人选任;委托人不指定或者无能力指定的,由受益人选任;受益人为无民事行为能力人或者限制民事行为能力人的,依法由其监护人代行选任。原受托人处理信托事务的权利和义务由新受托人承继。

3. 受益人

(1)受益人的概念。受益人是在信托中享有信托受益权的人。受益人可以是自然人、法人或者依法成立的其他组织。委托人可以是受益人,也可以是同一信托的唯一受益人;受托人可以是受益人,但不得是同一信托的唯一受益人。受益人可以行使委托人享有的权利,与委托人意见不一致时,可以申请人民法院作出裁定。共同受益人之一申请人民法院撤销受托人的处分行为的,人民法院所作出的撤销裁定对全体共同受益人有效。

(2)受益人的信托受益权。受益人自信托生效之日起享有信托受益权,信托文件另有规定的,从其规定。共同受益人按照信托文件的规定享受信托利益。信托文件对信托利益的分配比例或者分配方法未作规定的,各受益人按照均等的比例享受信托利益。

(3)受益人放弃信托受益权。受益人可以放弃信托受益权。全体受益人放弃信托受益权的,信托终止;部分受益人放弃信托受益权的,被放弃的信托受益权按下列顺序确定归属:信托文件规定的人;其他受益人;委托人或者其继承人。

(4)信托受益权的财产权属性。第一,用于清偿债务。受益人不能清偿到期债务的,其信托受益权可以用于清偿债务;但法律、行政法规以及信托文件有限制性规定的除外。第二,转让和继承。受益人的信托受益权可以依法转让和继承,但信托文件有限制性规定的除外。

三、信托的变更和终止

(一)信托的解除和变更

1. 委托人解除信托

(1)委托人是唯一受益人的信托解除。委托人是唯一受益人的,委托人或者其继承人可以解除信托;信托文件另有规定的,从其规定。

(2)委托人不是唯一受益人的信托解除。受益人对委托人有重大侵权行为、经受益人同意、信托文件规定的情形出现时,委托人可以解除信托。

2. 委托人变更受益人或者处分受益人的信托受益权

设立信托后,有下列情形之一的,委托人可以变更受益人或者处分受益人的信托受益权:受益人对委托人有重大侵权行为;受益人对其他共同受益人有重大侵权行为;经受益人同意;信托文件规定的其他情形。

(二)信托的终止

1. 信托终止的情形

信托不因委托人或者受托人的死亡、丧失民事行为能力、依法解散、被依法撤销或者被宣告破产而终止,也不因受托人的辞任而终止;但法律或者信托文件另有规定的除外。有下列法定情形之一的,信托终止:信托文件规定的终止事由发生;信托的存续违反信托目的;信托目的已经实现或者不能实现;信托当事人协商同意;信托被撤销;信托被解除。

2. 信托终止后信托财产的归属

信托终止的,信托财产归属于信托文件规定的人;信托文件未规定的,按下列顺序确定归属:受益人或者其继承人、委托人或者其继承人。依照规定,信托财产的归属确定后,在该信托财产转移给权利归属人的过程中,信托视为存续,权利归属人视为受益人。信托终止后,人民法院依法对原信托财产进行强制执行的,以权利归属人为被执行人。

3. 信托终止后受托人的权利和义务

(1)受托人的权利。信托终止后,受托人依法行使请求给付报酬、从信托财产中获得补偿的权利时,可以留置信托财产或者对信托财产的权利归属人提出请求。

(2)受托人的义务。信托终止的,受托人应当作出处理信托事务的清算报告。受益人或者信托财产的权利归属人对清算报告无异议的,受托人就清算报告所列事项解除责任,但受托人有不正当行为的除外。

四、公益信托

(一)公益信托概述

1. 公益信托的范围

为了下列公共利益目的之一而设立的信托属于公益信托:救济贫困;救助灾民;扶助残疾人;发展教育、科技、文化、艺术、体育事业;发展医疗卫生事业;发展环境保护事业,维护生态环境;发展其他社会公益事业。公益信托的信托财产及其收益不得用于非公益目的。

2. 公益信托的法律适用和基本政策

(1)法律适用。公益信托除下述专门规定,适用本节关于信托的其他规定。

(2)基本政策。国家鼓励发展公益信托。

(二)公益信托的专门规定

1. 公益信托的设立和公益事业管理机构

(1)公益信托的设立。公益信托的设立和确定其受托人,应当经公益事业管理机构批准;未经公益事业管理机构的批准,不得以公益信托的名义进行活动。

(2)公益事业管理机构。公益事业管理机构对于公益信托活动应当给予支持。公益事业管理机构违反公益信托规定的,委托人、受托人或者受益人有权向人民法院起诉。

2. 公益信托的信托监察人

(1)公益信托监察人的设置。公益信托应当设置信托监察人,信托监察人由信托文件规定;信托文件未规定的,由公益事业管理机构指定。

(2)公益信托监察人的权利。信托监察人有权以自己的名义为维护受益人的利益而提起诉讼或者实施其他法律行为。

3. 公益信托的受托人

(1)公益事业管理机构对受托人的监督。第一,受托人未经公益事业管理机构批准,不得辞任。第二,公益事业管理机构应当检查受托人处理公益信托事务的情况及财产状况。第三,公益信托的受托人违反信托义务或者无能力履行其职责的,由公益事业管理机构变更受托人。

(2)受托人的报告。受托人应当至少每年 1 次作出信托事务处理情况及财产状况报告,经信托监察人认可后,报公益事业管理机构核准,并由受托人予以公告。

4. 公益信托的变更和终止

(1)公益信托的变更。公益信托成立后,发生设立信托时不能预见的情形,公益事业管理机构可以根据信托目的,变更信托文件中的有关条款。

(2)公益信托的终止。第一,受托人报告。公益信托终止的,受托人应当于终止事由发生之日起 15 日内将终止事由和终止日期报告公益事业管理机构。第二,受托人的清算。公益信托终止的,受托人作出的处理信托事务的清算报告应当经信托监察人认可后,报公益事业管理机构核准,并由受托人予以公告。第三,受托人转移信托财产。公益信托终止,没有信托财产权利归属人或者信托财产权利归属人是不特定的社会公众的,经公益事业管理机构批准,受托人应当将信托财产用于与原公益目的相近似的目的,或者将信托财产转移给具有近似目的的公益组织或者其他公益信托。

第七节　反洗钱法律制度

一、反洗钱与反洗钱法概述

(一)反洗钱概述

1. 洗钱的含义

洗钱也称洗黑钱,是指掩饰、隐瞒多种犯罪所得及其收益的来源和性质的违法犯罪行为。违法犯罪人所洗的“黑钱”,主要来源于毒品犯罪、黑社会性质的组织犯罪、恐怖活动犯罪、走私犯罪、贪污贿赂犯罪、破坏金融管理秩序犯罪、金融诈骗犯罪等犯罪行为。

2. 反洗钱的概念

反洗钱，是指为了预防通过各种方式掩饰、隐瞒毒品犯罪、黑社会性质的组织犯罪、恐怖活动犯罪、走私犯罪、贪污贿赂犯罪、破坏金融管理秩序犯罪、金融诈骗犯罪等犯罪所得及其收益的来源和性质的洗钱活动，依照法律规定采取相关措施的行为。简单地说，反洗钱就是对洗钱活动依照法律规定采取相关措施的行为。

（二）反洗钱法概述

1. 反洗钱立法

2006年10月31日，第十届全国人民代表大会常务委员会第二十四次会议通过了《中华人民共和国反洗钱法》(简称《反洗钱法》)，这是我国第一部《反洗钱法》。

2. 反洗钱法概述

(1)反洗钱法的目的。反洗钱法的目的是为了预防洗钱活动，维护金融秩序，遏制洗钱犯罪及相关犯罪。

(2)反洗钱工作的主管部门。国务院反洗钱行政主管部门负责全国的反洗钱监督管理工作。国务院有关部门、机构在各自的职责范围内履行反洗钱监督管理职责。国务院反洗钱行政主管部门、相关部门、机构和司法机关在反洗钱工作中应当相互配合。

(3)履行反洗钱义务的主体。我国境内设立的金融机构和按照规定应当履行反洗钱义务的特定非金融机构履行反洗钱义务。这里所称的金融机构，是指依法设立的从事金融业务的政策性银行、商业银行、信用合作社、邮政储汇机构、信托投资公司、证券公司、期货经纪公司、保险公司以及国务院反洗钱行政主管部门确定并公布的从事金融业务的其他机构。

(4)反洗钱义务主体的反洗钱三项基本制度。金融机构和按照规定应当履行反洗钱义务的特定非金融机构，应当依法采取预防、监控措施，建立健全客户身份识别制度、客户身份资料和交易记录保存制度、大额交易和可疑交易报告制度。

(5)客户身份资料和交易信息的使用管理。第一，保密。对依法履行反洗钱职责或者义务获得的客户身份资料和交易信息，应当予以保密；非依法律规定，不得向任何单位和个人提供。第二，使用。反洗钱行政主管部门和其他依法负有反洗钱监督管理职责的部门、机构履行反洗钱职责获得的客户身份资料和交易信息，只能用于反洗钱行政调查。司法机关依法获得的客户身份资料和交易信息，只能用于反洗钱刑事诉讼。

(6)保护和举报。第一，履行反洗钱义务的机构及其工作人员依法提交大额交易和可疑交易报告，受法律保护。第二，任何单位和个人发现洗钱活动，有权向反洗钱行政主管部门或者公安部门机关举报；接受举报的机关应当对举报人和举报内容保密。

二、反洗钱法的主要内容

（一）反洗钱监督管理

1. 反洗钱主管部门的职责

(1)反洗钱行政主管部门的职责。国务院反洗钱行政主管部门组织、协调全国的反洗钱工作，负责反洗钱的资金监测，制定或者会同国务院有关金融监督管理机构制定金融机构反洗钱规章，监督、检查金融机构履行反洗钱义务的情况，在职责范围内调查可疑交易活动，履行法律和国务院规定的有关反洗钱的其他职责。国务院反洗钱行政主管部门应当向国务院有关部门、机构定期通报反洗钱工作情况。

(2)反洗钱行政主管部门的派出机构的职责。国务院反洗钱行政主管部门的派出机构在国务院反洗钱行政主管部门的授权范围内对金融机构履行反洗钱义务的情况进行监督、检查。

(3)反洗钱信息中心的职责。国务院反洗钱行政主管部门设立反洗钱信息中心,负责大额交易和可疑交易报告的接收和分析,并按照规定向国务院反洗钱行政主管部门报告分析结果,履行国务院反洗钱行政主管部门规定的其他职责。

国务院反洗钱行政主管部门为履行反洗钱资金监测职责,可以从国务院有关部门和机构获取所需的信息,国务院有关部门和机构应当提供。

2. 金融监督管理机构反洗钱工作的职责

国务院有关金融监督管理机构参与制定所监督管理的金融机构反洗钱规章,对所监督管理的金融机构提出按照规定建立健全反洗钱内部控制制度的要求,履行法律和国务院规定的有关反洗钱的其他职责。

3. 海关反洗钱工作的职责

海关发现个人出入境携带的现金和无记名有价证券超过规定金额的,应当及时向反洗钱行政主管部门通报。应当通报的金额标准由国务院反洗钱行政主管部门会同海关总署规定。

反洗钱行政主管部门和其他依法负有反洗钱监督管理职责的部门、机构发现涉嫌洗钱犯罪的交易活动,应当及时向侦查机关报告。

(二)金融机构的反洗钱制度

1. 金融机构反洗钱的内部控制制度

(1)反洗钱内部控制制度是设立金融机构的条件之一。国务院有关金融监督管理机构审批新设金融机构或者金融机构增设分支机构时,应当审查新机构反洗钱内部控制制度的方案,对于不符合规定的设立申请不予批准。

(2)金融机构的负责人应当对反洗钱内部控制制度的有效实施负责。金融机构应当按照反洗钱预防和监控制度的要求开展反洗钱培训和宣传工作。金融机构应当设立反洗钱专门机构或者指定内设机构负责反洗钱工作。

2. 客户身份识别制度

(1)建立客户身份识别制度是金融机构的责任。金融机构应当按照规定建立客户身份识别制度。金融机构不得为身份不明的客户提供服务或者与其进行交易,不得为客户开立匿名账户或者假名账户。

(2)金融机构在金融活动中应当遵守客户身份识别制度。金融机构在与客户建立业务关系或者为客户提供规定金额以上的现金汇款、现钞兑换、票据兑付等一次性金融服务时,应当要求客户出示真实、有效的身份证件或者其他身份证明文件进行核对并登记。客户由他人代理办理业务的,金融机构应当同时对代理人和被代理人的身份证件或者其他身份证明文件进行核对并登记。与客户建立人身保险、信托等业务关系,合同的受益人不是客户本人的,金融机构还应当对受益人的身份证件或者其他身份证明文件进行核对并登记。

(3)客户必须遵守客户身份识别制度。任何单位和个人在与金融机构建立业务关系或者要求金融机构为其提供一次性金融服务时,都应当提供真实、有效的身份证件或者其他身份证明文件。

(4)第三方识别客户身份的责任。金融机构通过第三方识别客户身份的,应当确保第三方已经采取符合法律要求的客户身份识别措施;第三方未采取符合要求的客户身份识别措施的,由该金融机构承担未履行客户身份识别义务的责任。

(5)客户身份资料的查实。金融机构对先前获得的客户身份资料的真实性、有效性或者完整性有疑问的,应当重新识别客户身份。金融机构进行客户身份识别,认为必要时,可以向公安、工商行政管理等部门核实客户的有关身份信息。

3. 客户身份资料和交易记录保存制度

(1)建立客户身份资料和交易记录保存制度是金融机构的责任。金融机构应当按照规定建立客户身份资料和交易记录保存制度。

(2)客户身份资料更新。在业务关系存续期间,客户身份资料发生变更的,应当及时更新客户身份资料。

(3)客户身份资料保存。在业务关系结束后,客户的交易信息在交易结束后应当至少保存5年。

(4)客户身份资料移交。金融机构破产和解散时,应当将客户身份资料和客户交易信息移交国务院有关部门指定的机构。

4. 大额交易和可疑交易报告制度

(1)建立大额交易和可疑交易报告制度是金融机构的责任。金融机构应当按照规定执行大额交易和可疑交易报告制度。

(2)向反洗钱信息中心报告。金融机构办理的单笔交易或者在规定期限内的累计交易超过规定金额或者发现可疑交易的,应当及时向反洗钱信息中心报告。

(三)反洗钱调查

1. 反洗钱调查概述

(1)调查的主体、依据和对象。国务院反洗钱行政主管部门或者其省一级派出机构发现可疑交易活动,需要调查核实的,可以向金融机构进行调查,金融机构应当予以配合,如实提供有关文件和资料。

(2)调查的规则。调查可疑交易活动时,调查人员不得少于2人并出示合法证件和国务院反洗钱行政主管部门或者其省一级派出机构出具的调查通知书。调查人员少于2人或者未出示合法证件和调查通知书的,金融机构有权拒绝调查。

2. 调查措施

(1)询问。第一,询问对象。调查可疑交易活动,可以询问金融机构有关人员,要求其说明情况。第二,询问笔录。询问应当制作询问笔录,询问笔录应当交被询问人核对,记载有遗漏或者差错的,被询问人可以要求补充或者更正。被询问人确认笔录无误后,应当签名或者盖章;调查人员也应当在笔录上签名。

(2)查阅、封存。第一,查阅权利。调查中需要进一步核查的,经国务院反洗钱行政主管部门或者其省一级派出机构的负责人批准,可以查阅、复制被调查对象的账户信息、交易记录和其他有关资料;对可能被转移、隐藏、篡改或者毁损的文件、资料,可以予以封存。第二,查阅、封存规则。调查人员封存文件、资料,应当会同在场的金融机构工作人员查点清楚,当场开列清单一式两份,由调查人员和在场的金融机构工作人员签名或者盖章,一份交金融机构,一份附卷备查。

3. 报案

(1)报案义务。经调查仍不能排除洗钱嫌疑的,应当立即向有管辖权的侦查部门报案。客户要求将调查所涉及的账户资金转往境外的,经国务院反洗钱行政主管部门负责人批准,可以采取临时冻结措施。

(2)资金冻结。侦查部门接到报案后,对已依规定临时冻结的资金,应当及时决定是否继续冻结。侦查部门认为需要继续冻结的,依照《刑事诉讼法》的规定采取冻结措施;认为不需要继续冻结的,应当立即通知国务院反洗钱行政主管部门,国务院反洗钱行政主管部门应当立即通知金融机构解除冻结。临时冻结不得超过 48 小时;金融机构在按照国务院反洗钱行政主管部门的要求采取临时冻结措施后 48 小时内未接到侦查机关继续冻结的通知的,应当立即解除冻结。

(四)反洗钱国际合作

1. 反洗钱国际合作的依据

我国开展反洗钱国际合作的依据是我国缔结或者参加的国际条约,或者按照平等互惠原则。

2. 反洗钱国际合作的中方合作主体

(1)国务院反洗钱行政主管部门根据国务院授权,代表中国政府与外国政府和有关国际组织开展反洗钱合作,依法与境外反洗钱机构交换与反洗钱有关的信息和资料。

(2)涉及追究洗钱犯罪的司法协助,由中国司法机关依照有关法律的规定办理。

(五)法律责任

1. 政府职能部门的法律责任

反洗钱行政主管部门和其他依法负有反洗钱监督管理职责的部门、机构从事反洗钱工作的人员有下列行为之一的,依法给予行政处分:违反规定进行检查、调查或者采取临时冻结措施的;泄露因反洗钱而知悉的国家秘密、商业秘密或者个人隐私的;违反规定对有关机构和人员实施行政处罚的;其他不依法履行职责的行为。

2. 金融机构的法律责任

(1)行政处分。金融机构有下列行为之一的,由国务院反洗钱行政主管部门或者其授权的设区的市级以上派出机构责令限期改正;情节严重的,建议有关金融监督管理机构依法责令金融机构对直接负责的董事、高级管理人员和其他直接责任人员给予纪律处分:未按照规定建立反洗钱内部控制制度的;未按照规定设立反洗钱专门机构或者指定内设机构负责反洗钱工作的;未按照规定对职工进行反洗钱培训的。

(2)行政处罚。金融机构有下列行为之一的,由国务院反洗钱行政主管部门或者其授权的设区的市级以上派出机构责令限期改正;情节严重的处 20 万元以上 50 万元以下罚款,并对直接负责的董事、高级管理人员和其他直接责任人员处 1 万元以上 5 万元以下罚款:未按照规定履行客户身份识别义务的;未按照规定保存客户身份资料和交易记录的;未按照规定报送大额交易报告或者可疑交易报告的;与身份不明的客户进行交易或者为客户开立匿名账户、假名账户的;违反保密规定,泄露有关信息的;拒绝、阻碍反洗钱检查、调查的;拒绝提供调查材料或者故意提供虚假材料的。金融机构有上述行为,致使洗钱后果发生的,处 50 万元以上 500 万元以下罚款,并对直接负责的董事、高级管理人员和其他直接责任人员处 5 万元以上 50 万元以下罚款；情节特别严重的，反洗钱行政主管部门可以建议有关金融监督管理机构责令停业整顿或者吊销其经营许可证。对有上述规定情形的金融机构直接负责的董事、高级管理人员和其他直接责任人员，反洗钱行政主管部门可以建议有关金融监督管理机构依法责令金融机构给予纪律处分，或者建议依法取消其任职资格、禁止其从事有关金融行业工作。

违反反洗钱规定，构成犯罪的，依法追究刑事责任。

本章练习

一、名词解释

金融　商业银行　政策性银行　商业保险　再保险　证券　信托　信托财产

二、单项选择题

1. 在我国的金融体系中，________是商业性金融机构。

A. 证券公司　B. 中国人民银行

C. 中国农业发展银行　D. 中国银监会

2. 中国人民银行是我国的________。

A. 商业银行　B. 中央银行　C. 政策性银行　D. 银监会

3. 2003年3月，根据第十届全国人民代表大会第一次会议审议通过的国务院机构改革方案的规定，将________对银行、金融资产管理公司、信托投资公司及其他存款类金融机构的监管职能分离出来，并与中央金融工作委员会的相关职能进行整合，成立中国银监会。

A. 国务院　B. 财政部

C. 国家外汇管理局　D. 中国人民银行

4. 中国人民银行在________的领导下制定和执行货币政策，防范和化解金融风险，维护金融稳定。

A. 中国银监会　B. 财政部　C. 国务院　D. 中国人民银行行长

5. ________设立货币政策委员会。

A. 中国人民银行　B. 国务院　C. 财政部　D. 中国银监会

6. 设立商业银行，应当经________审查批准。

A. 国务院　B. 中国人民银行　C. 银监会　D. 财政部

7. 设立全国性商业银行的注册资本最低限额为________人民币。

A. 1 000万元　B. 5 000万元　C. 1亿元　D. 10亿元

8. 商业银行应当按照中国人民银行的规定，向________交存存款准备金，留足备付金。

A. 中国人民银行　B. 银监会　C. 财政部　D. 国务院

9. 商业银行及其分支机构自取得________之日起无正当理由超过6个月未开业的，或者开业后自行停业连续6个月以上的，由国务院银行业监督管理机构吊销其经营许可证，并予以公告。

A. 批准　B. 营业执照　C. 许可　D. 资格

10. 商业银行已经或者可能发生________，严重影响存款人的利益时，国务院银行业监督管理机构可以对该银行实行接管。

A. 财务危机　B. 债务危机　C. 信用危机　D. 信任危机

11. 国家开发银行、中国农业发展银行和中国进出口银行是国务院设立的________。

A. 金融专门监督管理机构　B. 商业性金融机构

C. 商业银行　D. 政策性银行

12. ________是其财产或者人身受保险合同保障、享有赔偿金或者保险金请求权的人。

A. 被保险人　B. 受益人　C. 投保人　D. 保险人

13. ________是人身保险合同中由被保险人或者投保人指定的享有保险金请求权的人。

A. 受益人　　B. 被保险人　　C. 投保人　　D. 保险人

14. 投保人故意隐瞒事实,不履行如实告知义务的,或者因过失未履行如实告知义务,足以影响保险人决定是否同意承保或者提高保险费率的,保险人有权________。

A. 变更保险合同　　B. 转让保险合同　　C. 解除保险合同　　D. 重订保险合同

15. 保险人对属于保险责任的事故,在与被保险人或者受益人达成有关赔偿或者给付保险金额的协议后________内,履行赔偿或者给付保险金义务。

A. 30 日　　B. 20 日　　C. 15 日　　D. 10 日

16. 保险人将其承担的保险业务以分保形式部分转移给其他保险人的,为________。

A. 骗保　　B. 再保险

C. 重复保险　　D. 保险合同的变更

17. 以被保险人对第三者依法应负的赔偿责任为保险标的的保险是________。

A. 财产保险　　B. 人身保险　　C. 责任保险　　D. 重复保险

18. 投保人不得为无民事行为能力人投保以________为给付保险金条件的人身保险。

A. 伤残　　B. 意外事故　　C. 疾病　　D. 死亡

19. 投保人或受益人________造成被保险人死亡、伤残或者疾病的,保险人不承担给付保险金的责任。

A. 间接　　B. 直接　　C. 过失　　D. 故意

20. 人身保险合同的投保人解除合同,已缴足________以上保险费的,保险人应当自接到解除合同通知之日起 30 日内退还保险单的现金价值。

A. 1 年　　B. 2 年　　C. 3 年　　D. 4 年

21. 保险公司应当按照已经提出的保险赔偿或者给付金额,以及已经发生保险事故但尚未提出的保险赔偿或者给付金额,提取________。

A. 责任准备金　　B. 保险保障基金　　C. 保险费　　D. 未决赔款准备金

22. 保险公司违反规定,损害社会公共利益,可能严重危及或者已经危及保险公司的偿付能力的,保险监督管理机构可以对该保险公司________。

A. 实行接管　　B. 宣告破产　　C. 提起诉讼　　D. 宣告解散

23. 保险人和被保险人可以聘请依法设立的独立的评估机构或者具有法定资格的专家,对________进行评估和鉴定。

A. 保险价值　　B. 保险事故　　C. 保险标的　　D. 保险财产

24. 票据法律关系是________之间因票据的签发、转让等行为而发生的权利义务关系。

A. 银行　　B. 收款人与付款人　　C. 票据当事人　　D. 出票人与付款人

25. 由收款人或者付款人签发,承兑人承兑,并于到期日向收款人或者被背书人支付款项的票据,是________。

A. 银行汇票　　B. 银行承兑汇票　　C. 商业承兑汇票　　D. 商业汇票

26. 本票是出票人签发的,承诺________在见票时无条件支付确定的金额给收款人或者持票人的票据。

A. 自己　　B. 由他人　　C. 由银行　　D. 由买方

27. 股份有限公司公开发行公司债券,净资产不低于人民币________。

A. 1 000 万元　　B. 3 000 万元　　C. 6 000 万元　　D. 9 000 万元

28. 有限责任公司公开发行公司债券,净资产不低于人民币________。

A. 1 000 万元　　B. 3 000 万元　　C. 6 000 万元　　D. 9 000 万元

29. 信托是委托人基于对受托人的信任,将其财产权委托给受托人,由受托人按委托人的意愿以________为受益人的利益或者特定目的进行管理或者处分的行为。

A. 特定人的名义　　B. 受益人的名义　　C. 委托人的名义　　D. 自己的名义

30. 任何单位和个人发现洗钱活动,都有权向反洗钱行政主管部门或者公安机关举报,接受举报的机关应当对举报人和举报内容________。

A. 保密　　B. 保护　　C. 保证　　D. 保障

三、多项选择题

1. 下列机构中，组成我国金融体系的有________。

A. 中央银行　　B. 金融专门监督管理机构

C. 商业性金融机构　　D. 政策性金融机构

2. 我国的商业性金融机构包括________。

A. 中央银行　　B. 银行业金融机构　　C. 证券机构　　D. 保险机构

3. 中国人民银行的法定业务包括________。

A. 执行货币政策　　B. 经理国库

C. 制定支付结算规则　　D. 提供清算服务

4. 商业银行以________为经营原则，实行自主经营、自担风险、自负盈亏、自我约束。

A. 安全性　　B. 流动性　　C. 合法性　　D. 效益性

5. 商业银行贷款业务的原则有________。

A. 接受国家产业政策指导　　B. 严格审查

C. 存款自愿　　D. 审贷分离、分级审批

6. 1994 年，我国先后建立的三家政策性银行分别是________。

A. 国家开发银行　　B. 中国农业发展银行

C. 中国进出口银行　　D. 国家人才银行

7. 商业保险与社会保险的区别主要表现在________。

A. 保险事故是不同的

B. 商业保险是自愿的，社会保险是强制的

C. 商业保险的对象可以是人身和财产，社会保险的对象只能是人身

D. 商业保险的保费由投保人承担，社会保险的保费一般由政府、企业和个人共同承担

8. 对于保险合同的条款，保险人与________有争议时，人民法院或者仲裁机关应当作有利于被保险人和受益人的解释。

A. 投保人　　B. 被保险人　　C. 受益人　　D. 其他人

9. 保险标的是人的________，是人身保险合同与财产保险合同的主要区别。

A. 寿命　　B. 身体　　C. 健康　　D. 安全

10. 保险公司的财产保险业务包括________。

A. 财产损失保险　　B. 责任保险　　C. 信用保险　　D. 重复保险

11. 同一保险人不得同时兼营财产保险和人身保险业务；但是，经营财产保险业务的保险公司经中国保监会核定，可以经营________业务。

A. 保险　　B. 再保险　　C. 短期健康保险　　D. 意外伤害保险

12. 票据上的记载事项应当真实，不得________。

A. 伪造　　B. 修改　　C. 变造　　D. 仿造

13. 汇票的基本当事人有________。

A. 背书人　　B. 出票人　　C. 收款人　　D. 付款人

14. 本票的基本当事人是________。

A. 背书人　　B. 出票人　　C. 收款人　　D. 付款人

15. 支票必须记载的事项包括________；支票上未记载规定事项之一的，支票无效。

A. 表明“支票”的字样　　B. 无条件支付的委托

C. 确定的金额、付款人名称、出票日期　　D. 出票人签章

16.《证券法》规定的公开发行是指________。

A. 向不特定对象发行证券　　B. 向累计超过 200 人的特定对象发行证券

C. 向原来的公司股东发行证券　　D. 法律、行政法规规定的其他发行行为

17.《证券法》规定,不得再次公开发行公司债券的情形有________。

A. 前一次公开发行的公司债券尚未募足

B. 对已公开发行的公司债券或者其他债务有违约或者延迟支付本息的事实,仍处于继续状态

C. 违反法律规定,改变公开发行公司债券所募资金的用途

D. 对已公开发行的公司债券非法转让

18. 股份有限公司申请股票上市,应当符合的条件包括________。

A. 股票经国务院证券监督管理机构核准已公开发行

B. 公司股本总额不少于人民币 3 000 万元

C. 公开发行的股份达到公司股份总数的 25%以上;公司股本总额超过人民币 4 亿元的,公开发行股份的比例为 10%以上

D. 公司最近 3 年无重大违法行为,财务会计报告无虚假记载

19. 根据《信托法》,设立信托的条件是________。

A. 必须有合法的信托目的　　B. 必须有确定且合法的信托财产

C. 应当采取书面形式　　D. 应当依法办理信托登记

20. 根据《信托法》,信托无效的情形有________。

A. 信托目的违反法律、行政法规或者损害社会公共利益

B. 信托财产不能确定

C. 委托人以非法财产或者法律规定不得设立信托的财产设立信托

D. 专以诉讼或者讨债为目的设立信托

四、判断题

1. 从字面上理解,金融是货币资金融通的意思。(　　)

2. 政策性金融机构是由政府设立、专门从事某一方面政策性业务的、以营利为目的的金融机构。(　　)

3. 我国《银行业监督管理法》明确提出了审慎监管的银行业全面风险监管理念。(　　)

4. 中央银行垄断货币发行,是发行银行;集中商业银行的存款准备金,是储备银行、银行的银行;制定和执行国家的货币信用政策、代理国库,是国家银行。(　　)

5. 中国人民银行行长的人选根据财政部的提名,由全国人民代表大会决定;全国人民代表大会闭会期间,由全国人民代表大会常务委员会决定,国务院总理任免。(　　)

6. 国务院设立货币政策委员会。(　　)

7. 中华人民共和国的法定货币是人民币。人民币的单位为元,人民币辅币单位为角、分。(　　)

8. 中国人民银行根据执行货币政策的需要,可以决定对商业银行贷款的数额、期限、利率和方式,但贷款的期限不得超过 2 年。(　　)

9. 中国人民银行可以向单位和个人提供担保。(　　)

10. 商业银行经国务院银行业监督管理机构批准,可以经营结汇、售汇业务。(　　)

11. 商业银行以其全部法人财产独立承担民事责任。(　　)

12. 商业银行贷款余额与存款余额的比例不得超过 75%。(　　)

13. 商业银行应当在公告的营业时间内营业,不得擅自停止营业或者缩短营业时间。(　　)

14. 商业银行破产清算时,在支付清算费用、所欠职工工资和劳动保险费用后,应当优先支付个人储蓄存款的本金和利息。(　　)

15. 投保人是指与保险人订立保险合同,并按照保险合同负有支付保险金义务的人。(　　)

16. 对于保险合同的条款,保险人与投保人、被保险人或者受益人有争议时,人民法院或者仲裁机关应当作有利于保险人的解释。(　　)

17. 投保人故意不履行如实告知义务的，保险人对于保险合同解除前发生的保险事故不承担赔偿或者给付保险金的责任，且不退还保险费。（ ）

18. 人寿保险的被保险人或者受益人对保险人请求给付保险金的权利自其知道保险事故发生之日起2年不行使而消灭。（ ）

19. 再保险接受人可以向原保险的投保人要求支付保险费。（ ）

20. 保险标的是指保险人（保险公司）承担保险责任的事故原因。（ ）

21. 保险事故发生后，保险人未赔偿保险金之前，被保险人放弃对第三者的请求赔偿的权利的，保险人不承担赔偿保险金的责任。（ ）

22. 父母为其未成年子女投保的人身保险，未经被保险人书面同意并认可保险金额的，合同无效。（ ）

23. 设立保险公司的注册资本最低额为人民币1亿元，且必须为实缴货币资本。（ ）

24. 经营财产保险业务的保险公司当年自留的保险费不得超过其实有资本金加公积金总和的4倍。（ ）

25. 保险代理人和保险经纪人不得承诺向投保人、被保险人或者受益人给予保险合同规定以外的其他利益。（ ）

26. 我国《票据法》所称的票据包括汇票、本票、支票和股票。（ ）

27. 票据的基础关系无效并不必然导致票据关系的无效，票据关系因一定原因失效也不影响票据基础关系的效力。（ ）

28. 票据金额、日期和收款人名称不得更改，更改的票据无效。（ ）

29. 付款请求权是指持票人向票据主债务人或者其他付款义务人请求按票据上记载的金额付款的权利，是票据上的第二次请求权。（ ）

30. 持票人行使追索权只能在汇票到期后。（ ）

31. 本票必须记载下列事项：表明“本票”的字样；无条件支付的承诺；确定的金额；收款人名称；出票日期；出票人签章。本票上未记载规定事项之一的，本票无效。（ ）

32. 支票的出票人不得签发与其预留本名的签名式样或者印鉴不符的支票。（ ）

33. 涉外票据的背书、承兑、付款和保证行为适用付款地法律。（ ）

34. 国务院证券监督管理机构设发行审核委员会，依法审核股票的发行申请。（ ）

35. 向不特定对象公开发行的证券票面总值超过人民币1亿元的，应当由承销团承销；承销团应当由主承销和参与承销的证券公司组成。（ ）

36. 依法公开发行的股票、公司债券及其他证券，应当在依法设立的证券交易所上市交易。（ ）

37. 证券法禁止证券交易内幕信息的知情人和非法获取内幕信息的人利用内幕信息从事证券交易活动。（ ）

38. 信托委托人设立信托损害其债权人利益的，债权人有权申请人民法院撤销该信托。（ ）

39. 信托财产可以归入信托受托人的固有财产或者成为其固有财产的一部分。（ ）

40. 信托受托人应当是具有完全民事行为能力或者限制民事行为能力的自然人、法人。（ ）

41. 设立信托后，经委托人和受益人同意，受托人可以辞任。（ ）

42. 信托不因委托人或者受托人的死亡、丧失民事行为能力、依法解散、被依法撤销或者被宣告破产而终止，也不因受托人的辞任而终止。（ ）

43. 公益信托的信托财产及其收益可以用于非公益目的。（ ）

44. 公益信托可以设置信托监察人。信托监察人由信托文件规定；信托文件未规定的，由公益事业管理机构指定。（ ）

45. 国务院反洗钱行政主管部门的派出机构在国务院反洗钱行政主管部门的授权范围内对金融机构履行反洗钱义务的情况进行监督、检查。（ ）

46. 国务院反洗钱行政主管部门或者其省级派出机构发现可疑交易活动，需要调查核实的，可以向金融

机构进行调查,金融机构应当予以配合,如实提供有关文件和资料。(　　)

47. 国务院反洗钱行政主管部门或者其省级派出机构调查可疑交易活动时,调查人员不得少于3人,并出示合法证件和国务院反洗钱行政主管部门或者其省级派出机构出具的调查通知书。调查人员少于3人或者未出示合法证件和调查通知书的,金融机构有权拒绝调查。(　　)

48. 经国务院反洗钱行政主管部门负责人批准,可以依法采取临时冻结措施,临时冻结不得超过24小时。(　　)

49. 国务院反洗钱行政主管部门根据国务院授权,代表中国政府与外国政府和有关国际组织开展反洗钱合作,依法与境外反洗钱机构交换与反洗钱有关的信息和资料。(　　)

50. 金融机构未按照规定建立反洗钱内部控制制度的,由国务院反洗钱行政主管部门或者其授权的省级派出机构责令限期改正。(　　)

五、简答题

1. 简述我国的金融体系。
2. 简述商业银行的设立条件。
3. 简述商业保险与社会保险的区别。
4. 简述保险合同应当订明的事项。
5. 简述保险公司的设立条件。
6. 简述票据作为有价证券的特征。
7. 简述公开发行公司债券的条件。
8. 简述反洗钱主管部门的职责。

六、综合分析题

1. A公司由B企业、C企业、D公司、E企业和F公司共同以发起设立方式设立。A公司成立时的股本总额为人民币35 000万元(每股面值为人民币1元,下同)。2003年5月20日,A公司获准发行7 000万股社会公众股,由某证券公司独家包销,争取在年底上市。此次发行完毕后,股本总额增至人民币42 000万元。

问:发行社会公众股后,A公司的股本结构、股票发行的承销方式是否合法?是否符合上市条件?

2. 甲向乙开出一张银行汇票用以支付货款。乙将汇票背书后转让给丙,丙又背书后转让给丁。

问:

(1)如果甲和乙因合同履行发生纠纷,甲可否拒绝支付汇票金额?

(2)丁如果到期未获得汇票金额,可以向哪些人行使票据权利?

第八章
税收法律制度

第一节　税收与税收法概述

一、税收概述

(一)税收的概念

1. 税收的定义

税收是国家凭借其政治权力,依据税法的规定,无偿向纳税人征收货币或者实物,以实现国家职能的一种特殊的分配形式。税收是国家取得财政收入最重要的来源。

2. 税收的特征

税收不同于其他财政收入,具有以下特征:

(1)强制性。国家为了实现其职能,依据税法的规定征收税收。税法的强制性决定了税收的强制性。我国《宪法》规定,纳税是公民的基本义务之一,不依法纳税者将受到法律的制裁。

(2)无偿性。国家满足社会公共需求经常是以无偿的方式付出的,所以,国家获得收入也应当是无偿的。依法征收的税款归国家所有,国家对纳税人不直接支付任何对价。

(3)固定性。国家依据税法征收税款,征税范围、纳税人、税率、纳税环节等都在税法中预先明确,因此,税收具有相对稳定性;但是,税收并不是一成不变的,它可以通过法定程序进行调整。

(二)税收的作用

1. 组织财政收入

国家的经济建设、科教文卫建设、民主与法制建设、国防建设等,都需要强有力的资金作保障。通过税收聚集国家发展的资金是税收最重要和最初的作用。

2. 调节经济

国家可以通过税种的开征和停征、税率的提高和降低、税收的减免和加成等税收手段，体现国家的产业政策，引导投资者和纳税人的行为，最终优化资源的合理配置。国家适时调整税收政策，能够对行业调整、地区发展等起到很好的指引和调节作用。

3. 公平税负

税收是对社会财富的再分配。这种再分配应尽量体现公平，即收入水平相当的纳税人承担的税负应当相同，收入水平不同的纳税人承担的税负应当有差别。不公平的税负，轻者引起纳税人不满，偷漏税猖獗；重者引发政治动荡甚至社会变革，所以，应尽量避免税负不公平，及时调整税负。当然，税收要做到绝对公平是有难度的。

4. 维护国家主权，促进对外交流

在国际交往中，我们应当充分利用税收来维护我们的利益。尽管我国已加入世界贸易组织，承诺必须降低关税，但仍然有不少手段可以用来保护我国的利益，如对外来商品征收反倾销、反补贴关税，制定关税配额等。我国遵循平等互利的外交原则，在对外贸易上我国也遵循对等原则。任何国家或者地区对我国采取歧视性禁止、限制或者类似措施的，我国都可以根据实际情况对该国采取相应的措施。

5. 调整国际收支

一般来说，保持国际收支平衡是一国对外贸易追求的目标。当一国面临贸易赤字、货币贬值的压力时，可以适当调高出口退税率以增加出口，改善贸易收入。而当一国贸易顺差、面临货币升值的压力时，适当下调出口退税率有利于平衡国际收支，减少升值压力。

(三)税收的分类

1. 按照税收的征收对象，税收有流转税、所得税、财产税、资源税和特定行为税

征收对象是税种之间相互区别的主要标志。这是税收最常见、最基本的一种分类。

(1)流转税。这是以商品或者非商品的流转额，如销售额、营业额和转让额等为征税对象的一种税。我国的流转税主要包括增值税、消费税、营业税和关税等。

(2)所得税。这是以所得额和收益额为征税对象的一种税。我国的所得税主要包括企业所得税和个人所得税等。

(3)财产税。这是以房屋等特定纳税财产的价值为征税对象的一种税。我国的财产税主要包括房产税和契税等。

(4)资源税。这是以纳税人开采利用各种自然资源的量为征收对象的一种税。我国的资源税主要包括资源税、城镇土地使用税、耕地占用税和土地增值税等。

(5)特定行为税。这是以国家需要调节的各种特殊行为为征税对象的一种税。我国的特定行为税主要包括印花税、城市维护建设税和车辆购置使用税等。

2. 按照税收管辖和收入归属，税收可分为中央税、地方税和中央地方共享税

我国目前实行分税制，即按照中央和地方政府的事权划分各级财政的支出范围，根据财权和事权相统一原则合理划分中央和地方收入。

(1)中央税。中央税包括消费税、关税、海关代征的增值税和消费税等。

(2)地方税。地方税包括营业税、城镇土地使用税、城市维护建设税、房产税、契税和印花税等。

(3)中央地方共享税。中央地方共享税包括增值税和证券交易印花税等。从2002年起，

企业所得税和个人所得税调整为中央地方共享税。

国家税务总局负责中央税和共享税的征收管理，地方税务局负责地方税的征收管理。

3. 按照税负能否转嫁，税收可分为直接税和间接税

直接税是指税负不能转嫁的税，如各类所得税；间接税则是指纳税人可以通过价格等方式转嫁税负的税，如流转税。

4. 按照计税依据，税收可分为从价税、从量税和复合税

(1)从价税。以销售额、收入额等为计税依据的税是从价税，如增值税、营业税和企业所得税等。

(2)从量税。以征税对象的数量为计税依据的税是从量税，如资源税、城镇土地使用税和车船税等。

(3)复合税。按照征税对象的金额和数量征税是复合税，如消费税中对卷烟和白酒的征收。

二、税法概述

(一)税法的概念和作用

1. 税法的概念

税法是调整国家征税机关与纳税人之间税收征纳关系的法律规范的总称。在法治国家里，税收制度应当通过税收立法(税法)加以确立，并按照法定程序依法征纳得以实施。

2. 税法的作用

税法的作用主要表现在：税法是国家征税机关向纳税人无偿征收税款、积累资金的法律依据；税法是调整征纳双方权利义务关系的准则；税法是国家经济政策和产业政策等得以实现的保障；税法是维护国内外贸易秩序、打击走私及其他违法犯罪行为的重要手段。

(二)税法的要素

1. 纳税义务人

纳税义务人，是指税法规定的直接负有纳税义务的单位或者个人。与纳税义务人相关的有扣缴义务人和负税人。扣缴义务人，是指负有代扣或者代收税款、代缴给税务部门义务的单位或者个人。负税人，是指最终负担税款的单位或者个人。

纳税义务人不同于征税主体，后者是指代表国家征税的机关，如税务部门、海关和财政部门等。

2. 征税客体

征税客体又称征税对象，是指对什么征税，是区别不同税种的主要标志，如对个人所得征税即为个人所得税，对纳税人销售、进口货物、提供加工修理修配劳务获得的流转增值额征税即为增值税。

3. 税目和计税依据

(1)税目是税法规定的征税的具体项目，是征税对象在质的方面的具体化，反映的是征税的广度，解决对什么征税的问题。例如，消费税原列举了 11 类应税消费品，2006 年 4 月 1 日起修改为 14 类应税消费品，取消了护肤护发品税目，增加了游艇、高档手表、木制一次性筷子、

实木地板、成品油、高尔夫球及球具等税目。

(2)计税依据又称计税标准、税基,是指根据税法规定所取得的用以计算应纳税额的依据,即用以计算应纳税额的基数,是征税对象在量的方面的具体化,解决如何征税的问题。

4. 税率

税率,是指应纳税额与征税对象之间的比例。税率是税法中的核心要素,税率的高低直接影响了国家的财政收入和纳税人税负的多少。通过对税率的调整可以实现对经济的调控。税率有三种形式:

(1)比例税率,是对不同征税对象的数额只规定一个百分比的税率。例如,增值税的基本税率为17%,销售不动产的营业税税率为5%等。

(2)累进税率,是按征税对象数额的大小规定不同等级的税率,数额越大,税率越高。累进税率又可以分为全额累进税率和超额累进税率。第一,全额累进税率。全额累进税率按征税对象的全部数额达到哪一级,就按哪一级的税率征税。这种税率不合理,现行税法已不再采用。第二,超额累进税率。超额累进税率按规定等级的适用税率分别计征,征税对象数额超过低一级的那个部分,才按高一级税率征税。与超额累进税率相似的是超率累进税率和超倍累进税率。我国现行个人所得税中工资薪金所得等税目采用了超额累进税率,现行土地增值税采用了四级超率累进税率。

(3)定额税率,是对征税对象的每一单位直接规定固定的税额,不采用百分比的形式,如车船税、资源税和城镇土地使用税等均采用这种税率形式。

5. 纳税环节

纳税环节,是指税法规定的纳税人应当缴纳税款的环节。不同的税纳税环节不同,有的税是单一环节征税,如消费税、营业税等;有的税是多环节征收,如增值税。

6. 纳税期限

纳税期限,是指税法规定的纳税人应当缴纳税款的具体时限。不同的税纳税期限的规定也不尽相同,一般可以分为按期纳税和按次纳税两种。

7. 减免税

减免税,是对纳税人的优惠规定,体现了国家鼓励发展的行业方向。减免税的形式主要有以下几种:

(1)税基式减免。这是指通过缩小计税依据的方式实现的减税,主要包括起征点、免征额和项目扣除等具体方式。起征点是对征税对象开始征税的数额,未达到起征点的不征税,达到或者超过起征点的对全额征税。免征额是在征税对象中免予征税的数额,未超过免征额的不征税,仅对超过免征额的部分征税。项目扣除是在依照规定计算税款时,按项目一次性扣除一定数额后缴纳税款。

(2)税率式减免。这是指通过直接降低税率的方式实现减税、免税,具体包括低税率和零税率等。

(3)税额式减免。这是指通过直接减少应纳税款的方式实现的减税、免税,具体包括全部免税、减半征收和核定减免等。

8. 法律责任

法律责任是对违反税法规定的纳税人、征税部门或者相关单位和个人所采取的惩罚措施,主要是行政制裁和刑事制裁。

第二节　流转税法律制度

一、流转税与流转税法概述

(一)流转税概述

流转税是以商品或者非商品流转额为征税对象的一种税。流转税税源广，目前是我国的第一大税类。流转税与商品、劳务的价格有密切的联系，价格变动、销售数量变化均会影响国家流转税收入的多少。流转税是间接税，其纳税人和实际负税人往往是分离的。目前，我国的流转税主要包括增值税、消费税、营业税和关税等。

(二)流转税法概述

流转税的立法主要是国务院制定的行政法规。1993 年 12 月，国务院制定了《中华人民共和国增值税暂行条例》《中华人民共和国消费税暂行条例》和《中华人民共和国营业税暂行条例》等，财政部颁布了相应的实施细则、国家税务总局制定了有关的规章制度。2008 年 11 月 5 日，国务院第三十四次常务会议审议通过了修订后的 3 个暂行条例；2008 年 12 月 15 日，财政部、国家税务总局公布了修订后的 3 个暂行条例的实施细则；2009 年 1 月 1 日起，实施修订后的 3 个暂行条例和实施细则。

二、增值税

(一)增值税概述

1. 增值税的概念

增值税是对销售货物、进口货物、提供加工、修理修配劳务过程中实现的增值额征收的一种税。增值税自 1954 年起源于法国，由于其具有的课税对象普遍性，税率、计税依据、纳税环节的公平合理性，课税收入的稳定性等优点，现为世界各国广泛采用。我国于 1994 年 1 月起普遍征收增值税。目前，增值税是我国所有税种中给国家带来财政收入最多的一个税种。

2. 增值税的类型

按照对固定资产处理的不同，增值税可分为三种类型：

(1)消费型增值税，即在征收增值税时，允许将购置固定资产已纳税款一次性全部扣除。这种规定有利于鼓励投资，加速设备更新。我国自 2009 年 1 月 1 日起实行消费型增值税。

(2)收入型增值税，即在征收增值税时，只允许扣除固定资产折旧部分的已纳税款。

(3)生产型增值税，即不允许扣除固定资产的已纳税款。

我国原来的增值税是生产型增值税类型，企业购进的机器设备所含的增值税是不允许抵扣的。改革后的增值税税制实现了增值税由生产型向消费型的转换，消除了生产型增值税所决定的重复征税的因素，降低了企业设备投资的税收负担，有利于鼓励投资和扩大内需，促进企业的技术进步、产业结构调整和经济增长方式的转变，对于增强企业发展后劲，提高企业竞争力和抗风险能力起到了很好的作用。

3. 2009 年增值税税制修改的主要内容

(1)允许抵扣固定资产进项税额。原《增值税暂行条例》第 10 条规定,购进固定资产的进项税额不得从销项税额中抵扣,即实行生产型增值税。修订后的《增值税暂行条例》删除了有关不得抵扣购进固定资产进项税额的规定,实现增值税由生产型向消费型的转换。

(2)堵住因抵扣固定资产可能带来的税收漏洞。修订后的《增值税暂行条例》规定,与企业技术改进、生产设备更新无关且容易混为个人消费的自用消费品(指应征消费税的小汽车、摩托车、游艇等)所含的进项税额,不得予以抵扣。

(3)降低小规模纳税人的征收率。原《增值税暂行条例》规定,小规模纳税人划分为工业和商业两类,分别适用 6%和 4%的征收率。为了平衡小规模纳税人与一般纳税人之间的税负水平,促进中小企业的发展和扩大就业,便利征收和纳税,修订后的《增值税暂行条例》对小规模纳税人不再设置工业和商业两档征收率,而是将征收率统一降低至 3%。

(4)补充了农产品和运输费用扣除率等规定,取消了已不再执行的来料加工、来件装配和补偿贸易所需进口设备免税政策的相关条款。

(5)将纳税申报期限由 10 天延长至 15 天,增加了 1 个季度的纳税期限。

另外,原来国家对进口设备增值税实行免税,对外商企业采购国产设备实行退税,现在取消了这两项政策。同时,矿产品的增值税税率恢复到 17%;增值税小规模纳税人标准和相关规定也有所调整,主要包括两个方面:一是将工业和商业小规模纳税人的销售额标准分别从 100 万元和 180 万元降为 50 万元和 80 万元;二是将年应税销售额超过小规模纳税人标准的个人、非企业性单位、不经常发生应税行为的企业统一按小规模纳税人纳税的规定调整为年应税销售额超过小规模纳税人标准的其他个人(自然人)继续按小规模纳税人纳税,而非企业性单位和不经常发生应税行为的企业可以自行选择是否按小规模纳税人纳税。

(二)增值税的主要规定

1. 纳税义务人

(1)纳税义务人的范围。在我国境内销售货物或者提供加工、修理修配劳务以及进口货物的单位和个人为增值税的纳税义务人。企业租赁或者承包给他人经营的,以承租人或者承包人为纳税人。在我国境内销售货物或者提供加工、修理修配劳务,是指销售货物的起运地或者所在地在我国境内,提供的应税劳务发生在境内。

(2)一般纳税人和小规模纳税人。依据纳税人的经营规模及会计核算健全与否,增值税纳税人可以分为一般纳税人和小规模纳税人。对小规模纳税人的确认由主管税务部门依税法规定的标准认定。

2. 征税对象

(1)增值税征税对象的一般范围。增值税的征税对象包括:第一,销售、进口货物;第二,提供加工、修理修配劳务。货物,是指有形动产,包括电力、热力和气体。加工,是指受托加工货物,即委托方提供原料及主要材料,受托方按照委托方的要求制造货物并收取加工费的业务。修理修配,是指受托对损伤和丧失功能的货物进行修复,使其恢复原状和功能的业务。此外,银行销售金银、典当业销售死当物品、寄售业销售寄售物品和货物期货(包括商品期货和贵金属期货)等,均属于增值税的征税范围。

(2)属于增值税征税范围的特殊情况。第一,视同销售货物行为。单位或者个体工商户的下列行为视同销售货物：将货物交付他人代销；销售代销货物；设有两个以上机构并实行统一核算的纳税人将货物从一个机构移送其他机构用于销售，但相关机构设在同一县（市）的除外；将自产或者委托加工的货物用于非增值税应税项目；将自产、委托加工或者购买的货物作为投资提供给其他单位或者个体工商户；将自产、委托加工或者购买的货物分配给股东或者投资者；将自产、委托加工的货物用于集体福利或者个人消费；将自产、委托加工或者购买的货物无偿赠送他人。第二，混合销售行为。一项销售行为如果既涉及货物又涉及非增值税应税劳务，则为混合销售行为，其特点是销售货物与提供非增值税应税劳务的价款是同时向一个购买方取得的。从事货物的生产、批发或者零售的企业、企业性单位及个体工商户的混合销售行为，视为销售货物，应当缴纳增值税；其他单位和个人的混合销售行为，视为销售非增值税应税劳务，不缴纳增值税。非增值税应税劳务，是指属于应缴营业税的交通运输业、建筑业、金融保险业、邮电通信业、文化体育业、娱乐业、服务业税目征收范围的劳务。纳税人的下列混合销售行为应当分别核算货物的销售额和非增值税应税劳务的营业额，并根据其销售货物的销售额计算缴纳增值税，非增值税应税劳务的营业额不缴纳增值税；未分别核算的，由主管税务部门核定其货物的销售额：销售自产货物并同时提供建筑业劳务的行为；财政部、国家税务总局规定的其他情形。

（3）兼营非应税劳务的行为。纳税人既从事应税货物销售或者应税劳务的提供，又从事非增值税应税劳务，且两者无直接联系和从属关系，为兼营行为。纳税人兼营非增值税应税项目的，应分别核算货物或者应税劳务的销售额和非增值税应税项目的营业额；未分别核算的，由主管税务部门核定货物或者应税劳务的销售额。

3. 税率

（1）基本税率17％。纳税人销售或者进口货物，提供加工、修理修配劳务，除税法另有规定外，税率为17％。

（2）低税率13％。纳税人销售或者进口下列货物，税率为13％：粮食、食用植物油；自来水、暖气、冷气、热水、煤气、石油液化气、天然气、沼气、居民用煤炭制品；图书、报纸、杂志；饲料、化肥、农药、农机（不包括农机零部件）、农膜；国务院规定的其他货物。

（3）出口货物税率为0，但国务院另有规定的除外。

（4）小规模纳税人销售货物或者应税劳务的征收率为3％。

（5）下列项目免征增值税：农业生产者销售的自产农业产品；避孕药品和用具；古旧图书；直接用于科学研究、科学试验和教学的进口仪器、设备；外国政府、国际组织无偿援助的进口物资和设备；由残疾人组织直接进口供残疾人专用的物品；销售的自己使用过的物品。除上述规定外，增值税的免税、减税项目由国务院规定，任何地区、部门均不得规定免税、减税项目。

（6）纳税人兼营不同税率的货物或者应税劳务，应当分别核算不同税率货物或者应税劳务的销售额；未分别核算销售额的，从高适用税率。纳税人兼营免税、减税项目的，应单独核算免税、减税项目的销售额；未单独核算销售额的，不得免税、减税。

4. 增值税应纳税额的计算

（1）一般纳税人增值税应纳税额的计算。一般纳税人销售货物或者提供应税劳务，应纳税额为当期销项税额抵扣当期进项税额后的余额。应纳税额的计算公式为：

应纳税额＝当期销项税额－当期进项税额

当期销项税额小于当期进项税额不足抵扣时，其不足部分可以结转下期继续抵扣。

销项税额，是指纳税人销售货物或者应税劳务，按照销售额和税法规定的税率计算并向购买方收取的增值税额。销项税额的计算公式为：

销项税额＝销售额×税率

销售额，是指纳税人销售货物或者应税劳务向购买方收取的全部价款和价外费用，但不包括收取的销项税额、受托加工应征消费税的消费品所代收代缴的消费税、符合税法规定的代垫运费。价外费用，是指价外向购买方收取的手续费、补贴、基金、集资费、返还利润、奖励费、违约金、滞纳金、延期付款利息、赔偿金、代收款项、代垫款项、包装费、包装物租金、储备费、优质费、运输装卸费以及其他各种性质的价外收费，但下列项目不包括在内：受托加工应征消费税的消费品所代收代缴的消费税；同时符合以下条件的代垫运输费用（承运部门的运输费用发票开具给购买方的；纳税人将该项发票转交给购买方的）；同时符合以下条件代为收取的政府性基金或者行政事业性收费（由国务院或者财政部批准设立的政府性基金，由国务院或者省级政府及其财政、价格主管部门批准设立的行政事业性收费；收取时开具省级以上财政部门印制的财政票据；所收款项全额上缴财政）；销售货物同时代办保险而向购买方收取的保险费，以及向购买方收取的代购买方缴纳的车辆购置税和车辆牌照费。凡价外费用，无论其会计制度如何核算，均应并入销售额计算应纳税额。如果销售收入中包含增值税税款，则应将不含税的销售额与销项税额分离开来，计算公式为：

不含增值税的销售额＝含增值税的销售额÷(1＋增值税税率或者征收率)

进项税额，是指纳税人购进货物或者接受应税劳务所支付或者负担的增值税额。准予从销项税额中抵扣的进项税额包括从销售方取得的增值税专用发票上注明的增值税额；从海关取得的增值税专用缴款书；购进免税农业产品准予抵扣的进项税额（买价×扣除率，现在规定的扣除率是13%）；销售或者购进货物所支付的运费，按运费和建设基金扣除率计算进项税额（运输费用×扣除率，现在规定的扣除率是7%）。不得从销项税额中抵扣的进项税额包括用于非增值税应税项目、免征增值税项目、集体福利或者个人消费的购进货物或者应税劳务；非正常损失的购进货物及相关的应税劳务；非正常损失的在产品、产成品所耗用的购进货物或者应税劳务；国务院财政、税务主管部门规定的纳税人自用消费品（纳税人自用的应征消费税的摩托车、汽车和游艇的进项税额不得从销项税额中抵扣）；第一至四项规定的货物的运输费用和销售免税货物的运输费用。

(2)小规模纳税人增值税应纳税额的计算。小规模纳税人销售货物或者应税劳务实行简易办法计算应纳税额：

应纳税额＝销售额×征收率

销售额的确定与一般纳税人相同，不同的是小规模纳税人不得抵扣任何进项税额。

(3)进口货物增值税应纳税额的计算。纳税人进口货物，按照组成计税价格和规定的税率计算应纳税额，不得抵扣任何税额。组成计税价格和应纳税额的计算公式为：

组成计税价格＝关税完税价格＋关税＋消费税

应纳税额的计算公式为：

应纳税额＝组成计税价格×税率

5. 增值税专用发票

增值税专用发票不仅是商事凭证，而且是购货方进项税额的法定扣税凭证，具有十分重要的地位。专用发票只限于增值税的一般纳税人领购使用，小规模纳税人和非增值税纳税人不得领购使用。专用发票的开具和保管都有明确的规定，纳税人应当遵照执行。

三、消费税

(一)消费税概述

1. 消费税的概念

消费税是对部分最终消费品和消费行为的流转额征收的一种税。消费税分为一般消费税和特别消费税,前者对所有消费品征税,后者对特定消费品或者消费行为征税。我国实行特别消费税。消费者是消费税的实际负税人和间接纳税人。

2. 消费税的意义

消费税的征收体现国家的消费政策,其征收范围具有选择性、税率具有差别性,能充分发挥特殊调节作用,是增值税普遍调节的补充。

3. 2009 年消费税税制修改的主要内容

(1)将 1994 年以来出台的政策调整内容,如部分消费品在零售环节征收消费税、卷烟和白酒的复合计税办法、消费税税目税率的调整等在新修订的《消费税暂行条例》中进行修改。

(2)与增值税条例衔接,将纳税申报期限由 10 日延长至 15 日,增加 1 个季度的纳税期限。

(二)消费税的主要规定

1. 纳税义务人

在中国境内生产、委托加工和进口应税消费品(不包括金银首饰)的单位和个人为消费税的纳税义务人。金银首饰消费税的纳税人是在中国境内从事商业零售金银首饰的单位和个人。委托加工应税消费品的,委托加工的单位和个人为纳税人,由受托方代收代缴消费税。

2. 征税对象

根据《消费税税目税率表》,有 14 类消费品被列举征收,如表 8—1 所示。

表 8—1　　14 类消费品税率

税　目	税　率
一、烟	
1. 卷烟	
(1)甲类卷烟	56%加 0.003 元/支(生产环节)
(2)乙类卷烟	36%加 0.003 元/支(生产环节)
(3)批发环节	5%
2. 雪茄烟	36%
3. 烟丝	30%
二、酒及酒精	
1. 白酒	20%加 0.5 元/500 克(或者 500 毫升)
2. 黄酒	240 元/吨
3. 啤酒	
(1)甲类啤酒	250 元/吨
(2)乙类啤酒	220 元/吨
4. 其他酒	10%
5. 酒精	5%

续表

税目	税率
三、化妆品	30%
四、贵重首饰及珠宝玉石	
1. 金银首饰、铂金首饰、钻石及钻石饰品	5%
2. 其他贵重首饰及珠宝、玉石	10%
五、鞭炮、焰火	15%
六、成品油	
1. 汽油	
(1)含铅汽油	0.28元/升
(2)无铅汽油	0.20元/升
2. 柴油	0.10元/升
3. 航空煤油	0.10元/升
4. 石脑油	0.20元/升
5. 溶剂油	0.20元/升
6. 润滑油	0.20元/升
7. 燃料油	0.10元/升
七、汽车轮胎	3%
八、摩托车	
1. 气缸容量(排气量,下同)在250毫升(含250毫升)以下的	3%
2. 气缸容量在250毫升以上的	10%
九、小汽车	
1. 乘用车	
(1)气缸容量(排气量,下同)在1.0升(含1.0升)以下的	1%
(2)气缸容量在1.0升以上至1.5升(含1.5升)的	3%
(3)气缸容量在1.5升以上至2.0升(含2.0升)的	5%
(4)气缸容量在2.0升以上至2.5升(含2.5升)的	9%
(5)气缸容量在2.5升以上至3.0升(含3.0升)的	12%
(6)气缸容量在3.0升以上至4.0升(含4.0升)的	25%
(7)气缸容量在4.0升以上的	40%
2. 中轻型商用客车	5%
十、高尔夫球及球具	10%
十一、高档手表	20%
十二、游艇	10%
十三、木制一次性筷子	5%
十四、实木地板	5%

3. 税率

(1)一般规定。消费税的税率采用比例税率与定额税率相结合的形式予以规定。黄酒、啤酒和成品油采用定额税率,从量征收;其他消费品采用比例税率,从价征收。比例税率的差别幅度较大,最低为1%,最高为45%。自2001年5月1日起,我国对白酒、卷烟的税率进行了调整,实行从量定额征收和从价定率征收的复合征收形式。

(2)兼营不同税率的应税消费品的税率。纳税人兼营不同税率的应税消费品,应当分别核算不同税率应税消费品的销售额和销售数量;未分别核算销售额和销售数量的,从高适用税率。

4. 消费税应纳税额的计算

(1)从价定率消费税应纳税额的计算。实行从价定率征收消费税的,应纳税额的计算公式为:

应纳税额=销售额×税率

销售额,是指纳税人销售应税消费品向购买方收取的全部价款和价外费用,不包括应向购买方收取的增值税税款。价外费用,是指价外向购买方收取的手续费、补贴、基金、集资费、返还利润、奖励费、违约金、滞纳金、延期付款利息、赔偿金、代收款项、代垫款项、包装费、包装物租金、储备费、优质费、运输装卸费以及其他各种性质的价外收费。

如果纳税人应税消费品的销售额中未扣除增值税税款或者因不得开具增值税专用发票而发生价款和增值税税款合并收取的,在计算消费税时,应当换算为不含增值税税款的销售额。其换算公式为:

应税消费品的销售额=含增值税的销售额÷(1+增值税税率或者征收率)

(2)从量定额消费税应纳税额的计算。实行从量定额征收消费税的,应纳税额的计算公式为:

应纳税额=销售数量×单位税额

销售数量按下列标准确定:纳税人销售应税消费品的,为应税消费品的销售数量;自产自用应税消费品的,为应税消费品的移送使用数量;委托加工应税消费品的,为纳税人收回的应税消费品数量;进口的应税消费品,为海关核定的应税消费品进口征税数量。

(3)纳税人自产自用消费税应纳税额的计算。纳税人自产自用的应税消费品用于连续生产应税消费品的,不纳税;用于其他方面的,如纳税人用于生产非应税消费品和在建工程,以及用于馈赠、赞助、集资、广告、样品、职工福利、奖励等方面,于移送使用时纳税。消费税按照纳税人生产的同类消费品的销售价格计算纳税;没有同类消费品销售价格的,按照组成计税价格的计算纳税。组成计税价格的计算公式为:

组成计税价格=(成本+利润)÷(1-消费税税率)

(4)委托加工消费税应纳税额的计算。委托加工的应税消费品,按照受托方同类消费品的销售价格计算纳税;没有同类消费品销售价格的,按照组成计税价格计算纳税。组成计税价格的计算公式为:

组成计税价格=(材料成本+加工费)÷(1-消费税税率)

委托加工的应税消费品,是指由委托方提供原料和主要材料,受托方只收取加工费和代垫部分辅助材料加工的应税消费品。委托加工的应税消费品直接出售的,不再征收消费税。

(5)进口货物消费税应纳税额的计算。进口的应税消费品实行从价定率办法计算应税税额的,按照组成计税价格计算纳税。组成计税价格的计算公式为:

组成计税价格=(关税完税价格+关税)÷(1-消费税税率)

纳税人应税消费品的计税价格明显偏低又无正当理由的,由主管税务部门核定其计税价格。

四、营业税

(一)营业税概述

1. 营业税的概念

营业税是以纳税人提供劳务、转让无形资产或者销售不动产的营业额、转让额或者销售额为征税对象的一种流转税。

2. 营业税的意义

营业税的征收范围较广，税率差别不大，税赋均衡。目前，营业税是我国地方税收收入的主要来源。

3. 2009 年营业税税制修改的主要内容

(1)调整了纳税地点的表述方式。为了解决在实际执行中一些应税劳务的发生地难以确定的问题，将营业税纳税人提供应税劳务的纳税地点由劳务发生地原则上调整为纳税人机构所在地或者居住地。

(2)删除了转贷业务差额征税的规定。这一规定仅适用于转贷外汇业务，造成外汇转贷与人民币转贷之间的税收不公，在目前我国外汇储备充足的情况下，其不合理性日益明显。

(3)考虑到营业税各税目的具体征收范围难以列举全面，删除了原来条例所附的税目税率表中的征收范围一栏，具体范围由财政部和国家税务总局规定。

(4)与《增值税暂行条例》衔接，将纳税申报期限由 10 日延长至 15 日，增加 1 个季度的纳税期限。

另外，修订后的增值税和营业税实施细则对混合销售行为和兼营行为销售额的划分问题继续维持对混合销售行为处理的一般原则，即按照纳税人的主营业务统一征收增值税或者营业税。但鉴于销售自产货物并同时提供建筑业劳务的混合销售行为较为特殊，对其采用分别核算、分别征收增值税和营业税的办法。

(二)营业税的主要规定

1. 纳税义务人

(1)纳税义务人的范围。在中国境内提供营业税应税劳务、转让无形资产或者销售不动产的单位和个人为营业税的纳税义务人。在中国境内提供应税劳务、转让无形资产或者销售不动产，是指所提供的劳务发生在境内；在境内载运旅客或者货物出境；在境内组织旅客出境旅游；所转让的无形资产在境内使用；所销售的不动产在境内；境内保险机构提供的保险劳务，但境内保险机构为出口货物提供保险的除外；境外保险机构以在境内的物品为标的提供的保险劳务。

(2)扣缴义务人。为了便于营业税的征收管理，税法规定了营业税的扣缴义务人，具体有：第一，中国境外的单位或者个人在境内提供应税劳务、转让无形资产或者销售不动产，在境内未设有经营机构的，以其境内代理人为扣缴义务人；在境内没有代理人的，以受让方或者购买方为扣缴义务人。第二，国务院财政、税务主管部门规定的其他扣缴义务人。

2. 征税对象

(1)征税对象的一般范围。营业税主要是按行业类别设置征税对象的，共 9 个税目，包括交通运输业、建筑业、金融保险业、邮电通信业、文化体育业、娱乐业、服务业、转让无形资产和销售不动产。

(2)视同销售不动产行为。视同销售不动产的情形包括：单位或者个人将不动产或者土地使用权无偿赠送其他单位或者个人；单位或者个人自己新建(简称“自建”)建筑物后销售，其所发生的自建行为；财政部、国家税务总局规定的其他情形。

(3)混合销售行为。一项销售行为如果既涉及应税劳务又涉及货物，为混合销售行为。从事货物的生产、批发或者零售的企业、企业性单位及个体经营者的混合销售行为，视为销售货物，不征收营业税；其他单位和个人的混合销售行为，视为提供应税劳务，应当征收营业税。纳税人的下列混合销售行为，应当分别核算应税劳务的营业额和货物的销售额，其应税劳务的营业额缴纳营业税，货物的销售额不缴纳营业税；未分别核算的，由主管税务部门核定其应税劳务的营业额：提供建筑业劳务同时销售自产货物的行为；财政部、国家税务总局规定的其他情形。

(4)兼营行为。纳税人兼营应税行为和货物或者非应税劳务的，应当分别核算应税行为的营业额和货物或者非应税劳务的销售额，其应税行为的营业额缴纳营业税，货物或者非应税劳务的销售额不缴纳营业税；未分别核算的，由主管税务部门核定其应税行为的营业额。

3. 税率

营业税实行比例税率，分为三档：交通运输业、建筑业、邮电通信业、文化体育业的税率为3%；金融保险业、服务业、转让无形资产、销售不动产的税率为5%；娱乐业的税率为5%～20%。具体如表8—2所示。

表8—2　　营业税实行比例税率(三档)

税　目	税　率
交通运输业	3%
建筑业	3%
金融保险业	5%
邮电通信业	3%
文化体育业	3%
娱乐业	5%～20%
服务业	5%
转让无形资产	5%
销售不动产	5%

纳税人兼有不同税目应税行为的，应当分别核算不同税目的营业额、转让额和销售额；未分别核算的，从高适用税率。

4. 营业税应纳税额的计算

纳税人提供应税劳务、转让无形资产或者销售不动产，按照营业额和规定的税率计算应纳税额。应纳税额的计算公式为：

$$应纳税额=营业额\times 税率$$

(1)营业额的一般规定。营业额，是指为纳税人提供应税劳务、转让无形资产或者销售不动产向对方收取的全部价款和价外费用，但税法另有规定的除外。价外费用包括向对方收取的手续费、基金、集资费、代收款项、代垫款项及其他各种性质的价外收费。凡价外费用，无论会计制度规定如何核算，均应并入营业额计算应纳税额。

(2)营业额的特别规定。税法对营业额有特别规定的情形包括五项：纳税人将承揽的运输业务分给其他单位或者个人的，以其取得的全部价款和价外费用扣除其支付给其他单位或者个人的运输费用后的余额为营业额；纳税人从事旅游业务的，以其取得的全部价款和价外费用扣除替旅游者支付给其他单位或者个人的住宿费、餐费、交通费、旅游景点门票和支付给其他接团旅游企业的旅游费后的余额为营业额；纳税人将建筑工程分包给其他单位的，以其取得的全部价款和价外费用扣除其支付给其他单位的分包款后的余额为营业额；外汇、有价证券、期货等金融商品买卖业务，以卖出价减去买入价后的余额为营业额；国务院财政、税务主管部门规定的其他情形。

5. 营业税的减免

下列项目免征营业税：(1)托儿所、幼儿园、养老院、残疾人福利机构提供的育养服务、婚姻介绍和殡葬服务；(2)残疾人员个人提供的劳务；(3)医院、诊所和其他医疗机构提供的医疗服务；(4)学校和其他教育机构提供的教育劳务，学生勤工俭学提供的劳务；(5)农业机耕、排灌、病虫害防治、植物保护、农牧保险以及相关技术培训业务，家禽、牲畜、水生动物的配种和疾病防治；(6)纪念馆、博物馆、文化馆、文物保护单位管理机构、美术馆、展览馆、书画院、图书馆举办文化活动的门票收入，宗教场所举办文化、宗教活动的门票收入；(7)境内保险机构为出口货物提供的保险产品。

除上述规定外，营业税的免税、减税项目由国务院规定。任何地区、部门均不得规定营业税的免税、减税项目。

第三节　所得税法律制度

一、所得税与所得税法概述

(一)所得税概述

1. 所得税的概念

所得税，是指以纳税人的所得额、收益额为征税对象的一种税。

2. 所得税的意义

所得税以纳税人的实际负担能力为征税原则，多得多征、少得少征、不得不征，是直接税，体现了一定的税法公平原则。目前，所得税是我国第二大税类，主要包括企业所得税和个人所得税。

(二)所得税法概述

1. 企业所得税法的沿革

1991 年 4 月 9 日，第七届全国人民代表大会常务委员会第四次会议通过了《中华人民共和国外商投资企业和外国企业所得税法》，同年 7 月 1 日正式施行。1993 年 12 月 13 日，国务院发布了《中华人民共和国企业所得税暂行条例》，1994 年 1 月 1 日起施行。2007 年 3 月 16 日，第十届全国人民代表大会常务委员会第五次会议通过了《中华人民共和国企业所得税法》(简称《企业所得税法》)，统一了内外资企业所得税，该法自 2008 年 1 月 1 日起施行。另外，2007 年 12 月 6 日，国务院发布《中华人民共和国企业所得税法实施条例》，自 2008 年 1 月 1 日起施行。

2. 个人所得税法的沿革

1980 年 9 月 10 日，第五届全国人民代表大会常务委员会第三次会议通过了《中华人民共和国个人所得税法》(简称《个人所得税法》)。1993 年 10 月 31 日，第八届全国人民代表大会常务委员会第四次会议对《个人所得税法》进行了第一次修正。1999 年 8 月 30 日，第九届全国人民代表大会常务委员会第十一次会议对《个人所得税法》进行了第二次修正。2005 年 10 月 27 日，第十届全国人民代表大会常务委员会第十八次会议对《个人所得税法》进行了第三次修正，自 2006 年 1 月 1 日起施行。2007 年 6 月 29 日，第十届全国人民代表大会常务委员会第二十八次会议对《个人所得税法》进行了第四次修正，自公布之日起施行。2007 年 12 月 29 日，第十届全国人民代表大会常务委员会第三十一次会议对《个人所得税法》进行了第五次修正，自 2008 年 3 月 1 日起施行。2011 年 6 月 30 日，第十一届全国人民代表大会常务委员会第二十四次会议对《个人所得税法》进行了第六次修正，自 2011 年 9 月 1 日起施行。

二、企业及个人所得税法的主要规定

(一)企业所得税法的主要规定

1. 纳税义务人

在中国境内，企业和其他取得收入的组织(以下统称“企业”)为企业所得税的纳税人，依法缴纳企业所得税，但个人独资企业、合伙企业不适用《企业所得税法》。

(1)居民企业。居民企业是指依法在中国境内成立，或者依照外国(地区)法律成立但实际管理机构在中国境内的企业。

(2)非居民企业。非居民企业是指依照外国(地区)法律成立且实际管理机构不在中国境内，但在中国境内设立机构、场所的，或者在中国境内未设立机构、场所，但有来源于中国境内所得的企业。

2. 征税对象

(1)居民企业应当就其来源于中国境内外的所得缴纳企业所得税，即承担无限纳税义务。

(2)非居民企业在中国境内设立机构、场所的，应当就其所设机构、场所取得的来源于中国境内的所得，以及发生在中国境外但与其所设机构、场所有实际联系的所得，缴纳企业所得税。非居民企业在中国境内未设立机构、场所的，或者虽设立机构、场所，但取得的所得与其所设机构、场所没有实际联系的，应当就其来源于中国境内的所得缴纳企业所得税。非居民企业承担有限纳税义务。

3. 税率

企业所得税的税率为 25%。

非居民企业在中国境内未设立机构、场所的，或者虽设立机构、场所，但取得的所得与其所设机构、场所没有实际联系的，应当就其来源于中国境内的所得缴纳企业所得税，适用税率为 20%。

税法还规定了特殊情况下可享受税率优惠。

4. 企业的应纳税所得额

企业每一纳税年度的收入总额减去不征税收入、免税收入、各项扣除以及允许弥补的以前年度亏损后的余额为应纳税所得额，包括：销售货物收入；提供劳务收入；转让财产收入；股息、红利等权益性投资收益；利息收入；租金收入；特许权使用费收入；接受捐赠收入；其他收入。

(1)收入总额。收入总额中的下列收入为不征税收入:财政拨款、依法收取并纳入财政管理的行政事业性收费、政府性基金、国务院规定的其他不征税收入。

(2)在计算应纳税所得额时准予扣除的项目。企业实际发生的与取得收入有关的、合理的支出,包括成本、费用、税金、损失和其他支出,准予在计算应纳税所得额时扣除。第一,成本。成本是指企业在生产经营活动中发生的销售成本、销货成本、业务支出以及其他耗费。第二,费用。费用是指企业在生产经营活动中发生的销售费用、管理费用和财务费用,已经计入成本的有关费用除外。第三,税金。税金是指企业发生的除企业所得税和允许抵扣的增值税以外的各项税金及其附加。第四,损失。损失是指企业在生产经营活动中发生的固定资产和存货的盘亏、毁损、报废损失,转让财产损失,呆账损失,坏账损失,自然灾害等不可抗力因素造成的损失以及其他损失。企业发生的损失减去责任人赔偿和保险赔款后的余额,依照国务院财政、税务主管部门的规定扣除。企业已经作为损失处理的资产,在以后纳税年度又全部收回或者部分收回时,应当计入当期收入。第五,其他支出。其他支出是指除成本、费用、税金、损失外,企业在生产经营活动中发生的与生产经营活动有关的、合理的支出。

(3)在计算应纳税所得额时其他准予扣除的项目及其标准。准予扣除的项目还有:企业按照规定计算的固定资产折旧;企业按照规定计算的无形资产摊销费用;企业发生的作为长期待摊费用,按照规定摊销的;企业使用或者销售存货,按照规定计算的存货成本;企业转让资产,该项资产的净值;企业发生的合理的工资薪金支出;企业依照国务院有关主管部门或者省级人民政府规定的范围和标准为职工缴纳的基本养老保险费、基本医疗保险费、失业保险费、工伤保险费、生育保险费等基本社会保险费和住房公积金;企业为投资者或者职工支付的补充养老保险费和补充医疗保险费,在国务院财政、税务主管部门规定的范围和标准内;企业在生产经营活动中发生的、合理的、不需要资本化的借款费用;企业在生产经营活动中发生的利息支出(非金融企业向金融企业借款的利息支出、金融企业的各项存款利息支出和同业拆借利息支出、企业经批准发行债券的利息支出;非金融企业向非金融企业借款的利息支出,不超过按照金融企业同期同类贷款利率计算的数额的部分);企业在货币交易中,以及纳税年度终了时将人民币以外的货币性资产、负债按照期末即期人民币汇率中间价折算为人民币时产生的汇兑损失,除已经计入有关资产的成本以及与向所有者进行利润分配相关的部分外;企业发生的职工福利费支出,不超过工资薪金总额14%的部分;企业拨缴的工会经费,不超过工资薪金总额2%的部分;企业发生的职工教育经费支出,除国务院财政、税务主管部门另有规定外,不超过工资薪金总额2.5%的部分;企业发生的与生产经营活动有关的业务招待费支出,按照发生额的60%扣除,但最高不得超过当年销售(营业)收入的5‰;企业发生的符合条件的广告费和业务宣传费支出,除国务院财政、税务主管部门另有规定外,不超过当年销售(营业)收入15%的部分;企业依照法律、行政法规的有关规定提取的用于环境保护、生态恢复等方面的专项资金;企业参加财产保险,按照规定缴纳的保险费;企业根据生产经营活动的需要租入固定资产支付的租赁费;企业发生的合理的劳动保护支出;企业发生的公益性捐赠支出,不超过年度利润总额12%的部分;等等。

(4)在计算应纳税所得额时不得扣除的项目。在计算应纳税所得额时,下列支出不得扣除:向投资者支付的股息、红利等权益性投资收益款项;企业所得税税款;税收滞纳金;罚金、罚款和被没收财物的损失;税法准予扣除的捐赠以外的其他捐赠支出;赞助支出;未经核定的准备金支出;与取得收入无关的其他支出。此外,企业对外投资期间,投资资产的成本在计算应纳税所得额时不得扣除。企业在汇总计算缴纳企业所得税时,其境外营业机构的亏损不得抵减境内营业机构的盈利。

企业纳税年度发生的亏损准予向以后年度结转，用以后年度的所得弥补，但结转年限最长不得超过5年。

(5)非居民企业特殊应纳税所得额的确定。非居民企业在中国境内未设立机构、场所的，或者虽设立机构、场所，但取得的所得与其所设机构、场所没有实际联系的，按照下列方法计算其应纳税所得额：第一，股息、红利等权益性投资收益和利息、租金、特许权使用费所得，以收入全额为应纳税所得额；第二，转让财产所得，以收入全额减除财产净值后的余额为应纳税所得额；第三，其他所得，参照前两项规定的方法计算应纳税所得额。

5. 企业应纳所得税税额

企业的应纳税所得额乘以适用税率，减去依法减免和抵免的税额后的余额为应纳税额。其计算公式为：

应纳所得税税额＝应纳税所得额×适用税率－减免税额－抵免税额

企业取得的下列所得已在境外缴纳的所得税税额可以从其当期应纳税额中抵免，抵免限额为该项所得依照本法规定计算的应纳税额；超过抵免限额的部分可以在以后5个年度内用每年度抵免限额抵免当年应抵税额后的余额进行抵补：(1)居民企业来源于中国境外的应税所得；(2)非居民企业在中国境内设立机构、场所，取得发生在中国境外但与该机构、场所有实际联系的应税所得。

居民企业从其直接或者间接控制的外国企业分得的来源于中国境外的股息、红利等权益性投资收益，外国企业在境外实际缴纳的所得税税额中属于该项所得负担的部分，可以作为该居民企业的可抵免境外所得税税额，在上述规定的抵免限额内抵免。

6. 税收优惠

(1)税基式减免。第一，企业的下列收入为免税收入：国债利息收入；符合条件的居民企业之间的股息、红利等权益性投资收益；在中国境内设立机构、场所的非居民企业从居民企业取得与该机构、场所有实际联系的股息、红利等权益性投资收益；符合条件的非营利组织的收入等。第二，企业的下列所得可以免征、减征企业所得税：从事农、林、牧、渔业项目的所得；从事国家重点扶持的公共基础设施项目投资经营的所得；从事符合条件的环境保护、节能节水项目的所得；符合条件的技术转让所得等。第三，企业的下列支出可以在计算应纳税所得额时加计扣除：开发新技术、新产品、新工艺发生的研究开发费用；安置残疾人员及国家鼓励安置的其他就业人员所支付的工资。第四，创业投资企业从事国家需要重点扶持和鼓励的创业投资，可以按投资额的一定比例抵扣应纳税所得额。第五，企业的固定资产由于技术进步等原因，确需加速折旧的，可以缩短折旧年限或者采取加速折旧的方法。第六，企业综合利用资源，生产符合国家产业政策规定的产品所取得的收入，可以在计算应纳税所得额时减计收入。

(2)税率式减免。符合条件的小型微利企业，减按20%的税率征收企业所得税；国家需要重点扶持的高新技术企业，减按15%的税率征收企业所得税。

(3)税额式减免。企业购置用于环境保护、节能节水、安全生产等专用设备的投资额，可以按一定比例实行税额抵免。

(4)其他优惠。国家对重点扶持和鼓励发展的产业和项目给予企业所得税优惠。根据国民经济和社会发展的需要，或者由于突发事件等原因对企业经营活动产生重大影响的，国务院可以制定企业所得税专项优惠政策，报全国人民代表大会常务委员会备案。另外，民族自治地方的自治机关对本民族自治地方的企业应缴纳的企业所得税中属于地方分享的部分，可以决定减征或者免征。自治州、自治县决定减征或者免征的，须报省、自治区、直辖市人民政府批准。

7. 特别纳税调整

(1)企业与其关联方之间的业务往来不符合独立交易原则而减少企业或者其关联方应纳税收入或者所得额的，税务部门有权按照合理的方法调整。企业与其关联方共同开发、受让无形资产，或者共同提供、接受劳务发生的成本，在计算应纳税所得额时应当按照独立交易原则进行分摊。

(2)企业可以向税务部门提出与其关联方之间业务往来的定价原则和计算方法，税务部门与企业协商、确认后，达成预约定价安排。

(3)企业从其关联方接受的债权性投资与权益性投资的比例超过规定标准而发生的利息支出，不得在计算应纳税所得额时扣除。

由居民企业，或者由居民企业和中国居民控制的设立在实际税负明显低于25%税率水平的国家(地区)的企业，并非由于合理的经营需要而对利润不作分配或者减少分配的，上述利润中应归属于该居民企业的部分，应当计入该居民企业的当期收入。

税务部门依法作出纳税调整，需要补征税款的，应当补征税款，并按照国务院的规定加收利息。

8. 征收管理

(1)纳税地点。第一，居民企业的纳税地点。除税收法律、行政法规另有规定外，居民企业以企业登记注册地为纳税地点；但登记注册地在境外的，以实际管理机构所在地为纳税地点；居民企业在中国境内设立不具有法人资格的营业机构的，应当汇总计算并缴纳企业所得税。第二，非居民企业的纳税地点。非居民企业在中国境内设立机构、场所的，就其所设机构、场所取得的来源于中国境内的所得，以及发生在中国境外但与其所设机构、场所有实际联系的所得，以机构、场所所在地为纳税地点；非居民企业在中国境内设立两个或者两个以上机构、场所的，经税务部门审核批准，可以选择由其主要机构、场所汇总缴纳企业所得税。非居民企业在中国境内未设立机构、场所的，或者虽设立机构、场所但取得的所得与其所设机构、场所没有实际联系的，就其来源于中国境内的所得，以扣缴义务人所在地为纳税地点。除国务院另有规定外，企业之间不得合并缴纳企业所得税。

(2)纳税期限。第一，纳税期限。企业所得税按纳税年度计算。纳税年度自公历1月1日起至12月31日。企业在一个纳税年度中间开业，或者终止经营活动，使该纳税年度的实际经营期不足12个月的，应当以其实际经营期为一个纳税年度。企业依法清算时，应当以清算期间作为一个纳税年度。第二，预缴税款。企业所得税分月或者分季预缴。企业应当自月份或者季度终了之日起15日内向税务部门报送预缴企业所得税纳税申报表，预缴税款。企业应当自年度终了之日起5个月内向税务部门报送年度企业所得税纳税申报表，并汇算清缴，结清应缴应退税款。第三，汇算清缴。企业在年度中间终止经营活动的，应当自实际经营终止之日起60日内向税务部门办理当期企业所得税汇算清缴。企业应当在办理注销登记前就其清算所得向税务部门申报并依法缴纳企业所得税。

(二)个人所得税法的主要规定

1. 纳税义务人

我国对个人所得税纳税人身份的确定采用住所和居住时间两个标准。

(1)居民纳税人。在中国境内有住所或者无住所而在境内居住满1年的个人，从中国境内和境外取得的所得，应依法缴纳个人所得税。这类纳税人承担无限纳税义务，称居民纳税人。

(2)非居民纳税人。在中国境内无住所又不居住或者无住所而在境内居住不满1年的个人，从中国境内取得的所得，应依法缴纳个人所得税。这类纳税人承担有限纳税义务，称非居民纳税人。

2. 征税对象

(1)应纳个人所得税的个人所得。纳税人有下列个人所得的，应纳个人所得税：工资、薪金所得；个体工商户的生产、经营所得；对企事业单位的承包经营、承租经营所得；劳务报酬所得；稿酬所得；特许权使用费所得；利息、股息、红利所得；财产租赁所得；财产转让所得；偶然所得；经国务院财政部门确定征税的其他所得。

(2)免纳个人所得税的个人所得。下列个人所得免纳个人所得税：省级人民政府、国务院部委和中国人民解放军军以上单位，以及外国组织、国际组织颁发的科学、教育、技术、文化、卫生、体育、环境保护等方面的奖金；国债和国家发行的金融债券利息；按照国家统一规定发给的补贴、津贴；福利费、抚恤金、救济金；保险赔款；军人的转业费、复员费；按照国家统一规定发给干部、职工的安家费、退职费、退休工资、离休工资、离休生活补助费；依照我国有关法律规定应予免税的各国驻华使馆、领事馆的外交代表、领事官员和其他人员的所得；中国政府参加的国际公约和签订的协议中规定免税的所得；经国务院财政部门批准免税的所得。

3. 税率

个人所得税的税率实行超额累进税率与比例税率相结合的形式，具体规定如下：

(1)工资、薪金所得，适用超额累进税率，税率为3%～45%(如表8—3所示)。

表8—3　　工资、薪金所得税率

级数	全月应纳税所得额		税率(%)	速算扣除数(元)
	含税级距	不含税级距		
1	不超过1 500元的部分	不超过1 455元的部分	3	0
2	超过1 500～4 500元的部分	超过1 455～4 155元的部分	10	105
3	超过4 500～9 000元的部分	超过4 155～7 755元的部分	20	555
4	超过9 000～35 000元的部分	超过7 755～27 255元的部分	25	1 005
5	超过35 000～55 000元的部分	超过27 255～41 255元的部分	30	2 755
6	超过55 000～80 000元的部分	超过41 255～57 505元的部分	35	5 505
7	超过80 000元的部分	超过57 505元的部分	45	13 505

注：本表所称全月应纳税所得额，是指依照《个人所得税法》第六条的规定，以每月收入额减去3 500元以及附加减除费用后的余额。

(2)个体工商户的生产、经营所得和对企事业单位的承包经营、承租经营所得，适用5%～35%的超额累进税率(如表8—4所示)。

表 8—4　　个体工商户的生产、经营所得和对企事业单位的承包经营、承租经营所得税率

级数	全年应纳税所得额		税率(%)	速算扣除数(元)
	含税级距	不含税级距		
1	不超过 15 000 元的部分	不超过 14 250 元的部分	5	0
2	超过 15 000～30 000 元的部分	超过 14 250～27 750 元的部分	10	750
3	超过 30 000～60 000 元的部分	超过 27 750～51 750 元的部分	20	3 750
4	超过 60 000～100 000 元的部分	超过 51 750～79 750 元的部分	30	9 750
5	超过 100 000 元的部分	超过 79 750 元的部分	35	14 750

(3)稿酬所得，适用比例税率，税率为 20%，并按应纳税额减征 30%。

(4)劳务报酬所得，适用比例税率，税率为 20%。对劳务报酬所得一次收入畸高的，可以加成征收。应纳税所得额超过 2 万元的，实行较高税率。应纳税所得额超过 2 万～5 万元的部分，适用 30%税率，速算扣除数为 2 000 元；超过 5 万元的部分，适用 40%税率，速算扣除数为 7 000 元。

(5)特许权使用费所得，利息、股息、红利所得，财产租赁所得，财产转让所得，偶然所得和其他所得，适用比例税率，税率为 20%。

4. 个人应纳税所得额

(1)工资、薪金所得，以每月收入额减去费用 3 500 元后的余额为应纳税所得额。对在中国境内无住所而在中国境内取得工资、薪金所得的纳税义务人和在中国境内有住所而在中国境外取得工资、薪金所得的纳税义务人，根据其平均收入水平、生活水平以及汇率变化情况可以附加减除费用。

(2)个体工商户的生产、经营所得，以每一纳税年度的收入总额减去成本、费用以及损失后的余额为应纳税所得额。

(3)对企事业单位的承包经营、承租经营所得，以每一纳税年度的收入总额减去必要费用后的余额为应纳税所得额。

(4)劳务报酬所得、稿酬所得、特许权使用费所得、财产租赁所得，每次收入不超过 4 000 元的，减去费用 800 元；4 000 元以上的，减去 20%的费用，其余额为应纳税所得额。

(5)财产转让所得，以转让财产的收入减去财产原值和合理费用后的余额为应纳税所得额。

(6)利息、股息、红利所得，偶然所得和其他所得，以每次收入额为应纳税所得额。

个人将其所得通过中国境内的社会团体、国家机关向教育和其他社会公益事业以及遭受严重自然灾害地区、贫困地区的捐赠，捐赠额未超过纳税义务人申报的应纳税所得额 30%的部分，可以从其应纳税所得额中扣除。

5. 个人应纳所得税税额

(1)工资、薪金所得应纳所得税税额。

应纳所得税税额＝应纳税所得额×适用税率－速算扣除数

此时，应纳税所得额＝每月收入额－3 500 元－附加减除费用。

(2)个体工商户的生产、经营所得应纳所得税税额。

应纳所得税税额＝应纳税所得额×适用税率－速算扣除数

此时，应纳税所得额＝每年收入总额－成本－费用－损失。

(3)企事业单位的承包经营、承租经营所得应纳所得税税额。

应纳所得税税额＝应纳税所得额×适用税率－速算扣除数

此时，应纳税所得额＝每年收入总额－3 500 元×12。

(4)劳务报酬所得、稿酬所得、特许权使用费所得应纳所得税税额。第一，劳务报酬所得应纳所得税税额。应纳所得税税额＝应纳税所得额×适用税率；每次收入不足 4 000 元的，应纳税所得额×适用税率＝(每次收入额－800)×20％；每次收入 4 000 元以上的，应纳税所得额×适用税率＝每次收入额×(1－20％)×20％；每次收入的应纳税所得额超过 20 000 元的，应纳所得税税额＝应纳税所得额×适用税率－速算扣除数。第二，稿酬所得应纳所得税税额。应纳所得税税额＝应纳税所得额×适用税率×(1－30％)；每次收入不足 4 000 元的，应纳税所得额×适用税率×(1－30％)＝(每次收入－800)×20％×(1－30％)；每次收入在 4 000 元以上的，应纳税所得额×适用税率×(1－30％)＝每次收入×(1－20％)×(1－30％)。第三，特许权使用费所得应纳所得税税额。

应纳所得税税额＝应纳税所得额×适用税率；每次收入不足 4 000 元的，应纳税所得额×适用税率＝(每次收入－800)×20％；每次收入在 4 000 元以上的，应纳税所得额×适用税率＝每次收入×(1－20％)×20％。

(5)财产转让所得应纳所得税税额。

应纳所得税税额＝应纳税所得额×20％

此时，应纳税所得额＝每次收入－合理费用。

(6)利息、股息、红利所得，偶然所得和其他所得应纳所得税税额。

应纳所得税税额＝应纳税所得额×20％

第四节　税收征收管理法律制度

一、税收征收管理法概述

(一)税收征收管理和税收征收管理法的概念

1. 税收征收管理的概念

税收征收管理是税务部门根据税法在征税过程中所实施的组织、管理、监督等活动的总称，是国家税收制度的重要组成部分。

2. 税收征收管理法的概念

税收征收管理法是调整税务部门征税和纳税人纳税过程中发生的权利义务的法律规范的总称。我国于 1992 年 9 月通过了《中华人民共和国税收征收管理法》(简称《税收征收管理法》)，自 1993 年 1 月 1 日起施行。该法于 1995 年 2 月和 2001 年 4 月进行两次修改。2002 年 9 月，国家税务总局修改了《税收征收管理法实施细则》，并于 2002 年 10 月 15 日起施行。

(二)税收征收管理机构及其管理体制

1. 税收征收管理机构

税收征收管理机构，是指依法具有税收征收管理资格的政府部门。广义的税收征收管理机构既包括税务部门，也包括海关、财政部门等依法进行税收征收的其他政府部门，也就是税收征收主体。狭义的税收征收管理机构是指各级税务部门。我国税收征收主管部门是国家税务总局。

2. 税务部门的内部组织系统

根据实行分税制财政管理体制的需要，我国省以下税务部门分为国家税务局和地方税务局两个系统。国家税务总局对国家税务局系统的机构、编制、干部、经费等实行垂直管理，并协同省级人民政府对省级地方税务局实行双重领导。

二、税收征收管理法的主要内容

(一)税务管理

1. 税务管理的范围

税务管理是税务部门实施征税管理活动的基础制度，包括税务登记管理，账簿、凭证管理和纳税申报。

2. 税务管理的内容

(1)税务登记。第一，税务登记的期限。从事生产、经营的纳税人，应当自领取营业执照之日起 30 日内向生产、经营地或者纳税义务发生地的主管税务部门申报办理税务登记，如实填写税务登记表，并按照税务部门的要求提供有关证件、资料。纳税人应当自开立基本存款账户或者其他存款账户之日起 15 日内向主管税务部门书面报告其全部账号。扣缴义务人应当自扣缴义务发生之日起 30 日内向所在地的主管税务部门申报办理扣缴税款登记，领取扣缴税款登记证件。纳税人的税务登记内容发生变化的，应当自工商行政管理部门或者其他部门办理变更登记之日起 30 日内持有关证件向原税务登记部门申报办理变更税务登记。第二，税务登记的注销。纳税人发生解散、破产、撤销以及其他情形，依法终止纳税义务的，应当在向工商行政管理部门或者其他部门办理注销登记前，持有关证件向原税务登记部门申报办理注销税务登记；纳税人被工商行政管理部门吊销营业执照或者被其他政府部门予以撤销登记的，应当自营业执照被吊销或者被撤销登记之日起 15 日内向原税务登记部门申报办理注销税务登记。纳税人在办理注销税务登记前，应当向税务部门结清应纳税款、滞纳金和罚款，缴销发票、税务登记证件和其他税务证件。

(2)账簿、凭证、发票管理。第一，账簿管理。从事生产、经营的纳税人，应当自领取营业执照或者发生纳税义务之日起 15 日内按照国家有关规定设置账簿。扣缴义务人应当自税收法律、行政法规规定的扣缴义务发生之日起 10 日内按照所代扣、代收的税种，分别设置代扣代缴、代收代缴税款账簿。第二，凭证管理。纳税人应当自领取税务登记证件之日起 15 日内将其财务、会计制度或者财务、会计处理办法报送主管税务部门备案。纳税人使用计算机记账的，应当在使用前将会计电算化系统的会计核算软件、使用说明书及有关资料报送主管税务部门备案。第三，发票管理。税务部门是发票的主管部门，负责发票印制、领购、开具、取得、保管、缴销的管理和监督。账簿、记账凭证、报表、完税凭证、发票、出口凭证以及其他有关涉税资料应当保存 10 年；但是，法律、行政法规另有规定的除外。

(3)纳税申报。第一，税务部门的纳税人自行申报纳税制度。税务部门应当建立、健全纳税人自行申报纳税制度。经税务部门批准，纳税人、扣缴义务人可以采取邮寄和数据电文方式办理纳税申报或者报送代扣代缴、代收代缴税款报告表。数据电文方式，是指税务部门确定的电话语音、电子数据交换和网络传输等电子方式。第二，纳税人的纳税申报。纳税人在纳税期内没有应纳税款的，也应当按照规定办理纳税申报；纳税人享受减税、免税待遇的，在减税、免税期间应当按照规定办理纳税申报。

(二)税款征收

1. 税款征收管理的基本职责

(1)建立、健全责任制度。税务部门应当加强对税款征收的管理，建立、健全责任制度。

(2)确定税款征收方式。税务部门根据保证国家税款及时足额入库、方便纳税人、降低税收成本的原则，确定税款征收的方式。税务部门应当根据方便、快捷、安全的原则，积极推广使用支票、银行卡和电子结算方式缴纳税款。

(3)开具完税凭证。税务部门征收税款时，必须给纳税人开具完税凭证。扣缴义务人代扣、代收税款时，纳税人要求扣缴义务人开具代扣、代收税款凭证的，扣缴义务人应当开具。

2. 税款征收方式

(1)查账征收。纳税人依据账簿记载，先自行计算缴纳税款，事后经税务部门查账核实，可以多退少补。这种征收方式适用于账簿、凭证及会计核算比较健全的单位。

(2)查验征收。税务部门到纳税人的生产经营场所对纳税人申报的应税产品进行查验后征税，贴上完税凭证。这种征收方式适用于零星、分散的高税率产品的生产单位。

(3)查定征收。税务部门根据纳税人的生产设备在正常条件下的生产、销售情况，对其生产的应税产品查定产量和销售额，据以征收税款。这种征收方式适用于生产不固定、税源分散、账簿不健全的单位。

(4)核定征收。税务部门对不能准确、完整地提供纳税资料的纳税人采用特定方式确定其应纳税收入或者销售额，纳税人据以缴纳税款。

3. 税款征收管理的措施

(1)批准延期纳税和加收滞纳金。纳税人因有特殊困难，不能按期缴纳税款的，经省、自治区、直辖市国家税务局、地方税务局批准，可以延期缴纳税款，但最长不得超过 5 个月。纳税人未按照规定期限缴纳税款的，扣缴义务人未按照规定期限解缴税款的，税务部门除责令限期缴纳外，从滞纳税款之日起，按日加收滞纳税款 0.5‰的滞纳金。

(2)依法核定应纳税额。纳税人有下列情形之一的，税务部门有权核定其应纳税额：依照法律、行政法规的规定可以不设置账簿的；依照法律、行政法规的规定应当设置账簿但未设置的；擅自销毁账簿或者拒不提供纳税资料的；虽设置账簿，但账目混乱或者成本资料、收入凭证、费用凭证残缺不全，难以查账的；发生纳税义务，未按照规定的期限办理纳税申报，经税务部门责令限期申报，逾期仍不申报的；纳税人申报的计税依据明显偏低，又无正当理由的。企业或者外国企业在中国境内设立的从事生产、经营的机构、场所与其关联企业之间的业务往来，应当按照独立企业之间的业务往来收取或者支付价款、费用；不按照独立企业之间的业务往来收取或者支付价款、费用，而减少其应纳税的收入或者所得额的，税务部门有权进行合理调整。

(3)依法责令纳税人限期预先缴纳税款、提供纳税担保和采取税收保全措施。第一，依法责令限期缴纳应纳税款和提供纳税担保。税务部门有根据认为从事生产、经营的纳税人有逃避纳税义务行为的，可以在规定的纳税期之前，责令限期缴纳应纳税款；在限期内发现纳税人有明显的转移、隐匿其应纳税的商品、货物以及其他财产或者应纳税的收入的迹象的，税务部门可以责成纳税人提供纳税担保。第二，依法采取税收保全措施。如果纳税人不能提供纳税担保，经县以上税务局(分局)局长批准，税务部门可以采取下列税收保全措施：书面通知纳税人开户银行或者其他金融机构冻结纳税人的金额相当于应纳税款的存款；扣押、查封纳税人的价值相当于应纳税款的商品、货物或者其他财产。对个人及其所扶养家属维持生活必需的住房和用品，不得采取税收保全措施。纳税人在规定的限期内缴纳税款的，税务部门必须立即解除税收保全措施；限期期满仍未缴纳税款的，经县以上税务局(分局)局长批准，税务部门可以书面通知纳税人开户银行或者其他金融机构从其冻结的存款中扣缴税款，或者依法拍卖或者变卖所扣押、查封的商品、货物或者其他财产，以拍卖或者变卖所得抵缴税款。纳税人在限期内已缴纳税款，税务部门未立即解除税收保全措施，使纳税人的合法利益遭受损失的，税务部门应当承担赔偿责任。

(4)依法采取强制执行措施。从事生产、经营的纳税人、扣缴义务人未按照规定的期限缴纳或者解缴税款，纳税担保人未按照规定的期限缴纳所担保的税款，由税务部门责令限期缴纳；逾期仍未缴纳的，经县以上税务局(分局)局长批准，税务部门可以采取下列强制执行措施：第一，书面通知其开户银行或者其他金融机构从其存款中扣缴税款；第二，扣押、查封、依法拍卖或者变卖其价值相当于应纳税款的商品、货物或者其他财产，以拍卖或者变卖所得抵缴税款。对个人及其所扶养家属维持生活必需的住房和用品，不得采取强制执行措施。

税务部门滥用职权违法采取税收保全措施、强制执行措施，或者采取税收保全措施、强制执行措施不当，使纳税人、扣缴义务人或者纳税担保人的合法权益遭受损失的，应当依法承担赔偿责任。

(5)依法限制出境。欠缴税款的纳税人或者其法定代表人需要出境的，应当在出境前向税务部门结清应纳税款、滞纳金或者提供担保；未结清税款、滞纳金，又不提供担保的，税务部门可以通知出境管理部门阻止其出境。

(6)享有税收优先。第一，税收优先于无担保债权。税务部门征收税款，税收优先于无担保债权，法律另有规定的除外；纳税人欠缴的税款发生在纳税人以其财产设定抵押、质押或者纳税人的财产被留置之前的，税收应当先于抵押权、质权、留置权执行。纳税人有欠税情形而以其财产设定抵押、质押的，应当向抵押权人、质权人说明其欠税情况，抵押权人、质权人可以请求税务部门提供有关的欠税情况。第二，税收优先于罚款。纳税人欠缴税款，同时又被行政部门决定处以罚款、没收违法所得的，税收优先于罚款、没收违法所得。

(7)依法退还税款和追缴税款。第一，纳税人超过应纳税额缴纳的税款，税务部门发现后应当立即退还；纳税人自结算缴纳税款之日起3年内发现多缴税款的，可以向税务部门要求退还并加算银行同期存款利息。第二，追缴税款。因税务部门的责任致使纳税人、扣缴义务人未缴或者少缴税款的，税务部门在3年内可以要求纳税人、扣缴义务人补缴税款，但不得加收滞纳金；因纳税人、扣缴义务人计算错误等失误未缴或者少缴税款的，税务部门在3年内可以追征税款和滞纳金；有特殊情况的，追征期可以延长到5年。对偷税、抗税、骗税的，税务部门追征其未缴或者少缴的税款、滞纳金或者所骗取的税款不受上述期限的限制。

(8)其他措施。第一，追究连带责任。纳税人有合并、分立情形的，应当向税务部门报告，并依法缴清税款。纳税人合并时未缴清税款的，应当由合并后的纳税人继续履行未履行的纳税义务；纳税人分立时未缴清税款的，分立后的纳税人对未履行的纳税义务应当承担连带责任。第二，行使代位权、撤销权。欠缴税款的纳税人因怠于行使到期债权，或者放弃到期债权，或者无偿转让财产，或者以明显不合理的低价转让财产而受让人知道该情形，对国家税收造成损害的，税务部门可以依照《合同法》的规定行使代位权、撤销权。税务部门依照法律规定行使代位权、撤销权的，不免除欠缴税款的纳税人尚未履行的纳税义务和应承担的法律责任。

(三)税务检查

1. 税务检查的职权

税务部门有权进行下列税务检查：(1)检查纳税人的账簿、记账凭证、报表和有关资料，检查扣缴义务人代扣代缴、代收代缴税款账簿、记账凭证和有关资料；(2)到纳税人的生产、经营场所和货物存放地检查纳税人应纳税的商品、货物或者其他财产，检查扣缴义务人与代扣代缴、代收代缴税款有关的经营情况；(3)责成纳税人、扣缴义务人提供与纳税或者代扣代缴、代收代缴税款有关的文件、证明材料和有关资料；(4)询问纳税人、扣缴义务人与纳税或者代扣代缴、代收代缴税款有关的问题和情况；(5)到车站、码头、机场、邮政企业及其分支机构检查纳税人托运、邮寄应纳税商品、货物或者其他财产的有关单据、凭证和资料；(6)经县以上税务局(分局)局长批准，凭全国统一格式的检查存款账户许可证明查询从事生产、经营的纳税人、扣缴义务人在银行或者其他金融机构的存款账户。

2. 相对人接受税务检查的义务

纳税人、扣缴义务人必须接受税务部门依法进行的税务检查，如实反映情况，提供有关资料，不得拒绝、隐瞒。税务部门依法进行税务检查时，有权向有关单位和个人调查纳税人、扣缴义务人和其他当事人与纳税或者代扣代缴、代收代缴税款有关的情况，有关单位和个人有义务向税务部门如实提供有关资料及证明材料。税务部门调查税务违法案件时，对与案件有关的情况和资料，可以记录、录音、录像、照相和复制。

3. 税务检查人员的纪律

税务部门派出的人员进行税务检查时，应当出示税务检查证和税务检查通知书，并有责任为被检查人保守秘密；未出示税务检查证和税务检查通知书的，被检查人有权拒绝检查。

(四)法律责任

1. 违反税务管理的行为的法律责任

(1)限期改正及罚款。纳税人有下列行为之一的，由税务部门责令限期改正，可以处 2 000 元以下的罚款；情节严重的，处 2 000 元以上 10 000 元以下的罚款：未按照规定的期限申报办理税务登记、变更或者注销登记的；未按照规定设置、保管账簿或者保管记账凭证和有关资料的；未按照规定将财务、会计制度或者财务、会计处理办法和会计核算软件报送税务部门备查的；未按照规定将其全部银行账号向税务部门报告的；未按照规定安装、使用税控装置，损毁或者擅自改动税控装置的。另外，纳税人未按照规定使用税务登记证件，或者转借、涂改、损毁、买卖、伪造税务登记证件的，处 2 000 元以上 10 000 元以下的罚款；情节严重的，处 10 000 元以上 50 000 元以下的罚款。纳税人未按照规定的期限办理纳税申报和报送纳税资料的，或者扣缴义务人未按照规定的期限向税务部门报送代扣代缴、代收代缴税款报告表和有关资料的，由税务部门责令限期改正，可以处 2 000 元以下的罚款；情节严重的，可以处 2 000 元以上 10 000元以下的罚款。

(2)限期改正及提请吊销其营业执照。纳税人不办理税务登记的，由税务部门责令限期改正；逾期不改正的，经税务部门提请，由工商行政管理部门吊销其营业执照。

2. 偷税行为的法律责任

(1)偷税行为。纳税人伪造、变造、隐匿、擅自销毁账簿、记账凭证，或者在账簿上多列支出或者不列、少列收入，或者经税务部门通知申报而拒不申报或者进行虚假的纳税申报，不缴或者少缴应纳税款的，是偷税行为。

(2)偷税行为的法律责任。对纳税人偷税的，由税务部门追缴其不缴或者少缴的税款、滞纳金，并处不缴或者少缴的税款50%以上5倍以下的罚款；构成犯罪的，依法追究刑事责任。我国《刑法》规定，偷税数额占应纳税额10%以上并且偷税数额在1万元以上的，或者因偷税被税务部门两次行政处罚又偷税的，构成犯罪。

3. 抗税行为的法律责任

(1)抗税行为。以暴力、威胁方法拒不缴纳税款的，是抗税。

(2)抗税行为的法律责任。对纳税人抗税的，除由税务部门追缴其拒缴的税款和滞纳金外，依法追究刑事责任。情节轻微，未构成犯罪的，由税务部门追缴其拒缴的税款和滞纳金，并处拒缴税款1倍以上5倍以下的罚款。

4. 逃避追缴欠税行为的法律责任

纳税人欠缴应纳税款，采取转移或者隐匿财产的手段，妨碍税务部门追缴欠缴的税款的，是逃避追缴欠税行为。

对纳税人逃避追缴欠税的行为，由税务部门追缴欠缴的税款和滞纳金，并处欠缴税款50%以上5倍以下的罚款；构成犯罪的，依法追究刑事责任。

5. 骗取出口退税行为的法律责任

以假报出口或者其他欺骗手段，骗取国家出口退税款的，由税务部门追缴其骗取的退税款，并处骗取税款1倍以上5倍以下的罚款；构成犯罪的，依法追究刑事责任。对骗取国家出口退税款的，税务部门可以在规定的期间内停止为其办理出口退税。

本章练习

一、名词解释

税收　　增值税　　消费税　　营业税　　税收征收管理

二、单项选择题

1. 税收是国家凭借其政治权力，依据税法的规定，无偿向纳税人征收货币或者实物，以实现国家职能的一种特殊的________形式。

A. 生产　　B. 分配　　C. 交换　　D. 消费

2. 税种之间相互区别的主要标志是________。

A. 计税依据　　B. 税负能否转嫁

C. 税收管辖和收入归属　　D. 征收对象

3. 关税属于________。

A. 流转税　　B. 所得税　　C. 财产税　　D. 资源税

4. 不属于流转税的是________。

A. 增值税　　B. 消费税　　C. 营业税　　D. 契税

5. 下列关于流转税的表述中，正确的是________。

A. 以国家需要调节的各种特殊行为为征税对象的税

B. 属于中央税

C. 纳税人可以通过价格等方式转嫁税负的税

D. 同时按照征税对象的金额和数量征税

6. 税法的核心要素是________。

A. 征税对象　　B. 计税依据　　C. 税率　　D. 法律责任

7. 税法已经不采用的税率是________。

A. 全额累进税率　　B. 超额累进税率　　C. 超率累进税率　　D. 比例税率

8. 在减免税措施中，对征税对象开始征税的数额加以规定，未达到该数额的不征税，达到或者超过该数额的全额征税，是________。

A. 免征额　　B. 起征点　　C. 税额式减免　　D. 税率式减免

9. 减免税措施中，免征额是在征税对象中免予征税的数额，未超过免征额的不征税，仅对________的部分征税。

A. 免征额　　B. 起征点以下　　C. 超过免征额　　D. 全额

10. 减免税措施中，全部免税、减半征收、核定减免等，属于________。

A. 一次性优惠　　B. 税基式减免　　C. 税率式减免　　D. 税额式减免

11. 我国自2009年1月1日起实行________。

A. 消费型增值税　　B. 收入型增值税　　C. 生产型增值税　　D. 营业税改增值税

12. 我国自2009年1月1日起，小规模纳税人的征收率统一降低至________。

A. 13%　　B. 6%　　C. 4%　　D. 3%

13. 增值税的货物不包括________。

A. 电力、热力、气体　　B. 无形动产　　C. 有形动产　　D. 小汽车

14. 增值税的货物劳务是指________。

A. 服务业　　B. 娱乐业　　C. 加工、修理修配　　D. 文化体育业

15. 银行销售金银、典当业销售死当物品、寄售业销售寄售物品、货物期货（包括商品期货和贵金属期货）等，均属于________的征税范围。

A. 契税　　B. 消费税　　C. 营业税　　D. 增值税

16. 一项销售行为如果既涉及增值税的货物又涉及非增值税应税劳务，则为________。

A. 混合销售行为　　B. 兼营行为

C. 视同销售货物行为　　D. 视同提供劳务行为

17. 纳税人销售或者进口粮食、食用植物油的，增值税税率为________。

A. 17%　　B. 13%　　C. 0　　D. 3%

18. 小规模纳税人在计算缴纳增值税时，不得抵扣任何________。

A. 受托加工应征消费税的消费品所代收代缴的消费税

B. 符合税法规定的代垫运费

C. 进项税额

D. 税款和费用

19. 我国实行特别消费税，对________征税。

A. 所有消费品　　B. 所有货物

C. 特定消费品或者消费行为　　D. 特定财产

20. 消费税中酒及酒精的税率实行________。

A. 复合征收　　B. 定额税率　　C. 从价定率征收　　D. 从量定额征收

21. 纳税人兼营不同税率的应税消费品，应当分别核算不同税率应税消费品的销售额和销售数量；未分别核算销售额和销售数量的，________适用税率。

A. 从低　　B. 从高　　C. 选择　　D. 核定

22. 纳税人应税消费品的计税价格明显偏低又无正当理由的，由________核定其计税价格。

A. 纳税人　B. 海关　C. 主管税务部门　D. 财政部门

23. 纳税人自产自用的应税消费品用于________的，不纳税。

A. 馈赠、赞助、集资　B. 职工福利、奖励

C. 广告、样品　D. 连续生产应税消费品的

24. 修改后的营业税纳税人提供应税劳务的纳税地点由________原则上调整为纳税人机构所在地或者居住地。

A. 劳务发生地　B. 营业地　C. 出生地　D. 登记地

25. 单位或者个人将不动产或者土地使用权无偿赠送其他单位或者个人，应当缴纳________。

A. 增值税　B. 营业税　C. 消费税　D. 所得税

26. 营业税中，从事货物的生产、批发或者零售的企业、企业性单位及个体经营者的混合销售行为，视为________，不征收营业税。

A. 提供营业税应税劳务　B. 提供增值税应税劳务

C. 销售货物　D. 免税项目

27. 下列项目中，免征营业税的是________。

A. 单位或者个人自己新建(以下简称自建)建筑物后销售

B. 单位或者个人将不动产或者土地使用权无偿赠送其他单位或者个人

C. 转让无形资产

D. 残疾人员个人提供的劳务

28. 依照外国(地区)法律成立且实际管理机构不在中国境内，但在中国境内设立机构、场所的，或者在中国境内未设立机构、场所，但有来源于中国境内所得的企业，是企业所得税的________。

A. 居民企业　B. 非居民企业　C. 扣缴义务人　D. 税款负担人

29. 非居民企业就其来源于中国境内的所得缴纳企业所得税，适用税率为________。

A. 20%　B. 25%　C. 30%　D. 15%

30. 企业发生的职工福利费支出，不超过工资薪金总额________的部分，准予扣除。

A. 2%　B. 2.5%　C. 15%　D. 14%

31. 企业纳税年度发生的亏损准予向以后年度结转，用以后年度的所得弥补，但结转年限最长不得超过________。

A. 1 年　B. 2 年　C. 3 年　D. 5 年

32. 符合条件的小型微利企业，减按________的税率征收企业所得税。

A. 15%　B. 20%　C. 10%　D. 5%

33. 非居民企业在中国境内未设立机构、场所的，或者虽设立机构、场所但取得的所得与其所设机构、场所没有实际联系的，就其来源于中国境内的所得，以________为纳税地点。

A. 非居民企业登记注册地　B. 所得来源地

C. 扣缴义务人所在地　D. 非居民企业实际管理机构所在地

34. 在中国境内有住所，或者无住所而在境内居住满________的个人，从中国境内和境外取得的所得，应依法缴纳个人所得税。

A. 1 年　B. 2 年　C. 3 年　D. 5 年

35. 个体工商户的生产、经营所得，以________的收入总额减去成本、费用以及损失后的余额为应纳税所得额。

A. 每一纳税年度　B. 每月

C. 每次　D. 实际生产、经营期限

36. 工资、薪金所得以每月收入额减去费用________后的余额为应纳税所得额。

A. 800 元　B. 2 000 元　C. 3 500 元　D. 2 800 元

37. 我国税收征收的主管部门是________。

A. 财政部　B. 海关　C. 国家税务局　D. 国家税务总局

38. 从事生产、经营的纳税人，应当自________之日起 30 日内向生产、经营地或者纳税义务发生地的主管税务部门申报办理税务登记。

A. 开立基本存款账户或者其他存款账户　B. 领取营业执照

C. 扣缴义务发生　D. 办理变更登记

39. 以暴力、威胁方法拒不缴纳税款的，是________。

A. 偷税　B. 抗税　C. 漏税　D. 逃税

40. 对纳税人________行为，由税务部门追缴欠缴的税款和滞纳金，并处欠缴税款 50%以上 5 倍以下的罚款。

A. 逃避追缴欠税　B. 偷税　C. 漏税　D. 抗税

三、多项选择题

1. 税收不同于其他财政收入，其特征包括________。

A. 强制性　B. 无偿性　C. 固定性　D. 预先性

2. 我国的流转税主要包括________。

A. 增值税　B. 消费税　C. 营业税　D. 关税

3. 中央税包括________。

A. 消费税　B. 关税

C. 海关代征的增值税和消费税　D. 房产税

4. 按照税收的征收对象，税收分为________和行为税。

A. 流转税　B. 所得税　C. 财产税　D. 资源税

5. 税法的要素包括________。

A. 负税人　B. 征税客体　C. 税目和计税依据　D. 税率

6. 减免税的形式主要有________。

A. 起征点　B. 免征额　C. 税率式减免　D. 税额式减免

7. 属于增值税征税范围的视同销售货物行为包括________。

A. 将货物交付他人代销

B. 销售代销货物

C. 兼营非应税劳务行为

D. 将自产、委托加工的货物用于集体福利或者个人消费

8. 纳税人销售或者进口________，税率为 13%。

A. 饲料、化肥、农药、农机(不包括农机零部件)、农膜

B. 小汽车

C. 图书、报纸、杂志

D. 自来水、暖气、冷气、热水、煤气、石油液化气、天然气、沼气、居民用煤炭制品

9. 下列各项中，不得从销项税额中抵扣的进项税额包括________。

A. 用于非增值税应税项目、免征增值税项目、集体福利或者个人消费的购进货物或者应税劳务

B. 非正常损失的购进货物及相关的应税劳务

C. 非正常损失的在产品、产成品所耗用的购进货物或者应税劳务

D. 国务院财政、税务主管部门规定的纳税人自用消费品

10. 消费税的征税对象包括________。

A. 甲类卷烟　B. 汽车轮胎　C. 手机　D. 实木地板

11. 营业税的征税对象包括________。

A. 交通运输业、建筑业　B. 金融保险业、邮电通信业

C. 文化体育业、娱乐业　　　　　　　　　　　　D. 服务业

12. 下列项目中,免征营业税的有________。

A. 风景名胜区的门票收入

B. 纪念馆、博物馆、文化馆、文物保护单位管理机构、美术馆、展览馆、书画院、图书馆举办文化活动的门票收入,宗教场所举办文化、宗教活动的门票收入

C. 托儿所、幼儿园、养老院、残疾人福利机构提供的育养服务、婚姻介绍和殡葬服务

D. 学校和其他教育机构提供的教育劳务,学生勤工俭学提供的劳务

13. 企业收入总额中的下列收入中,为不征税收入的有________。

A. 财政拨款

B. 依法收取并纳入财政管理的行政事业性收费、政府性基金

C. 特许权使用费收入

D. 接受捐赠收入

14. 下列支出中,在计算应纳税所得额时不得扣除的有________。

A. 向投资者支付的股息、红利等权益性投资收益款项

B. 企业所得税税款

C. 税收滞纳金

D. 罚金、罚款和被没收财物的损失

15. 企业在计算应纳税所得额时准予扣除的项目有________。

A. 企业依照国务院有关主管部门或者省级人民政府规定的范围和标准为职工缴纳的基本养老保险费、基本医疗保险费、失业保险费、工伤保险费、生育保险费等基本社会保险费和住房公积金

B. 企业参加财产保险,按照规定缴纳的保险费

C. 企业为劳动者投保的商业保险

D. 企业发生的合理的劳动保护支出

16. 纳税人的下列收入中,应纳个人所得税的有________。

A. 工资、薪金所得

B. 个体工商户的生产、经营所得

C. 对企事业单位的承包经营、承租经营所得

D. 劳务报酬所得、稿酬所得、特许权使用费所得

17. 个人将其所得通过中国境内的社会团体、国家机关向________的捐赠,捐赠额未超过纳税义务人申报的应纳税所得额30%的部分,可以从其应纳税所得额中扣除。

A. 教育　　　　　　　　　　　　B. 其他社会公益事业

C. 遭受严重自然灾害地区、贫困地区　　　　D. 个人

18. 税务管理是税务部门实施征税管理活动的基础制度,包括________。

A. 税款征收　　　B. 税务登记管理　　　C. 账簿、凭证管理　　　D. 纳税申报

19. 如果纳税人不能提供纳税担保,经县以上税务局(分局)局长批准,税务部门可以采取下列税收保全措施:________。

A. 书面通知纳税人的开户银行或者其他金融机构冻结纳税人的金额相当于应纳税款的存款

B. 扣押、查封纳税人的价值相当于应纳税款的商品、货物或者其他财产

C. 依法限制出境

D. 追究连带责任

20. 纳税人________,不缴或者少缴应纳税款的,是偷税行为。

A. 伪造、变造、隐匿、擅自销毁账簿、记账凭证

B. 在账簿上多列支出或者不列、少列收入

C. 经税务部门通知申报而拒不申报或者进行虚假的纳税申报

D. 未按照规定设置、保管账簿或者记账凭证和有关资料

四、判断题

1. 按照税收管辖和收入归属，税收可分为直接税和间接税。( )

2. 按照计税依据，税收可分为从价税、从量税和复合税。( )

3. 税目是税法规定的征税的具体项目，是征税对象在质的方面的具体化，反映的是征税的广度，解决如何征税问题。( )

4. 税基式减免是指通过缩小计税依据来实现减税，主要包括起征点、免征额、项目扣除、跨期结转等具体方式。( )

5. 流转税是间接税，其纳税人和实际负税人往往是分离的。( )

6. 我国流转税的立法主要是国务院制定的行政法规。( )

7. 增值税纳税申报期限由10日延长至15日，增加1个季度的纳税期限。( )

8. 提供加工、修理修配劳务是混合销售行为，既要缴纳增值税，也要缴纳营业税。( )

9. 将自产、委托加工或者购买的货物无偿赠送他人的，不需要缴纳增值税。( )

10. 购进免税农业产品准予抵扣的进项税额的计算方法是买价×扣除率，现在规定的扣除率是7%。( )

11. 销售或者购进货物所支付的运费，按运费和建设基金扣除率计算进项税额，即运输费用×扣除率，现在规定的扣除率是13%。( )

12. 金银首饰消费税的纳税人是在我国境内从事商业零售金银首饰的单位和个人。( )

13. 在我国境内从事商业零售金银首饰的单位和个人，不需要缴纳增值税。( )

14. 我国对白酒、卷烟的税率进行了调整，实行从量定额征收和从价定率征收的复合征收形式。( )

15. 进口的应税消费品实行从量定额办法计算应税税额的，按照组成计税价格计算纳税。( )

16. 销售自产货物并同时提供建筑业劳务的混合销售行为，对其采用分别核算、分别征收增值税和营业税的办法。( )

17. 纳税人从事旅游业务的，以其取得的全部价款和价外费用扣除替旅游者支付给其他单位或者个人的住宿费、餐费、交通费、旅游景点门票和支付给其他接团旅游企业的旅游费后的余额为营业额。( )

18. 企业所得税的税率为25%，但外商投资经营企业的企业所得税的税率为20%。( )

19. 企业在汇总计算缴纳企业所得税时，其境外营业机构的亏损可以抵减境内营业机构的盈利。( )

20. 职工获得公司的现金奖励，可以免征个人所得税。( )

21. 广义的税收征收管理机构是指各级税务部门。( )

22. 我国省以下税务部门分为国家税务局和地方税务局两个系统。( )

23. 从事生产、经营的纳税人，应当自领取营业执照或者发生纳税义务之日起30日内按照国家有关规定设置账簿。( )

24. 纳税人在纳税期内没有应纳税款的，也应当按照规定办理纳税申报。( )

25. 税务部门到纳税人的生产经营场所对纳税人申报的应税产品进行查验后征税，贴上完税凭证。这种税款征收方式是查定征收。( )

26. 税务部门到纳税人的生产经营场所对纳税人申报的应税产品进行查验后征税，贴上完税凭证。这种税款征收方式是核定征收。( )

27. 纳税人因有特殊困难，不能按期缴纳税款的，经县级国家税务局、地方税务局批准，可以延期缴纳税款，但最长不得超过5个月。( )

28. 税务部门有根据认为从事生产、经营的纳税人有逃避纳税义务的行为的，可以在规定的纳税期之前，责令限期缴纳应纳税款。( )

29. 欠缴税款的纳税人或者其法定代表人需要出境的，应当在出境前向税务部门结清应纳税款、滞纳金或者提供担保；未结清税款、滞纳金，又不提供担保的，税务部门可以通知出境管理部门阻止其出境。( )

30. 欠缴税款的纳税人因怠于行使到期债权，或者放弃到期债权，或者无偿转让财产，或者以明显不合理的低价转让财产而受让人知道该情形，对国家税收造成损害的，税务部门可以依照《合同法》的规定行使代位权和撤销权。（　　）

五、简答题

1. 简述税收的作用。

2. 简述准予从销项税额中抵扣的进项税额。

3. 简述增值税视同销售货物的行为。

4. 简述营业税的减免。

5. 简述企业在计算应纳税所得额时，不得扣除的项目。

6. 简述税务部门的税款征收方式。

六、综合分析题

1. 某商业企业10月份以每台2 500元的价格销售冰箱100台；另外，将20台冰箱交其他公司代销，每台价格2 400元。

问：该企业该月份的销售额是多少？

2. 某公司是增值税一般纳税人，10月份开具增值税专用发票销售货物取得不含税销售额100万元，开具普通发票销售货物取得含税销售额117万元。

问：该公司10月份的销售额是多少？

3. 某企业是增值税一般纳税人，10月份向农业生产者购买农产品，税务部门批准的收购凭证上注明的买价为200万元；销售食用植物油取得含税销售额450万元。

问：该企业10月份的增值税应纳税额是多少？

4. 某鞭炮企业是增值税一般纳税人，10月份以不含税价格对外销售鞭炮1 000箱，每箱180元；另外，将500箱鞭炮交给本企业非独立核算的门市部对外销售，当月销售400箱，每箱280元。

问：该企业10月份的消费税应纳税额是多少？

5. 某运输公司5月份取得运输收入600万元，从中支付联运业务的金额300万元。

问：该企业5月份应缴纳的营业税税额是多少？

6. 某制造企业从业员工50人，资本500万元。2010年的相关情况如下：(1)产品销售收入100万元；(2)其他应征税收入17万元；(3)销售成本、税金50万元；(4)有关费用、其他支出36万元；(5)审查发现企业多列支福利费5万元。

问：2010年该企业的应纳税所得额及所得税税额是多少？

7. 某公司经理2月份工薪收入15万元。

问：该经理2月份应纳税所得额及所得税额是多少？

第九章
市场规则法律制度

第一节　市场规则与市场规则法律制度概述

一、市场规则概述

(一)市场规则的含义和意义

1. 市场规则的含义

市场规则，是指国家为了保证市场经济的有序运行，依据市场运行规律所制定的规范市场主体活动的各种制度，包括法律、公共政策和符合公序良俗的习惯等。就实质而言，市场规则就是具有法律效力的市场运行准则。

2. 市场规则的意义

“没有规矩，不成方圆”。市场规则可以有效地约束和规范市场主体的市场行为，使其有序化、规范化和制度化，保证市场机制的正常形成并发挥应有的优化资源配置的作用。

(二)市场规则的内容

市场规则的具体内容涉及市场运行的主要方面和主要环节。广义的市场规则包括市场进出规则、市场竞争规则、市场交易规则和市场仲裁规则四个方面。

1. 市场进出规则

(1)市场进出规则的含义。市场进出规则也称市场准入规则，是市场主体和市场客体(即商品)进入或者退出市场的法律规范和行为准则，从具体内容上可以区分为市场进入规则和市场退出规则两个方面。市场进入规则要求，凡是符合市场进入规则的主体和商品都可以自由地进入市场；凡是不符合市场进入规则的主体和商品都不允许进入市场。市场退出规则要求，凡是符合市场退出规则的主体和商品都必须让其退出市场。

(2)市场进出规则的功能。市场进出规则是使市场主体和商品进出市场的行为规范化，是保证市场有序运行的重要制度基础。市场进出规则对市场运行的功能有两个方面：第一，可以规范市场主体及其行为，如规范市场主体(各类企业和个人)进入市场的资格与条件、市场主体退出市场的行为等。第二，可以净化进入市场的商品。进入市场的商品必须名副其实、质量合格，不损害购买方特别是消费者的合法利益；商品的价格、计量及包装都必须符合有关规定和要求。

2. 市场竞争规则

(1)市场竞争规则的含义。市场竞争规则是国家为维护市场主体之间平等交换、公平竞争，根据市场经济的内在规律和要求，依法确立的市场竞争行为规范。

(2)市场竞争规则的功能。市场竞争规则是市场主体间地位平等、机会均等的竞争关系的制度体现，它要求各市场主体都有均等的机会从市场选购生产要素和进出市场，在平等竞争中由市场形成价格，税负公平等。为保证公平竞争，要求制定反垄断法和反不正当竞争法这两个竞争法，通过竞争法，消除特权和垄断，制止不正当竞争行为，为所有市场主体进行公平竞争提供平等的制度环境，保证市场竞争机制的形成并充分发挥作用。

3. 市场交易规则

(1)市场交易规则的含义。市场交易规则是市场主体在市场上进行交易活动所必须遵守的行为准则与规范。

(2)市场交易规则的功能。市场交易规则是市场规则最主要的内容，包括禁止强买强卖、囤积居奇、哄抬物价；要求公平交易、明码标价、等价交换，实行交易货币化；市场交易要规则化，包括交易场所、计量器具都要遵守相应的规则。市场交易规则保证具体的交易活动符合法律和习惯，为整个市场活动营造正常的交易环境。

4. 市场仲裁规则

(1)市场仲裁规则的含义。市场仲裁规则是指仲裁机构在对市场主体之间的经济纠纷进行仲裁时必须遵守的准则和规范。

(2)市场仲裁规则的功能。在各种市场主体进出市场、进行交易和开展竞争的过程中，彼此之间难免发生各种经济纠纷。为了解决这些经济纠纷，必须建立凌驾于所有市场主体之上的有法律权威的仲裁机构，并确立和遵守相应的仲裁规则。市场仲裁规则保证市场主体之间的经济纠纷能够公平、及时地得到解决。

二、市场规则法律制度概述

(一)市场规则法律制度的含义和特点

1. 市场规则法律制度的含义

市场规则法律制度，是指调整市场运行关系的法律规范的总称。从某种角度看，经济法的内容就是法律化的市场规则，所以，市场规则法律制度就是经济法的内容。上述市场规则的有些内容，如市场主体准入规则已经在企业法中讲述了，市场仲裁规则也会在以后的仲裁法中讲述。本章讲述的主要是本书其他章节没有涉及的市场规则。

2. 市场规则法律制度的特点

在市场运行领域，市场规则法律制度通过对市场竞争和市场交易关系的基本法律要素即市场主体、市场行为和交易标的等方面权利义务关系的合理配置，形成一套特有的法律制度体系。

(1)市场规则法律制度中的市场主体包括经营者和消费者。市场规则法律制度通过对消费者权利的保护，反过来督促经营者的市场行为合法。

(2)市场规则法律制度中的市场行为包括市场竞争行为和市场交易行为。市场规则法律制度要求防止、限制和消除垄断、不正当竞争行为的发生，也要求符合市场交易规则的交易。

(3)市场规则法律制度着眼于政府干预市场活动的适度和规范。通过对政府经济干预权的依据、范围和边界，以及干预的方式和方法等方面职责权限的合理调配，形成一套不同于行政法和民商法的国家经济职权运行法律制度体系。

(二)市场规则法律制度概括

1. 市场主体法律制度

市场主体法律制度包括各类企业法和破产法，如本书前面已有的个人独资企业法、合伙企业法、公司法、外商投资经营企业法和企业破产法等。

2. 市场竞争法律制度

市场竞争法律制度包括反垄断法、反不正当竞争法等。

3. 市场交易法律制度

市场交易法律制度包括物价法、广告法和质量法等。

4. 市场仲裁法律制度

市场仲裁法律制度主要是指仲裁法。

第二节　竞争法律制度

一、市场竞争与竞争法概述

(一)市场竞争概述

1. 市场的含义

市场，是指由人们的需要及为满足需要所形成的交易机会和场所。

2. 市场竞争的含义

市场竞争，是指市场主体为获取交易机会，占有市场优势，追求利益最大化，以其他竞争者为对手而从事的较量。市场竞争的本质是逐利性，市场竞争的特点是对抗性、非理性、双重性，所以，需要通过反不正当竞争来规范市场竞争。市场竞争是市场经济的活力所在，没有竞争就没有市场经济，垄断是扼杀市场竞争的，所以需要反垄断法来保护市场竞争环境。

3. 正当竞争与不正当竞争

市场竞争的手段有正当竞争与不正当竞争之分。正当竞争，是指经营者采用符合国家法律、商业道德及诚实信用原则的商业手段进行竞争的行为。凡是在竞争过程中采用虚假、欺诈、损人利己等违反国家法律的手段进行的竞争，都是不正当竞争行为，都会损害其他经营者的合法权益，扰乱社会经济秩序。

4. 市场竞争规则

市场竞争规则包括以下几个方面:(1)竞争必须公平;(2)竞争必须自愿、平等;(3)竞争必须诚实、有信用。

(二)竞争法概述

1. 竞争法的概念

竞争法是由国家制定或者认可的、维护市场竞争秩序、调整经营者之间的竞争关系及相关的市场竞争管理关系的法律规范的总称。按照法学界的一般说法,竞争法是由两类法律组成的,即反垄断法和反不正当竞争法。从广义上说,因为反不正当竞争法和反垄断法都以竞争行为或者竞争关系为调整对象,可以统称为竞争法。

2. 竞争法的特点

竞争法的特点包括以下几个方面:(1)竞争法既规范影响市场经济的行为,又规范具体竞争行为;(2)竞争法是实体法与程序法的结合;(3)竞争法是公法与私法的结合。

竞争法属于经济法的范畴,是经济法的核心构成部分。

3. 竞争法的宗旨和原则

(1)竞争法的宗旨。在市场经济条件下,要使竞争产生优化资源配置的作用,就必须使竞争秩序合理化。竞争法的宗旨就是要维护竞争秩序,保持与增进经济民主。

(2)竞争法的原则。在竞争法律秩序中,经营者的利益、消费者的利益和公共利益都能得到公平的确认和保护。为此,竞争法必须确立平等、自由、公正和维护充分有效竞争的基本原则。

4. 我国竞争法的现状

我国在 20 世纪 80 年代后期起草竞争法的过程中,曾经试图把反垄断和反不正当竞争的内容合并起来制定法律,起草过《禁止垄断和不正当竞争条例》(草稿),但意见分歧较大。1993 年 9 月 2 日,第八届全国人民代表大会常务委员会第三次会议通过《中华人民共和国反不正当竞争法》(简称《反不正当竞争法》),将反垄断和反不正当竞争分开,基本上采取了分立式的立法模式。2007 年 8 月 30 日,第十届全国人民代表大会常务委员会第二十九次会议通过了《中华人民共和国反垄断法》(简称《反垄断法》)。

二、反垄断法

(一)垄断与反垄断法概述

1. 垄断概述

(1)垄断的含义。垄断,是指一个或者几个经营者利用其在市场上对某一产品具有排他性的控制权,通过制定垄断价格来获得超过社会平均利润率的超额利润(或者称为垄断利润),通过设置行业壁垒,阻止资源在某行业的进出,从而限制了该行业本应出现的自由竞争。

(2)垄断的条件。垄断与市场相伴生,没有市场,或者产品具有消费的非排他性的领域是不存在垄断的市场结构的。垄断与垄断价格、垄断利润相伴生,没有垄断价格就不存在垄断利润,也就不存在垄断。因此,判定某一领域(行业)存在垄断,必须同时满足以下两个条件:第一,某一领域(行业)具有市场垄断性,即由于经济、法律、技术和自然的原因导致在该领域只有一个(垄断)或者若干个(寡头垄断)企业或者企业联合体为该领域市场提供不可替代的商品。第二,具有操纵市场价格的行为,即这些不可替代商品的价格主要是由一个或者若干个企业或者企业联合体来决定,或者这些不可替代商品的价格中包含着超过社会平均利润率的超额利润,即生产者凭借垄断地位把一部分消费者剩余转化为生产者剩余,从而获得超额利润。当某领域满足第一个条件而不满足第二个条件时,可以判定这个领域具有市场垄断性,但并不构成垄断,因为在该领域内并没有价格操纵行为,居垄断地位的企业也没获得垄断利润。只有同时满足这两个条件时,才可判定该领域存在垄断。

(3)垄断与市场经济。在市场条件下,垄断并非一无是处,垄断形成的规模效应有利于生产效率的提高,有利于交易成本的降低,有利于促进相关的研究和开发,促进技术创新。但是,垄断也造成价格扭曲和资源的低效配置,违背公平竞争原则,破坏市场竞争环境,妨碍生产力的进步等。在现实中,垄断的形成和表现是复杂和多变的,自然垄断、经济垄断和行政垄断既有区别又有联系,在一定条件下和一定程度上是可以相互转化的。

2. 反垄断法概述

(1)反垄断法的含义。反垄断法,是指调整反垄断的经济关系的法律规范的总称。反垄断法是现代国家调节社会经济的基本法律之一,是经济法体系一个重要的基本构成。在发达的市场经济国家,它被称为"市场经济的宪章","现代企业制度的基石",居于经济法体系的核心地位。我国实行社会主义市场经济,不能不制定反垄断法。

(2)反垄断法的制定和施行。2007 年 8 月 30 日,第十届全国人民代表大会常务委员会第二十九次会议通过了《反垄断法》,自 2008 年 8 月 1 日起施行。

(二)《反垄断法》的主要内容

1. 立法目的、垄断行为的范围和反垄断主管部门

(1)立法目的。反垄断法的立法目的是为了预防和制止垄断行为,保护市场公平竞争,提高经济运行效率,维护消费者利益和社会公共利益,促进社会主义市场经济的健康发展。

(2)垄断行为的范围。垄断行为包括:经营者达成垄断协议;经营者滥用市场支配地位;具有或者可能具有排除、限制竞争效果的经营者集中。经营者,是指从事商品生产、经营或者提供服务的自然人、法人和其他组织。国有经济占控制地位的关系国民经济命脉和国家安全的行业以及依法实行专营专卖的行业,国家对其经营者的合法经营活动予以保护,并对经营者的经营行为及其商品和服务的价格依法实施监管和调控,维护消费者利益,促进技术进步。

(3)反垄断主管部门。第一,国务院反垄断委员会。国务院设立反垄断委员会,负责组织、协调、指导反垄断工作,履行下列职责:研究和拟订有关竞争政策;组织调查、评估市场总体竞争状况,发布评估报告;制定、发布反垄断指南;协调反垄断行政执法工作;国务院规定的其他职责。第二,国务院反垄断执法机构。国务院规定的承担反垄断执法职责的机构依法负责反垄断执法工作。国务院反垄断执法机构根据工作需要,可以授权省、自治区、直辖市人民政府相应的机构,依法负责有关反垄断执法工作。

2. 垄断协议

垄断协议,是指排除、限制竞争的协议、决定或者其他协同行为。

(1)禁止具有竞争关系的经营者达成下列垄断协议:固定或者变更商品价格的;限制商品的生产数量或者销售数量的;分割销售市场或者原材料采购市场的;限制购买新技术、新设备或者限制开发新技术、新产品的;联合抵制交易的;反垄断执法机构认定的其他垄断协议。

(2)禁止经营者与交易相对人达成下列垄断协议:固定向第三人转售商品的价格;限定向第三人转售商品的最低价格;反垄断执法机构认定的其他垄断协议。

(3)经营者能够证明所达成的协议属于下列情形之一的,不适用上述规定:为改进技术、研究开发新产品的;为提高产品质量、降低成本、增进效率,统一产品规格、标准或者实行专业化分工的;为提高中小经营者经营效率,增强中小经营者竞争力的;为实现节约能源、保护环境、救灾救助等社会公共利益的;因经济不景气,为缓解销售量严重下降或者生产明显过剩的;为保障对外贸易和对外经济合作中的正当利益的;法律和国务院规定的其他情形。第一至五种情形,经营者还应当证明所达成的协议不会严重限制相关市场的竞争,并且能够使消费者分享由此产生的利益。

另外,行业协会不得组织本行业的经营者从事上述禁止的垄断行为。

3. 滥用市场支配地位

市场支配地位,是指经营者在相关市场内具有能够控制商品价格、数量或者其他交易条件,或者能够阻碍、影响其他经营者进入相关市场能力的市场地位。

(1)禁止具有市场支配地位的经营者从事下列滥用市场支配地位的行为:以不公平的高价销售商品或者以不公平的低价购买商品;没有正当理由,以低于成本的价格销售商品;没有正当理由,拒绝与交易相对人进行交易;没有正当理由,限定交易相对人只能与其进行交易或者只能与其指定的经营者进行交易;没有正当理由搭售商品,或者在交易时附加其他不合理的交易条件;没有正当理由,对条件相同的交易相对人在交易价格等交易条件上实行差别待遇;反垄断执法机构认定的其他滥用市场支配地位的行为。

(2)认定经营者具有市场支配地位的因素。认定经营者具有市场支配地位,应当依据下列因素:该经营者在相关市场的市场份额,以及相关市场的竞争状况;该经营者控制销售市场或者原材料采购市场的能力;该经营者的财力和技术条件;其他经营者对该经营者在交易上的依赖程度;其他经营者进入相关市场的难易程度;与该经营者市场支配地位有关的其他因素。

(3)推定经营者具有市场支配地位。有下列情形之一的,可以推定经营者具有市场支配地位:一个经营者在相关市场的市场份额达到 1/2 以上的;两个经营者在相关市场的市场份额达到 2/3 以上的;三个经营者在相关市场的市场份额达到 3/4 以上的。有第二、三项规定的情形,其中,有的经营者市场份额不足 1/10 的,不应当推定该经营者具有市场支配地位。相关市场,是指经营者在一定时期内就特定商品或者服务(统称商品)进行竞争的商品范围和地域范围。

4. 经营者集中

经营者集中是指下列情形:经营者合并;经营者通过取得股权或者资产的方式取得对其他经营者的控制权;经营者通过合同等方式取得对其他经营者的控制权或者能够对其他经营者施加决定性影响。

(1)经营者集中的申报。经营者集中达到国务院规定的申报标准的,应当事先向反垄断执法机构申报,未申报的不得实施集中。但是,经营者集中有下列情形之一的,可以不向反垄断执法机构申报:参与集中的一个经营者拥有其他每个经营者 50%以上有表决权的股份或者资产的;参与集中的每个经营者 50%以上有表决权的股份或者资产被同一个未参与集中的经营者拥有的。

(2)反垄断执法机构审查。第一,初步审查。反垄断执法机构应当自收到经营者提交的文件、资料之日起 30 日内对申报的经营者集中进行初步审查,作出是否实施进一步审查的决定,并书面通知经营者。反垄断执法机构作出决定前，经营者不得实施集中；反垄断执法机构作出不实施进一步审查的决定或者逾期未作出决定的，经营者可以实施集中。第二，进一步审查。反垄断执法机构决定实施进一步审查的，应当自决定之日起 90 日内审查完毕，作出是否禁止经营者集中的决定，并书面通知经营者；作出禁止经营者集中的决定，应当说明理由。审查期间，经营者不得实施集中。有下列情形之一的，反垄断执法机构经书面通知经营者，可以延长规定的审查期限，但最长不得超过 60 日：经营者同意延长审查期限的；经营者提交的文件、资料不准确，需要进一步核实的；经营者申报后有关情况发生重大变化的。反垄断执法机构逾期未作出决定的，经营者可以实施集中。第三，禁止经营者集中。经营者集中具有或者可能具有排除、限制竞争效果的，反垄断执法机构应当作出禁止经营者集中的决定。但是，经营者能够证明该集中对竞争产生的有利影响明显大于不利影响，或者符合社会公共利益的，反垄断执法机构可以作出对经营者集中不予禁止的决定。对不予禁止的经营者集中，反垄断执法机构可以决定附加减少集中对竞争产生不利影响的限制性条件，及时向社会公布。另外，对外资并购境内企业或者以其他方式参与经营者集中，涉及国家安全的，除依照本法规定进行经营者集中审查外，还应当按照国家有关规定进行国家安全审查。

5. 滥用行政权力排除、限制竞争

(1)禁止行政机关和公共组织滥用行政权力排除、限制竞争。行政机关和法律、法规授权的具有管理公共事务职能的组织不得滥用行政权力限定或者变相限定单位或者个人经营、购买、使用其指定的经营者提供的商品。

(2)禁止行政机关和公共组织滥用行政权力妨碍商品在地区之间自由流通和充分竞争。行政机关和法律、法规授权的具有管理公共事务职能的组织不得滥用行政权力实施下列行为，妨碍商品在地区之间自由流通：对外地商品设定歧视性收费项目、实行歧视性收费标准，或者规定歧视性价格；对外地商品规定与本地同类商品不同的技术要求和检验标准，或者对外地商品采取重复检验、重复认证等歧视性技术措施，限制外地商品进入本地市场；采取专门针对外地商品的行政许可，限制外地商品进入本地市场；设置关卡或者采取其他手段，阻碍外地商品进入或者本地商品运出；妨碍商品在地区之间自由流通的其他行为。

(3)禁止行政机关和公共组织滥用行政权力制定歧视性或者含有排除、限制竞争内容的规定。行政机关和法律、法规授权的具有管理公共事务职能的组织不得滥用行政权力，以设定歧视性资质要求、评审标准或者不依法发布信息等方式排斥或者限制外地经营者参加本地的招标投标活动；不得滥用行政权力制定含有排除、限制竞争内容的规定。

(4)禁止行政机关和公共组织滥用行政权力排斥或者限制投资。行政机关和法律、法规授权的具有管理公共事务职能的组织不得滥用行政权力以采取与本地经营者不平等待遇等方式排斥或者限制外地经营者在本地投资或者设立分支机构。

(5)禁止行政机关和公共组织滥用行政权力强制经营者从事垄断行为。

6. 对涉嫌垄断行为的调查

(1)调查机构。反垄断执法机构依法对涉嫌垄断行为进行调查。对涉嫌垄断行为，任何单位和个人都有权向反垄断执法机构举报。反垄断执法机构应当为举报人保密。举报采用书面形式并提供相关事实和证据的，反垄断执法机构应当进行必要的调查。

(2)反垄断执法机构的调查措施。反垄断执法机构调查涉嫌垄断行为，可以采取下列措施：进入被调查的经营者的营业场所或者其他有关场所进行检查；询问被调查的经营者、利害关系人或者其他有关单位或者个人，要求其说明有关情况；查阅、复制被调查的经营者、利害关系人或者其他有关单位或者个人的有关单证、协议、会计账簿、业务函电、电子数据等文件、资料;查封、扣押相关证据;查询经营者的银行账户。采取上述规定的措施,应当向反垄断执法机构的主要负责人书面报告并经批准。

(3)被调查者的义务和权利。第一,被调查者的义务。被调查的经营者、利害关系人或者其他有关单位或者个人应当配合反垄断执法机构依法履行职责,不得拒绝、阻碍反垄断执法机构的调查。第二,被调查者的权利。被调查的经营者、利害关系人有权陈述意见;反垄断执法机构应当对被调查的经营者、利害关系人提出的事实、理由和证据进行核实。

(4)反垄断执法机构依法作出处理决定。反垄断执法机构对涉嫌垄断的行为调查核实后,认为构成垄断行为的,应当依法作出处理决定并向社会公布。

(5)反垄断执法机构中止调查、终止调查和恢复调查。第一,中止调查。对反垄断执法机构调查的涉嫌垄断行为,被调查的经营者承诺在反垄断执法机构认可的期限内采取具体措施消除该行为后果的,反垄断执法机构可以决定中止调查。中止调查的决定应当载明被调查的经营者承诺的具体内容。第二,终止调查。反垄断执法机构决定中止调查的,应当对经营者履行承诺的情况进行监督。经营者履行承诺的,反垄断执法机构可以决定终止调查。第三,有下列情形之一的,反垄断执法机构应当恢复调查:经营者未履行承诺的;作出中止调查决定所依据的事实发生重大变化的;中止调查的决定是基于经营者提供的不完整或者不真实的信息作出的。

三、反不正当竞争法

(一)竞争与反不正当竞争法概述

1. 竞争概述

(1)竞争的含义。反不正当竞争法所说的竞争,是指经济竞争和市场竞争,是在市场经济条件下,经营者之间以市场为中心,为争取有利的产销条件和投资场所而进行的利益角逐。市场竞争实际上是生产技术、产品质量、产品价格的竞争,优胜劣汰是经济竞争的必然规律。

(2)竞争的原则。经营者在市场交易中应当遵循自愿、平等、公平、诚实信用的原则,遵守公认的商业道德。自愿,是指竞争者不得强迫、胁迫或者利诱交易对方与自己进行交易或者不与竞争对手进行交易。平等,是指竞争者应相互尊重对方的独立地位,不得为自己的利益损害竞争对手的利益。公平,一方面要求市场应当是自由开放的,竞争者参加竞争的机会应是均等的;另一方面要求竞争者不得以大欺小、恃强凌弱、不当利用自己的竞争优势,要求竞争者只能以公开的手段进行竞争,不得进行不正当竞争。诚实信用,是指竞争者在市场竞争过程中必须诚实讲信用,不得采用欺骗的手段进行交易和竞争。

(3)不正当竞争的概念。不正当竞争,是指经营者违反法律的规定,损害其他经营者的合法利益,扰乱社会秩序的行为。经营者,是指从事商品经营或者营利性服务(以下所称商品包括服务)的法人、其他经济组织和个人。广义的不正当竞争行为,是指一切损害竞争机制有效发挥作用的行为,包括垄断和图谋垄断、限制竞争行为和不正当竞争方法。狭义的不正当竞争行为,是指不正当竞争的方法。不正当竞争的方法是竞争者违反诚实信用原则、违反公认的商业道德与竞争者进行竞争的行为。我国《反不正当竞争法》明文列出了11种应予以禁止的不正当竞争行为。从法理来看,规定的11种不正当竞争行为实质上包括了一部分限制竞争行为,即市场主体滥用市场优势力量或者数个市场主体通过协议等方式联合起来损害竞争对手利益、削弱市场竞争的行为,如串通投标、掠夺性定价、搭售、公用企业的强制交易等,就属于限制竞争行为。所以,我国的《反不正当竞争法》实质上是一部规制反竞争行为的法律,既禁止狭义的不正当竞争行为,也规范某些限制竞争行为。

2.《反不正当竞争法》概述

(1)《反不正当竞争法》的制定和施行。1993年9月2日,第七届全国人民代表大会常务委员会第三次会议通过了《反不正当竞争法》,于同年12月1日施行。该法共5章33条,内容为总则、不正当竞争行为、监督检查、法律责任和附则。

(2)《反不正当竞争法》的地位。我国的《反不正当竞争法》是规范社会主义市场经济关系的基本法律之一,是社会主义市场经济法律体系的有机组成部分。它的施行填补了民法和知识产权专门法之间的法律空白。《反不正当竞争法》和民法的关系是特别法和一般法的关系,根据特别法优于一般法的原则,《反不正当竞争法》有规定的,适用《反不正当竞争法》;《反不正当竞争法》没有规定的,适用民法。《反不正当竞争法》与《商标法》和《专利法》《产品质量法》《著作权法》和《消费者权益保护法》等的关系是一般法与特别法之间的关系。《商标法》和《专利法》等特别法中已有规定的,按《商标法》和《专利法》等处理;《商标法》和《专利法》等特别法中没有规定的具有普遍意义的不正当竞争行为,则由《反不正当竞争法》规定并调整。正如世界知识产权组织规定的:"禁止不正当竞争法实际保护着专利法、商标法等专门法所保护不到的那些应予保护的权利。"

(二)《反不正当竞争法》的主要内容

1. 不正当竞争行为的表现形式

(1)经营者以不正当手段从事市场交易,损害竞争对手。不正当手段包括:第一,假冒他人的注册商标(侵犯商标专用权);第二,擅自使用知名商品特有的名称、包装、装潢,或者使用与知名商品近似的名称、包装、装潢,造成与他人的知名商品相混淆,使购买者误认为是该知名商品(侵犯知名商品特有的名称、包装、装潢权);第三,擅自使用他人的企业名称或者姓名,引人误认为是他人的商品(侵犯企业名称专用权、姓名权);第四,在商品上伪造或者冒用认证标志、名优标志等质量标志,伪造产地,对商品质量作引人误解的虚假表示(侵犯质量标志专用权、产地名称专一权)。

(2)公用企业或者其他依法享有独占地位的经营者限制竞争。限制竞争在这里是指限定他人购买其指定的经营者的商品,以排挤其他经营者的公平竞争。

(3)政府及其所属部门限制竞争。政府机构限制竞争行为,是指政府及其所属部门滥用行政权力,限定他人购买其指定经营者的商品,限制其他经营者正当的经营活动,以及限制外地商品进入本地市场或者本地商品流向外地市场。

(4)经营者的商业贿赂行为。商业贿赂,是指经营者为了争取交易机会(销售或者购买商品),在账外暗中给予对方能够影响市场交易的有关人员以财物或者其他好处。经营者不得采用财物或者其他手段进行贿赂以销售或者购买商品,在账外暗中给予对方单位或者个人回扣的,以行贿论处;对方单位或者个人在账外暗中收受回扣的,以受贿论处。经营者销售或者购买商品,可以明示方式给对方折扣,给中间人佣金。经营者给对方折扣、给中间人佣金的,必须如实入账;接受折扣、佣金的经营者必须如实入账。

(5)经营者作虚假广告和宣传。经营者的虚假广告和宣传行为,是指经营者利用广告或者其他方法，对商品的质量、成分、性能、用途、生产者、有效期限、产地等作引人误解的虚假宣传。广告经营者不得在明知或者应知的情况下，代理、设计、制作、发布虚假广告。

(6)经营者侵犯商业秘密。商业秘密，是指不为公众所知悉、能为权利人带来经济利益、具有实用性并经权利人采取保密措施的技术信息和经营信息。经营者不得采用下列手段侵犯商业秘密：第一，以盗窃、利诱、胁迫或者其他不正当手段获取权利人的商业秘密；第二，披露、使用或者允许他人使用以上述手段获取的权利人的商业秘密；第三，违反约定或者违反权利人有关保守商业秘密的要求，披露、使用或者允许他人使用其所掌握的商业秘密。第三人明知或者应知前面所列违法行为，获取、使用或者披露他人的商业秘密，视为侵犯商业秘密。

(7)经营者倾销。倾销行为也称掠夺性定价，是指经营者以挤垮竞争对手为目的，以低于成本的价格销售商品的行为。但是，有下列情形之一的，不属于不正当竞争行为：第一，销售鲜活商品；第二，处理有效期限即将到期的商品或者其他积压的商品；第三，季节性降价；第四，因偿债、转产、歇业而降价销售商品。

(8)经营者搭售。搭售，是指违背购买者的意愿在商品销售时搭售其他商品或者采用其他不合理条件。

(9)经营者不正当的有奖销售。有奖销售，是指经营者销售商品或者提供服务，附带性地向购买者提供物品、金钱或者其他经济上的利益的行为，包括奖励所有购买者的附赠式有奖销售和奖励部分购买者的抽奖式有奖销售。有奖销售不都是不正当竞争行为。经营者从事下列有奖销售的，属于不正当竞争行为：第一，采用谎称有奖或者故意让内定人员中奖的欺骗方式进行有奖销售；第二，利用有奖销售的手段推销质次价高的商品；第三，抽奖式的有奖销售，最高奖的金额超过 5 000 元。

(10)经营者诋毁竞争对手的商业信誉。诋毁竞争对手的商业信誉，是指经营者以捏造，散布虚假事实，蓄意诋毁竞争者的商业、商品信誉，影响消费者的客观判断，不正当影响消费者的商品选择权。经营者不得捏造、散布虚假事实，损害竞争对手的商业信誉和商品声誉。

(11)经营者串通投标。串通投标、抬高或者压低标价的，也是不正当竞争行为。投标者不得串通投标、抬高标价或者压低标价。

2. 不正当竞争的监督检查和法律责任

(1)监督检查部门。各级人民政府应当采取措施，制止不正当竞争行为，为公平竞争创造良好的环境和条件。县级以上人民政府工商行政管理部门对不正当竞争行为进行监督检查；法律、行政法规规定由其他部门监督检查的，依照其规定。

(2)监督检查部门的职权。监督检查部门在监督检查不正当竞争行为时，有权行使下列职权：第一，按照规定的程序询问被检查的经营者、利害关系人和证明人，并要求提供证明材料或者与不正当竞争行为有关的其他资料；第二，查询、复制与不正当竞争行为有关的协议、账册、单据、文件、记录、业务函电和其他资料；第三，检查与不正当竞争行为有关的财物，必要时可以责令被检查的经营者说明该商品的来源和数量，暂停销售，听候检查，不得转移、隐匿、销毁该财物。

(3)法律责任。第一，民事责任。这是指赔偿被侵害的经营者的经济损失及合理费用。被侵害的经营者的损失难以计算的，赔偿额为侵权人在侵权期间因侵权所获得的利润；并应当承担被侵害的经营者因调查该经营者侵害其合法权益的不正当竞争行为所支付的合理费用。第二，行政责任。对于违反相应行政法规的不正当竞争行为，经营者应当承担行政责任，包括罚款、吊销营业执照、责令停止违法行为及消除影响、没收违法所得等。

第三节　广告法律制度

一、广告与广告法律制度概述

(一)广告概述

1. 广告的含义

广告法律制度中的“广告”是指商业广告。广告,是指商品经营者或者服务提供者承担费用,通过一定的媒介和形式直接或者间接地介绍自己所推销的商品或者所提供的服务的商业广告。

广告法仅仅调整商业广告、公益广告、政府广告及分类广告等,其他类型的广告应当由《民法通则》和《合同法》等法律来调整。商业广告的含义包括以下内容:(1)广告是商品经营者或者服务提供者的行为;(2)广告的内容是介绍自己的商品或者服务;(3)广告通过一定媒介传播。

2. 广告的种类

(1)狭义的广告。狭义的广告包括商业广告或称营利性广告,如报刊的广告栏目、电台和电视台的广告节目,以及招贴、幻灯、橱窗布置和商品陈列等。狭义的广告具有以下特点:第一,广告是一种有计划、有目的的商业促销活动;第二,广告活动的主体是广告主(商品经营者或者服务提供者),广告活动的对象是广大消费者;第三,广告活动是通过大众传播媒介来进行的,而不是面对面的传播;第四,广告活动的内容是商品或者服务信息;第五,广告活动的目的是为了促进商品或者服务的销售,并使广告主从中获取利益。

(2)广义的广告。广义的广告是有计划地通过媒体向所选定的消费对象宣传有关商品或者服务的优点和特色,唤起消费者的注意,说服消费者购买和使用的宣传方式。随着市场经济的发展、科技的进步和信息传播手段的多样化,广告的内涵与外延也将不断变化。广义广告的主要特点是广告的内容和对象都比较广泛,包括营利性广告和非营利性广告。

(二)广告法概述

1. 广告法的概念

广告法是调整因广告活动而发生的社会关系的法律规范的总称。

(1)狭义的广告法。狭义的广告法是指《中华人民共和国广告法》(简称《广告法》),自1995年2月1日起施行。2015年4月24日,第十二届全国人民代表大会常务委员会第十四次会议修改了《广告法》,修改的内容从2015年9月1日起施行。《广告法》是规范我国广告活动的基本法律,就其性质而言,是一部社会管理法,而不是行业法。《广告法》的立法目的是为了规范广告活动,促进广告业的健康发展,保护消费者的合法权益,维护社会经济秩序,发挥广告在社会主义市场经济中的积极作用。本章的内容以《广告法》为主。

(2)广义的广告法。广义的广告法不仅包括《广告法》,还包括调整广告法律关系的其他法律和行政法规。我国《民法通则》和《合同法》都是广告法的重要渊源。在《产品质量法》《反不正当竞争法》《消费者权益保护法》《药品管理法》《食品卫生法》和《烟草专卖法》等法律文件中也有广告法律规范。在我国,广告法是指以《广告法》为特别法,以《民法通则》和《合同法》等规范为普通法的一个法律体系。在法律适用时,必须考虑到各个法律之间的关系,必须全面、准确地适用法律规范,只有这样,才能公正地处理广告法律纠纷。

2. 广告法的概况

(1)广告法的适用范围。广告主、广告经营者、广告发布者和广告代言人在中国境内从事广告活动,应当遵守广告法。广告主,是指为推销商品或者提供服务,自行或者委托他人设计、制作、发布广告的自然人、法人或其他组织。广告经营者,是指受委托提供广告设计、制作、代理服务的自然人、法人或其他组织。广告发布者,是指为广告主或者广告主委托的广告经营者发布广告的自然人、法人或其他组织。广告代言人,是指广告主以外,在广告中以自己的名义或形象对商品、服务作推荐、证明的自然人、法人或其他组织。

(2)广告法的基本原则。第一,真实、合法。广告应当真实、合法,以健康形式表达广告内容,符合社会主义精神文明建设的要求;广告不得含有虚假的内容,不得欺骗和误导消费者。第二,守法、诚信。广告主、广告经营者、广告发布者和广告代言人从事广告活动,应当遵守法律、行政法规,遵循公平、诚实信用的原则。

(3)广告监督管理部门。县级以上人民政府工商行政管理部门是广告监督管理部门。

二、《广告法》的主要内容

(一)广告内容准则

1. 广告内容必须合法的一般准则

(1)广告内容合法的积极规定。第一,广告内容的表述具有明示性。广告对商品的性能、产地、用途、质量、价格、生产者、有效期、允诺或者对服务的内容、形式、质量、价格、允诺有表示的,应当清楚、明白;广告中表明推销商品、提供服务附带赠送的,应当明示赠送商品或服务的品种、数量、规格、期限和方式。第二,广告中使用的资料具有真实性。广告使用的数据、统计资料、调查结果、文摘和引用语等应当真实、准确,并表明出处;广告中涉及专利产品或者专利方法的,应表明专利号和专利种类。第三,广告具有可识别性。广告应当具有可识别性,能够使消费者辨明其为广告;大众传播媒介不得以新闻报道形式发布广告;通过大众传播媒介发布的广告应当有广告标记,与其他非广告信息相区别,不得使消费者产生误解。

(2)广告内容合法的消极规定。第一,广告中禁止有以下情形:使用中华人民共和国国旗、国徽、国歌、军旗、军歌、军徽;使用或者变相使用国家机关和国家机关工作人员的名义、形象;使用“国家级”、“最高级”、“最佳”等用语;妨碍社会安定,损害社会公共利益;妨碍社会公共秩序和违背社会良好风尚;含有淫秽、迷信、恐怖、暴力、色情、赌博的内容;含有民族、种族、宗教、性别歧视的内容;妨碍环境、自然资源保护或者文化遗产保护;法律、行政法规禁止的其他情形。第二,广告不得损害未成年人和残疾人的身心健康。第三,广告不得贬低其他生产经营者的商品或者服务。

2. 广告内容必须合法的专门准则

(1)医疗、药品、医疗器械广告不得有下列内容:表示功效、安全性的断言或者保证的;说明治愈率或者有效率的;与其他药品、医疗器械的功效和安全性或者其他医疗机构相比较的;利用广告代言人作推荐、证明的;法律、行政法规规定禁止的其他内容。

(2)农药、兽药、饲料和饲料添加剂广告不得有下列内容：表示功效、安全性断言的；利用科研单位、学术机构、技术推广机构、行业协会或专业人士、用户的名义或者形象作推荐、证明的；法律、行政法规规定禁止的其他内容。

(3)保健食品广告不得有下列内容：表示功效、安全性的断言或者保证的；涉及疾病预防、治疗功能的；声称或者暗示广告商品为保障健康所必需的；与药品、其他保健食品进行比较的；利用广告代言人作推荐、证明的。

(4)酒类广告不得有下列内容：诱导、怂恿饮酒或者宣传无节制饮酒的；出现饮酒的动作的；表现驾驶车、船、飞机等活动的；明示或者暗示饮酒有消除紧张和焦虑、增加体力等功效的。

另外，广告法对房地产、教育培训、农作物种子等广告内容也作了规定。

3. 禁止广告的准则

(1)麻醉药品、精神药品、医疗用毒性药品和放射性药品等特殊药品，药品类易制毒化学品，戒毒治疗药品，医疗器械和治疗方法，不得做广告。

(2)禁止在大众传播媒介或者公共场所、公共交通工具、户外发布烟草广告。

(二)广告行为规范

1. 广告活动的一般原则

(1)广告活动应当订立书面合同。广告主、广告经营者和广告发布者之间在广告活动中应当依法订立书面合同，明确各方的权利和义务。

(2)广告活动应当公平竞争。广告主、广告经营者和广告发布者不得在广告活动中进行任何形式的不正当竞争。

2. 广告活动的法律要求

(1)广告主、广告经营者和广告发布者的经营资格。广告主委托设计、制作、发布广告，应当委托具有合法经营资格的广告经营者和广告发布者。

(2)广告主和广告经营者使用他人名义、形象的获许。广告主或者广告经营者在广告中使用他人名义、形象的，应当事先取得他人的书面同意；使用无民事行为能力人、限制民事行为能力人的名义、形象的，应当事先取得其监护人的书面同意。

(3)广告经营者的从业条件。从事广告经营的，应当具有必要的专业技术人员和制作设备，并依法办理公司或者广告经营登记，方可从事广告活动。广播电台、电视台和报刊出版单位的广告业务，应当由其专门从事广告业务的机构办理，并依法办理广告发布登记。

(4)广告经营者和广告发布者的查核义务。广告经营者和广告发布者依据法律、行政法规查验有关证明文件，核对广告内容；对内容不符或者证明文件不全的广告，广告经营者不得提供设计、制作或代理服务，广告发布者不得发布。

(5)广告经营者和广告发布者的内部管理制度。广告经营者和广告发布者按照国家有关规定建立健全广告业务的承接、登记、审核和档案管理制度。

(6)广告活动的收费制度。广告收费应当合理、公开，收费标准和收费办法应当向物价和工商行政管理部门备案；广告经营者和广告发布者应当公布其收费标准和收费办法。

(7)广告发布者信息反馈的真实。广告发布者向广告主和广告经营者提供的媒介覆盖率、收视率、发行量等资料应当真实。

(8)户外广告设置的规范。第一，不得设置户外广告。有下列情形之一的，不得设置户外广告：利用交通安全设施、交通标志的；影响市政公共设施、交通安全设施、交通标志使用的；妨碍生产者或者人民生活，损害市容市貌的；国家机关、文物保护单位和名胜风景点的建筑控制地带；当地县级以上地方人民政府禁止设置户外广告的区域。第二，户外广告设置的管理。户外广告的管理办法由地方性法规、地方政府规章规定。

法律、行政法规规定禁止生产、销售的商品或者提供的服务，以及禁止发布广告的商品或者服务，不得设计、制作、发布广告。

另外，《广告法》对广告代言人的广告行为，禁止在中小学校、幼儿园开展广告活动，针对十四周岁以下人群的广告活动，利用互联网从事广告活动等，也作了规定。

（三）广告审查

1. 广告审查的对象

广告审查的对象包括：(1)发布医疗、药品、医疗器械、农药、兽药和保健品广告；(2)法律、行政法规规定应当进行审查的其他广告。

这些广告必须在发布前依照有关法律、行政法规由有关行政主管部门对广告的内容进行审查；未经审查，不得发布。

2. 广告审查的规范

(1)广告主申请并提交证明文件。广告主申请广告审查，应当依照法律、行政法规向广告审查部门提交有关证明文件。

(2)广告审查部门作出审查决定。广告审查部门应当依照法律、行政法规作出审查决定。任何单位和个人不得伪造、变造或者转让广告审查决定文件。

第四节　产品质量法律制度

一、产品质量与产品质量法律制度概述

（一）产品质量概述

1. 产品的概念

在产品质量法律制度中，产品是指经过加工、制作，用于销售的产品。产品应当具备以下两个条件：

(1)必须经过加工、制作。未经加工、制作的天然物品不是这里所说的产品，如矿产品、农产品。加工、制作包括工业上的和手工业上的加工、制作。

(2)必须用于销售。只是为了自己使用的加工、制作的产品也不属于产品质量法律制度意义上的产品。

另外，由于建设工程的特殊性，建设工程的质量不适用《产品质量法》，但建设工程使用的建筑材料、建筑构配件和设备属于产品范围的，适用《产品质量法》的规定。

2. 产品质量的含义

从产品质量管理和消费学的角度，产品质量的含义包括以下内容：

(1)产品质量是指产品的有用性。产品的有用性，是指产品能满足人们生产或者生活消费的需要。

(2)产品质量是指产品的适用性。产品的适用性，是指产品对消费需求的满足程度。

(3)产品质量是指产品的安全性。产品的安全性，是指产品本身及其使用过程对人体无伤害，对环境无污染。

(4)产品质量是指产品的可靠性。产品的可靠性，是指在一定的时间和使用条件下，其持有的功能能顺利地发挥而不发生故障的可靠程度。

(5)产品质量是指产品的经济性。产品的经济性，是指产品在使用过程中满足消费需求，省时、省力、省原料投入、省能源、操作简单易学、功能齐全、维修方便等。

3. 产品质量责任的含义

产品质量责任有两个方面的含义：一是对受害人的损害赔偿责任(狭义)；二是因违反产品质量法而承担的法律责任(广义)。

(1)狭义的产品质量责任。狭义的产品质量责任又称产品责任、产品损害赔偿责任，是指产品存在可能危及人身、财产安全的缺陷，造成消费者人身或者除缺陷产品以外的其他财产损失后，缺陷产品的生产者、销售者应当承担的特殊的损害赔偿(侵权)法律责任。产品损害赔偿责任只能产生于损害结果发生之后，是民事责任。

(2)广义的产品质量责任。广义的产品质量责任，是指生产者、销售者以及其他对产品质量负有责任的人违反我国《产品质量法》规定的产品义务所应当承担的法律责任。认定产品质量责任的依据主要有以下几个方面：一是国家法律、行政法规明确规定的产品质量必须满足的条件；二是明示采用的产品标准，作为认定产品质量责任的依据；三是产品缺陷。广义的产品质量责任则产生于产品的生产、销售、管理、使用和消费等任何一个环节，可以是民事责任，也可以是行政责任或刑事责任。

(二)产品质量法概述

1. 产品质量法的概念

产品质量法是调整产品质量监督管理和产品质量责任而发生的各种关系的法律规范的总称。狭义的产品质量法是指《中华人民共和国产品质量法》(简称《产品质量法》)；广义的产品质量法不仅包括《产品质量法》，而且包括有关产品质量的其他法律、行政法规等。

2. 我国的产品质量立法

1993 年 2 月 22 日，第七届全国人民代表大会常务委员会第三十次会议通过，同年 9 月 1 日施行了《产品质量法》。2000 年 7 月 8 日，第九届全国人民代表大会常务委员会第十六次会议通过《关于修改产品质量法的决定》，修改了《产品质量法》。这次修改主要强化了产品质量的行政管理和行政责任，对严格产品责任的基本规则未作变更。修改的内容：一是将建设工程使用的建筑材料、建筑构配件和设备列入产品范围，适用《产品质量法》的规定；二是扩大人身伤害的损害赔偿范围。

3. 产品质量法的概况

(1)产品质量监督的主管部门。国务院产品质量监督部门主管全国产品质量监督工作，国务院有关部门在各自的职责范围内负责产品质量监督工作。县级以上地方产品质量监督部门主管本行政区域内的产品质量监督工作；县级以上地方人民政府有关部门在各自的职责范围内负责产品质量监督工作。我国的产品质量监督主管部门有两类：一类是专门的产品质量监督部门，如质量技术监督部门；另一类是专业性的产品质量监督部门，如卫生防疫部门。

(2)产品质量的基本政策。国家鼓励推行科学的质量管理方法，采用先进的科学技术，鼓励企业产品质量达到并且超过行业标准、国家标准和国际标准。对产品质量管理先进和产品质量达到国际先进水平、成绩显著的单位和个人给予奖励。

(3)产品质量的社会监督。任何单位和个人都有权对违反产品质量法规定的行为向产品质量监督部门或者其他有关部门检举。产品质量监督部门和有关部门应当为检举人保密,并按照省、自治区、直辖市人民政府的规定给予奖励。

(4)产品质量法的适用范围。在中国境内从事产品生产和销售活动必须遵守《产品质量法》。

(三)产品缺陷、产品瑕疵与产品质量不合格的区别

1. 产品缺陷和产品瑕疵

(1)产品缺陷。我国《产品质量法》中的"缺陷"是指产品存在危及人身和财产安全的不合理的危险;产品有保障人体健康和人身、财产安全的国家标准、行业标准的,是指不符合该标准。

(2)产品瑕疵。我国《产品质量法》中的"瑕疵"主要有两个方面的含义:一是指产品不具备良好的特征和特性,不具备实现预定目的或者规定用途的能力且事先未作说明,不能满足消费者使用该产品合理的期望;二是指产品质量不符合在产品或者其包装上注明采用的产品标准,不符合以产品说明、实物样品等方式表明的质量状况,即产品不符合明示担保的条件。

(3)产品缺陷与产品瑕疵的区别。我国《产品质量法》规定,产品必须具备应当具备的使用性能,但对产品使用性能的瑕疵作出说明的除外。所以,存在瑕疵的产品是可以销售的,但应以"处理品""次品"等形式注明,并告诉消费者产品在哪些方面存在瑕疵。产品瑕疵是非危险的毛病,而产品缺陷是指产品存在不合理的危险。

2. 产品质量不合格

(1)我国《民法通则》关于产品质量不合格责任的规定。我国《民法通则》规定,因产品质量不合格造成他人财产、人身损害的,产品制造者和销售者应当依法承担民事责任。

(2)产品质量不合格与产品缺陷、产品瑕疵的区别。不合格产品分为两类:一类是处理品,指产品不存在危及消费者人身、财产安全的危险,尚有一定使用价值;另一类是劣质品,指产品质量不符合安全、卫生标准的要求,存在危及消费者人身、财产安全的危险,或者失去了产品应当具备的使用性能。"产品质量不合格"的概念介于"产品瑕疵"和"产品缺陷"之间,产品不合格一定存在瑕疵,但不一定达到缺陷的程度。

二、产品质量法的主要内容

(一)产品质量监督

1. 产品质量监督的基本规范

(1)产品质量应当检验合格。产品质量应当检验合格,不得以不合格产品冒充合格产品。

(2)特殊产品的产品质量标准。可能危及人体健康和人身、财产安全的工业产品,必须符合保障人体健康和人身、财产安全的国家标准和行业标准;未制定国家标准、行业标准的,必须符合保障人体健康和人身、财产安全的要求。禁止生产、销售不符合保障人体健康和人身、财产安全的标准和要求的工业产品。

2. 推行企业质量体系认证和产品质量认证制度

(1)企业质量体系认证。国家根据国际通用的质量管理标准,推行企业质量体系认证制度。企业根据自愿原则可以向国务院产品质量监督部门认可的或者国务院产品质量监督部门授权的部门认可的认证机构申请企业质量体系认证。经认证合格的,由认证机构颁发企业质量体系认证证书。

(2)产品质量认证制度。国家参照国际先进的产品标准和技术要求,推行产品质量认证制度。企业根据自愿原则可以向国务院产品质量监督部门认可的或者国务院产品质量监督部门授权的部门认可的认证机构申请产品质量认证。经认证合格的,由认证机构颁发产品质量认证证书,准许企业在产品或者其包装上使用产品质量认证标志。

3. 实行以抽查为主要方式的产品质量监督检查制度

(1)抽查的重点产品。对可能危及人体健康和人身、财产安全的产品,影响国计民生的重要工业产品以及消费者、有关组织反映有质量问题的产品进行抽查。

(2)样品抽取和规划组织。抽查的样品应当在市场上或者企业成品仓库内的待销产品中随机抽取,监督抽查工作由国务院产品质量监督部门规划和组织。

(3)禁止重复抽查。国家监督抽查的产品,地方不得另行重复抽查;上级监督抽查的产品,下级不得另行重复抽查。

(4)产品检验。第一,根据监督抽查的需要,可以对产品进行检验;检验抽取样品的数量不得超过检验的合理需要,且不得向被检查人收取检验费用。第二,生产者、销售者对抽查检验的结果有异议的,可以自收到检验结果之日起 15 日内向实施监督抽查的产品质量监督部门或者其上级产品质量监督部门申请复检,由受理复检的产品质量监督部门作出复检结论。

(5)生产者、销售者的配合义务。对依法进行的产品质量监督检查,生产者、销售者不得拒绝。

(6)质量状况公告。国务院和省、自治区、直辖市人民政府的产品质量监督部门应当定期发布其监督抽查的产品的质量状况公告。

(7)处罚。监督抽查的产品有严重质量问题的,依照规定处罚。

4. 产品质量监督主管部门的职权

(1)抽查的产品质量不合格时的职权。抽查的产品质量不合格,由实施监督抽查的产品质量监督部门责令其生产者、销售者限期改正;逾期不改正的,由省级以上人民政府产品质量监督部门予以公告;公告后经复查仍不合格的,责令停业,限期整顿;整顿期满后经复查产品质量仍不合格的,吊销营业执照。

(2)对涉嫌违法的行为进行查处时的职权。县级以上产品质量监督部门根据已经取得的违法嫌疑证据或者举报,对涉嫌违反本法规定的行为进行查处时,可以行使下列职权:对当事人涉嫌从事违法生产和销售活动的场所实施现场检查;向当事人的法定代表人、主要负责人和其他有关人员调查、了解与涉嫌从事违法生产和销售活动有关的情况;查阅、复制当事人的有关合同、发票、账簿以及其他有关资料;对有根据认为不符合保障人体健康和人身、财产安全的国家标准、行业标准的产品或者有其他严重质量问题的产品,以及直接用于生产、销售该项产品的原辅材料、包装物、生产工具予以查封或者扣押。

产品质量监督主管部门或者其他国家机关不得向社会推荐生产者的产品,不得以对产品进行监制、监销等方式参与产品经营活动。

5. 产品质量检验机构、认证机构

(1)产品质量检验机构的资格。产品质量检验机构必须具备相应的检测条件和能力，经省级以上人民政府产品质量监督部门或者其授权的部门考核合格后，方可承担产品质量检验工作。

(2)产品质量检验、认证机构的设立。从事产品质量检验、认证的社会中介机构必须依法设立，不得与行政机关和其他国家机关存在隶属关系或者其他利益关系。

(3)工作规则。第一，产品质量检验机构、认证机构必须依法按照有关标准，客观、公正地出具检验结果或者认证证明。第二，产品质量认证机构应当依照国家规定对准许使用认证标志的产品进行认证后的跟踪检查；对不符合认证标准而使用认证标志的，要求其改正；情节严重的，取消其使用认证标志的资格。第三，不得向社会推荐生产者的产品，不得以对产品进行监制、监销等方式参与产品的经营活动。

6. 消费者监督

(1)消费者在产品质量监督中的权利。消费者有权就产品质量问题向产品的生产者、销售者查询；向产品质量监督部门、工商行政管理部门及有关部门申诉，接受申诉的部门应当负责处理。

(2)消费者组织的权利。保护消费者权益的社会组织可以就消费者反映的产品质量问题建议有关部门负责处理，支持消费者对因产品质量造成的损害向人民法院起诉。

(二)生产者、销售者的产品质量责任和义务

1. 生产者的产品质量责任和义务

(1)对其生产的产品质量负责。生产者应当对其生产的产品的质量负责，产品质量应当符合下列(合格)要求：第一，不存在危及人身、财产安全的不合理的危险；有保障人体健康和人身、财产安全的国家标准、行业标准的，应当符合该标准。第二，具备产品应当具备的使用性能，但对产品存在使用性能的瑕疵作出说明的除外。第三，符合在产品或者其包装上注明采用的产品标准，符合以产品说明、实物样品等方式表明的质量状况。

(2)产品或者其包装上的标识、警示应合法。第一，产品或者其包装上的标识必须真实，并符合下列要求：有产品质量检验合格证明；有中文标明的产品名称、生产厂厂名和厂址；根据产品的特点和使用要求，需要标明产品规格、等级、所含主要成分的名称和含量的，用中文相应予以标明；需要事先让消费者知晓的，应当在外包装上标明，或者预先向消费者提供有关资料；限期使用的产品，应当在显著位置清晰地标明生产日期和安全使用期或者失效日期；使用不当，容易造成产品本身损坏或者可能危及人身、财产安全的产品，应当有警示标志或者中文警示说明。裸装的食品和其他根据产品的特点难以附加标识的裸装产品，可以不附加产品标识。第二，易碎、易燃、易爆、有毒、有腐蚀性、有放射性等危险物品以及储运中不能倒置和其他有特殊要求的产品，其包装质量必须符合相应要求，依照国家有关规定作出警示标志或者中文警示说明，标明储运注意事项。

(3)禁忌行为。第一，禁止生产者生产国家明令淘汰的产品。第二，禁止生产者不正当竞争。生产者不得伪造产地，不得伪造或者冒用他人的厂名、厂址，不得伪造或者冒用认证标志等质量标志。第三，禁止生产者造假。生产者生产产品，不得掺杂、掺假，不得以假充真、以次充好，不得以不合格产品冒充合格产品。

2. 销售者的产品质量责任和义务

(1)建立并执行进货检查验收制度。销售者应当建立并执行进货检查验收制度，验明产品

合格证明和其他标识。

(2)保持产品质量。销售者应当采取措施,保持销售产品的质量。

(3)标识合法。销售者销售的产品的标识应当符合规定。

(4)禁忌行为。第一,禁止销售者销售国家明令淘汰并停止销售的产品和失效、变质的产品。第二,禁止销售者不正当竞争。销售者不得伪造产地,不得伪造或者冒用他人的厂名、厂址;销售者不得伪造或者冒用认证标志等质量标志。第三,禁止生产者售假。销售者销售产品,不得掺杂、掺假,不得以假充真、以次充好,不得以不合格产品冒充合格产品。

(三)损害赔偿

1. 销售者先行承担责任

(1)销售者承担责任的情形。售出的产品不具备产品应当具备的使用性能而事先未作说明的,不符合在产品或者其包装上注明采用的产品标准的,不符合以产品说明、实物样品等方式表明的质量状况的,销售者应当负责修理、更换、退货;给购买产品的消费者造成损失的,销售者应当赔偿损失。

(2)销售者向生产者、供货者追偿。销售者依照上述规定负责修理、更换、退货、赔偿损失后,属于生产者的责任或者属于向销售者提供产品的其他销售者的责任的,销售者有权向生产者、供货者追偿。

(3)行政部门的干预。销售者未按照规定给予修理、更换、退货或者赔偿损失的,由产品质量监督部门或者工商行政管理部门责令改正。

(4)合同约定的效力。生产者之间、销售者之间、生产者与销售者之间订立的买卖合同、承揽合同有不同约定的,合同当事人按照合同约定执行。

2. 生产者、销售者的损害赔偿责任

(1)生产者过错责任。因产品存在缺陷造成人身、缺陷产品以外的其他财产损害的,生产者应当承担赔偿责任。但是,生产者能够证明有下列情形之一的,不承担赔偿责任:未将产品投入流通的;产品投入流通时引起损害的缺陷尚不存在的;将产品投入流通时的科学技术水平尚不能发现缺陷的存在的。

(2)销售者过错责任。由于销售者的过错使产品存在缺陷,造成人身、他人财产损害的,销售者应当承担赔偿责任。销售者既不能指明缺陷产品的生产者,也不能指明缺陷产品的供货者的,销售者应当承担赔偿责任。

(3)受害人的选择权和实际责任承担。第一,受害人的选择权。因产品存在缺陷造成人身、他人财产损害的,受害人可以向产品的生产者要求赔偿,也可以向产品的销售者要求赔偿。第二,实际责任的承担。属于产品生产者的责任,产品的销售者赔偿的,产品的销售者有权向产品的生产者追偿;属于产品销售者的责任,产品的生产者赔偿的,产品的生产者有权向产品的销售者追偿。

(4)当事人的救济权。因产品质量问题而发生民事纠纷时,当事人可以通过协商或者调解解决。当事人不愿通过协商、调解解决,或者协商、调解不成的,可以根据当事人各方的协议向仲裁机构申请仲裁;当事人各方没有达成仲裁协议或者仲裁协议无效的,可以直接向人民法院起诉。

(5)赔偿范围。第一,人身伤害的赔偿范围。因产品存在缺陷造成受害人人身伤害的,侵害人应当赔偿医疗费、治疗期间的护理费、因误工而减少的收入等费用;造成残疾的,还应当支付残疾者生活自助费、生活补助费、残疾赔偿金以及由其扶养的人所必需的生活费等费用；造成受害人死亡的，应当支付丧葬费、死亡赔偿金以及死者生前扶养的人所必需的生活费等费用。第二，财产损失的赔偿范围。因产品存在缺陷造成受害人财产损失的，侵害人应当恢复原状或者折价赔偿。受害人因此而遭受其他重大损失的，侵害人应当赔偿损失。

(6)诉讼时效。因产品存在缺陷造成损害要求赔偿的诉讼时效期间为 2 年，自当事人知道或者应当知道其权益受到损害时起计算。因产品存在缺陷造成损害要求赔偿的请求权，在造成损害的缺陷产品交付最初消费者满 10 年丧失，但尚未超过明示的安全使用期的除外。

第五节　标准化法律制度

一、标准化与标准化法律制度概述

(一)标准化概述

1. 标准的含义

标准是衡量事物的准则，或者本身合乎准则可供同类事物比较、核对的事物。

2. 标准化的概念

标准化，是指为在一定的范围内获得最佳秩序，对实际的或者潜在的问题制定共同的和重复使用的规则的活动的总称。

3. 标准化的对象

在国民经济的各个领域中，凡具有多次重复使用和需要制定标准的具体产品，以及各种定额、规划、要求、方法、概念等，都可成为标准化对象。标准化对象一般可分为两大类：

(1)标准化的具体对象，即需要制订标准的具体事物；

(2)标准化的总体对象，即各种具体对象的总和所构成的整体，通过它可以研究各种具体对象的共同属性、本质和普遍规律。

(二)标准化法概述

1. 标准化法的概念

标准化法是调整标准化关系的法律规范的总称。标准化法调整的标准化关系属于技术监督关系范畴，主要是指人们从制定标准到贯彻标准，使标准在经济活动中得以实现、收到实效的全部活动过程中所发生的技术监督关系。

2. 我国的标准化立法

1988 年 12 月 29 日，第七届全国人民代表大会常务委员会第五次会议通过了《中华人民共和国标准化法》(简称《标准化法》)，自 1989 年 4 月 1 日起实施。国务院制定了《中华人民共和国标准化法实施条例》。

3. 标准化法的概况

(1)应当制定标准的范围。对下列需要统一的技术要求，应当制定标准：工业产品的品种、规格、质量、等级或者安全、卫生要求；工业产品的设计、生产、检验、包装、储存、运输、使用的方法或者生产、储存、运输过程中的安全和卫生要求；有关环境保护的各项技术要求和检验方法；

建设工程的设计、施工方法和安全要求；有关工业生产、工程建设和环境保护的技术术语、符号、代号和制图方法。农业（含林业、牧业、渔业）产品（含种子、种苗、种畜、种禽，下同）的品种、规格、质量、等级、检验、包装、储存、运输以及生产技术、管理技术的要求；信息、能源、资源、交通运输的技术要求。

（2）标准化工作的任务。标准化工作的任务是制定标准、组织实施标准和对标准的实施进行监督。

（3）标准化主管部门。国务院标准化行政主管部门统一管理全国的标准化工作。国务院有关行政主管部门分工管理本部门、本行业的标准化工作。省、自治区、直辖市标准化行政主管部门统一管理本行政区域的标准化工作。省、自治区、直辖市政府有关行政主管部门分工管理本行政区域内本部门、本行业的标准化工作。市、县标准化行政主管部门和有关行政主管部门按照省、自治区、直辖市政府规定的各自的职责，管理本行政区域内的标准化工作。

二、《标准化法》的主要内容

（一）标准的制定

1. 制定标准的分级和分类

（1）标准分级和制定。我国《标准化法》将标准分为国家标准、行业标准、地方标准和企业标准。第一，国家标准。对需要在全国范围内统一的技术要求，应当制定国家标准。国家标准由国务院标准化主管部门制定。第二，行业标准。对没有国家标准而又需要在全国某个行业范围内统一的技术要求，可以制定行业标准。行业标准由国务院有关行政主管部门制定，并报国务院标准化主管部门备案。在公布国家标准后，该项行业标准即行废止。第三，地方标准。对没有国家标准和行政标准而又需要在省、自治区、直辖市范围内统一的工业产品的安全、卫生要求，可以制定地方标准。地方标准由省、自治区、直辖市标准化主管部门制定，并报国务院标准化主管部门和国务院有关行政主管部门备案。在公布国家标准或者行业标准后，该项地方标准即行废止。第四，企业标准。企业生产的产品没有国家标准和行业标准的，应当制定企业标准，作为组织生产的依据。企业的产品标准须报当地政府标准化主管部门和有关行政主管部门备案。已有国家标准或者行业标准的，国家鼓励企业制定严于国家标准或者行业标准的企业标准，在企业内部适用。

（2）标准分类。国家标准、行业标准分为强制性标准和推荐性标准。保障人体健康，人身、财产安全的标准和法律、行政法规规定强制执行的标准是强制性标准，其他标准是推荐性标准。省、自治区、直辖市标准化主管部门制定的工业产品的安全、卫生要求的地方标准，在本行政区域内也是强制性标准。

2. 制定标准的基本要求

这些基本要求包括以下几个方面：（1）制定标准应当有利于保障安全和人民的身体健康，保护消费者的利益，保护环境；（2）制定标准应当有利于合理利用国家资源，推广科学技术成果，提高经济效益，并符合使用要求，有利于产品的通用互换，做到技术上先进、经济上合理；（3）制定标准应当做到有关标准的协调配套；（4）制定标准应当有利于促进经济技术合作和对外贸易；（5）制定标准应当发挥行业协会、科学研究机构和学术团体的作用。制定标准的部门应当组织由专家组成的标准化技术委员会，负责标准的草拟，参加标准草案的审查工作。

3. 标准的复审

标准实施后，制定标准的部门应当根据科学技术的发展和经济建设的需要适时进行复审，以确认现行标准继续有效或者予以修订、废止。

（二）标准的实施

1. 标准的实施方式和实施范围

（1）标准的实施方式。第一，强制性标准的实施。强制性标准必须执行，不符合强制性标准的产品禁止生产、销售和进口。第二，推荐性标准的实施。国家鼓励企业自愿采用推荐性标准。

（2）标准的实施范围。除生产产品外，企业研制新产品、改进产品、进行技术改造，应当符合标准化要求。

2. 企业产品质量认证

企业对国家标准或者行业标准的产品，可以向国务院标准化主管部门或者国务院标准化主管部门授权的部门申请产品质量认证。认证合格的，由认证部门授予认证证书，准许在产品或者包装上使用规定的认证标志。已经取得认证证书的产品不符合国家标准或者行业标准的，以及产品未经认证或者认证不合格的，不得使用认证标志出厂销售。

3. 标准实施的监督检查

（1）监督检查部门。县级以上政府标准化主管部门负责对标准的实施进行监督检查。

（2）监督检查部门的检验。县级以上政府标准化主管部门可以根据需要设置检验机构，或者授权其他单位的检验机构对产品是否符合标准进行检验。处理有关产品是否符合标准的争议，以规定的检验机构的检验数据为准。

本章练习

一、名词解释

市场规则　市场竞争　垄断　不正当竞争　商业秘密　商业广告　产品　标准化

二、单项选择题

1. 市场竞争规则是国家为维护________之间平等交换、公平竞争，根据市场经济的内在规律和要求，依法确立的市场竞争行为规范。

A. 市场主体　B. 法人　C. 公民　D. 其他组织

2. 正当竞争是指________采用符合国家法律、遵守社会公认的商业道德、信守诚实信用原则的商业手段进行竞争的行为。

A. 市场主体　B. 经营者　C. 法人、公民　D. 其他组织

3. 竞争法的宗旨就是要维护竞争秩序，保持与增进________。

A. 市场经济　B. 市场管理　C. 经济民主　D. 经济管制

4. 在发达的市场经济国家，反垄断法被称为“市场经济的宪章”“现代企业制度的基石”和“经济宪法”，居于经济法体系的________。

A. 核心地位　B. 主要地位　C. 次要地位　D. 重要地位

5. 行政性垄断行为是指行政机关和法律、法规授权的具有________的组织滥用行政权力，排除、限制竞争的行为。

A. 管理企业事务　B. 管理公共事务　C. 管理经济事务　D. 管理社会事务

6. 国有经济占________的关系国民经济命脉和国家安全的行业以及依法实行专营专卖的行业，国家对其经营者的合法经营活动予以保护，并对经营者的经营行为及其商品和服务的价格依法实施监管和调控，维护消费者利益，促进技术进步。

A. 主要地位　　B. 重要地位　　C. 控制地位　　D. 核心地位

7. 集中是经营者________，提高竞争能力，更好地参与市场竞争的一种重要手段。

A. 扩大自身规模　　B. 加强自身能力　　C. 增强自身实力　　D. 增加自身资本

8. 我国《反垄断法》规定，具有市场支配地位的经营者不得________市场支配地位排除、限制竞争。

A. 利用　　B. 失去　　C. 处于　　D. 滥用

9. 国务院设立反垄断委员会，负责________工作。

A. 反垄断法的执行　　B. 反垄断案件的调查处理

C. 组织、协调、指导反垄断工作　　D. 反垄断案件的审理

10. 国务院________根据工作需要，可以授权省、自治区、直辖市人民政府相应的机构，依照规定负责有关反垄断执法工作。

A. 反垄断执法机构　　B. 反垄断委员会　　C. 有关职能部门　　D. 商务部

11. 我国《反垄断法》要求，行业协会应当加强行业________，引导本行业的经营者依法竞争，维护市场竞争秩序。

A. 管理　　B. 建设　　C. 监督　　D. 自律

12. 横向垄断协议是指具有________的经营者之间达成的排除、限制竞争的协议。

A. 横向关系　　B. 交易关系　　C. 竞争关系　　D. 关联关系

13. 没有正当理由，拒绝与交易相对人进行交易，是________的行为。

A. 滥用市场支配地位　　B. 垄断协议

C. 经营者集中　　D. 不正当竞争

14. 反垄断执法机构应当自收到经营者提交的文件、资料之日起________内对申报的经营者集中进行初步审查，作出是否实施进一步审查的决定，并书面通知经营者。

A. 15 日　　B. 30 日　　C. 45 日　　D. 90 日

15. 采取专门针对外地商品的行政许可，限制外地商品进入本地市场，是________。

A. 垄断协议　　B. 滥用市场支配地位

C. 滥用行政权力排除、限制竞争　　D. 经营者集中

16. 擅自使用知名商品特有的名称、包装、装潢，或使用与知名商品近似的名称、包装、装潢，造成与他人的知名商品相混淆，使购买者误认为是该知名商品的，是违反________的行为。

A.《反不正当竞争法》　　B.《反垄断法》

C.《商标法》　　D.《广告法》

17. 抽奖式的有奖销售，最高奖的金额超过________的，属于不正当竞争。

A. 3 000 元人民币　　B. 5 000 元人民币

C. 10 000 元人民币　　D. 1 000 元人民币

18. 经营者不得采用________或其他手段进行贿赂以销售或购买商品，在账外暗中给予对方单位或个人回扣的，以行贿论处。

A. 非现金　　B. 现金　　C. 财物　　D. 利益

19. 倾销行为也称掠夺性定价，是指经营者以________为目的，以低于成本的价格销售商品的行为。

A. 挤垮竞争对手　　B. 摆脱经营困难　　C. 战胜竞争对手　　D. 占据市场优势

20. ________工商行政管理部门对不正当竞争行为进行监督检查。

A. 国务院　　B. 省级以上人民政府

C. 县级以上人民政府　　D. 乡(镇)以上人民政府

21. 我国《广告法》规定，________可以依法成为广告主、广告经营者，但不得成为广告发布者。

A. 个人　B. 法人　C. 组织　D. 政府部门

22. 禁止在各类等候室、影剧院、会议厅堂、体育比赛场馆等公共场所设置________。

A. 酒类广告　B. 医疗器械广告　C. 烟草广告　D. 药品广告

23. 广告主或者广告经营者在广告中使用他人名义、形象的，应当事先取得他人的________。

A. 书面同意　B. 授权　C. 许可　D. 代理

24. 标准实施后，制定标准的部门应当根据科学技术的发展和经济建设的需要适时进行________。

A. 审查　B. 修改　C. 检查　D. 复审

25. 建设工程使用的建筑材料、建筑构配件和设备，列入________范围，适用《产品质量法》的规定。

A. 产品质量　B. 产品　C. 产品质量责任　D. 商品

三、多项选择题

1. 我国《反垄断法》的立法目的是________。

A. 预防和制止垄断行为

B. 保护市场竞争机制，维持正常的竞争环境

C. 维护消费者的合法权益和社会公共利益

D. 促进社会主义市场经济的健康发展

2. 我国《反垄断法》适用的垄断行为包括________。

A. 经营者达成垄断协议

B. 经营者滥用市场支配地位

C. 具有或者可能具有排除、限制竞争效果的经营者集中

D. 行政性垄断

3. 我国《反垄断法》规定，禁止具有竞争关系的经营者达成________的垄断协议。

A. 固定或者变更商品价格　B. 限制商品的生产数量或销售数量

C. 分割销售市场或原材料采购市场　D. 联合抵制交易

4. 经营者滥用市场支配地位的具体情形包括________。

A. 以不公平的高价销售商品或以不公平的低价购买商品

B. 没有正当理由，以低于成本的价格销售商品

C. 没有正当理由，拒绝与交易相对人进行交易

D. 没有正当理由，对条件相同的交易相对人在交易价格等交易条件上实行差别待遇

5. 根据我国《反垄断法》的规定，下列情形中，可以推定经营者具有市场支配地位的有________。

A. 一个经营者在相关市场的市场份额达到 1/2 以上的

B. 两个经营者在相关市场的市场份额达到 2/3 以上的

C. 三个经营者在相关市场的市场份额达到 3/4 以上的

D. 其他认为在相关市场的市场份额达到一定比例的

6. 经营者集中是指________情形。

A. 经营者合并

B. 经营者通过取得股权或资产的方式取得对其他经营者的控制权

C. 经营者通过合同等方式取得对其他经营者的控制权

D. 经营者通过合同等方式能够对其他经营者施加决定性影响

7. 反垄断执法机构对经营者集中的进一步审查应当________。

A. 将作出的决定书面通知经营者　B. 对禁止集中的决定说明理由

C. 对允许集中的决定说明理由　D. 在规定的审查期限内作出决定

8. 国务院反垄断执法机构审查经营者集中，应当考虑________因素。

A. 参与集中的经营者在相关市场的市场份额及其对市场的控制力

B. 相关市场的市场集中度

C. 经营者集中对市场进入、技术进步的影响

D. 经营者集中对消费者和其他有关经营者的影响以及对国民经济发展的影响

9. 行政机关和公共组织被禁止的行政性垄断行为包括________。

A. 滥用行政权力排除、限制竞争

B. 滥用行政权力妨碍商品在地区之间自由流通和充分竞争

C. 滥用行政权力制定歧视性或含有排除、限制竞争内容的规定

D. 滥用行政权力排斥或限制投资、强制经营者实施垄断行为

10. 根据我国《反垄断法》的规定，下列情形中，反垄断执法机构应当对涉嫌垄断行为恢复调查的有________。

A. 经营者未履行承诺的

B. 作出中止调查决定所依据的事实发生重大变化的

C. 中止调查的决定是基于经营者提供的不完整或不真实的信息作出的

D. 反垄断执法机构认为需要恢复调查的其他情形

11. 反不正当竞争法规定的经营者的虚假广告、宣传行为，是指经营者利用广告或其他方法，对商品的________等作引人误解的虚假宣传。

A. 质量、制作成分　　B. 性能、用途　　C. 生产者　　D. 有效期限、产地

12. 商业秘密是指________的技术信息和经营信息。

A. 不为公众所知悉　　B. 能为权利人带来经济利益

C. 具有实用性　　D. 经权利人采取保密措施

13. 经营者侵犯商业秘密的手段包括________。

A. 以盗窃、利诱、胁迫或其他不正当手段获取权利人的商业秘密

B. 披露、使用或允许他人使用以盗窃、利诱、胁迫或其他不正当手段获取的权利人的商业秘密

C. 违反约定或违反权利人有关保守商业秘密的要求，披露、使用或允许他人使用其所掌握的商业秘密

D. 毁灭权利人的商业秘密

14. 下列情形中，以低于成本的价格销售商品而不属于倾销的有________。

A. 销售鲜活商品

B. 处理有效期限即将到期的商品或其他积压的商品

C. 季节性降价

D. 因偿债、转产、歇业而降价销售商品

15. 经营者从事的下列有奖销售活动中，属于不正当竞争行为的有________。

A. 以不合格商品作为有奖销售的奖品

B. 采用谎称有奖或故意让内定人员中奖的欺骗方式进行有奖销售

C. 利用有奖销售的手段推销质次价高的商品

D. 抽奖式的有奖销售，最高奖的金额超过 5 000 元

16. 商业广告的内容应当具有________。

A. 有益性　　B. 明示性　　C. 真实性　　D. 确定性

17. 药品、医疗器械广告不得有________。

A. 不科学地表示功效的断言或者保证

B. 说明治愈率或者有效率

C. 与其他药品、医疗器械的功效和安全性相比较

D. 利用医药科研单位、学术机构、医疗机构或者专家、医生、患者的名义和形象作证明

18. ________等特殊药品，不得做广告。

A. 麻醉药品、精神药品　　B. 毒性药品

C. 抗病毒药品　　　　　　　　　　　　　　D. 放射性药品

19. 产品质量的含义中应当包括产品的________。

A. 有用性、适用性　　B. 安全性　　C. 经济性　　D. 可靠性

20. 我国《标准化法》将标准分为________。

A. 国家标准　　B. 行业标准　　C. 地方标准　　D. 企业标准

四、判断题

1. 我国立法机关将反垄断和反不正当竞争分开,采取了分立式的立法模式建设竞争法律制度。(　　)

2. 维护竞争秩序是竞争法的宗旨。(　　)

3.《反不正当竞争法》和《反垄断法》都是我国的竞争法。(　　)

4. 反垄断法的立法目的之一是维护个别消费者的具体利益。(　　)

5. 反垄断法既适用于在中国境内发生的垄断行为,也适用于在中国境外发生的、对国内市场竞争产生排除或限制影响的垄断行为。(　　)

6. 我国《反垄断法》规定的经济性垄断行为包括经营者达成垄断协议,经营者滥用市场支配地位,具有或可能具有排除、限制竞争效果的经营者集中,以及行政机关和法律、法规授权的具有管理公共事务职能的组织滥用行政权力排除、限制竞争的行为。(　　)

7. 反垄断法禁止经营者取得市场支配地位。(　　)

8. 国务院反垄断委员会的职责之一是进行反垄断行政执法工作。(　　)

9. 判断经营者之间是否达成垄断协议,要看是否有书面形式的协议、决定。(　　)

10. 行业协会在会员企业的要求下,以行业"自律"的形式组织会员企业签订价格同盟协议等限制竞争的协议,排除、限制竞争,是为我国《反垄断法》所禁止的。(　　)

11. 具有支配地位的企业强迫交易对方购买从性质、交易习惯上均与合同无关的产品或服务的行为是滥用市场支配地位的行为。(　　)

12. 由于经营者集中有可能导致排除和限制竞争,我国《反垄断法》规定,经营者集中的,经营者应当事先向反垄断执法机构申报,未申报的不得实施集中。(　　)

13. 反垄断执法机构对经营者集中的审查程序包括初步审查和进一步审查。(　　)

14. 我国《反垄断法》规定,反垄断执法机构依法对涉嫌垄断行为进行调查。(　　)

15. 反垄断执法机构的工作人员可以随时进入被调查的经营者的营业场所或其他有关场所进行检查。(　　)

16. 我国《反垄断法》施行后,《反不正当竞争法》与《反垄断法》有交叉的部分。(　　)

17. 假冒他人注册商标的行为既违反《商标法》,也违反《反不正当竞争法》。(　　)

18. 商业贿赂行为包括经营者销售或购买商品,以明示方式给对方折扣,给中间人佣金。(　　)

19. 经营者因偿债、转产、歇业而降价销售商品的,不属于不正当竞争行为。(　　)

20. 经营者以低于成本的价格销售商品的行为都是倾销行为。(　　)

21. 我国《反不正当竞争法》规定,各级人民政府的工商行政管理部门应当采取措施制止不正当竞争行为,为公平竞争创造良好的条件。(　　)

22. 垄断形成的规模效应有利于生产效率的提高,有利于交易成本的降低,有利于促进相关的研究和开发,促进技术创新。(　　)

23. 经营者采取有奖销售手段推销质次价高的商品,是不正当竞争行为。(　　)

24. 广告法调整的广告包括商业广告、公益广告和政府广告等类型的广告。(　　)

25. 广告主、广告经营者和广告发布者在中国境内从事广告活动,应当遵守《广告法》。(　　)

26. 食品、酒类、化妆品广告的内容必须符合卫生许可的事项,并可以使用医疗用语或者易与药品混淆的用语。(　)

27. 产品缺陷和产品瑕疵是同一意思,有缺陷或者瑕疵的产品都可以销售。(　　)

28. 国家监督抽查的产品，地方不得另行重复抽查；上级监督抽查的产品，下级不得另行重复抽查。（　　）

29. 在国民经济的各个领域中，凡具有多次重复使用和需要制定标准的具体产品，以及各种定额、规划、要求、方法和概念等，都可成为标准化的对象。（　　）

30. 强制性标准必须执行，不符合强制性标准的产品可以生产但禁止销售和进口。（　　）

五、简答题

1. 简述市场规则的内容。
2. 简述市场竞争的规则。
3. 简述垄断行为的范围。
4. 简述认定经营者具有市场支配地位的因素。
5. 简述不正当竞争行为的表现形式。
6. 简述广告中禁止有的内容。
7. 简述产品质量不合格与产品缺陷、产品瑕疵的区别。
8. 简述应当制定标准的范围。

六、综合分析题

1. 自2007年7月下旬以来，方便面涨价的消息引起了社会各界的广泛关注。国家发展与改革委员会（国家发改委）初步查明，2006年底至2007年7月初，世界拉面协会中国分会先后三次召集有关企业参加会议，协商方便面涨价事宜。2006年12月26日，方便面中国分会在北京召开一届八次峰会，研究棕榈油和面粉涨价引起的企业成本增加问题。会议商定高价面（当时价格每包1.5元以上）、中价面（当时价格每包1元以上）和低价面（当时价格每包1元以下）涨价的时间和实施步骤。2007年4月21日，方便面中国分会在杭州召开一届九次峰会，再次研究方便面调价日程，会议明确了调价幅度和调价时间，高价面从每包1.5元直接涨到1.7元，计划于2007年6月1日全行业统一上调。2007年7月5日，方便面中国分会又一次在北京召开价格协调会议，部分企业决定从2007年7月26日起全面提价。2007年7月23日，该会负责人接受媒体采访，公布了涨价消息。对此，社会反响强烈。有关企业按照以上会议的协调安排，从2007年6月起相继调高了方便面的价格。

问：根据《反垄断法》，分析世界拉面协会中国分会的一系列做法。

2. 2008年9月3日，可口可乐公司和汇源公司高调宣布双方实施要约并购。可口可乐公司宣布计划以现金收购汇源公司。可口可乐公司建议收购要约为每股12.2港元，并等价收购已发行的可转换公司债券及期权。可口可乐公司现已取得汇源公司三个股东签署的接受要约不可撤销承诺，三个股东合计拥有汇源66%的股份。

中国商务部于2008年11月对可口可乐公司收购汇源公司案立案审查。2008年12月5日，可口可乐公司与汇源公司联合对外公布，并购案已经进入商务部审批阶段；同时称，双方最初签订的收购协议的有效期为200天，若超过200天还没有得到商务部回复，协议将自动解除。

商务部于2009年3月18日通报如下：

商务部于2008年11月对可口可乐公司收购汇源公司案立案后，依据中国《反垄断法》的相关规定，从市场份额及市场控制力、市场集中度、集中对市场进入和技术进步的影响、集中对消费者和其他有关经营者的影响及品牌对果汁饮料市场竞争产生的影响等几个方面进行了审查。

商务部经审查认定，这项收购案将对竞争产生不利影响。收购完成后，可口可乐公司可能利用其在碳酸软饮料市场的支配地位，搭售、捆绑销售果汁饮料，或者设定其他排他性的交易条件。收购行为将限制果汁饮料市场的竞争，导致消费者被迫接受更高价格、更少种类的产品；同时，由于既有品牌对市场进入的限制作用，潜在竞争难以消除限制竞争效果。此外，收购行为还挤压了国内中小型果汁企业的生存空间，给中国果汁饮料市场的竞争格局造成不良影响。

为了减少收购对竞争产生的不利影响，商务部与可口可乐公司就附加限制性条件进行了商谈，要求申报方提出可行的解决方案，但可口可乐公司应商务部的要求提交的修改方案仍不能有效减少此项收购对竞争产生的不利影响，因此，商务部依法作出禁止此项收购的决定。

商务部反垄断局负责人表示，反垄断审查的目的是保护市场的公平竞争，维护消费者利益和社会公共利益。自2008年8月中国《反垄断法》实施以来，商务部共收到40起包括合并、收购在内的经营者集中申报，可口可乐公司收购汇源公司案是第一个未获通过的案例。

问：根据《反垄断法》分析商务部决定的法律依据。

3. 某啤酒厂在其产品的瓶颈上挂一标签，上面印有“获1900年柏林国际啤酒博览会金奖”字样和一个带外文的徽章。经调查，此奖项和徽章均属子虚乌有。

问：该啤酒厂的行为应当如何认定？

4. 某药品生产企业与个体广告经营者订立广告合同，要求为其设计、制作和发布一种新开发药品的视频广告。该药品生产企业提出的要求包括：广告必须突出新药的新和奇效，广告中应当有患者痛不欲生及使用该新药后患者药到病除、恢复健康的画面。

问：根据《广告法》，该药品生产企业提出的广告要求是否合法？

第十章
市场宏观监督法律制度

第一节　市场宏观监督及其法律制度概述

一、市场宏观监督概述

(一)市场宏观监督的必要性

随着我国社会主义市场经济体制的建立和逐步完善,更多的经济领域实行了市场化的运作,但市场经济体制本身存在着自发性、滞后性和一定的盲目性等问题。国家如果对整个经济运行缺乏宏观调控和监督,必然会造成公平竞争环境的破坏和社会资源的浪费,进而影响市场经济的发展。所以,国家对市场进行宏观的调控和监督,是市场经济体制应有的制度安排。

(二)市场宏观监督与法治

市场经济是法治经济。国家对市场经济的宏观调控不再是以行政命令为主的直接方式,取而代之是间接方式的法律手段,而法律手段中又是以具有法律形式的经济手段为主,如利率、物价、财政、审计、会计等。因此,国家必须加强宏观调控,这有助于弥补市场调节的缺陷,防止或消除经济中的总量失衡和结构失调,优化资源配置。

二、市场宏观监督法律制度概述

(一)市场宏观监督法律制度的概念

市场宏观监督法律制度是一门综合性的经济法律,它是有关监督主体的地位、职责、职权、监督范围、监督方式和程序、被监督主体的义务和权利以及法律责任等的法律规范的总称。从某种意义上说，本书除了传统上属于民商法的内容，如合同法、企业法等之外，其他的法律制度都可以归入市场宏观监督法律制度（广义的市场宏观监督法律制度）。狭义的市场宏观监督法律制度，包括利率、物价、财政、会计、审计等法律制度。限于篇幅，本章主要介绍审计、会计法律制度。

（二）市场宏观监督法律制度的意义

市场宏观监督对国家经济的发展起到非常重要的作用，相应的立法也应当完善，以保障这种监督能够充分发挥作用。市场宏观监督法的内容同样广泛。改革开放以来，我国加快了制定、修改和完善市场宏观监督法的步伐。一大批相关法律法规的出台使我国的宏观监督民主化、制度化，增加了政府工作的透明度，强调了国家机关、社会组织和群众、舆论监督的重要作用，提高了对市场经济的宏观调控和监管，更加适应了我国经济发展的实际情况。

第二节　审计法律制度

一、审计与审计法概述

（一）审计概述

1. 审计的概念

审计，是指依法对国家机关、国有组织等单位的财政收支、财务收支的实际情况和反映这些实际情况的账目进行监督、审查、评价，以确定账目真实性、合法性和效益性的专门监督活动。

（1）接受审计监督的财政收支。接受审计监督的财政收支，是指依照《预算法》和国家其他有关规定，纳入预算管理的收入和支出，以及预算外资金的收入和支出。

（2）接受审计监督的财务收支。接受审计监督的财务收支，是指国有金融机构、企事业单位以及国家规定应当接受审计监督的其他有关单位，按照国家有关财务会计制度的规定，办理会计事务，进行会计核算，实行会计监督的各种资金的收入和支出。

2. 审计的分类

（1）按审计时间的不同，可分为事前审计、事中审计和事后审计。

（2）按审计主体的不同，可分为审计部门审计、内部审计和社会审计。《审计法》所说的审计，主要是审计部门审计。

（3）按审计内容的不同，可分为财政收支审计、财务收支审计、财经法纪审计和经济效益审计。

（4）按审计范围的不同，可分为全部审计和局部审计。

（二）审计法概述

1. 审计法的概念

审计法是调整审计关系的法律规范的总称。审计关系是审计机构及其工作人员在审计监督管理过程中，与国家机关和被审计单位等发生的经济关系。

2. 我国的审计立法

1994年8月31日，第八届全国人民代表大会常务委员会第九次会议通过了《中华人民共和国审计法》(简称《审计法》)，自1995年1月1日起施行。国务院于1997年10月21日发布施行了《中华人民共和国审计法实施条例》。2003年2月，国家审计署发布了《审计署关于内部审计工作的规定》，自2003年5月1日起施行。2006年2月28日，第十届全国人民代表大会常务委员会第二十次会议通过了《关于修改〈中华人民共和国审计法〉的决定》，对《审计法》进行了修正，完善了审计制度：

(1)现行《审计法》增加了被审计单位“提供的资料不真实、不完整的法律责任”，防止及减少“假账真审”问题的发生，分清审计责任和会计责任，提高审计质量和效率。

(2)《审计法》在审计部门要求被审计单位提供的资料中增加了“运用电子计算机技术文档”，在原审计部门有权检查的内容中增加了“运用电子计算机管理财政收支、财务收支电子数据的系统”，以适应我国国民经济信息化和财会电算化的发展。

(3)《审计法》增加了审计部门经县级以上人民政府审计部门负责人批准，有权查询被审计单位在金融机构的账户；审计部门有证据证明被审计单位以个人名义存储公款的，经县级以上人民政府审计部门主要负责人批准，有权查询被审计单位以个人名义在金融机构的存款，以解决公款查询难问题。

(4)《审计法》增加了审计部门履行审计监督职责，可以提请公安、监察、财政、税务、海关、价格、工商行政管理等部门予以协助的规定，加强与其他部门的配合，形成监督合力。

(5)《审计法》增加了审计部门在法定职权范围内作出的审计决定，被审计单位应当执行的规定。审计部门依法责令被审计单位上缴应当上缴的款项，被审计单位拒不执行的，审计部门应当通报有关部门，有关部门应当依照有关法律、行政法规的规定予以扣缴或者采取其他处理措施，并将结果书面通知审计部门，解决审计执行难问题。

二、审计法的主要内容

(一)国家实行审计监督制度

1. 审计部门的设立和审计对象

(1)审计部门的设立。国务院和县级以上地方人民政府设立审计部门。

(2)审计部门的审计对象。国务院各部门和地方各级人民政府及其各部门的财政收支，国有的金融机构和企事业组织的财务收支，以及其他依照《审计法》的规定应当接受审计的财政收支、财务收支，依照《审计法》的规定接受审计监督。

(3)审计部门的审计目的。审计部门对所列财政收支或财务收支的真实性、合法性和效益性依法进行审计监督。

2. 审计部门的职权和独立审计监督权

(1)审计部门的职权和工作程序。审计部门依照法律规定的职权和程序进行审计监督。审计部门依据有关财政收支、财务收支的法律、法规和国家其他有关规定进行审计评价，在法定职权范围内作出审计决定。

(2)审计部门的审计工作报告。国务院和县级以上地方人民政府应当每年向本级人民代表大会常务委员会提出审计部门对预算执行和其他财政收支的审计工作报告；审计工作报告应当重点报告对预算执行的审计情况。必要时，各级人民代表大会常务委员会可以对审计工作报告作出决议。国务院和县级以上地方人民政府应当将审计工作报告中所指出问题的纠正情况和处理结果向本级人民代表大会常务委员会报告。

(3)审计部门的独立审计监督权。审计部门依照法律规定独立行使审计监督权，不受其他行政机关、社会团体和个人的干涉。

(二)审计部门和审计人员

1. 审计部门

(1)中央政府的审计部门。国务院设立审计署，在国务院总理的领导下主管全国的审计工作。审计长是审计署的行政首长。

(2)地方政府的审计部门。省、自治区、直辖市、设区的市、自治州、县、自治县、不设区的市、市辖区的人民政府的审计部门分别在省长、自治区主席、市长、州长、县长、区长和上一级审计部门的领导下负责本行政区域内的审计工作。地方各级审计部门对本级人民政府和上一级审计部门负责并报告工作，审计业务以上级审计部门的领导为主。

(3)审计部门的派出机构。审计部门根据工作需要，经本级人民政府批准，可以在其审计的管辖范围内设立派出机构。派出机构根据审计部门的授权，依法从事审计工作。

(4)审计部门的经费。审计部门履行职责所必需的经费，应当列入财政预算，由本级人民政府予以保证。

2. 审计人员

(1)审计人员的基本资格。审计人员应当具备与其所从事的审计工作相适应的专业知识和业务能力。

(2)审计人员的工作规范。第一，回避。审计人员办理审计事项，与被审计单位或者审计事项有利害关系的，应当回避。第二，保密。审计人员对其在执行职务过程中知悉的国家秘密和被审计单位的商业秘密负有保密义务。

(3)审计人员的法律保护。第一，执行职务的法律保障。审计人员依法执行职务，受法律保护；任何组织和个人不得拒绝、阻碍审计人员依法执行职务，不得打击报复审计人员。第二，负责人职务的法律保障。审计部门负责人依照法定程序任免。审计部门负责人没有违法失职或者其他不符合任职条件的情况的，不得随意撤换。地方各级审计部门负责人的任免，应当事先征求上一级审计部门的意见。

审计部门和审计人员办理审计事项，应当客观、公正、实事求是、廉洁奉公、保守秘密。

(三)审计部门的职责和权限

1. 审计部门的职责

(1)审计部门的审计监督职责。审计部门对本级各部门(含直属单位)和下级政府预算的执行情况、决算以及其他财政收支情况进行审计监督。

(2)审计部门的审计监督分工。第一，审计署的审计职责：审计署在国务院总理的领导下，对中央预算的执行情况和其他财政收支情况进行审计监督，向国务院总理提出审计结果报告；对中央银行的财务收支进行审计监督。第二，地方各级审计部门的审计职责：地方各级审计部门分别在省长、自治区主席、市长、州长、县长、区长和上一级审计部门的领导下，对本级预算执行情况和其他财政收支情况进行审计监督，向本级人民政府和上一级审计部门提出审计结果报告。

(3)审计部门的审计监督具体职责：对国有金融机构的资产、负债和损益进行审计监督；对国家的事业组织和使用财政资金的其他事业组织的财务收支进行审计监督；对国有企业的资产、负债和损益进行审计监督；对国有资本占控股地位或者主导地位的企业和金融机构进行审计监督(由国务院规定具体办法)；对政府投资和以政府投资为主的建设项目的预算执行情况和决算进行审计监督；对政府部门管理的和其他单位受政府委托管理的社会保障基金、社会捐赠资金以及其他有关基金、资金的财务收支进行审计监督；对国际组织和外国政府援助、贷款项目的财务收支进行审计监督；按照国家有关规定，对国家机关和依法属于审计部门审计监督对象的其他单位的主要负责人在任职期间对本地区、本部门或本单位的财政收支、财务收支以及有关经济活动应负经济责任的履行情况进行审计监督；对其他法律、行政法规规定应当由审计部门进行审计的事项进行审计监督；有权对与国家财政收支有关的特定事项向有关地方、部门、单位进行专项审计调查，并向本级人民政府和上一级审计部门报告审计调查结果等。此外，审计部门对依法属于审计部门审计监督对象而由社会审计机构审计的单位，按照国务院的规定，有权对该社会审计机构出具的相关审计报告进行核查；对依法属于审计部门审计监督对象的单位的内部审计工作进行业务指导和监督(属于审计部门审计监督对象的单位，应当按照国家有关规定建立健全内部审计制度)。

(4)审计部门审计监督的管辖。审计部门根据被审计单位的财政、财务隶属关系或国有资产监督管理关系确定审计管辖范围。审计部门之间对审计管辖范围有争议的，由其共同的上级审计部门确定。上级审计部门可以将其审计管辖范围内的审计事项授权下级审计部门进行审计；上级审计部门对下级审计部门审计管辖范围内的重大审计事项可以直接进行审计，但应当防止不必要的重复审计。

2. 审计部门的权限

(1)要求被审计单位提供审计资料。审计部门有权要求被审计单位按照审计部门的规定提供预算或财务收支计划、预算执行情况、决算、财务会计报告，运用电子计算机储存、处理的财政收支、财务收支电子数据和必要的电子计算机技术文档，在金融机构开立账户的情况，社会审计机构出具的审计报告，以及其他与财政收支或财务收支有关的资料，被审计单位不得拒绝、拖延、谎报。被审计单位负责人对本单位提供的财务会计资料的真实性和完整性负责。

(2)检查被审计单位的会计资料。审计部门进行审计时，有权检查被审计单位的会计凭证、会计账簿、财务会计报告和运用电子计算机管理财政收支、财务收支电子数据的系统，以及其他与财政收支、财务收支有关的资料和资产，被审计单位不得拒绝。

(3)调查取证。审计部门进行审计时，有权就审计事项的有关问题向有关单位和个人进行调查，并取得有关证明材料。有关单位和个人应当支持、协助审计部门工作，如实向审计部门反映情况，提供有关证明材料。经县级以上人民政府审计部门负责人批准，有权查询被审计单位在金融机构的账户。有证据证明被审计单位以个人名义存储公款的，经县级以上人民政府审计部门主要负责人批准，有权查询被审计单位以个人名义在金融机构的存款。

(4)封存有关资料、制止违规行为。第一，封存有关资料。审计部门进行审计时，被审计单位不得转移、隐匿、篡改、毁弃会计凭证、会计账簿、财务会计报告以及其他与财政收支或财务收支有关的资料，不得转移、隐匿所持有的违反国家规定取得的资产。审计部门对被审计单位违反前述规定的行为有权予以制止；必要时，经县级以上人民政府审计部门负责人批准，有权封存有关资料和违反国家规定取得的资产；对其中在金融机构的有关存款需要予以冻结的，应当向人民法院提出申请。第二,制止违规行为。审计部门对被审计单位正在进行的违反国家规定的财政收支和财务收支行为有权予以制止;制止无效的,经县级以上人民政府审计部门负责人批准,通知财政部门和有关主管部门暂停拨付与违反国家规定的财政收支和财务收支行为直接有关的款项,已经拨付的,暂停使用。审计部门采取上述两项措施,不得影响被审计单位合法的业务活动和生产经营活动。

(5)建议纠正、提请处理。审计部门认为被审计单位所执行的上级主管部门有关财政收支、财务收支的规定与法律、行政法规相抵触的,应当建议有关主管部门纠正;有关主管部门不予纠正的,审计部门应当提请有权处理的机关依法处理。

(6)公布审计结果。审计部门可以向政府有关部门通报或者向社会公布审计结果。审计部门通报或者公布审计结果应当依法保守国家秘密和被审计单位的商业秘密,遵守国务院的有关规定。

(7)要求协助。审计部门履行审计监督职责,可以提请公安、监察、财政、税务、海关、工商行政管理等部门予以协助。

(四)审计程序

1. 审计部门组成审计组、送达审计通知书

审计部门根据审计项目计划确定的审计事项组成审计组,并应当在实施审计 3 日前向被审计单位送达审计通知书;遇有特殊情况,经本级人民政府批准,审计部门可以直接持审计通知书实施审计。被审计单位应当配合审计部门的工作并提供必要的工作条件。

2. 审计组实施审计

(1)采取合法的审计方式取得证明材料。审计人员通过审查会计凭证、会计账簿、财务会计报告,查阅与审计事项有关的文件、资料,检查现金、实物、有价证券,向有关单位和个人调查等方式进行审计并取得证明材料。

(2)依法调查。审计人员向有关单位和个人进行调查时,应当出示审计人员的工作证件和审计通知书副本。

(3)审计组提出审计报告。审计组对审计事项实施审计后,应当向审计部门提出审计组的审计报告。审计组的审计报告报送审计部门前,应当征求被审计对象的意见。被审计对象应当自接到审计组的审计报告之日起 10 日内将其书面意见送交审计组。审计组应当将被审计对象的书面意见一并报送审计部门。

3. 审计部门提出审计报告,作出审计决定

(1)提出审计报告。审计部门按照审计署规定的程序对审计组的审计报告进行审议,并对被审计对象对审计组的审计报告提出的意见一并研究后,提出审计部门的审计报告。

(2)作出审计决定或向有关主管机关提出处理、处罚的意见。对违反国家规定的财政收支、财务收支行为,依法应当给予处理、处罚的,在法定职权范围内作出审计决定或向有关主管机关提出处理、处罚的意见。

(3)送达审计报告和审计决定。审计部门应当将审计报告和审计决定送达被审计单位和有关主管机关、单位。审计决定自送达之日起生效。

(4)审计决定的变更或撤销。上级审计部门认为下级审计部门作出的审计决定违反国家有关规定的,可以责成下级审计部门予以变更或者撤销,必要时也可以直接作出变更或者撤销的决定。

第三节 会计法律制度

一、会计与会计法概述

(一)会计概述

1. 会计的概念

会计，是指以货币为主要计量单位，从数量上反映和监督生产经营过程及其成果的一种方法。会计就其内容而言，主要包括会计核算和会计监督。

(1)会计核算。会计核算是对单位经济活动进行以数据为主要表现形式的反映的过程。

(2)会计监督。会计监督是单位内部的会计机构和会计人员，以及国家机关、社会组织对单位经济活动的真实性、准确性和完整性等方面进行的检查和监督活动。

2. 会计的意义

会计核算和会计监督的结果是企业、投资者、债权人、国家机关等作出经营决策、投资决策和宏观调控决策的重要依据。

(二)会计法概述

1. 会计法的概念

会计法，是指调整会计关系的法律规范的总称。会计关系包括对单位经济活动和财务收支进行核算和监督而产生的社会关系，以及在会计机构的设置和会计人员的从业资格等方面发生的社会关系等。广义的会计法包括会计法律、会计行政法规、会计行政规章等。狭义的会计法是指会计法律。按照会计法律制度制定者的地位和法律效力的不同，目前，我国的会计法律制度包括会计法律、会计行政法规和会计行政规章等。

2. 我国的会计立法

(1)会计法律。1985 年 1 月 21 日，第六届全国人民代表大会常务委员会第九次会议通过《中华人民共和国会计法》(简称《会计法》)。1993 年 12 月 29 日，第八届全国人民代表大会常务委员会第五次会议对《会计法》进行第一次修正。1999 年 10 月 31 日，第九届全国人民代表大会常务委员会第十二次会议对《会计法》进行了第二次修订。

(2)会计行政法规。国务院制定发布的会计规范性文件主要有《总会计师条例》《企业会计准则》和《企业财务会计报告条例》等。

(3)会计行政规章。财政部制定并发布的会计规范性文件较多，如《财政部门实施会计监督办法》《企业会计制度》《会计基础工作规范》《会计从业资格管理办法》和《会计档案管理办法》等。

3. 会计法的概况

我国会计法在总体上明确了以下问题：

(1)单位办理会计事务的法律依据。国家机关、社会团体、公司、企业、事业单位和其他组织(以下统称“单位”)必须依照《会计法》办理会计事务。

(2)单位会计工作的基本要求。各单位必须依法设置会计账簿并保证其真实、完整。

（3）单位负责人和会计机构、会计人员的基本职责。第一，单位负责人的基本职责。单位负责人对本单位的会计工作和会计资料的真实性、完整性负责。第二，会计机构和会计人员的基本职责。会计机构和会计人员依照《会计法》的规定进行会计核算，实行会计监督；任何单位或个人不得以任何方式授意、指使、强令会计机构、会计人员伪造、变造会计凭证、会计账簿和其他会计资料，提供虚假财务会计报告；任何单位或个人不得对依法履行职责、抵制违反《会计法》规定行为的会计人员实行打击报复。对认真执行本法，忠于职守，坚持原则，作出显著成绩的会计人员给予精神的或物质的奖励。

（4）会计工作主管部门。国务院财政部门主管全国的会计工作；县级以上地方各级人民政府财政部门管理本行政区域内的会计工作。

（5）实行统一的会计制度。国家实行统一的会计制度；国家统一的会计制度由国务院财政部门根据本法制定并公布，国务院有关部门可以依照《会计法》和国家统一的会计制度制定对会计核算和会计监督有特殊要求的行业实施国家统一的会计制度的具体办法或补充规定，报国务院财政部门审核批准。中国人民解放军总后勤部可以依照《会计法》和国家统一的会计制度制定军队实施国家统一的会计制度的具体办法，报国务院财政部门备案。

二、会计法的主要内容

（一）会计核算

1. 会计核算的基本原则

（1）会计核算的依据必须真实。各单位必须根据实际发生的经济业务事项进行会计核算，填制会计凭证，登记会计账簿，编制财务会计报告。任何单位不得以虚假的经济业务事项或资料进行会计核算。

（2）会计核算的依据必须合法。会计凭证、会计账簿、财务会计报告和其他会计资料必须符合国家统一的会计制度的规定。使用电子计算机进行会计核算的，其软件及其生成的会计凭证、会计账簿、财务会计报告和其他会计资料也必须符合国家统一的会计制度的规定。任何单位和个人不得伪造、变造会计凭证、会计账簿及其他会计资料，不得提供虚假的财务会计报告。

（3）会计核算采用的会计处理方法必须一致。各单位采用的会计处理方法前后各期应当一致，不得随意变更；确有必要变更的，应当按照国家统一的会计制度的规定变更，并将变更的原因、情况及影响在财务会计报告中说明。

2. 会计核算的基本规范

（1）应当进行会计核算的经济业务事项。下列经济业务事项，应当办理会计手续，进行会计核算：款项和有价证券的收付；财物的收发、增减和使用；债权债务的发生和结算；资本、基金的增减；收入、支出、费用、成本的计算；财务成果的计算和处理；需要办理会计手续、进行会计核算的其他事项。

（2）会计年度。会计年度是以年度对单位进行会计核算的时间区间。会计年度自公历1月1日起至12月31日。

（3）记账本位币。记账本位币是日常登记账簿和编制财务会计报告时用以计量的货币。会计核算以人民币为记账本位币；业务收支以人民币以外的货币为主的单位，可以选定其中一种货币作为记账本位币，但编报的财务会计报告应当折算为人民币。

(4)会计记录的文字。会计记录的文字应当使用中文。在少数民族自治地方，会计记录可以同时使用当地通用的一种民族文字。在我国境内的外商投资企业、外国企业和其他外国组织的会计记录可以同时使用一种外国文字。

3. 会计核算的具体要求

(1)会计凭证。会计凭证是具有一定的格式、用以记录经济业务的发生和完成情况的书面证明，包括原始凭证和记账凭证。原始凭证，是指在经济业务发生时，由业务经办人员直接取得或填制，用以表明某项经济业务已经发生或完成情况并明确有关经济责任的一种凭证。记账凭证，是指对经济业务按其性质加以归类，确定会计分录，并据以登记会计账簿的凭证。第一，原始凭证的核算要求。依法应当进行会计核算的经济业务事项，必须填制或取得原始凭证并及时送交会计机构。原始凭证记载的各项内容均不得涂改。原始凭证有错误的，应当由出具单位重开或更正，更正处应当加盖出具单位印章。原始凭证金额有错误的，应当由出具单位重开，不得在原始凭证上更正。会计机构和会计人员必须按照国家统一的会计制度的规定对原始凭证进行审核，对不真实、不合法的原始凭证有权不予接受，并向单位负责人报告；对记载不准确、不完整的原始凭证予以退回，并要求按照国家统一的会计制度的规定更正、补充。第二，记账凭证的核算要求。记账凭证应当根据经过审核的原始凭证及有关资料编制。

(2)会计账簿。会计账簿是指通过对大量数据、资料的归类整理，全面记录和反映一个单位经济业务和经营状况的载体，是编制财务会计报告的重要依据，包括总账、明细账、日记账和其他辅助性账簿。第一，会计账簿登记必须以经过审核的会计凭证为依据，并符合有关法律、行政法规和国家统一的会计制度的规定。第二，会计账簿应当按照连续编号的页码顺序登记，会计账簿记录发生错误或者隔页、缺号、跳行的，应当按照国家统一的会计制度规定的方法更正，并由会计人员和会计机构负责人(会计主管人员)在更正处盖章。使用电子计算机进行会计核算的，其会计账簿的登记、更正应当符合国家统一的会计制度的规定。第三，单位发生的各项经济业务事项应当在依法设置的会计账簿上统一登记、核算，不得违反《会计法》和国家统一的会计制度的规定私设会计账簿登记、核算。第四，单位应当定期将会计账簿记录与实物、款项及有关资料相互核对，保证会计账簿记录与实物及款项的实有数额相符、会计账簿记录与会计凭证的有关内容相符、会计账簿之间相对应的记录相符、会计账簿记录与会计报表的有关内容相符。

(3)财务会计报告。财务会计报告是指单位对外提供的反映单位某一特定日期财务状况和某一会计期间经营成果和现金流量的文件。第一，财务会计报告的编制要求。财务会计报告应当根据经过审核的会计账簿记录和有关资料编制，并符合《会计法》和国家统一的会计制度关于财务会计报告的编制要求、提供对象和提供期限的规定；其他法律、行政法规另有规定的，从其规定。第二，财务会计报告的组成。财务会计报告由会计报表、会计报表附注和财务情况说明书组成。向不同的会计资料使用者提供的财务会计报告，其编制依据应当一致。有关法律、行政法规规定会计报表、会计报表附注和财务情况说明书须经注册会计师审计的，注册会计师及其所在的会计师事务所出具的审计报告应当随同财务会计报告一并提供。第三，财务会计报告的签名、盖章。财务会计报告应当由单位负责人和主管会计工作的负责人、会计机构负责人(会计主管人员)签名并盖章；设置总会计师的单位还须由总会计师签名并盖章。单位负责人应当保证财务会计报告的真实、完整。另外，单位提供的担保、未决诉讼等或有事项，应当按照国家统一的会计制度的规定，在财务会计报告中予以说明。

4. 会计档案的保管

各单位对会计凭证、会计账簿、财务会计报告和其他会计资料应当建立档案，妥善保管。会计档案的保管期限和销毁办法由国务院财政部门会同有关部门制定。

5. 公司、企业会计核算的特别规定

(1)公司、企业必须根据实际发生的经济业务事项，按照国家统一的会计制度的规定确认、计量和记录资产、负债、所有者权益、收入、费用、成本和利润。

(2)公司、企业进行会计核算不得有下列行为：随意改变资产、负债和所有者权益的确认标准或者计量方法，虚列、多列、不列或少列资产、负债、所有者权益；虚列或隐瞒收入，推迟或提前确认收入；随意改变费用、成本的确认标准或计量方法，虚列、多列、不列或少列费用、成本；随意调整利润的计算或分配方法，编造虚假利润或隐瞒利润；违反国家统一的会计制度规定的其他行为。

(二)会计监督

1. 单位内部会计监督

(1)单位应当建立、健全内部会计监督制度。单位内部的会计监督制度应当符合下列要求：记账人员与经济业务事项和会计事项的审批人员、经办人员、财物保管人员的职责和权限应当明确并相互分离、相互制约；重大对外投资、资产处置、资金调度和其他重要经济业务事项的决策和执行的相互监督、相互制约程序应当明确；财产清查的范围、期限和组织程序应当明确；对会计资料定期进行内部审计的办法和程序应当明确。

(2)单位负责人保证会计机构和会计人员依法履行职责。单位负责人应当保证会计机构和会计人员依法履行职责，不得授意、指使、强令会计机构和会计人员违法办理会计事项；会计机构和会计人员对违反本法和国家统一的会计制度规定的会计事项，有权拒绝办理或者按照职权予以纠正。

(3)会计机构和会计人员的职权。会计机构和会计人员发现会计账簿记录与实物、款项及有关资料不相符的，按照国家统一的会计制度的规定有权自行处理的，应当及时处理；无权处理的，应当立即向单位负责人报告，请求查明原因，作出处理。

2. 社会监督

任何单位和个人对违反《会计法》和国家统一的会计制度规定的行为，有权检举。收到检举的部门有权处理的，应当依法按照职责分工及时处理；无权处理的，应当及时移送有权处理的部门处理。收到检举的部门、负责处理的部门应当为检举人保密，不得将检举人姓名和检举材料转给被检举单位和被检举人。

3. 社会审计监督

有关法律、行政法规规定，须经注册会计师进行审计的单位，应当向受委托的会计师事务所如实提供会计凭证、会计账簿、财务会计报告和其他会计资料以及有关情况。任何单位或个人不得以任何方式要求或示意注册会计师及其所在的会计师事务所出具不实或不当的审计报告。财政部门有权对会计师事务所出具审计报告的程序和内容进行监督。

4. 行政部门的监督

(1)财政部门的监督。财政部门对各单位下列四个方面的情况实施监督：是否依法设置会计账簿；会计凭证、会计账簿、财务会计报告和其他会计资料是否真实、完整；会计核算是否符合《会计法》和国家统一的会计制度的规定；从事会计工作的人员是否具备从业资格。在对第二个方面所列事项实施监督并发现重大违法嫌疑时，国务院财政部门及其派出机构可以向与被监督单位有经济业务往来的单位和被监督单位开立账户的金融机构查询有关情况，有关单位和金融机构应当给予支持。

（2）其他行政部门的监督。财政、审计、税务、人民银行、证券监管、保险监管等部门应当依照有关法律、行政法规规定的职责，对有关单位的会计资料实施监督检查。监督检查后，应当出具检查结论。有关监督检查部门已经作出的检查结论能够满足其他监督检查部门履行本部门职责需要的，其他监督检查部门应当加以利用，避免重复查账。

依法对有关单位的会计资料实施监督检查的部门及其工作人员对在监督检查过程中知悉的国家秘密和商业秘密负有保密义务。各单位必须依照有关法律、行政法规的规定，接受有关监督检查部门依法实施的监督检查，如实提供会计凭证、会计账簿、财务会计报告和其他会计资料以及有关情况，不得拒绝、隐匿、谎报。

（三）会计机构和会计人员

1. 会计机构

会计机构，是指各单位办理会计事务的职能部门。

（1）会计机构的设置。单位应当根据会计业务的需要设置会计机构，或在有关机构中设置会计人员并指定会计主管人员；不具备设置条件的，应当委托经批准设立从事会计代理记账业务的中介机构代理记账。

（2）总会计师的设置。国有的和国有资产占控股地位或主导地位的大、中型企业必须设置总会计师。总会计师的任职资格、任免程序和职责权限由国务院规定。

（3）会计机构内部的稽核制度。会计机构内部应当建立稽核制度。出纳人员不得兼任稽核、会计档案保管和收入、支出、费用、债权债务账目的登记工作。

2. 会计人员

会计人员，是指直接从事会计工作的人员。

（1）会计工作的从业资格。从事会计工作的人员必须取得会计从业资格证书。担任单位会计机构负责人（会计主管人员）的，除取得会计从业资格证书外，还应当具备会计师以上专业技术职务资格或者从事会计工作3年以上。因有提供虚假财务会计报告，做假账，隐匿或故意销毁会计凭证、会计账簿、财务会计报告，贪污，挪用公款，职务侵占等与会计职务有关的违法行为而被依法追究刑事责任的人员，不得取得或重新取得会计从业资格证书。除上述规定的人员外，因违法违纪行为被吊销会计从业资格证书的人员，自被吊销会计从业资格证书之日起5年内不得重新取得会计从业资格证书。会计人员从业资格管理办法由国务院财政部门规定。

（2）会计人员的职业道德和培训。会计人员应当遵守职业道德，提高业务素质。应当加强对会计人员的教育和培训工作。

（3）会计人员的工作交接。会计人员调动工作或离职，必须与接管人员办理交接手续。一般会计人员办理交接手续由会计机构负责人（会计主管人员）监督交接；会计机构负责人（会计主管人员）办理交接手续由单位负责人监督交接，必要时主管单位可以派人会同监督交接。

本章练习

一、名词解释

审计　　会计　　会计核算　　会计监督　　会计账簿

二、单项选择题

1. 将审计分为事前审计、事中审计和事后审计的依据是________。

A. 审计时间的不同　　B. 审计主体的不同

C. 审计范围的不同　　D. 审计内容的不同

2. 将审计分为审计部门审计、内部审计和社会审计的依据是________。

A. 审计时间的不同　　B. 审计主体的不同

C. 审计范围的不同　　D. 审计内容的不同

3. 审计部门经________负责人批准,有权查询被审计单位在金融机构的账户;审计部门有证据证明被审计单位以个人名义存储公款的,经________主要负责人批准,有权查询被审计单位以个人名义在金融机构的存款。

A. 国务院审计部门　　B. 省级人民政府审计部门

C. 市级人民政府审计部门　　D. 县级以上人民政府审计部门

4. 审计部门依法责令被审计单位上缴应当上缴的款项,被审计单位拒不执行的,审计部门应当通报有关部门,有关部门应当依照有关法律、行政法规的规定予以________或者采取其他处理措施。

A. 执行　　B. 扣缴　　C. 配合　　D. 帮助

5. 国务院和________以上地方人民政府设立审计部门。

A. 省级　　B. 市级　　C. 县级　　D. 乡级

6. 国务院和县级以上地方人民政府________向本级人民代表大会常务委员会提出审计部门对预算执行和其他财政收支的审计工作报告。

A. 应当每年　　B. 应当每季度　　C. 可以每年　　D. 可以根据情况

7. 审计部门依照法律规定独立行使________,不受其他行政机关、社会团体或个人的干涉。

A. 职权　　B. 审计权　　C. 审计监督权　　D. 监督权

8. 国务院设立审计署,在________的领导下,主管全国的审计工作。

A. 国务院全体会议　　B. 全国人民代表大会常务委员会

C. 财政部　　D. 国务院总理

9. 地方各级审计部门对本级人民政府和上一级审计部门负责并报告工作,________以上级审计部门领导为主。

A. 人事任命　　B. 审计业务　　C. 财政拨款　　D. 机构设置

10. 地方各级审计部门负责人的任免________。

A. 应当事先征求上一级审计部门的意见　　B. 可以事先征求上一级审计部门的意见

C. 应当事后向上一级审计部门通报　　D. 可以事先向上一级审计部门通报

11. 国务院________主管全国的会计工作。

A. 财政部门　　B. 税务部门

C. 审计部门　　D. 工商行政管理部门

12.《企业财务会计报告条例》属于________。

A. 会计法律　　B. 会计行政法规

C. 会计行政规章　　D. 国家统一的会计制度

13. 中国人民解放军总后勤部可以依照《会计法》和国家统一的会计制度制定军队实施国家统一的会计

制度的具体办法，报国务院财政部门________。

A. 同意　　B. 审查　　C. 批准　　D. 备案

14. 各单位必须根据________进行会计核算，填制会计凭证，登记会计账簿，编制财务会计报告。

A. 可能发生的经济业务事项　　B. 计划发生的经济业务事项

C. 实际发生的经济业务事项　　D. 将要发生的经济业务事项

15. 原始凭证有错误的，应当由________重开或更正，更正处应当加盖________印章。

A. 出具单位；记账单位　　B. 出具单位；出具单位

C. 记账单位；出具单位　　D. 记账单位；记账单位

16. 记账凭证应当根据经过审核的________及有关资料编制。

A. 原始凭证　　B. 会计凭证

C. 财务会计报告　　D. 实际发生的经济业务事项

17. ________应当保证会计机构、会计人员依法履行职责，不得授意、指使、强令会计机构、会计人员违法办理会计事项。

A. 会计机构负责人　　B. 单位负责人

C. 总会计师　　D. 会计主管人员

18. 单位应当根据会计业务的需要设置________。

A. 代理记账机构　　B. 会计主管人员

C. 会计机构　　D. 会计机构负责人

19. 会计机构内部应当建立稽核制度，________不得兼任稽核、会计档案保管和收入、支出、费用、债权债务账目的登记工作。

A. 出纳人员　　B. 记账人员　　C. 会计机构负责人　　D. 业务人员

20. 因违法违纪行为被吊销会计从业资格证书的人员，自被吊销会计从业资格证书之日起________内不得重新取得会计从业资格证书。

A. 3 年　　B. 5 年　　C. 1 年　　D. 2 年

三、多项选择题

1. 审计是对国家机关、国有组织等规定单位的财政收支、财务收支的实际情况与反映这些实际情况的账目进行监督、审查、评价，以确定账目________的专门监督活动。

A. 真实性　　B. 合法性　　C. 效益性　　D. 完整性

2. 按审计内容的不同，审计可以分为________。

A. 财政收支审计　　B. 财务收支审计　　C. 财经法纪审计　　D. 经济效益审计

3. 审计部门的审计对象包括________。

A. 国务院各部门和地方各级人民政府及其各部门的财政收支

B. 国有金融机构的财务收支

C. 其他依照《审计法》规定应当接受审计的财政收支和财务收支

D. 国有企事业组织的财务收支

4. 审计部门负责人________的情况的，不得随意撤换。

A. 没有违法失职　　B. 没有其他不符合任职条件

C. 没有达到退休年龄　　D. 未经上级审计部门批准

5. 审计部门根据被审计单位的________，确定审计管辖范围。

A. 资产规模　　B. 财政隶属关系

C. 财务隶属关系　　D. 国有资产监督管理关系

6. 审计部门进行审计时，有权检查被审计单位的________和运用电子计算机管理财政收支、财务收支电子数据的系统，以及其他与财政收支、财务收支有关的资料和资产，被审计单位不得拒绝。

A. 会计凭证　　B. 会计账簿　　C. 财务会计报告　　D. 生产过程

7. 审计人员向有关单位和个人进行调查时，应当出示________。

A. 审计人员的工作证件　　B. 审计通知书

C. 审计通知书副本　　D. 审计部门的立案通知

8. 审计部门应当将审计部门的________送达被审计单位和有关主管部门、单位。

A. 立案通知　　B. 审计通知书　　C. 审计报告　　D. 审计决定

9. 会计监督是________对单位经济活动的真实性、准确性和完整性等方面进行的检查和监督活动。

A. 单位内部的会计机构和会计人员　　B. 国家机关

C. 社会组织　　D. 单位员工

10. 会计监督是单位内部的会计机构和会计人员，以及国家机关、社会组织对单位经济活动的________等方面进行的检查和监督活动。

A. 效益性　　B. 真实性　　C. 准确性　　D. 完整性

11. 单位负责人对本单位的会计工作和会计资料的________负责。

A. 准确性　　B. 合法性　　C. 真实性　　D. 完整性

12. ________必须符合国家统一的会计制度的规定。

A. 会计凭证　　B. 会计账簿　　C. 财务会计报告　　D. 其他会计资料

13. 下列经济业务事项中，应当办理会计手续并进行会计核算的有________。

A. 款项和有价证券的收付　　B. 财物的收发、增减和使用

C. 债权债务的发生和结算　　D. 投资计划

14. 会计凭证是具有一定的格式、用以记录经济业务的发生和完成情况的书面证明，包括________。

A. 会计账簿　　B. 原始凭证　　C. 记账凭证　　D. 财务会计报告

15. 财务会计报告由________组成。向不同的会计资料使用者提供的财务会计报告，其编制依据应当一致。

A. 会计报表　　B. 会计报表附注　　C. 财务情况说明书　　D. 会计凭证

16. 财务会计报告应当由________签名并盖章。

A. 单位负责人　　B. 主管会计工作的负责人

C. 会计人员　　D. 会计机构负责人(会计主管人员)

17. 单位内部的会计监督制度应当符合下列要求：记账人员与经济业务事项和会计事项的________的职责权限应当明确，并相互分离、相互制约。

A. 单位负责人　　B. 审批人员　　C. 经办人员　　D. 财物保管人员

18. 财政部门对各单位________实施监督。

A. 是否依法设置会计账簿

B. 会计凭证、会计账簿、财务会计报告和其他会计资料是否真实、完整

C. 会计核算是否符合《会计法》和国家统一的会计制度的规定

D. 从事会计工作的人员是否具备从业资格

19. 因有________等与会计职务有关的违法行为而被依法追究刑事责任的人员，不得取得或重新取得会计从业资格证书。

A. 提供虚假财务会计报告、做假账

B. 隐匿或故意销毁会计凭证、会计账簿、财务会计报告

C. 贪污、挪用公款、职务侵占

D. 故意杀人

20. 担任单位会计机构负责人(会计主管人员)的，应当________。

A. 取得会计从业资格证书

B. 年满35周岁

C. 具备会计师以上专业技术职务资格或者从事会计工作3年以上

D. 具备高级会计师以上专业技术职务资格

四、判断题

1. 接受审计监督的财政收支，是指依照《预算法》和国家其他有关规定纳入预算管理的收入和支出，以及预算外资金的收入和支出。（　　）

2. 接受审计监督的财务收支，是指国有金融机构、企事业单位以及国家规定应当接受审计监督的其他有关单位，按照国家有关财务会计制度的规定，办理会计事务、进行会计核算、实行会计监督的各种资金的收入和支出。（　　）

3. 审计部门依法责令被审计单位上缴应当上缴的款项，被审计单位拒不执行的，审计部门应当通报同级人民政府有关部门，同级人民政府有关部门可以依照有关法律、行政法规的规定予以扣缴或者采取其他处理措施，并将结果书面通知审计部门。（　　）

4. 审计部门对所列财政收支或财务收支的真实性、完整性和效益性依法进行审计监督。（　　）

5. 审计工作报告应当重点报告对预算执行的审计情况。（　　）

6. 地方各级审计部门对本级人民政府和上一级审计部门负责并报告工作，审计业务以本级人民政府的领导为主。（　　）

7. 审计部门根据工作需要，经上一级审计部门批准，可以在其审计管辖范围内设立派出机构。（　　）

8. 审计人员办理审计事项，与被审计单位或者审计事项有利害关系的，应当保密。（　　）

9. 审计部门之间对审计管辖范围有争议的，由其共同的上级人民政府确定。（　　）

10. 审计部门根据审计项目计划确定的审计事项组成审计组，并应当在实施审计7日前向被审计单位送达审计通知书。（　　）

11. 会计是以实物为主要计量单位，从数量上反映和监督生产经营过程及其成果的一种方法。（　　）

12. 国家机关、社会团体、公司、企业、事业单位和军队，必须依照《会计法》办理会计事务。（　　）

13. 单位负责人对本单位的会计工作和会计资料的真实性和完整性负责。（　　）

14. 国务院财政部门主管全国的会计工作；县级以上地方各级人民政府财政部门管理本行政区域内的会计工作。（　　）

15. 使用电子计算机进行会计核算的，其软件及其生成的会计凭证、会计账簿、财务会计报告和其他会计资料，应该符合国家统一的会计制度的原则性规定。（　　）

16. 业务收支以人民币以外的货币为主的单位，可以选定其中一种货币作为记账本位币，编报的财务会计报告可以使用该记账本位币。（　　）

17. 会计账簿应当按照连续编号的页码顺序登记，会计账簿记录发生错误或者隔页、缺号、跳行的，应当按照国家统一的会计制度规定的方法更正，并由单位负责人和会计机构负责人(会计主管人员)在更正处盖章。（　　）

18. 财政、审计、税务、中国人民银行、证券监管、保险监管等部门应当依照有关法律、行政法规规定的职责，对有关单位的会计资料实施监督检查。（　　）

19. 单位不具备设置会计机构的条件的，应当委托经批准设立从事会计代理记账业务的中介机构代理记账。（　　）

20. 会计人员调动工作或者离职，必须与单位负责人办理交接手续。（　　）

五、简答题

1. 简述审计人员的工作规范。

2. 简述审计部门的权限。

3. 简述会计核算的基本规范。

4. 简述财政部门会计监督。

5. 简述会计机构的设置。

六、综合分析题

某国有企业2010年4月有以下事项：

(1)将财务部经理的孩子聘用为出纳人员，由其负责单位员工的工资发放工作(包括编制工资单、提取现金和分发工资)；

(2)会计人员章某辞职，将工作移交给他人时，因为单位负责人出差，没有找人监督移交。

问：上述事项是否违反财经法律法规？

第十一章
经济纠纷处理法律制度

第一节　民事诉讼法律制度

一、民事诉讼与民事诉讼法概述

（一）民事诉讼概述

1. 民事诉讼的概念和特点

民事诉讼，是指人民法院在双方当事人和其他诉讼参与人的参加下，审理和解决民事案件的活动，以及由这些活动所产生的诉讼法律关系的总和。民事诉讼既是指人民法院审理和解决民事案件的司法活动，也是指由这些司法活动所产生的诉讼法律关系。

一般来说，民事诉讼具有以下特点：

（1）双方当事人和其他诉讼参与人的诉讼活动在民事诉讼过程中不可缺少。在民事诉讼的过程中，必须有诉讼参与人的参加并进行各自的诉讼活动，民事诉讼活动才能发生和进行下去，诉讼参与人，特别是双方当事人的诉讼活动，在诉讼中起着很大的作用。如果没有原告的起诉和被告的应诉，民事案件不可能产生，民事诉讼也无从发生。

（2）人民法院在民事诉讼过程中处于主导地位。在民事诉讼过程中，虽然诉讼参与人的诉讼活动在民事诉讼过程中不可缺少，但人民法院在民事诉讼活动中处于主导地位。人民法院依法有权决定是否受理原告的起诉、有权决定诉讼进程、有权对案件作出裁判。没有人民法院的受理、裁判活动，原告与被告之间不可能产生法律上的权利义务关系。

（3）民事诉讼是法律程序。民事诉讼程序的每一阶段前后连接，有各自的中心任务，完成前一阶段的任务才能将诉讼推移到下一阶段。民事诉讼有以下几个阶段：起诉与受理、审理前的准备、开庭审理及裁判、上诉、执行。虽然不是每个具体诉讼都必须经过所有阶段，但各个阶段的先后顺序不能逾越。

(4)民事诉讼是由民事诉讼法调整的。人民法院、双方当事人及其他诉讼参与人的诉讼活动都必须依照民事诉讼法的规定进行。由此,人民法院和双方当事人、其他诉讼参与人之间在诉讼活动中产生的关系就成为民事诉讼法律关系,受国家法律的保护。

2. 民事诉讼与行政诉讼、刑事诉讼的共同点与区别

(1)民事诉讼与刑事诉讼、行政诉讼的共同点。这些诉讼的发生都是因为有可以通过诉讼加以解决的某种事实的存在。诉讼必须有当事人,即通常所说的案件的原告和被告,必须有国家的司法机关参加、主持进行和对案件作出裁决,诉讼也要有其他诉讼参与人参加,诉讼应当依法进行。

(2)民事诉讼与刑事诉讼、行政诉讼的区别。它们之间的区别在于它们所要解决的实体问题与所依据的实体法不同。刑事诉讼要解决的是犯罪和刑罚的问题,是被告人的刑事责任问题,民事诉讼和行政诉讼则不解决这类问题,刑事诉讼所依据的实体法是规定犯罪与刑罚的刑事法律。民事诉讼和行政诉讼要解决的实体问题是自然人(公民)、法人和其他社会组织的人身权、财产权的保护问题,所依据的实体法是规定人身权利和财产权利方面内容的民事法律和调整行政关系的行政法律。

(二)民事诉讼法概述

1. 民事诉讼法的概念

民事诉讼法是由国家制定或者认可的,调整民事诉讼活动以及民事诉讼中诉讼关系的法律规范的总称。民事诉讼法具有以下特点:

(1)民事诉讼法是不同于实体法的程序法。民事诉讼法是程序法,与实体法是形式和内容的关系,即程序法是保证实体法的贯彻实施的,没有程序法的保证,实体法的强大生命力无从表现;反之,没有实体法,程序法也就失去了存在的价值。

(2)民事诉讼法有形式意义和实质意义的区分。形式意义上的民事诉讼法,是指国家最高权力机关以法律形式公布的进行民事诉讼活动的专门性的法律,即第七届全国人民代表大会常务委员会第四次会议于 1991 年 4 月 9 日通过并公布的《中华人民共和国民事诉讼法》(简称《民事诉讼法》),这部民事诉讼法分 4 篇,有 29 章,共 270 条。实质意义上的民事诉讼法,是指《宪法》和其他法律中有关民事诉讼的规定,如我国《宪法》规定,人民法院审理案件,除法律规定的特别情况外,一律公开进行。本节内容以形式意义上的民事诉讼法为主。

2.《民事诉讼法》的演变

民事诉讼法是国家重要的基本法律之一,我国立法机关一直重视民事诉讼法的立法工作。1981 年,第五届全国人民代表大会常务委员会第四次会议作出决议,原则批准《民事诉讼法草案》,授权常务委员会在修改后公布试行。1982 年 3 月,第五届全国人民代表大会常务委员会第二十二次会议审议通过《中华人民共和国民事诉讼法(试行)》。试行 9 年后,1991 年 4 月 9 日,第七届全国人民代表大会常务委员会第四次会议通过、公布并同时施行了《中华人民共和国民事诉讼法》,《中华人民共和国民事诉讼法(试行)》废止。施行 16 年后,2007 年 10 月 28 日,第十届全国人民代表大会常务委员会第三十次会议通过《关于修改〈中华人民共和国民事诉讼法〉的决定》,修改《民事诉讼法》。

2012 年 8 月 31 日,第十一届全国人民代表大会常务委员会第二十八次会议通过《关于修改〈中华人民共和国民事诉讼法〉的决定》,修改的内容自 2013 年 1 月 1 日起施行。这次包括 60 处的修改主要涉及民事诉讼法的以下几个方面:完善调解与诉讼相衔接的机制;进一步保

障当事人的诉讼权利；完善当事人举证制度；完善简易程序；强化法律监督；完善审判监督程序；完善执行程序。

3.《民事诉讼法》的基本原则

（1）民事案件的审判权由人民法院行使。

（2）人民法院依照法律规定对民事案件独立进行审判，不受行政机关、社会团体和个人的干涉。

（3）人民法院审理民事案件，必须以事实为根据，以法律为准绳。

（4）民事诉讼应当遵循诚实信用原则，民事诉讼当事人有平等的诉讼权利。人民法院和诉讼当事人等在民事诉讼中应当遵循诚实信用原则；人民法院审理民事案件，应当保障和便利当事人行使诉讼权利，对当事人在适用法律上一律平等。

（5）人民法院审理民事案件，应当根据自愿和合法的原则进行调解；调解不成的，应当及时判决。

（6）人民法院审理民事案件，依照法律规定实行合议、回避、公开审判和两审终审制度。

（7）各族人民都有用本民族语言、文字进行民事诉讼的权利。在少数民族聚居或者多民族共同居住的地区，人民法院应当用当地民族通用的语言、文字审理案件和发布法律文书。人民法院应当对不通晓当地民族通用语言、文字的诉讼参与人提供翻译。

（8）人民法院审理民事案件时，当事人有权进行辩论。

（9）当事人有权在法律规定的范围内处分自己的民事权利和诉讼权利。

（10）人民检察院有权对民事诉讼和民事执行活动实行法律监督。

（11）机关、社会团体、企事业单位对损害国家、集体或者个人民事权益的行为，可以支持受损害的单位或者个人向人民法院起诉。

4. 民事诉讼法的效力

（1）对纠纷的适用范围。人民法院受理公民之间、法人之间、其他组织之间以及他们相互之间因财产关系和人身关系提起的民事诉讼，适用《民事诉讼法》的规定。

（2）对人的适用范围。凡是在我国进行民事诉讼的人，必须遵守我国的《民事诉讼法》。包括：第一，我国公民和我国的企事业单位、机关、团体；第二，居住在我国领域内的外国人、无国籍人，以及外国企事业组织和团体；第三，申请在我国进行民事诉讼的外国人、无国籍人，以及外国的企事业组织和团体。

（3）地域上的效力。凡在我国领域内进行民事诉讼的，必须遵守《民事诉讼法》。我国领域应当包括领土、领空、领海，以及领土伸延的范围。凡是在上述范围内发生的民事纠纷，均按我国《民事诉讼法》办理。

二、民事案件的管辖

（一）民事案件的主管与管辖

1. 主管的含义

主管，是指当事人之间的纠纷是否由人民法院受理和处理。任何一个案件，首先要确定案件是否归人民法院主管，然后才能进一步确定案件属于人民法院组织系统内的哪一级、哪个地区的人民法院管辖。

2. 管辖的含义

管辖，是指人民法院之间受理第一审民事案件的分工和权限。按照法律规定在其受辖范围内行使审判权，称为管辖权。依据确定管辖的原则，民事审判管辖分为级别管辖、地域管辖、专属管辖、指定管辖和移送管辖。

（二）级别管辖

1. 级别管辖的概念

级别管辖，是指确定上下级人民法院之间审理第一审民事案件的分工和权限。级别管辖是用来解决人民法院内部的纵向分工问题的。我国人民法院从高到低分为最高人民法院、高级人民法院、中级人民法院和基层人民法院四级。

2. 级别管辖的确定

级别管辖的确定包括以下几个方面：

（1）最高人民法院管辖在本辖区内有重大影响的及其认为应当由自己作为第一审的案件。

（2）高级人民法院管辖在本辖区内有重大影响的案件。

（3）中级人民法院管辖重大涉外案件以及在本辖区内有重大影响的案件和高级人民法院确定由其管辖的案件。

（4）基层人民法院管辖以上各级人民法院管辖以外的民事案件，也就是说，第一审案件原则上由基层人民法院审理。

另外，专利纠纷案件由最高人民法院确定的中级人民法院管辖；海事、海商案件由海事法院管辖。高级人民法院可以依照《民事诉讼法》的规定，从本地实际情况出发，根据案情繁简、诉讼标的金额大小、在当地的影响等情况，对本辖区内第一审案件的级别管辖提出意见，报最高人民法院批准。

（三）地域管辖

1. 地域管辖的概念

地域管辖，是指同级人民法院之间以辖区为标志受理第一审民事案件的分工。地域管辖主要解决人民法院内部的横向分工问题，又分为一般地域管辖和特殊地域管辖。在人民法院系统内，同级人民法院很多，一个高级人民法院下辖几个或者十几个中级人民法院，一个中级人民法院下辖几个或者十几个基层人民法院，而基层人民法院就更多了，因此，必须确定它们之间的管辖范围，这种分工就是地域管辖。

2. 一般地域管辖

一般地域管辖，是指以当事人与人民法院管辖区域的关系作为划分标准的一种地域管辖。

（1）一般地域管辖的原则。民事诉讼一般地域管辖的一般原则是原告就被告，即民事案件应当由被告住所地人民法院受理。如果当事人是法人或者组织的，则由法人机关或者组织所在地人民法院管辖；如果被告的住所地与经常居住地不一致的，由经常居住地人民法院管辖。除依特别地域管辖和专属管辖确定管辖法院的案件外，其余民事案件都适用该原则来确定管辖的人民法院。原告就被告的做法便于人民法院了解情况，有利于正确、合法、及时地处理案件和执行判决。

（2）一般地域管辖原则的例外。特殊情况下也允许变通适用“被告就原告”原则，下列四种特殊情况可由原告住所地人民法院管辖：第一，对不在我国领域内居住的人提起的有关身份关系的诉讼；第二，对下落不明或者宣告失踪的人提起的有关身份关系的诉讼；第三，对被监禁的人提起的诉讼。原告的住所地与经常居住地不一致的，由居住地人民法院管辖。

3. 特殊地域管辖

特殊地域管辖，是指以当事人之间的诉讼标的与人民法院的关系为标准来确定案件的管辖法院，它为解决特殊诉讼中的特殊问题而设立，目的是便于当事人诉讼，也便于法院处理案件。以下几种诉讼适用特殊地域管辖：

(1)因合同纠纷提起的诉讼由被告住所地或者合同履行地人民法院管辖。合同或者其他财产权益纠纷的当事人可以书面协议选择被告住所地、合同履行地、合同签订地、原告住所地、标的物所在地等与争议有实际联系的地点的人民法院管辖，但不得违反《民事诉讼法》对级别管辖和专属管辖的规定。

(2)因公司设立、确认股东资格、分配利润、解散等纠纷提起的诉讼，由公司住所地人民法院管辖。

(3)因保险合同纠纷提起的诉讼由被告住所地或者保险标的物所在地人民法院管辖。

(4)因票据纠纷提起的诉讼由票据支付地或者被告住所地人民法院管辖。

(5)因铁路、公路、水上、航空运输和联合运输合同纠纷提起的诉讼由运输始发地、目的地或者被告住所地人民法院管辖。

(6)因侵权行为提起的诉讼由侵权行为地或者被告住所地人民法院管辖。

(7)因铁路、公路、水上和航空事故请求损害赔偿提起的诉讼由事故发生地或者车辆、船舶最先到达地、航空器最先降落地或者被告住所地人民法院管辖。

(8)因船舶碰撞或者其他海事伤害赔偿提起的诉讼由碰撞发生地、碰撞船舶最先到达地、加害船舶被扣留地或者被告住所地人民法院管辖。

(9)因海难救助费用提起的诉讼由救助地或者被救助船舶最先到达地人民法院管辖。

(10)因共同海损提起的诉讼由船舶最先到达地、共同海损理算地或者航程终止地人民法院管辖。

当两个以上的人民法院都有管辖权时，当事人可以选择其中之一起诉；如果原告向两个有管辖权的人民法院起诉，则由最先立案的人民法院管辖。依特别地域管辖执行上有困难的，适用普遍管辖的规定，即由被告住所地人民法院管辖。

(四)专属管辖

专属管辖，是指某些民事案件依法必须由特定人民法院管辖。专属管辖具有排他性，专属管辖的案件除法律规定的特定人民法院外，其他人民法院无权管辖，既不能像特殊地域管辖一样，在执行困难时可以由被告住所地替代，也不能以协议管辖变更专属管辖。属于专属管辖的有以下几个方面：因不动产提起的诉讼由不动产所在地人民法院管辖；港口作业中发生的诉讼由港口所在地人民法院管辖；继承遗产的诉讼由被继承人死亡时住所地或者主要遗产所在地人民法院管辖。

对于依照特别程序审理的案件，在管辖法院方面作了专门规定的，也应属于专属管辖的范围，包括以下几个方面：公民不服选举委员会对于选民资格的申诉所作的处理决定，只能向选区所在地基层人民法院起诉；利害关系人要求宣告失踪、宣告死亡的案件，只能向下落不明人住所地基层人民法院提出；申请认定公民无民事行为能力或限制民事行为能力的，由其近亲属或者其他利害关系人向该公民住所地基层人民法院提出；申请认定财产无主的，由公民、法人或者其他组织向财产所在地基层人民法院提出。

我国《企业破产法》规定，提出企业破产的诉讼由债务人所在地人民法院管辖。根据《海商法》和《关于在沿海港口城市设立海事法院的决定》，发生在我国沿海的海事、海商诉讼，由纠纷发生地的海事专门法院管辖。

(五)指定管辖

有管辖权的人民法院由于特殊原因，不能行使管辖权的，由上级人民法院指定管辖。人民法院之间因管辖权发生争议，由争议双方协商解决；协商解决不了的，报请它们的共同上级人民法院指定管辖。

(六)移送管辖

人民法院发现受理的案件不属于本院管辖的，应当移送有管辖权的人民法院，受移送的人民法院应当受理；受移送的人民法院认为受移送的案件依照规定不属于本院管辖的，应当报请上级人民法院指定管辖，不得再自行移送。

另外，上级人民法院有权审理下级人民法院管辖的第一审民事案件；确有必要将本院管辖的第一审民事案件交下级人民法院审理的，应当报请其上级人民法院批准。

当事人未提出管辖异议，并应诉答辩的，视为受诉人民法院有管辖权，但违反级别管辖和专属管辖规定的除外。

三、民事诉讼参加人

(一)诉讼参加人概述

1. 诉讼当事人的概念

民事诉讼的当事人，是指因民事上的权利义务关系而发生纠纷，以自己的名义进行诉讼，并受人民法院裁判拘束的利害关系人。公民、法人和其他组织可以作为民事诉讼的当事人。诉讼当事人具有如下三个特征：

(1)以自己的名义进行诉讼。凡不是以自己的名义，而是以他人的名义进行诉讼的人，如诉讼代理人，不是民事诉讼中的当事人。

(2)与案件有着直接的利害关系。民事诉讼当事人是为了保护自己的民事权益而参加诉讼的，他们与案件有直接的利害关系，与案件没有直接利害关系的人，如支持受损害的单位或者个人而参与诉讼的企事业单位、机关、团体的代表，不是民事诉讼中的当事人。

(3)受人民法院裁判的拘束。人民法院的裁判是为解决民事纠纷而作出的，对当事人具有拘束力。虽然以自己的名义参与诉讼，但不受人民法院裁判拘束的人，如证人、鉴定人，不是民事诉讼中的当事人。

民事诉讼当事人有狭义与广义之分，狭义的当事人仅指原告和被告；广义的当事人则包括共同诉讼人和第三人。

2. 诉讼当事人的诉讼地位和诉讼权利

民事诉讼当事人在不同的诉讼阶段具有不同的诉讼地位，享有不同的诉讼权利，承担不同的诉讼义务。

(1)当事人主要的诉讼权利有:起诉,应诉,委托代理人,申请回避,提供证据,进行辩论,请求调解,提起上诉与申诉,变更诉讼请求或者放弃诉讼请求,反诉,申请执行,自行和解以及请求查阅本案材料等。

(2)当事人的诉讼义务有:必须依法行使诉讼权利,遵守诉讼秩序;尊重双方当事人的诉讼权利和其他诉讼参与人的诉讼权利;履行生效裁判与调解协议,当事人不履行诉讼义务的,应承担法律后果。

(二)原告和被告

1. 原告和被告的含义

(1)原告。原告,是指为了保护自己的民事权益,并以自己的名义提起诉讼,从而使民事诉讼程序发生的人。

(2)被告。被告,是指被原告提起诉讼,由人民法院通知其应诉的人。

原告在起诉时所指的被告,以及被告对其民事权益的侵犯,只是一种假定,只能在人民法院审理案件之后才能最后确定。原告和被告是民事案件中互相对立的双方,他们与案件的解决有着直接的利害关系。人民法院审理民事案件,就是要解决原告与被告之间的纠纷,不论是进行调解或者作出裁判,都对他们具有拘束力。

2. 原告和被告的特征

(1)以自己的名义进行诉讼。所谓能以自己的名义起诉、应诉,是指自己的民事权利受到侵犯或者与别人发生争执,或者自己侵犯了别人的民事权利,与别人发生争执。前者有权提起诉讼,取得原告的资格;后者有义务应诉,具有被告的资格。

(2)必须与案件有直接利害关系,即当事人直接享有权利并承担义务。所谓享有权利,是指享有民事上的实体权利与诉讼上的权利;所谓负有义务,是指负有民事上的义务和诉讼上的义务。

(3)受人民法院裁判的约束。自然人(公民)、法人和非法人团体都可以成为民事诉讼的当事人,但法人和非法人团体作为当事人,应当由其法定代表人进行诉讼。

(三)共同诉讼人

1. 共同诉讼的概念

共同诉讼,是指当事人一方或者双方为两人以上的诉讼。当事人一方或者双方为两人以上,其诉讼标的是共同的,或者诉讼标的是同一种类、人民法院认为可以合并审理并经当事人同意的,为共同诉讼。原告为两人或者两人以上的称共同原告;被告为两人或者两人以上的称共同被告。共同原告和共同被告都是共同诉讼人。共同诉讼依其成立的不同条件,可以分为必要的共同诉讼与普通的共同诉讼。

(1)必要的共同诉讼。必要的共同诉讼,是指诉讼标的是共同的,人民法院必须合并审理并作出同一裁判的诉讼。对这类案件,在必要的共同诉讼中,共同诉讼人一人的诉讼行为必须经全体承认,对全体才发生效力,而不论这种行为是对共同诉讼人有利还是不利。在民事诉讼过程中,必须共同进行诉讼的当事人没有参加诉讼的,人民法院应当通知其参加诉讼(称为"追加诉讼当事人")。追加的当事人可能是原告,也可能是被告;追加的当事人人数可能是一人,也可能是数人,这取决于案件的实际情况。人民法院通知必须进行诉讼的人参加诉讼,不以已参加诉讼的人申请为前提。人民法院可以基于当事人的申请发出通知,也可以职权发出通知,被通知的人必须按通知的要求参加诉讼。人民法院追加共同诉讼的当事人时，应通知其他当事人。应当追加的原告已明确表示放弃实体权利的，可不予追加；既不愿意参加诉讼，又不放弃实体权利的，仍追加为共同原告，其不参加诉讼，不影响人民法院对案件的审理和依法作出判决。为避免共同诉讼人意见不一致，延误诉讼时间，采取共同诉讼人协商一致的原则，把共同诉讼人视为一个整体，其中一人的诉讼行为经全体承认，对全体发生效力。

(2)普通的共同诉讼。普通的共同诉讼，是指诉讼标的属同一种类，人民法院认为可以合并审理的诉讼。对这种案件，受诉法院认为合并审理有利于简化诉讼程序、保证办案质量的，可以合并审理，但也可以分开审理。在普通诉讼中，人民法院对各共同诉讼人的诉讼请求须分别作出裁判。所以，共同诉讼人中一人的行为对其他共同诉讼人不发生法律效力。在这种诉讼中，由于当事人在权利、义务上没有共同的利害关系，既可以作为共同诉讼合并审理，也可以作为各自独立的诉讼分别进行审理。即使作为共同诉讼合并审理，也要分别作出确认各自的民事权利、义务的判决。因此，这类诉讼中一人的诉讼行为对其他共同诉讼人不发生效力。

2. 代表人诉讼

(1)代表人诉讼的含义。代表人诉讼是共同诉讼中的特殊情况，是指原告或者被告一方人数众多的诉讼，可以由当事人推选代表人进行诉讼。

(2)代表人的确定。第一，当事人一方人数众多，在起诉时确定的，可以由全体当事人推选共同的代表人，也可以由部分当事人推选自己的代表人；推选不出代表人的当事人，在必要的共同诉讼中可由自己参加诉讼，在普通的共同诉讼中可以另行起诉。第二，当事人一方人数众多，在起诉时不确定的，由当事人推选代表人，当事人推选不出的，可以由人民法院提出人选与当事人协商，协商不成的，也可以由人民法院在起诉的当事人中指定代表人。

(3)代表人诉讼的意义。代表人诉讼的意义在于它将共同诉讼制度与代理诉讼制度结合起来，避免众多当事人一同参加诉讼从而致使诉讼程序复杂化；同时，达到实现处于相同情况的一大批人的利益的目的。代表人的诉讼行为对其所代表的当事人发生效力，但代表人变更、放弃诉讼请求或者承认对方当事人的诉讼请求，进行和解，必须经被代表的当事人同意。人民法院作出的判决、裁定对参加登记的全体权利人发生效力；未参加登记的权利人在诉讼时效期间提起诉讼的，适用该判决或裁定。

3. 公益诉讼

对污染环境、侵害众多消费者合法权益等损害社会公共利益的行为，法律规定的机关和有关组织可以向人民法院提起诉讼。

(四)第三人

1. 第三人的含义

第三人，是指民事诉讼中对他人之间的诉讼标的有独立的请求权，或者虽然没有独立的请求权，但案件的处理结果与第三人有法律上的利害关系，因而参加到已经开始的民事诉讼中的人。第三人可以分为有独立请求权的第三人和无独立请求权的第三人。

2. 第三人的分类

(1)有独立请求权的第三人。有独立请求权的第三人，是指对他人之间诉讼标的的全部或者一部分主张权利并参加到诉讼中来的人。该第三人既不同意原告的诉讼主张，也不同意被告的诉讼主张，无论原告胜诉还是被告胜诉，都将会损害其权益。因此，为了维护自己的合法权益，该第三人以独立的实体权利人的资格向人民法院提起诉讼。有独立请求权的第三人在诉讼中的地位相当于原告,而原来诉讼中的原告和被告则成其共同被告。人民法院实际上是把本诉与第三人提起之诉合并审理。

(2)无独立请求权的第三人。无独立请求权的第三人,是指对他人之间的诉讼标的不主张独立的实体权利,只是为了维护自己的合法权益而支持当事人一方进行诉讼,因为其与诉讼当事人一方有法律上的利害关系。案件的处理结果涉及该第三人的权益,但不论其支持原告还是支持被告,自己既不是原告,也不是被告,不能处分原告与被告之间的民事实体权利和民事诉讼权利。如果人民法院判决该第三人承担民事责任的,该第三人有当事人的诉讼权利和义务。

第三人参加诉讼,必须是在诉讼已经开始但尚未终审之前,必须是为了维护自己的民事权益并以自己的名义参加诉讼。第三人参加诉讼的方式有两种:一是自己申请经人民法院批准,二是由人民法院主动通知。

(五)诉讼代理人

1. 诉讼代理人的概念

诉讼代理人,是指基于诉讼代理权代理一方当事人进行诉讼活动的人。根据人民法院指定或者当事人的委托,代当事人为诉讼行为,称为诉讼代理。代理当事人进行诉讼行为的权限称为诉讼代理权。基于诉讼代理权参加诉讼的人称为诉讼代理人。诉讼代理人在诉讼上是具有独特的诉讼地位的诉讼参加人。代理诉讼的律师和其他诉讼代理人有权调查并收集证据,可以查阅与本案有关的材料。

诉讼代理人根据其诉讼代理权的产生,有法定代理人、指定代理人和委托代理人之分。

2. 诉讼代理人的资格

下列人员可以委托为诉讼代理人:(1)律师、基层法律服务工作者;(2)当事人的近亲属;(3)当事人所在社区、单位以及有关社会团体推荐的公民。

四、民事审判程序

(一)民事审判程序概述

如果将审判程序完整地经历一遍,一个民事案件将经历第一审程序、第二审程序和审判监督程序(再审)三个阶段。但并不是所有的民事案件都必须经历以上程序。

1. 适用一审终审的民事案件

特殊案件适用一审终审制,第一审程序作出裁判后不服的,不能进入第二审程序,只能依法进入审判监督程序。这些特殊案件包括适用特别程序审理的案件、适用督促程序审理的案件、适用公示催告程序审理的案件、适用企业法人破产还债程序审理的案件和适用简易程序审理的小额诉讼。

2. 一审裁判生效的民事案件

对人民法院作出的第一审生效的裁判不服的民事案件,不能进入第二审程序,只能依法进入审判监督程序。

除上述之外的其他民事案件,依照第一审程序作出裁判后,可以依法进入第二审程序;对第二审裁判不服的,可以依法进入审判监督程序(再审程序)。

(二)第一审程序

第一审程序，是指人民法院审理第一审民事案件所适用的程序。第一审程序，除普通程序外，还有简易程序和特别程序。简易程序是普通程序的简化，是基层人民法院及其派出的法庭审理简单的民事案件和简单的经济纠纷案件适用的程序。特别程序是一审人民法院审理特殊类型案件所适用的程序。

1. 普通程序

普通程序，是指人民法院审理第一审民事案件通常适用的程序，是诉讼程序中一个十分重要的程序，因为它是一般的诉讼程序，即除简单的民事案件外，它是一审法院审判一切诉讼案件的法定程序，是基本的诉讼程序，即其他诉讼程序只就其特点做了规定，适用其他诉讼程序审理民事案件，在其程序中没有规定的，适用普通程序中的有关规定。因此，普通程序是诉讼程序中的基础程序。人民法院审理民事纠纷案件，除简单的民事纠纷案件外，都适用第一审普通程序。第一审普通程序主要有起诉与受理、审理前的准备、开庭审理和宣判等。

(1)起诉与受理。起诉是审判程序发生的根据。起诉应当符合以下法定条件：第一，原告是与本案有直接利害关系的个人、企事业单位、机关、团体；第二，有明确的被告；第三，有具体的诉讼请求和事实、理由；第四，属于人民法院受理民事诉讼的范围和受诉人民法院管辖。起诉应向人民法院提交起诉状，并按被告人数提交起诉状副本。起诉状应当载明以下事项：原告的姓名、性别、年龄、民族、职业、工作单位、住所、联系方式，法人或者其他组织的名称、住所和法定代表人或者主要负责人的姓名、职务、联系方式，被告的姓名、性别、工作单位、住所等信息，法人或者其他组织的名称、住所等信息。书写起诉状确有困难的，可以口头起诉，由人民法院记入笔录，并告知对方当事人。对于符合起诉条件的，人民法院应当自接到起诉状之日起7日内立案，并通知当事人；对于不符合起诉条件的，应当在7日内作出裁定书，不予受理。原告对裁定不服的，可以提起上诉。

(2)审理前的准备。人民法院应当自立案之日起5日内将起诉状副本发送被告，被告应当自收到之日起15日内提出答辩状。答辩状应当记明被告的姓名、性别、年龄、民族、职业、工作单位、住所和联系方式；法人或者其他组织的名称、住所和法定代表人或者主要负责人的姓名、职务和联系方式。人民法院应当自收到答辩状之日起5日内将答辩状副本发送原告。被告不提出答辩状的，不影响人民法院的审理。审判人员审阅案卷，制定调查提纲；查清案件来龙去脉，核实证据，提出处理案件的初步方案。

(3)调解。当事人起诉到人民法院的民事纠纷，适宜调解的，先行调解，但当事人拒绝调解的除外。

(4)开庭审理。开庭审理，是指审判人员在当事人和其他诉讼参与人的参加下，在法庭上对案件进行审理直至作出裁判的全过程。开庭审理民事案件，除涉及国家机密、个人隐私和法律另有规定的以外，一律公开进行，但离婚案件、涉及商业秘密的案件，当事人申请不公开审理的，可以不公开审理。人民法院应在开庭3日前通知当事人和其他诉讼参与人。公开审理的案件应在开庭审理之日前进行公告，公告内容应写明当事人姓名、案由和开庭的时间、地点。开庭审理前，书记员应当查明当事人和其他诉讼参与人是否到庭，宣布法庭纪律。第一，宣布开庭。开庭审理时，由审判长或者独任审判员核对当事人，宣布案由，宣布审判人员、书记员名单，告知当事人的诉讼权利和义务，询问当事人是否申请回避。第二，法庭调查。法庭调查的主要任务是核对事实和审查证据，一般按下列顺序进行：询问当事人和当事人陈述；告知证人的权利义务，询问证人，宣读未到庭的证人证言；询问鉴定人，宣读鉴定结论；出示书证、物证和视听资料；宣读勘验笔录。在法庭调查中，当事人可以提出新的证据，也可以经法庭许可，向证人、鉴定人、勘验人员提问，还可以要求重新进行鉴定、调查或者勘验，准许与否由人民法院决定。第三，法庭辩论。法庭辩论是在审判人员的主持下，当事人就法庭调查已经查明的事实、证据和运用的法律发表意见，互相辩驳的活动。法庭辩论按照下列顺序进行：原告及其诉讼代理人发言；被告及其诉讼代理人答辩；第三人及其诉讼代理人发言或者答辩；互相辩论。法庭辩论终结，由审判长按照原告、被告、第三人的先后顺序征询各方的最后意见。

(5)作出判决或者裁定。第一，判决。这是指人民法院对当事人之间的实体权利义务争议依法作出的判定，它的形式就是判决书。判决是人民法院行使国家审判权的标志，一经作出并发生法律效力，即具有强制性。当事人拒绝履行判决就要承担一定的法律后果，人民法院可以根据对方当事人的申请或者依职权强制执行。人民法院对公开审理或者不公开审理的案件，一律公开宣告判决。第二，裁定。这是指人民法院对诉讼过程中有关程序问题和其他必须及时解决的问题所作的判定，它的形式是裁定书。人民法院不予受理、对管辖权有异议和驳回起诉的裁定，允许当事人上诉；其他裁定一经宣布或者送达，立即生效。对于财产保全和先予执行的裁定，当事人可以申请复议一次，但复议期间不影响裁定的效力，不停止执行。

人民法院适用普通程序审理的民事案件有审理期限的规定。审理期限，是指从立案的次日起至人民法院判决书宣判、裁定书宣告或者调解书送达最后一名当事人的期间。依据最高人民法院的司法解释，留置送达的，以裁判文书留在受送达人的住所日为结案时间；公告送达的，以公告刊登之日为结案时间；邮寄送达的，以交邮日期为结案时间；通过有关单位送达的，以送达回证上当事人签收的日期为结案时间。人民法院适用普通程序审理的民事案件，应当自立案之日起6个月内审结，有特殊情况需要延长的，应当自审理期限届满10日前向本院院长提出申请，本院院长在审理届满前批准或者决定，可以延长6个月；还需要延长的，报上级人民法院批准，可以再延长3个月，上级人民法院应当自审理期限届满3日前作出决定并通知下级法院。

2. 简易程序

(1)简易程序的适用。简易程序，是指基层人民法院及其派出法庭审理简单的民事案件及诉讼当事人约定的其他民事案件所运用的一种独立的简便易行的诉讼程序。第一，适用简易程序的人民法院是基层人民法院及其派出法庭。第二，适用简易程序的民事案件是事实清楚、权利义务关系明确、争议不大的民事案件以及当事人双方约定适用简易程序的民事案件。

(2)简易程序的简化。第一，在起诉方式上，原告可以口头起诉，由人民法院笔录即可。基层人民法院及其派出的法庭可以当即审理，也可以另定日期审理。第二，在受理程序上，当事人双方可以同时到法院或者其派出法庭请求解决争议；基层人民法院及其派出的法庭审理简单的民事案件，可以用简便方式传唤当事人和证人、送达诉讼文书、审理案件，但应当保障当事人陈述意见的权利。第三，在审理方式上，实行独任制，审理程序简单，不受普通程序有关规定的限制。第四，在审结期限方面，依照简易程序审理的案件应当自立案之日起3个月内审结。

(3)小额诉讼的规定。基层人民法院及其派出的法庭审理事实清楚、权利义务关系明确、争议不大的民事案件，标的额为各省、自治区、直辖市上年度就业人员年平均工资30%以下的，实行一审终审。

(4)简易程序的转化。人民法院在审理过程中,发现案件不宜适用简易程序的,裁定转为普通程序。

(三)第二审程序

第二审程序,是指当事人不服第一审裁判,在上诉期内提出上诉,由上一级人民法院对案件进行审理的程序。

1. 第二审的提起与受理

当事人提起上诉应当符合以下法定条件:第一,必须是符合条件的上诉人对符合条件的被上诉人提起上诉。第二,必须在法定的上诉期限内提出。对判决提起上诉的期限为15日,对裁定提起上诉的期限为10日;逾期不提起上诉,一审人民法院的判决、裁定便发生法律效力,当事人不得再上诉,案件即告终结。第三,必须提出上诉状。上诉的形式是由上诉人向原审人民法院或者其上一级人民法院提交上诉状;上诉状除正本外,还应提交与被上诉人人数相同的副本;原审人民法院收到上诉状,应当连同全部案卷和证据,尽快报送第二审人民法院。

2. 第二审案件的审理

(1)审理方式。第二审人民法院对上诉案件应当组成合议庭开庭审理;经过阅卷、调查和询问当事人,对没有提出新的事实、证据或者理由,合议庭认为不需要开庭审理的,可以不开庭审理。

(2)审理范围。第二审人民法院审理上诉案件,不受上诉请求范围和理由的限制,应当全面审查第一审法院在认定事实、适用法律和诉讼程序上是否有错误、是否合法,从而作出正确的裁判。

在第二审人民法院审理上诉案件期间,宣判之前,上诉人可以申请撤回上诉,由人民法院裁定。如果裁定准予撤回上诉,上诉人不得再就此案进行上诉,案件即告终结。

3. 第二审案件的裁判

第二审人民法院对上诉案件,经过审理,按照下列情形分别处理:(1)原判决、裁定认定事实清楚,适用法律正确的,以判决、裁定方式驳回上诉,维持原判决、裁定;(2)原判决、裁定认定事实错误或者适用法律错误的,以判决、裁定方式依法改判、撤销或者变更;(3)原判决认定基本事实不清的,裁定撤销原判决,发回原审人民法院重审,或者查清事实后改判;(4)原判决遗漏当事人或者违法缺席判决等严重违反法定程序的,裁定撤销原判决,发回原审人民法院重审。

原审人民法院对发回重审的案件作出判决后,当事人提起上诉的,第二审人民法院不得再次发回重审。

第二审人民法院审理不服第一审判决的上诉案件,应当自立案之日起3个月内审结,有特殊情况需要延长的,由本院院长批准可以延长3个月;第二审人民法院审理不服第一审裁定的案件,应当自第二审立案之日起30日内作出终审裁定。案件的审理期限从立案之日起计算。

(四)审判监督程序(再审程序)

审判监督程序,是指人民法院发现已经发生法律效力的判决或者裁定确有错误,对案件依法重新审理并作出裁判的程序。依照审判监督程序审理的案件称再审案件,审判监督程序称再审程序。

审判监督程序与第二审程序虽然都是为了保证判决、裁定的正确性，纠正原判决和裁定错误的法定程序，但却有性质的不同。第二审程序是对第一审程序的继续，是上一级人民法院作出的尚未发生法律效力的判决、裁定的审理，是民事案件的终审程序；而审判监督程序是对已经发生法律效力的错误判决、裁定的再次审理，是为了保证人民法院裁判的正确性与合法性，保护当事人的合法权益，体现实事求是的精神和有错必纠的原则而设立的一种补救制度，不是民事诉讼的必经程序。

1. 人民法院提起的审判监督程序

(1)人民法院提起再审程序的情形。人民法院提起审判监督程序的情形是:第一，各级人民法院的院长对本院已经发生法律效力的判决、裁定、调解书发现确有错误，认为需要再审的，应当提交审判委员会讨论决定；第二，最高人民法院对地方各级人民法院已经发生法律效力的判决、裁定、调解书，上级人民法院对下级人民法院已经发生法律效力的判决、裁定、调解书发现确有错误的，有权提审或者指令下级人民法院再审。

(2)人民法院提起的再审案件的审理程序。人民法院对已发生法律效力的判决、裁定、调解书，认为确有错误而提出再审的案件，必须通过审理作出正确的判决、裁定。第一，原审人民法院再审的审判程序。按照审判监督程序重新审判的案件，应当在作出提审、再审裁定(决定)的次日立案；立案机构应当自决定立案的 3 日内将案卷材料移送审判庭；案件的审理期限从立案次日起计算。原审人民法院对再审案件应另行组成合议庭进行审理，原作出判决、裁定的合议庭成员或者独任审判员不得参加新组成的合议庭，并应裁定中止原判决、裁定的执行。再审案件原来是第一审的，按照第一审程序进行审理，认定原判决、裁定错误，应作出新判决、新裁定，经过再审作出的判决、裁定仍是第一审的判决、裁定，当事人不服，可以上诉；再审案件原来是第二审的，按照第二审程序进行审判，认定原判决、裁定错误的，应作出新判决、新裁定，此项再审的判决、裁定是终审的判决、裁定。人民法院再审的案件，在审理中应贯彻着重进行调解原则，根据案件情况，能调解的可进行调解，调解达成协议，在调解书送达后，原判决即视为撤销。第二，按审判监督程序提审、指令再审的审判程序。最高人民法院对各级人民法院、上级人民法院对下级人民法院已发生法律效力的判决、裁定、调解书，发现确有错误，有权提审或者指令再审，也可以自行再审。决定后应作出提审、指令再审的裁定，此项裁定可以包括中止执行的内容。按审判监督程序提审的案件，下级人民法院接到提审裁定或者通知后应将全部案卷报送提审的上级人民法院审理。由于提审人民法院是原审人民法院的上级法院，因此，对提审案件都按第二审程序进行审理，作出的新判决、新裁定是发生法律效力的判决、裁定。第三，按审判监督程序指令再审的案件，只限于上级人民法院对其下级人民法院所审理并已发生法律效力的判决、裁定或者调解协议。对其下级人民法院依法作出的第二审判决、裁定、调解书，不应指令第一审人民法院再审。

裁定再审的民事案件，根据再审适用的不同程序，分别执行第一审或者第二审审理期限的规定。

2. 申请人申请提起的审判监督程序

(1)申请人申请提起再审的概念。申请再审，是指当事人、与案件有利害关系的人对已经发生法律效力的判决、裁定、调解书，认为确有错误的，向原审人民法院或者上级人民法院申请再行审理的行为。当事人对已经发生法律效力的解除婚姻关系的判决、调解书不得申请再审。当事人申请再审，一般应当自判决、裁定发生法律效力后 6 个月内提出。

(2)申请人申请提起的再审案件的审理程序。再审案件原来是第一审法院审结的，适用第一审程序审判；再审案件原来是第二审法院审结的，适用第二审程序审判。

3. 人民检察院抗诉提起的审判监督程序

(1)人民检察院抗诉的概念。民事抗诉是国家审判监督机关及其公职人员对民事审判活动进行监督的主要形式，是指人民检察院发现人民法院已经发生法律效力的民事判决、裁定或者调解书确有错误，依法提起抗诉，从而引起审判监督程序开始的活动。

(2)人民检察院抗诉的提起。最高人民检察院对各级人民法院已经发生法律效力的判决、裁定，上级人民检察院对下级人民法院已经发生法律效力的判决、裁定，发现有法律规定(《民事诉讼法》第 200 条)情形之一的，或者发现调解书损害国家利益、社会公共利益的，应当提出抗诉。地方各级人民检察院对同级人民法院已经发生法律效力的判决、裁定，发现有法律规定(《民事诉讼法》第 200 条)情形之一的，或者发现调解书损害国家利益、社会公共利益的，可以向同级人民法院提出检察建议，并报上级人民检察院备案，也可以提请上级人民检察院向同级人民法院提出抗诉。各级人民检察院对审判监督程序以外的其他审判程序中审判人员的违法行为，有权向同级人民法院提出检察建议。

(3)人民检察院抗诉案件的审理。人民检察院决定对人民法院的判决、裁定、调解书提出抗诉的，应当制作抗诉书。人民检察院提起抗诉的案件必定引发再审程序。不论检察院抗诉的理由是否充分，只要抗诉一经提出，人民法院应当依法进行审理并作出裁定，中止原判决的执行。

(五)审判程序中的特殊措施

1. 财产保全

人民法院审理民事案件，在作出判决之前，为了保证将来判决发生法律效力后得到全部执行而对当事人的财产或者争执的标的物采取一定的强制性措施，称为财产保全。人民法院裁定准许诉前财产保全后，申请人应当在 30 日内提起诉讼；逾期不起诉的，人民法院应当解除财产保全。申请有错误的，申请人应当赔偿被申请人因财产保全所遭受的损失。

2. 先予执行

人民法院一审请求给付财物的案件，在作出判决交付执行之前，因权利人(即原告或者债权人)难以甚至无法维持生活，或者难以甚至无法进行工作、生活，及时裁定义务人(即被告或者债务人)先行给付一定款项或者特定物，并立即交付执行的措施为先行给付。先予执行是人民法院为了及时而切实地保护当事人的合法权益所作的有力措施，必须以具备法定的条件和人民法院认为确有必要为前提，同时也应慎重考虑对义务人的利益作适当的照顾。

3. 当事人不到庭

当事人不到庭，根据原被告的不同情况，可分别按撤诉处理或者依法缺席判决。

(1)按撤诉处理。撤诉是当事人的自愿行为，按撤诉处理则不是出于当事人的自愿而作出的，它是在某些特殊情况下，将案件视为撤诉。按撤诉所导致的结果与撤诉的结果是一样的。第一，经过依法送达传票或者开庭期日通知书进行传唤，原告无正当理由拒不到庭或者未经法庭许可中途退庭的，可视为自行撤回起诉，按撤诉处理。虽然传唤，但传唤的传票、开庭期日通知书没有按法定送达方法送达，不能按撤诉处理，以保护原告的起诉权利。第二，人民法院对无诉讼行为能力原告的法定代理人，经合法传唤，无正当理由不到庭，也不委托诉讼代理人到庭的或者未经法庭许可中途退庭的，可以按撤诉处理。第三，有独立请求权的第三人经人民法院传票传唤，无正当理由拒不到庭的，或者未经法庭许可中途退庭的，可以对该第三人比照《民事诉讼法》的规定，按撤诉处理。

(2)缺席判决。第一，在案件审理过程中，被告经传票合法传唤，无正当理由不到庭的或者未经法庭许可中途退庭的，可以缺席判决。第二，原告起诉后，被告提起反诉，原告即使有经合法传唤拒不到庭或者未经法庭许可中途退庭的情形，也不能按撤诉处理，可以缺席判决。第三，无民事行为能力的当事人的法定代理人，经传票传唤无正当理由拒不到庭的，如属原告方，可以比照《民事诉讼法》的规定，按撤诉处理；如属被告方，可以比照《民事诉讼法》的规定，按缺席判决。

(3)延期审理。人民法院依法通知当事人和其他诉讼参与人的案件开庭审理日期，人民法院和当事人等都应切实遵守，以免拖延诉讼，影响案件的适时审理。但有的案件由于发生某些特殊情况，以致在原定的审理日期无法进行审理，必须推延审理的日期，这种推延审理日期再行审理，称为延期审理。人民法院延期审理民事案件，必须具有下列情况之一：第一，必须到庭的当事人和其他诉讼参与人没有到庭。第二，因为当事人临时申请回避而不能进行审理。审判人员虽应暂停执行职务，但对必须采取的紧急措施，仍应继续进行，不得因此而受到影响。第三，需要通知新的证人到庭，调取新的证据，重新鉴定、勘验，或者需要补充调查。

五、民事诉讼的特殊程序

(一)特别程序

1. 特别程序的适用

特别程序，是指人民法院审理几类特殊案件所适用的程序。按特别程序审理的案件包括以下几种：(1)选民资格案件；(2)宣告失踪、宣告死亡案件；(3)认定公民无民事行为能力、限制民事行为能力案件；(4)认定财产无主案件。

2. 适用特别程序的案件的特点

(1)限于选民资格案件和非讼案件。选民资格案件，实际上是行政案件；非讼案件，是指那些没有具体的民事权益之争，只是确认某种法律事实是否存在、确认某种权利的实际状态、没有明确的被告的案件。

(2)实行一审终审。人民法院对这两类案件所作的判决自判决送达之日起立即发生法律效力，不得提起上诉。

(3)一般由审判员 1 人独任审理。按照特别程序审理的案件，除了选民名单案件和重大、疑难的非讼案件应由审判员若干人组成合议庭审理外，其他案件由审判员 1 人独任审理。

(4)特别程序审理的非讼案件，在人民法院的判决发生法律效力以后，有了新事实、新情况，人民法院根据有关人员的申请，查证属实后，应当按特别程序的规定作出新判决，撤销原判决。

(5)审理期限为 30 日，有特殊情况需要延长的，经本院院长批准可以延长 30 日，但审理选民资格案件必须在选举日前审结。

(二)督促程序

1. 督促程序的概念

督促程序，是指人民法院根据债权人要求债务人给付金钱或者有价证券的申请，向债务人发出有条件的支付命令，若债务人逾期不履行，人民法院可强制执行的程序。

2. 督促程序的主要内容

(1)债权人申请支付令。针对给付金钱、有价证券的债权债务关系，债权人与债务人之间没有相互给付义务而可以互相抵销的债权，债权人可以向有管辖权的人民法院提出申请。

(2)人民法院发布支付令。人民法院经过审查，认为债权人与债务人没有其他债务纠纷及支付令能够送达债务人的，应当在5日内通知债权人受理，并自受理之日起15日内裁定发布支付令，命令债务人在规定期间内履行给付义务。债务人应当自收到支付令之日起15日内清偿债务或者向人民法院提出书面异议。

(3)支付令的自行失效。人民法院收到债务人提出的书面异议后，经审查，异议成立的，应当裁定终结督促程序，支付令自行失效。支付令失效的，转入诉讼程序，但申请支付令的一方当事人不同意提起诉讼的除外。

(4)人民法院强制执行。在法定期限内，债务人既不提出书面异议，又不履行支付令规定的义务的，债权人可以申请人民法院依照支付令强制执行。

(三)公示催告程序

1. 公示催告程序的概念

公示催告程序，是指人民法院根据当事人的申请，以告示的方法催告利害关系人在法定期间内申报权利，逾期不申报权利的，作出除权判决的程序。

2. 公示催告程序的主要内容

(1)可以背书转让的票据持有人申请。由可以背书转让的票据持有人以及其他法律规定准许提起公示催告程序的票据(汇票、本票、仓单、提单等)持有人，因票据被盗、遗失或者灭失，可以向票据支付地的基层人民法院申请公示催告。

(2)人民法院裁定发出公示催告。人民法院决定受理申请，应当同时通知支付人停止支付，并在3日内发出公告，催促利害关系人申报权利；公示催告的期间由人民法院根据情况决定，但不得少于60日。第一，在申报期间，人民法院收到利害关系人的申报后，应当裁定终结公示催告程序，并通知申请人和支付人。申请人或者申报人可以向人民法院起诉，依一般诉讼程序审理。第二，在申报期间无人申报权利，人民法院即可作出判决，宣告票据无效，判决应当公告并通知支付人。自判决公告之日起，申请人有权向支付人要求支付。利害关系人如因正当理由不能在判决前向人民法院申报权利的，自知道或者应当知道判决公告的次日起1年内，可以向作出判决的人民法院起诉，要求保护自己的民事权利。

(四)企业法人破产还债程序

企业法人破产还债程序，详见本书相关章节。

六、执行程序

(一)执行程序概述

1. 执行程序的概念

执行程序，是指人民法院根据一方当事人的申请或者依职权采取法定措施，强制不履行义务的当事人履行已经发生法律效力的判决、裁定及其他法律文书的程序。执行程序不是民事诉讼的必经程序，它只在当事人不自动履行已经生效的法定义务时才发生。

2. 执行程序的意义

执行程序虽然不是民事诉讼的必经程序，但在实践中，由于许多当事人因为各种原因不自动履行已经生效的法定义务，使民事审判的结果无法实现，严重损害司法权威。因此，执行程序对于维护生效判决、裁定及其他法律文书的司法权威，实现当事人的权益，具有重要意义。

(二)执行程序的主要内容

1. 执行根据和执行法院

(1)执行根据。执行根据，是指执行所依据的法律文书，包括以下几个方面：第一，人民法院发生法律效力，具有给付内容的民事判决、裁定和调解书，以及具有财产执行内容的刑事判决、裁定书；第二，其他机关制作、依法申请由人民法院执行的法律文书，如仲裁机关的生效裁决书、调解书；第三，公证机关依法赋予强制执行、已经确定的裁判，我国人民法院经审查决定承认外国法院裁判效力的裁定书。

(2)执行法院。发生法律效力的民事判决、裁定，以及刑事判决、裁定中的财产部分，由第一审人民法院执行，或者由与第一审人民法院同级的被执行的财产所在地人民法院执行。被执行人或者被执行的财产在外地的，可以委托当地人民法院代为执行；受委托的人民法院收到委托函件后，必须在 15 日内执行，不得拒绝；执行完毕后，应当将执行结果及时函复委托人民法院；如果在 30 日内还未执行完毕，也应当将执行情况函告委托人民法院；受委托的人民法院自收到委托函件之日起 15 日内不执行的，委托人民法院可以请求受委托人民法院的上级人民法院指令受委托人民法院执行。

2. 申请执行的期间

申请执行的期间为 2 年。规定的期限从法律文书规定履行期间的最后 1 日起计算；法律文书规定分期履行的，从规定的每次履行期间的最后 1 日起计算；法律文书未规定履行期间的，从法律文书生效之日起计算。

3. 执行措施

被执行人未按执行通知履行法律文书确定的义务的，人民法院有权采取下列措施：

(1)查询、冻结、划拨被执行人的存款。人民法院有权向银行、信用合作社和其他有储蓄业务的单位查询被执行人的存款情况，有权冻结、划拨被执行人的存款，但查询、冻结、划拨存款不得超出被执行人应当履行义务的范围。人民法院决定冻结、划拨存款，应当作出裁定，并发出协助执行通知书，银行、信用合作社和其他有储蓄业务的单位必须办理。

(2)扣留、提取被执行人的部分收入。人民法院有权扣留、提取被执行人应当履行义务部分的收入，但应当保留被执行人及其所扶养家属的生活必需费用。人民法院扣留、提取收入时，应当作出裁定，并发出协助执行的通知书，被执行人所在单位、银行、信用合作社和其他有储蓄业务的单位必须办理。

(3)查封、扣押、冻结、拍卖、变卖被执行人的部分财产。人民法院有权查封、扣押、冻结、拍卖、变卖被执行人应当履行义务部分的财产，但应当保留被执行人及其所扶养家属的生活必需品。

在执行中，双方当事人可以自行和解。执行员应将和解协议的内容记入笔录，并由双方当事人签字或者盖章。

七、涉外民事诉讼程序的特别规定

(一)涉外民事诉讼概述

1. 涉外民事诉讼的含义

涉外民事诉讼,是指具有涉外因素的民事诉讼。涉外因素主要包括以下三个方面:

(1)主体涉外。当事人一方或者双方是外国人、无国籍人、外国企业和组织。

(2)争议的财产涉外。涉外诉讼当事人争议的财产涉外。

(3)引起民事法律关系发生、变更、消灭的法律事实涉外。引起民事法律关系发生、变更、消灭的法律事实存在于外国。

具有以上涉外因素之一的诉讼即为涉外民事诉讼。涉及港、澳、台人士的,称涉港、澳、台民事诉讼,而不是涉外民事诉讼。

2. 涉外民事诉讼程序的含义

涉外民事诉讼程序,是指一国司法机关受理、审判和执行具有涉外因素的民事诉讼的程序。涉及港、澳、台人士的民事诉讼不适用涉外民事诉讼程序。

(二)涉外民事诉讼的规定

1. 涉外民事诉讼的一般原则

涉外民事诉讼程序不是独立的诉讼程序,只是考虑涉外民事诉讼的特殊性,针对某些特殊情况规定的一些特别条款。它与《民事诉讼法》的一般规定是一般与特殊的关系,审理具有涉外因素的民事案件,有特别规定的,适用特别规定;没有特别规定的,适用一般规定,并应遵守《民事诉讼法》的基本原则。涉外民事诉讼程序的一般原则包括以下几个方面:(1)适用我国《民事诉讼法》的原则;(2)适用我国缔结或者参加的国际条约的原则;(3)司法豁免权原则;(4)使用中国通用的语言、文字的原则;(5)委托中国律师代理诉讼的原则。

涉外民事诉讼程序的一般原则集中体现了国家主权原则。

2. 涉外民事诉讼的管辖

(1)协议选择与争议有实际联系的地点的法院管辖。对于涉外合同或者涉外财产权益纠纷案件,允许当事人用书面协议选择与争议有实际联系的地点的法院管辖;但选择我国人民法院管辖的,不得违反我国《民事诉讼法》关于级别管辖和专属管辖的规定。

(2)专属管辖。为了维护国家的主权,在我国领域内履行中外合资经营企业合同、中外合作经营企业合同、中外合作勘探开发自然资源合同发生的纠纷,由我国人民法院管辖。

3. 期间

涉外民事诉讼程序中关于期间的规定,有时间长和可以依法延长两个特点。涉外民事诉讼程序中,对于不在中国领域内居住的当事人,有两个不同的要求:

(1)被告在收到起诉书副本后30日内提出答辩状,被告申请延期的,由人民法院决定。

(2)不服第一审判决的,上诉期为30日。被上诉人在接到上诉状副本后,应当在30日内提出答辩状,不能在规定期限内提起上诉状或者提出答辩状,申请延期的由人民法院决定。

第二节　仲裁法律制度

一、仲裁与仲裁法概述

（一）仲裁概述

1. 仲裁的概念

仲裁，是指争议双方当事人在争议发生前或者争议发生后达成协议，自愿将争议提交仲裁机构作出裁决的一种解决争议的方法。

2. 仲裁与其他争议解决方法

仲裁和协商、调解、民事诉讼一样也是解决民事、经济争议的一种方法，但与协商、调解、民事诉讼又有很大不同。

(1)仲裁与协商。协商解决争议，是指当经济纠纷发生后，由双方当事人就争议的有关问题进行协商，双方都作出一定的让步，在完全自愿的基础上达成彼此都认可的和解协议，从而解决争议。协商的方式具有下列优点：第一，解决争议无须经过诉讼或者仲裁程序，节省费用，处理争议及时；第二，解决争议无法定程序要求，当事人可以灵活处理争议。仲裁必须由仲裁机构主持双方当事人进行协商，在自愿的基础上互谅互让达成调解协议或者无法达成调解协议时由仲裁机构作出仲裁裁决。

(2)仲裁与调解。调解按照调解机构和程序，可分为人民法院调解、仲裁机构调解及民间调解三种。人民法院调解，是指当事人双方在法院的主持下，对争执的问题达成一致意见，并由法院对调解协议予以确认，从而解决争议。仲裁机构调解，是指当事人双方在仲裁机构的主持下，对争议的问题达成一致意见，并由仲裁机构对调解协议予以确认，从而解决争议。民间调解即第三人调解，是指在实践中双方当事人可通过第三人或者某一可以信任的机构进行调解，从而解决争议。调解的共同点是：都在争议处理机构或者第三人的直接主持下进行，都基于当事人双方的完全自愿达成互谅互让的调解协议，都是结束争议的方法和手段。仲裁与调解的不同之处在于：仲裁是在当事人没有调解或者无法达成调解协议的情况下，由仲裁机构根据仲裁规则对争议案件作出仲裁裁决。

(3)仲裁与民事诉讼。民事诉讼是由人民法院行使国家赋予的审判权来解决争议的一种方法，人民法院具有法定的管辖权，向人民法院起诉不需要当事人事前达成协议。仲裁与民事诉讼的不同之处在于：仲裁没有民事诉讼实行的级别管辖和地域管辖，仲裁实行协议管辖原则，当事人可以协议选定仲裁该案的仲裁委员会，仲裁委员会受理案件的管辖权来自当事人之间的协议，没有协议就无权受理。

（二）仲裁法概述

1. 仲裁法的概念

仲裁法是由国家制定的，调整仲裁机构与当事人之间的民事、经济仲裁活动和活动中所产生的仲裁关系的法律规范的总和。仲裁法律关系的特点主要表现在以下几个方面：

(1)仲裁法律关系中的仲裁机构起着决定作用。仲裁法律关系是仲裁机构在双方当事人的参加下，按照仲裁程序进行仲裁活动形成的法律关系。仲裁法律关系的主体不仅包括双方当事人及其他参加人，还包括行使仲裁权的仲裁机构。仲裁机构的审理活动在仲裁法律关系中起着决定性作用。

(2)仲裁法律关系是基于仲裁机构的审理活动与当事人的申请活动的结合而发生的。所谓结合，是指仲裁机构的受理符合法律的规定，而当事人又有权申请仲裁，才能发生仲裁机构与当事人之间的法律关系。

2. 我国的仲裁法

1994 年 8 月 31 日，第八届全国人民代表大会常务委员会第九次会议通过了《中华人民共和国仲裁法》(简称《仲裁法》)，自 1995 年 9 月 1 日起施行。该法有 8 章(共 80 条)，分别是总则、仲裁委员会和仲裁协会、仲裁协议、仲裁程序、申请撤销裁决、执行、涉外仲裁的特别规定和附则。

3. 仲裁法的原则

(1)自愿。当事人采用仲裁方式解决纠纷，应当双方自愿，达成仲裁协议；没有仲裁协议，一方申请仲裁的，仲裁委员会不予受理。

(2)一裁终裁。仲裁实行一裁终局的制度；裁决作出后，当事人就同一纠纷再申请仲裁或者向人民法院起诉的，仲裁委员会或者人民法院不予受理。

(3)或审或裁。当事人达成仲裁协议，一方向人民法院起诉的，人民法院不予受理，但仲裁协议无效的除外。

(4)仲裁依法独立进行。仲裁依法独立进行，不受行政机关、社会团体和个人的干涉。

(5)公平合理。仲裁应当根据事实，符合法律规定，公平合理地解决纠纷。

(6)不公开。仲裁不公开进行；当事人协议公开的，可以公开进行，但涉及国家秘密的除外。仲裁多涉及商业信誉和商业秘密，当事人发生财产权益纠纷，往往不愿公布于众，为当事人保密成为仲裁的显著特征。

(7)接受人民法院监督。人民法院既执行仲裁裁决，又对仲裁进行必要的监督。人民法院对仲裁的监督实行事后原则，裁决作出后方可进入监督程序。人民法院对仲裁的监督表现在两个方面：一是撤销违法的仲裁裁决，二是对违法的仲裁裁决不予执行。

(8)适用《民事诉讼法》有关规定。仲裁法属于民事程序法，仲裁法的条文大多是规定仲裁特有的程序，而对一些与民事诉讼相同的程序未加规定或者只作简要规定，如送达、期间、使用语言文字、证据等，对此，仲裁程序可以适用《民事诉讼法》的有关规定。

4. 仲裁法的效力

仲裁法的效力又称仲裁法的适用范围，包括地域上的效力、对人的适用范围、对纠纷的适用范围和时间上的效力。

(1)地域上的效力。仲裁法在地域上的效力，是指仲裁法在我国领域内发生效力，凡在我国领域内进行仲裁，适用《仲裁法》。我国实行一国两制，在台湾、香港、澳门地区进行仲裁，应适用当地仲裁法，不适用《仲裁法》。

(2)对人的适用范围。仲裁法对人的适用范围，是指仲裁法对哪些人发生效力。作为平等主体的公民、法人和其他组织在我国领域内进行仲裁，不论是对中国人还是对外国人均适用我国《仲裁法》。

(3)对纠纷的适用范围。仲裁法对纠纷的适用范围，是指仲裁法对哪些纠纷发生效力。平等主体的公民、法人和其他组织之间发生的合同纠纷和其他财产权益纠纷可以仲裁；婚姻、收养、监护、扶养、继承纠纷以及依法应当由行政机关处理的行政争议，不能仲裁。

(4)时间上的效力。仲裁法在时间上的效力，是指仲裁法自何时起生效，有无溯及力。《仲裁法》自 1995 年 9 月 1 日起施行，自 1995 年 9 月 1 日起生效，1995 年 9 月 1 日以后发生的仲裁关系适用仲裁法。《仲裁法》不溯及既往，1995 年 8 月 31 日以前发生的仲裁关系适用当时的有关规定。

二、仲裁委员会与仲裁协会

(一)仲裁委员会

1. 仲裁委员会的设立

仲裁委员会是我国的仲裁机构，是我国以仲裁方式解决纠纷的机构组成形式。

(1)仲裁委员会的设立原则。第一，可以设立仲裁委员会的城市。仲裁委员会可以在直辖市和省、自治区人民政府所在地的市设立，也可以根据需要在其他设区的市设立，不按行政区划层层设立。第二，仲裁委员会的组建。仲裁委员会由市人民政府组织有关部门和商会统一组建。第三，设立仲裁委员会的登记。设立仲裁委员会，应当经省、自治区、直辖市的司法行政部门登记。

(2)仲裁委员会的设立条件。仲裁委员会应当具备下列条件：第一，有自己的名称、住所和章程；第二，有必要的财产；第三，有该委员会的组成人员；第四，有聘任的仲裁员。仲裁委员会的章程应当依照仲裁法制定。

2. 仲裁委员会的组成

(1)仲裁委员会的组成人员。仲裁委员会由主任 1 人、副主任 2～4 人和委员 7～11 人组成。仲裁委员会的主任、副主任和委员由法律、经济贸易专家和有实际工作经验的人员担任。仲裁委员会的组成人员中，法律、经济贸易专家不得少于 2/3。

(2)仲裁员的资格。仲裁委员会应当从公道、正派的人员中聘任仲裁员。仲裁员应当符合下列条件之一：从事仲裁工作满 8 年的；从事律师工作满 8 年的；曾任审判员满 8 年的；从事法律研究、教学工作并具有高级职称的；具有法律知识、从事经济贸易等专业工作并具有高级职称或者具有同等专业水平的。仲裁委员会按照不同专业设仲裁员名册。

3. 仲裁委员会的法律地位

仲裁委员会独立于行政机关，与行政机关没有隶属关系，仲裁委员会之间也没有隶属关系。

(二)仲裁协会

1. 仲裁协会的性质

仲裁协会是仲裁委员会的自律性组织，根据章程对仲裁委员会及其组成人员、仲裁员的违纪行为进行监督。

(1)仲裁协会不是我国的仲裁机构，而是仲裁机构(仲裁委员会)的自律性组织，仲裁委员会是仲裁协会的会员。

(2)仲裁协会对仲裁委员会及其组成人员、仲裁员的违纪行为进行监督。

(3)仲裁协会依照仲裁法和民事诉讼法的有关规定制定仲裁规则。

2. 仲裁协会的法律地位

仲裁协会是社会团体法人，其章程由全国仲裁协会会员大会制定。

三、仲裁协议

(一)仲裁协议的概念和内容

1. 仲裁协议的概念

仲裁协议，是指双方当事人同意把他们之间可能发生或者已经发生的争议提交仲裁机构仲裁的意思表示。仲裁协议包括合同中订立的仲裁条款和以其他书面方式在纠纷发生前或者纠纷发生后达成的请求仲裁的协议。仲裁协议有以下几种：

(1)仲裁条款，即在签订合同时，把当事人之间将来可能发生的争议提交仲裁解决的协议，这种协议作为合同的一项条款订入合同之中。

(2)仲裁协议书，即在争议发生之前或者争议发生之后，双方当事人表示同意把该争议提交仲裁的专门书面协议。

(3)其他可以说明双方当事人同意将争议提交仲裁的书面文件，如信函、电报、电传等。

2. 仲裁协议的内容

仲裁协议的内容包括以下几个方面：(1)请求仲裁的意思表示；(2)仲裁事项；(3)选定的仲裁委员会。

(二)仲裁协议的效力

1. 仲裁协议的法律效力

仲裁协议是采用仲裁方式解决纠纷的法律基础，它既表达了双方当事人以仲裁方式解决纠纷的意愿，也是仲裁机构(仲裁委员会)受理案件的依据。

(1)仲裁协议排除了人民法院对有关案件的管辖权。双方当事人达成仲裁协议的，当事人在争议发生时，只能按照仲裁协议的规定交付仲裁解决，不得向人民法院起诉，人民法院也不得受理具有仲裁协议的案件。如果当事人达成仲裁协议后，一方当事人向人民法院起诉未声明有仲裁协议，人民法院受理后，另一方当事人在首次开庭前提交仲裁协议的，人民法院应当驳回起诉，但仲裁协议无效的除外；另一方在首次开庭前未对人民法院受理该案提出异议的，视为放弃仲裁协议，人民法院应当继续审理。当事人向仲裁委员会申请仲裁，仲裁委员会认为仲裁协议无效而不予受理的，当事人可以向人民法院起诉，人民法院认定仲裁协议有效的，仲裁委员会应当受理此案。

(2)仲裁协议是仲裁裁决发生强制执行力的依据。双方当事人达成仲裁协议后，仲裁机构作出仲裁裁决为终局裁决，对于当事人具有约束力，一方当事人不履行的，另一方当事人可以依照《民事诉讼法》的规定向人民法院申请执行，受申请的人民法院应当执行。

(3)仲裁协议具有独立性。仲裁协议独立存在，合同的变更、解除、终止或者无效不影响仲裁协议的效力。

2. 仲裁协议效力的确认

(1)无效的仲裁协议。有下列情形之一的，仲裁协议无效：约定的仲裁事项超出法律规定的仲裁范围的；无民事行为能力人或者限制民事行为能力人订立仲裁协议的；一方采取胁迫手段，迫使对方订立仲裁协议的。另外，仲裁协议对仲裁事项或者仲裁委员会没有约定或者约定不明确的，当事人可以补充协议；达不成补充协议的，仲裁协议无效。

(2)仲裁协议效力的确认。当事人对仲裁协议的效力有异议，应当在仲裁庭首次开庭前提出。当事人对仲裁协议的效力有异议的，可以请求仲裁委员会作出决定或者请求人民法院作出裁定。一方请求仲裁委员会作出决定，另一方请求人民法院作出裁定的，由人民法院裁定。

四、仲裁程序

(一)申请和受理

1. 当事人的申请

(1)申请仲裁的条件。当事人申请仲裁应当符合下列条件：第一，有仲裁协议；第二，有具体的仲裁请求和事实、理由；第三，属于仲裁委员会的受理范围。

(2)申请仲裁提交的文件。当事人申请仲裁，应当向仲裁委员会递交仲裁协议、仲裁申请书及副本。仲裁申请书应当载明下列事项：第一，当事人的姓名、性别、年龄、职业、工作单位和住所，法人或者其他组织的名称、住所和法定代表人或者主要负责人的姓名、职务；第二，仲裁请求和所根据的事实、理由；第三，证据和证据来源、证人的姓名和住所。

2. 仲裁委员会的受理

(1)受理的期限。仲裁委员会自收到仲裁申请书之日起 5 日内，认为符合受理条件的，应当受理并通知当事人；认为不符合受理条件的，应当书面通知当事人不予受理并说明理由。

(2)受理后仲裁委员会、当事人的义务。第一，文件送达。仲裁委员会受理仲裁申请后，应当在仲裁规则规定的期限内将仲裁规则和仲裁员名册送达申请人，并将仲裁申请书副本和仲裁规则、仲裁员名册送达被申请人。第二，提交答辩书。被申请人收到仲裁申请书副本后，应当在仲裁规则规定的期限内向仲裁委员会提交答辩书；仲裁委员会收到答辩书后，应当在仲裁规则规定的期限内将答辩书副本送达申请人。被申请人未提交答辩书的，不影响仲裁程序的进行。

(3)受理后当事人的权利。第一，放弃、变更仲裁请求或者提出反请求。申请人可以放弃或者变更仲裁请求；被申请人可以承认或者反驳仲裁请求，有权提出反请求。第二，申请财产保全。一方当事人因另一方当事人的行为或者其他原因，可能使裁决不能执行或者难以执行的，可以申请财产保全；仲裁委员会应当将当事人的申请依照《民事诉讼法》的规定提交人民法院。申请有错误的，申请人应当赔偿被申请人因财产保全所遭受的损失。第三，委托律师和其他代理人。当事人、法定代理人可以委托律师和其他代理人进行仲裁活动；委托律师和其他代理人进行仲裁活动的，应当向仲裁委员会提交授权委托书。

(二)组成仲裁庭

1. 仲裁庭的组成

(1)由 3 名仲裁员组成仲裁庭。当事人约定由 3 名仲裁员组成仲裁庭的，应当各自选定或者各自委托仲裁委员会主任指定 1 名仲裁员，第 3 名仲裁员由当事人共同选定或者共同委托仲裁委员会主任指定。第 3 名仲裁员是首席仲裁员。

(2)由 1 名仲裁员成立仲裁庭。当事人约定由 1 名仲裁员成立仲裁庭的，应当由当事人共同选定或者共同委托仲裁委员会主任指定仲裁员。

当事人没有在仲裁规则规定的限期内约定仲裁庭的组成方式或者选定仲裁员的，由仲裁委员会主任指定。仲裁庭组成后，仲裁委员会应当将仲裁庭的组成情况书面通知当事人。

2. 仲裁员的回避和法律责任

(1)仲裁员的回避。第一，回避情形。为了保证仲裁的公正，仲裁员有下列情形之一的，必须回避，当事人有权提出回避申请：仲裁员是本案当事人或者当事人、代理人的近亲属；与本案有利害关系；与本案当事人、代理人有其他关系，可能影响公正仲裁的；私自会见当事人、代理人，或者接受当事人、代理人的请客送礼的。第二，回避申请。当事人提出回避申请，应当说明理由，在首次开庭前提出。回避事由在首次开庭后知道的，可以在最后一次开庭终结前提出。第三，回避决定。仲裁员是否回避，由仲裁委员会主任决定；仲裁委员会主任担任仲裁员时，由仲裁委员会集体决定。仲裁员因回避或者其他原因不能履行职责的，应当依照规定重新选定或者指定仲裁员；因回避而重新选定或者指定仲裁员后，当事人可以请求已进行的仲裁程序重新进行，是否准许，由仲裁庭决定；仲裁庭也可以自行决定已进行的仲裁程序是否重新进行。

(2)仲裁员的法律责任。仲裁员私自会见当事人、代理人，或者接受当事人、代理人的请客送礼，情节严重的，或者在仲裁该案时有索贿受贿、徇私舞弊、枉法裁决行为的，应当依法承担法律责任，仲裁委员会应当将其除名。

(三)开庭和裁决

1. 开庭

(1)仲裁开庭的一般规则。第一，开庭仲裁与书面仲裁。仲裁应当开庭进行；当事人协议不开庭的，仲裁庭可以根据仲裁申请书、答辩书以及其他材料作出裁决。第二，不公开仲裁。仲裁不公开进行；当事人协议公开的，可以公开进行，但涉及国家秘密的除外。

(2)仲裁委员会通知开庭。仲裁委员会应当在仲裁规则规定的期限内将开庭日期通知双方当事人，当事人有正当理由的，可以在仲裁规则规定的期限内请求延期开庭，是否延期由仲裁庭决定。申请人经书面通知，无正当理由不到庭或者未经仲裁庭许可中途退庭的，视为撤回仲裁申请；被申请人经书面通知，无正当理由不到庭或者未经仲裁庭许可中途退庭的，以缺席裁决。

(3)仲裁开庭的证据。第一，证据的来源。当事人应当对自己的主张提供证据；仲裁庭认为有必要收集的证据，可以自行收集。第二，证据的鉴定。仲裁庭对专门性问题认为需要鉴定的，可以交由当事人约定的鉴定部门鉴定，也可以由仲裁庭指定的鉴定部门鉴定；根据当事人的请求或者仲裁庭的要求，鉴定部门应当派鉴定人参加开庭。当事人经仲裁庭许可，可以向鉴定人提问。第三，证据的出示、质证。证据应当在开庭时出示，当事人可以质证。第四，证据的保全。在证据可能灭失或者以后难以取得的情况下，当事人可以申请证据保全；当事人申请证据保全的，仲裁委员会应当将当事人的申请提交证据所在地的基层人民法院。

(4)仲裁开庭的辩论。当事人在仲裁过程中有权进行辩论；辩论终结时，首席仲裁员或者独任仲裁员应当征询当事人的最后意见。

(5)开庭笔录。仲裁庭应当将开庭情况记入笔录。当事人和其他仲裁参与人认为对自己陈述的记录有遗漏或者差错的，有权申请补正；如果不予补正，应当记录该申请。笔录由仲裁员、记录人员、当事人和其他仲裁参与人签名或者盖章。

2. 当事人和解

(1)当事人和解。当事人申请仲裁后，可以自行和解；达成和解协议的，可以请求仲裁庭根据和解协议作出裁决书，也可以撤回仲裁申请。

(2)当事人和解反悔。当事人达成和解协议,撤回仲裁申请后反悔的,可以根据仲裁协议申请仲裁。

3. 裁决

(1)裁决前的调解。仲裁庭在作出裁决前,可以先行调解;当事人自愿调解的,仲裁庭应当调解。调解达成协议的,仲裁庭应当制作调解书或者根据协议的结果制作裁决书,调解书经双方当事人签收后,即发生与裁决书同等的法律效力;调解不成或者在调解书签收前当事人反悔的,仲裁庭应当及时作出裁决。

(2)裁决的规则。第一,裁决形成。裁决应当按照多数仲裁员的意见作出,少数仲裁员的不同意见可以记入笔录;仲裁庭不能形成多数意见时,裁决应当按照首席仲裁员的意见作出。第二,部分先行裁决。仲裁庭仲裁纠纷时,其中一部分事实已经清楚,可以就该部分先行裁决。

(3)裁决书的内容和形式。裁决书应当写明仲裁请求、争议事实、裁决理由、裁决结果、仲裁费用的负担和裁决日期;当事人协议不愿写明争议事实和裁决理由的,可以不写。裁决书由仲裁员签名,加盖仲裁委员会印章。对裁决持不同意见的仲裁员,可以签名,也可以不签名。

(4)裁决书的补正。对裁决书中的文字、计算错误或者仲裁庭已经裁决但在裁决书中遗漏的事项,仲裁庭应当补正;当事人自收到裁决书之日起30日内可以请求仲裁补正。

(5)裁决书的生效。裁决书自作出之日起发生法律效力。

4. 裁决撤销或者执行

(1)裁决撤销。第一,申请撤销裁决的依据。当事人提出证据证明裁决有下列情形之一的,可以向仲裁委员会所在地的中级人民法院申请撤销裁决:没有仲裁协议的;裁决的事项不属于仲裁协议的范围或者仲裁委员会无权仲裁的;仲裁庭的组成或者仲裁的程序违反法定程序的;裁决所依据的证据是伪造的;对方当事人隐瞒了足以影响公正裁决的证据的;仲裁员在仲裁该案时有索贿受贿、徇私舞弊、枉法裁决行为的。第二,当事人申请撤销裁决。当事人申请撤销裁决的,应当自收到裁决书之日起6个月内提出。第三,人民法院对申请的答复。人民法院受理撤销裁决的申请后,认为可以由仲裁庭重新仲裁的,通知仲裁庭在一定期限内重新仲裁,并裁定中止撤销程序;仲裁庭拒绝重新仲裁的,人民法院应当裁定恢复撤销程序。人民法院应当在受理撤销裁决申请之日起2个月内作出撤销裁决或者驳回申请的裁定。人民法院经组成合议庭审查核实裁决有前述情形之一的,应当裁定撤销。另外,人民法院认定裁决违背社会公共利益的,应当裁定撤销。

(2)裁决执行。第一,申请执行的理由。当事人应当履行裁决;一方当事人不履行的,另一方当事人可以依照《民事诉讼法》的规定向人民法院申请执行,受申请的人民法院应当执行。第二,人民法院裁定不予执行的情形。被申请人提出证据证明裁决的事项不属于仲裁协议的范围或者仲裁机构无权仲裁的,经人民法院组成合议庭审查核实,裁定不予执行。第三,人民法院裁定中止执行。一方当事人申请执行裁决,另一方当事人申请撤销裁决的,人民法院应当裁定中止执行。

五、涉外仲裁

(一)涉外仲裁的概念

涉外仲裁,是指涉外民事纠纷的当事人根据仲裁协议,将他们已发生的争议交给仲裁机构按法定程序作出有约束力的裁决的一种解决争议的方法。

(二)涉外仲裁的特别规定

1. 涉外仲裁程序适用的规定

(1)适用国际条约。1986年12月2日,第六届全国人民代表大会常务委员会第十八次会议决定,中国加入《承认及执行外国仲裁裁决公约》,因此,只要是依据中国法律认定为属于契约性和非契约性商事法律关系所引起的争议并建立在互惠的基础上的仲裁,就应当首先适用国际条约的规定。

(2)适用《仲裁法》的特别规定。我国《仲裁法》规定,涉外经济贸易、运输和海事活动中发生的纠纷的仲裁,适用《仲裁法》中涉外仲裁的特别程序的规定,没有规定的,适用《仲裁法》的其他有关规定。

(3)涉外仲裁规则的适用。我国《仲裁法》规定,中国国际商会可以依照《仲裁法》和《民事诉讼法》的有关规定制定涉外仲裁规则。

2. 涉外仲裁委员会

涉外仲裁委员会可以由中国国际商会组织设立。涉外仲裁委员会由主任1人、副主任若干人和委员若干人组成。涉外仲裁委员会的主任、副主任和委员可以由中国国际商会聘任。中国国际商会设立了两个涉外仲裁委员会,即中国国际经济贸易仲裁委员会和中国海事仲裁委员会。另外,由人民政府设立的仲裁委员会也可以受理涉外民事纠纷。

3. 涉外仲裁规则

涉外仲裁规则可以由中国国际商会依照《仲裁法》和《民事诉讼法》的规定制定。中国国际经济贸易仲裁委员会仲裁涉外纠纷案件,可以由中国国际商会依照《仲裁法》和《民事诉讼法》的规定制定仲裁规则。各市的仲裁委员会仲裁涉外财产权益纠纷案件,可以适用由中国仲裁协会制定的涉外仲裁规则。

4. 外籍仲裁员

涉外仲裁委员会可以聘任外籍仲裁员。外籍仲裁员需具有法律或者经济贸易、科学技术等专门知识,不受工作年限和职称的限制。

5. 证据保全

涉外仲裁的当事人可以向涉外仲裁委员会申请证据保全。涉外仲裁委员会接到当事人证据保全的申请,应当将申请提交证据所在地的中级人民法院,由人民法院保全证据。

6. 开庭笔录

涉外仲裁的仲裁庭可以将开庭情况记入笔录,或者作出笔录要点。笔录要点可以由当事人和其他仲裁参与人签字或者盖章。涉外仲裁的仲裁庭开庭仲裁时,记录人员应当作开庭笔录,还可以录音。开庭笔录和录音只供仲裁庭查用。

7. 涉外仲裁裁决的撤销

当事人或者被申请人提出证据证明涉外仲裁裁决有下列情况之一的,经人民法院组成合议庭审查核实,裁定撤销或者裁定不予执行:(1)当事人在合同中没有订立仲裁条款或者事后没有达成书面仲裁协议的;(2)被申请人没有得到指定仲裁员或者进行仲裁程序的通知,或者由于其他不属于被申请人负责的原因而未能陈述意见的;(3)裁决的事项不属于仲裁协议的范围或者仲裁机构无权仲裁的。

8. 涉外仲裁裁决的执行

涉外仲裁委员会作出的发生法律效力的仲裁裁决，当事人请求执行的，如果被执行人或者财产不在我国领域内，应当由当事人直接向有管辖权的外国法院申请承认和执行。

本章练习

一、名词解释

民事诉讼　管辖　一般地域管辖　简易程序　仲裁　仲裁机构　仲裁协议　涉外仲裁

二、单项选择题

1. 民事诉讼法是________。

A. 程序法　B. 实体法

C. 程序为主、实体为辅的法律　D. 实体为主、程序为辅的法律

2. 在民事诉讼过程中，________处于主导地位。

A. 人民法院　B. 原告和被告

C. 诉讼当事人　D. 诉讼参与人

3. 民事诉讼要解决的实体问题是自然人(公民)、法人和其他社会组织的人身权、________的保护问题。

A. 诉讼权　B. 知识产权　C. 财产权　D. 债权

4. 在民事诉讼过程中，诉讼当事人有权在法律规定的范围内处分自己的民事权利和________。

A. 民事义务　B. 财产权利　C. 人身权利　D. 诉讼权利

5. 管辖是指人民法院之间受理________民事案件的分工和权限。

A. 第一审　B. 第二审　C. 再审　D. 主管

6. 根据一般地域管辖的原则，民事案件应当由________人民法院受理。

A. 原告住所地　B. 被告住所地

C. 中级人民法院指定的　D. 诉讼当事人选择的

7. 海事、海商案件由________管辖。

A. 中级法院　B. 高级法院　C. 海事法院　D. 基层法院

8. 因合同纠纷提起的诉讼由被告住所地或者________人民法院管辖。

A. 原告住所地　B. 合同订立地　C. 合同纠纷发生地　D. 合同履行地

9. 因侵权行为提起的诉讼由________或者被告住所地人民法院管辖。

A. 原告住所地　B. 侵权行为地　C. 损害发生地　D. 处理纠纷所在地

10. 原告向两个有管辖权的人民法院起诉，由________人民法院管辖。

A. 原告住所地　B. 被告住所地　C. 最先立案的　D. 上级法院指定的

11. 因不动产提起的诉讼由不动产所在地人民法院管辖，是________的规定。

A. 特殊地域管辖　B. 专属管辖　C. 指定管辖　D. 地域管辖

12. 原告和被告必须与案件有直接________。

A. 利害关系　B. 财产关系　C. 人身关系　D. 法律关系

13. 诉讼标的是共同的，人民法院必须合并审理并作出同一裁判的诉讼是________。

A. 必要的共同诉讼　B. 普通的共同诉讼

C. 代表人诉讼　D. 第三人诉讼

14. 普通的共同诉讼中一人的行为对其他共同诉讼人________。

A. 发生法律效力　B. 不发生法律效力

C. 不一定发生法律效力　D. 可以发生法律效力

15. ________审理简单的民事案件和简单的经济纠纷案件可以适用简易程序。

A. 基层人民法院及其派出的法庭　B. 中级人民法院

C. 高级人民法院　　　　D. 基层人民法院和中级人民法院

16. 对于符合条件的起诉，人民法院应当自接到起诉状之日起________内立案；对于不符合条件的起诉，应当自________内裁定通知原告不予受理，并说明理由。

A. 5 日；5 日　　B. 7 日；7 日　　C. 10 日；10 日　　D. 5 日；7 日

17. 人民法院适用普通程序审理的第一审民事案件，一般应当自立案之日起________内审结。

A. 3 个月　　B. 6 个月　　C. 9 个月　　D. 12 个月

18. 人民法院应当自立案之日起 5 日内将起诉状副本发送被告，被告自收到之日起 15 日内提出________。

A. 应诉状　　B. 辩护状　　C. 答辩状　　D. 抗诉状

19. 发回原审人民法院重审的案件，应按________程序审理，对于所作的裁判当事人不服的，可以依法提起上诉。

A. 第一审　　B. 第二审　　C. 审判监督　　D. 简易

20. 债务人应当自收到支付令之日起 15 日内清偿债务或者向人民法院提出书面异议，债务人提出书面异议、不同意支付令的，人民法院终结________，债权人可以通过起诉的方式保护自己的合法权益。

A. 强制执行程序　　B. 特别程序　　C. 督促程序　　D. 催告程序

21. 下列各项中，不是仲裁法的原则的是________。

A. 公开　　B. 自愿　　C. 公平合理　　D. 一裁终裁

22. 设立仲裁委员会，应当经________的司法行政部门登记。

A. 国务院　　B. 省、自治区、直辖市

C. 地级市　　D. 县级以上

23. 仲裁委员会________。

A. 按需要设立　　B. 按行政区划层层设立

C. 按人民法院层级设立　　D. 不按行政区划层层设立

24. 仲裁委员会的组成人员中，法律、经济贸易专家不得少于________。

A. 1/3　　B. 2/3　　C. 1/2　　D. 3/4

25. 中国仲裁协会是________的自律性组织。

A. 仲裁当事人　　B. 仲裁员　　C. 仲裁委员会　　D. 仲裁组织

26. 仲裁协议排除了________对有关案件的管辖权。

A. 人民法院　　B. 仲裁委员会　　C. 司法行政部门　　D. 行政机关

27. 仲裁委员会自收到仲裁申请书之日起________内认为符合受理条件的，应当受理并通知当事人；认为不符合受理条件的，应当书面通知当事人不予受理并说明理由。

A. 5 日　　B. 7 日　　C. 10 日　　D. 3 日

28. 当事人申请撤销仲裁裁决的，应当自收到裁决书之日起________内提出。

A. 1 个月　　B. 3 个月　　C. 6 个月　　D. 9 个月

29. ________可以由中国国际商会组织设立。

A. 仲裁委员会　　B. 劳动争议仲裁委员会

C. 特殊的仲裁委员会　　D. 涉外仲裁委员会

30. ________可以聘任外籍仲裁员。

A. 仲裁委员会　　B. 劳动争议仲裁委员会

C. 特殊的仲裁委员会　　D. 涉外仲裁委员会

三、多项选择题

1. 关于民事诉讼的特点，下列说法中正确的有________。

A. 诉讼参与人特别是双方当事人的诉讼活动在民事诉讼过程中不可缺少

B. 人民法院在民事诉讼过程中处于主导地位

C. 民事诉讼是法律程序

D. 民事诉讼是由民事诉讼法律调整的

2. 凡是在我国进行民事诉讼的人，必须遵守我国的《民事诉讼法》包括________。

A. 中国公民和中国的企事业单位、机关、团体

B. 居住在中华人民共和国领域内的外国人、无国籍人，以及外国企事业组织和团体

C. 申请在我国进行民事诉讼的外国人、无国籍人，以及外国的企事业组织和团体

D. 香港居民

3. 依据确定管辖的原则，民事审判管辖分为________。

A. 级别管辖　　B. 地域管辖

C. 专属管辖　　D. 移送管辖和指定管辖

4. 允许变通适用"被告就原告"原则，可由原告住所地人民法院管辖的情况有________。

A. 对不在中华人民共和国领域内居住的人提起的有关身份关系的诉讼

B. 对下落不明或宣告失踪的人提起的有关身份关系的诉讼

C. 对被劳动教养的人提起的诉讼

D. 对被监禁的人提起的诉讼

5. 下列各项中，属于特殊地域管辖的民事案件有________。

A. 因合同纠纷提起的诉讼　　B. 因票据纠纷提起的诉讼

C. 申请认定无主财产的案件　　D. 因保险合同纠纷提起的诉讼

6. 下列各项中，属于专属管辖的有________。

A. 由不动产提起的诉讼，由不动产所在地人民法院管辖

B. 港口作业中发生的诉讼，由港口所在地人民法院管辖

C. 继承遗产的诉讼，由被继承人死亡时住所地或者主要遗产所在地人民法院管辖

D. 因海难救助费用提起的诉讼，由救助地或者被救助船舶最先到达地人民法院管辖

7. 民事诉讼的当事人具有________特征。

A. 以自己的名义进行诉讼　　B. 与案件有着直接的利害关系

C. 受人民法院裁判的拘束　　D. 人民法院有管辖权

8. 诉讼代理人根据其诉讼代理权的产生，有________。

A. 表见代理人　　B. 法定代理人　　C. 指定代理人　　D. 委托代理人

9. 下列各项中，适用一审终审制的特殊民事案件的有________。

A. 适用企业法人破产还债程序审理的案件　　B. 适用公示催告程序审理的案件

C. 适用督促程序审理的案件　　D. 适用审判监督程序审理的案件

10. 适用简易程序的简单民事案件，一般是指________的案件。

A. 事实清楚　　B. 情节简单　　C. 争议不大　　D. 影响较小

11. 第二审人民法院对上诉案件的裁判，有以下几种情况________。

A. 由自己进行第一审

B. 驳回上诉，维持原判

C. 改判

D. 撤销原判，发回原审法院重审或在查清事实后改判

12. 开庭审理民事案件，除涉及________的以外，一律公开进行，但离婚案件、涉及商业秘密的案件，当事人申请不公开审理的，可以不公开审理。

A. 国家机密　　B. 个人隐私　　C. 法律另有规定　　D. 财产纠纷

13. 关于简易程序，下列描述中正确的有________。

A. 原告可以口头起诉　　B. 中级人民法院第一审可以采用

C. 实行独任制　　D. 应当自立案之日起3个月内审结

14. 仲裁法的原则包括________。

A. 自愿　　B. 一裁终裁

C. 仲裁依法独立进行　　D. 不公开

15. ________纠纷以及依法应当由行政机关处理的行政争议，不能仲裁。

A. 婚姻　　B. 收养　　C. 监护　　D. 扶养、继承

16. 仲裁委员会应当具备的条件包括________。

A. 有自己的名称、住所和章程　　B. 有必要的财产

C. 有该委员会的组成人员　　D. 有聘任的仲裁员

17. 仲裁协议的内容应当包括________。

A. 请求仲裁的意思表示　　B. 仲裁事项

C. 选定的仲裁委员会　　D. 选定的仲裁员

18. 当事人申请仲裁应当符合的条件包括________。

A. 有仲裁协议　　B. 有具体的仲裁请求和事实、理由

C. 属于仲裁委员会的受理范围　　D. 有选定的仲裁委员会

19. 为了保证仲裁的公正，仲裁员必须回避，当事人也有权提出回避申请的情形包括________。

A. 是本案当事人或者当事人、代理人的近亲属

B. 与本案有利害关系

C. 与本案当事人、代理人有其他关系，可能影响公正仲裁的

D. 私自会见当事人、代理人，或者接受当事人、代理人的请客送礼的

20. 裁决书应当写明仲裁请求、争议事实、裁决理由、裁决结果、仲裁费用的负担和裁决日期；当事人协议不愿写明________的，可以不写。

A. 仲裁请求　　B. 争议事实　　C. 裁决理由　　D. 裁决结果

四、判断题

1. 民事诉讼法是程序法，也是实体法。(　　)

2. 应当由人民法院依照《民事诉讼法》审理的案件，是公民之间、法人之间、其他组织之间以及他们相互之间因财产关系所产生的民事案件。(　　)

3. 凡在中华人民共和国领域内进行民事诉讼，就必须按照我国的《民事诉讼法》来办理。(　　)

4. 管辖权要解决案件由哪个人民法院受理和处理。(　　)

5. 专利纠纷案件由最高人民法院确定的基层人民法院管辖。(　　)

6. 利害关系人要求宣告失踪的案件，只能向利害关系人住所地的基层人民法院提出。(　　)

7. 广义的民事诉讼当事人，除原告和被告外，还包括共同诉讼人和第三人。(　　)

8. 第三人是指民事诉讼中对他人之间的诉讼标的有独立请求权的人。(　　)

9. 民事诉讼的第一审判决和裁定的上诉期都是10日。(　　)

10. 仲裁没有民事诉讼实行的级别管辖和地域管辖，仲裁实行协议管辖原则。(　　)

11. 当事人协议不开庭的，仲裁庭可以根据仲裁申请书、答辩书以及其他材料作出裁决。(　　)

12. 仲裁委员会独立于行政机关，与行政机关没有隶属关系，但仲裁委员会之间有隶属关系。(　　)

13. 我国的仲裁机构包括仲裁委员会和仲裁协会。(　　)

14. 仲裁委员会独立于行政机关，与行政机关没有隶属关系，仲裁委员会之间也没有隶属关系。(　　)

15. 仲裁协议必须是合同中订立的仲裁条款。(　　)

16. 仲裁裁决书自作出之日起发生法律效力。(　　)

17. 裁决书由仲裁员签名，加盖仲裁委员会印章。对裁决持不同意见的仲裁员，可以签名，也可不签名。(　　)

18. 当事人提出证据证明裁决有法定情形的，可以向仲裁委员会所在地的基层人民法院申请撤销裁决。(　　)

19. 当事人约定由3名仲裁员组成仲裁庭的，应当各自选定或者各自委托仲裁委员会主任指定1名仲裁员，第3名仲裁员由当事人共同选定或者共同委托仲裁委员会主任指定。(　　)

20. 涉外仲裁委员会的外籍仲裁员需具有法律或者经济贸易、科学技术等专门知识，并且受工作年限和职称的限制。(　　)

五、简答题

1. 简述民事诉讼法遵循的原则。
2. 简述民事诉讼法的适用范围。
3. 简述特殊地域管辖的范围。
4. 简述起诉的条件。
5. 简述上诉的条件。
6. 简述仲裁遵循的原则。
7. 简述仲裁的适用范围。
8. 简述仲裁协议无效的情形。

六、综合分析题

1. 上海甲酒家与广东乙酒厂签订的购销合同中有仲裁条款的约定：因履行合同发生争议时，由仲裁机构裁决解决。后来双方发生争议，甲酒家作为申诉人向上海仲裁委员会递交仲裁申请书，但乙酒厂拒绝答辩。双方经第三人努力，又订立了一份补充协议，将纠纷交由乙酒厂所在地的广东仲裁委员会裁决解决。但是，甲酒家没有申请仲裁，而是向乙酒厂所在地人民法院提起诉讼，人民法院向乙酒厂发出开庭通知，乙酒厂应诉。后来人民法院判决被告(乙酒厂)胜诉，原告(甲酒家)又以双方有仲裁条款和补充仲裁协议为由，主张判决无效。

问：甲酒家的主张是否有法律依据？为什么？

2. 上海某公司(甲)与江苏某企业(乙)订立一份购销合同，约定乙方应将甲方购买的5 000吨建筑材料运到上海甲方指定的仓库，甲方收货后付款，后来乙方按约将5 000吨建筑材料运往甲方指定的仓库，甲方没有付清全部货款。乙方准备向自己所在地的人民法院起诉，要求甲方付清全部货款。

问：乙方应到哪个人民法院起诉甲方？为什么？

参考文献

1. 朱慈蕴主编:《经济法律教程》,中国财政经济出版社 1999 年版。

2. 全国会计专业技术资格考试领导小组办公室:《经济法》,经济科学出版社 2007 年版。

3. 全国会计专业技术资格考试领导小组办公室:《经济法基础》,中国财政经济出版社 2007 年版。

4. 戚伟平编著:《知识产权法》,上海财经大学出版社 1999 年版。

5. 戚伟平主编:《商事组织法》,上海财经大学出版社 1997 年版。

6. 陈静如主编:《金融法教程》,中国财政经济出版社 1999 年版。

7. 徐壬英著:《竞争法论》,世界图书出版公司 2000 年版。

8. 刘家兴主编:《民事诉讼法教程》,北京大学出版社 2000 年版。

9. 常英主编:《仲裁法学》,中国政法大学出版社 2001 年版。

10. 杨紫烜、徐杰主编:《经济法概论》,北京大学出版社 2000 年版。

11. 徐兆宏主编:《中国证券法学》,上海财经大学出版社 2000 年版。

12. 国家税务总局注册税务师管理中心:《税法(Ⅰ)》,中国税务出版社 2002 年版。

13. 国家税务总局注册税务师管理中心:《税法(Ⅱ)》,中国税务出版社 2002 年版。

14. 马洪主编:《经济法概论》,上海财经大学出版社 2000 年版。

15. 叶朱主编:《经济法概论》,上海财经大学出版社 2002 年版。

16. 张建华、徐斌、戚伟平编著:《经济法学习指导》,华东师范大学出版社 2011 年版。

17. 朱少平主编:《中华人民共和国合伙企业法释义及实用指南》,中国民主法制出版社 2006 年版。

18. 安建主编:《中华人民共和国公司法释义》,法律出版社 2005 年版。

19. 安建主编:《中华人民共和国反垄断法释义》,法律出版社 2007 年版。

20. 邱本著:《经济法专论》,法律出版社 2015 年版。